"新师范"建设丛书

新高考背景下高效课堂创新教学案例集

陈文海　熊建文　赵艺 ◎ 主编

广东高等教育出版社
Guangdong Higher Education Press
·广州·

图书在版编目（CIP）数据

新高考背景下高效课堂创新教学案例集/陈文海，熊建文，赵艺主编. —广州：广东高等教育出版社，2022.11
（"新师范"建设丛书）
ISBN 978-7-5361-7216-6

Ⅰ.①新… Ⅱ.①陈… ②熊… ③赵… Ⅲ.①课堂教学-教案（教育）-高中 Ⅳ.①G632.421

中国版本图书馆CIP数据核字（2022）第019388号

出版发行　广东高等教育出版社
社址：广州市天河区林和西横路
邮编：510500　营销电话：（020）87553335
http://www.gdgjs.com.cn
印　　刷　广州市友盛彩印有限公司
开　　本　787毫米×1 092毫米　1/16
印　　张　22.25
字　　数　528千
版　　次　2022年11月第1版
印　　次　2022年11月第1次印刷
定　　价　66.00元

序　　言

2014 年印发的《国务院关于深化考试招生制度改革的实施意见》，这是当前和今后一个时期指导考试招生制度改革的纲领性文件，标志着新一轮考试招生制度改革的全面启动。2020 年，中共中央、国务院又印发了《深化新时代教育评价改革总体方案》，强调扭转不科学的教育评价导向，并提出到 2035 年，基本形成富有时代特征、彰显中国特色、体现世界水平的教育评价体系。这两份政策文件一脉相承，互相补充，共同推进新时代“考试招生制度”的改革与创新行动。2021 年，作为全国第三批进入高考综合改革试点的 8 个省市之一，广东省新一轮普通高考“3 + 1 + 2”模式正式实施。新一轮考试招生制度改革的目标是优化学生选科方式和招生录取模式，扩大学生选择权，满足学生专业取向和兴趣爱好，打破以考试分数评价学生的方式，促进学生全面健康发展，科学选拔人才，维护社会公平，构建更加公平公正、科学合理的高校考试招生制度。

新高考模式的改革倒逼高效课堂教学的探索和改革，基础教育急需引领和指导。华南师范大学以“教师教育强特色”为办学宗旨，并具有 30 余年的高考评卷经验，拥有一支长期扎根基础教育的专家队伍，在新课标制定、新教材撰写、新高考指导等方面为基础教育贡献了应有之力量。2021 年 4 月，华南师范大学依托广东省新师范建设指导委员会和“华南师范大学 - 中小学协同发展联盟”平台，适时举办了新课标、新教材、新高考背景下创新教学设计评选与线上分享活动。这次活动旨在回归课堂原点，研讨、总结和分享名优中学在新一轮教育改革过程中的新鲜探索和有效做法，遴选出一批优秀课堂教学案例，面向全省推广，以达到引领和示范之目的。

本次活动由华南师范大学九大学科相关学院具体组织实施，邀请有代表性的案例设计者分享了教学设计的设计理念、形成过程、设计框架、实施效果等。点评专家有来自华南师范大学的学科教学法专家，也有来自省教研院、各地市教研院/教研室等单位的资深教研员，他们对案例设计者们的教学设计进行了画龙点睛的分享，并高屋建瓴地进行了专题报告。全省高中学校在职教师和华南师范大学在读师范生同时线上参与了该分享活动。本次活动实现了“职前职后一体，线上线下混合”的联合教研模式，体现出新师范建设“协同创新”的理念，受到师生们的一致欢迎，被称为基础教育新教改的“及时雨”。

本着优中选优的原则，本案例集共收录48个优秀教学案例，涵盖了与高考相关的九大学科，所选案例充分体现了学科核心素养培养的目标，具有典型性和示范性。每个案例后附有学科专家围绕新课标、新教材、新高考背景的精彩点评，具有针对性和引领性。在呈现方式上，本案例集充分运用新型图书的优势，既图文并茂，又有作者的说课视频，借鉴学习起来更为直观方便。本案例集不仅适合一线中学教师使用，对本科师范生和教育硕士的专业成长也有良好的指导作用。

新时代的中国基础教育，已经迎来高质量发展的新阶段。让我们一起营造深度互联的大中小学教育教研共同体，合力撬动基础教育的新一轮改革，全面推进广东基础教育的高质量发展。

陈文海

于华南师范大学

2021年8月9日

目　录

语　文　篇

数　学　篇

英　语　篇

物　理　篇

化学篇

生物学篇

思想政治篇

历　史　篇

地　理　篇

语文篇

《说“木叶”》教学设计

湛江市爱周高级中学　蔡叶琳

一、案例简介

本教学设计突出以下两个内容：《说“木叶”》这篇课文的行文特点、《说“木叶”》这篇课文在教科书中承担的教学任务。同时，兼顾高一学生的学习兴趣和学习能力，设计了将教师精讲、学生自主学习，以及表格、关系图、照片等多种形式融为一体的教学。

在新教材中，《说“木叶”》被编排在部编版高中语文必修下册第三单元。高中语文必修课本明确提出：“这个单元主要学习知识性读物（自然科学和人文科学）的阅读方法，发展科学思维，培养科学精神”，“学习《说“木叶”》一文，不仅要把握基本观点，理解作者说理的层次与逻辑，还应当学习这篇研究文学现象的论文如何从材料的梳理和考证中发现问题并运用恰当的理论去加以解决”。依据教材的指引，笔者细读文本，得出认识。《说“木叶”》作为一篇文艺随笔，其特征有三：第一，使用概念来引出问题；第二，通过一连串问句来引导思考；第三，引用大量的古诗词，有的是为了以量多来归纳结论，有的则是用来分析、比较，进而得出创见。这些内容都体现在这一份教学设计中。

二、教学设计

（一）教学目标

（1）把握关键概念和术语，理清文章思路。

（2）分析作者阐述说明、逻辑推理的方法。

（3）运用所学，探究实际问题，形成已见。

（二）教学内容

（1）了解木叶与树叶的不同之处，体会诗歌语言的暗示性。

（2）梳理说理的过程，理解作者说理的逻辑。

（3）学以致用，探究柳的暗示性，分析它特定的意蕴。

（三）教学方法

任务驱动教学法、启发式教学法、自主学习法、归纳总结法、拓展迁移法等。

（四）教学媒体

照片、表格、关系图等。

（五）教学过程

1. 导入

课文《说“木叶”》说的是诗歌语言的暗示性。作者是怎么发现问题，又是怎么解决问题的呢？希望课文中包含的科学思维方式能给同学们带来启发。

2. 作者简介

林庚，我国现当代著名学者，诗人，文史学家。他的经历非常丰富，毕业于清华大学，历任厦门大学、燕京大学、北京大学中文系教授，出版《春野与窗》《问路集》等6部新诗集和古典文学专著《诗人李白》《中国文学史》等，是一位集创作与研究为一身的学者。

3. 自主学习

本文收集了大量的古诗词进行深入研究，请同学们阅读第1～3自然段，在课文中画出“木叶”等概念、相关问句、所举诗句及得出的发现或结论，完成表1的学习任务单。

表1 学习任务单

自然段	概念	问句	诗句	结论
第1段	木叶			
……	……	……	……	……

（接下来，通过学生回答，教师与学生一起筛查信息，讨论答案的方式，逐段进行学习。）

（1）分析第1段。

表2 第1段学习任务单

	概念	诗句	结论
第1段	木叶	“袅袅兮秋风，洞庭波兮木叶下。”（屈原《九歌》） “洞庭始波，木叶微脱。”（谢庄《月赋》） “木叶下，江波连，秋月照浦云歇山。”（陆厥《临江王节士歌》） “秋风吹木叶，还似洞庭波。”（王褒《渡河北》）	“木叶”是那么突出地成为诗人们笔下钟爱的形象

（2）分析第 2 段。

表 3　第 2 段学习任务单

	概念	问句	诗句	结论
第 2 段	木叶	“木叶”是什么呢？	—	按照字面的解释，“木”就是“树”，“木叶”也就是“树叶”
	树叶、树	我们在古代的诗歌中为什么很少看见用“树叶”呢？	“后皇嘉树，橘徕服兮。”（屈原《橘颂》） “桂树丛生兮山之幽。”（淮南小山《招隐士》） “庭中有奇树，绿叶发华滋。”（无名氏古诗）	“树”倒是常见的
		可是为什么单单“树叶”就不常见了呢？	“叶密鸟飞碍，风轻花落迟。”（萧纲《折杨柳》） “皎皎云间月，灼灼叶中华。”（陶渊明《拟古》）	一般的情况，大概遇见“树叶”的时候就都简称其为“叶”
	叶、树叶	—	“亭皋木叶下，陇首秋云飞。”（柳恽《捣衣诗》） “九月寒砧催木叶，十年征戍忆辽阳。”（沈佺期《古意》）	可见洗练并不能作为“叶”字独用的理由
		“树叶”为什么从来就无人过问呢？	—	至少从来就没有产生过精彩的诗句
	木叶、落木	然而诗圣杜甫却宁愿省掉“木叶”之“叶”而不肯放弃“木叶”之“木”，这究竟是为什么呢？	“辞洞庭兮落木，去涔阳兮极浦。”（庾信《哀江南赋》）	这里我们仍可以看到“落木”一词确乎并非偶然了

（3）分析第 3 段。

表 4　第 3 段学习任务单

	概念	问句	诗句	结论
第 3 段	落木、木	像“无边落木萧萧下”这样大胆的创造性，难道不怕死心眼的人误以为是木头自天而降吗？	“无边落木萧萧下”	而我们的诗人杜甫，宁可冒这种危险，也要创造出那千古流传形象鲜明的诗句
		这冒险，这形象，其实又都在这一个“木”字上，然则这一字的来历岂不大可思索吗？	—	在这里我们不得不先来分析一下“木”字

（4）小结。

在前三段，作者告诉我们，他在大量的阅读中发现“木叶”常见，而“树叶”不多见这一有趣现象，并在梳理“木叶”发展为“落木”时发现问题的关键是“木”字。

在接下来的篇幅中，作者通过分析、对比，得出木与树的不同，最终解决了问题，并由此探讨了古诗词语言中的暗示性。

4. **思考**

阅读第4~6自然段，找出“木”的两个艺术特征，并对比“木叶”与“树叶”的差别。

（1）“木”的两个艺术特征。

①它仿佛本身就含有一个落叶的因素。（第4段）

②“木”不但容易让我们想起树干，而且还会带来“木”所暗示的颜色性。（第6段）

（2）“木叶”与“树叶”的差别。

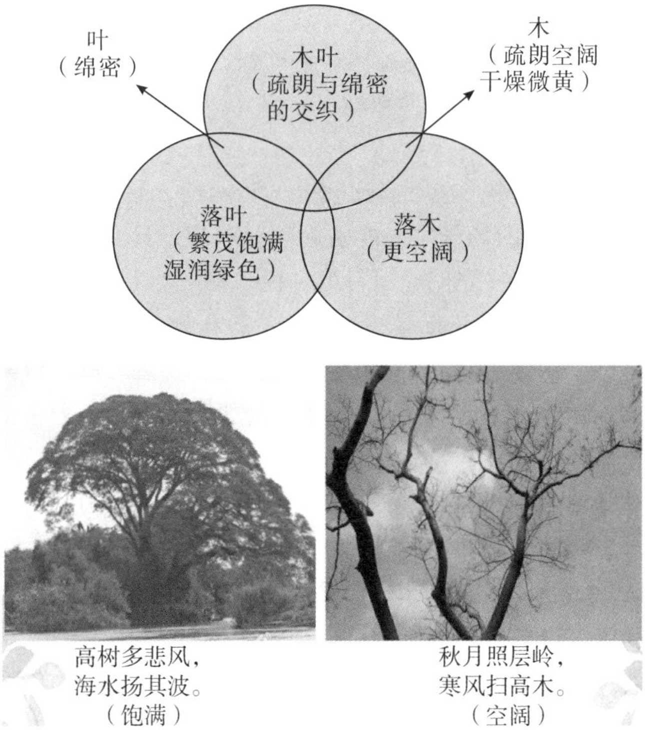

图1　“木叶”与“树叶”的差别

5. **思考**

课文第7段提到，“木叶”与“树叶”不过一字之差，而在艺术形象领域，差别就几乎一字千金。这种差别的根本原因是什么？

（明确：诗歌语言的暗示性，可能使概念相似的词语在艺术形象领域差别巨大。这正是课文主旨所在。）

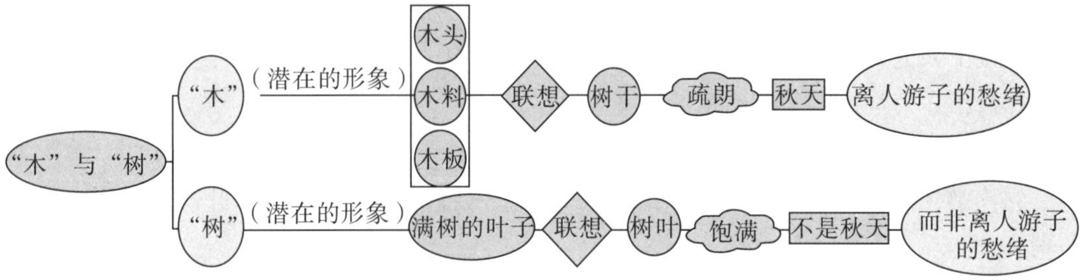

图2　“木”与“叶”在艺术形象领域的差别

6. **总结：行文思路**

摆现象—析本质—找原因—明结论。

7. **讨论**

《说“木叶”》可以改为《论“木叶”》吗？

（明确：不能！这是一篇文艺随笔，行文很讲究文采，笔调轻松活泼，亲切随意，深入浅出。可读性很强，但学理性相对稍弱。）

8. **探究与写作**

在古代诗歌中，“柳”这个形象具有比较强的暗示性。品读下列诗句，探究古代诗词中“柳”经常出现在什么样的场景中，能引起哪些联想，具有怎样的暗示性。和同学交流，仿照《说“木叶”》的行文思路，写一篇《说“柳”》。

①闺中少妇不知愁，春日凝妆上翠楼。忽见陌头杨柳色，悔教夫婿觅封侯。（王昌龄《闺怨》）

②灞岸晴来送别频，相偎相倚不胜春。自家飞絮犹无定，争解垂丝绊路人？（罗隐《柳》）

③扬子江头杨柳春，杨花愁杀渡江人。（郑谷《淮上与友人别》）

④渡头杨柳青青，枝枝叶叶离情。（晏几道《清平乐》）

⑤柳阴直，烟里丝丝弄碧。隋堤上、曾见几番，拂水飘绵送行色。登临望故国，谁识京华倦客？（周邦彦《兰陵王》）

（明确：建议学生运用本课所学，使用表格来帮助思考、梳理信息。）

表 5　“柳”出现的场景和其联想、暗示性

	诗句	场景	联想、暗示性
柳	扬子江头杨柳春，杨花愁杀渡江人。（郑谷《淮上与友人别》） 渡头杨柳青青，枝枝叶叶离情。（晏几道《清平乐》）	离别	“柳”者，“留”也，“柳”“留”二音相谐，因而古人“折柳”相留，言朋友分别时依依不舍之意
	闺中少妇不知愁，春日凝妆上翠楼。忽见陌头杨柳色，悔教夫婿觅封侯。（王昌龄《闺怨》） 灞岸晴来送别频，相偎相倚不胜春。自家飞絮犹无定，争解垂丝绊路人？（罗隐《柳》）	春天	春意盎然 年华易逝
	柳阴直，烟里丝丝弄碧。隋堤上、曾见几番，拂水飘绵送行色。登临望故国，谁识京华倦客？（周邦彦《兰陵王》）	遥望故国	思乡之情

（微信扫描二维码可观看课例，网页下载链接：
https://module.scnu.edu.cn/article-13954-591-1.html）

三、教学成效与反思

刚接触《说“木叶”》这篇课文时，学生并不喜欢它，因为这篇课文既长也显学术性，但经过师生共同探究之后，他们理解了课文，也做到了举一反三。总体来说，教学活动较好地达到预期的效果。

为了设计这堂课，笔者查阅了大量的资料，斟酌文本，得出《说“木叶”》一文的三个特征。另外，笔者通过网络，观看了大量优质的教学视频和教学设计，吸收众长，巧妙处理“梳理说理过程”等教学难题。这份教学设计使笔者认识到，备课要肯下苦功夫，教师除了要细读文本，找到文章的脉络和不能错过的细节外，还要运用便利、丰富的网络资源，并进行综合分析，最终得出自己的见解。

专家点评

林庚先生的《说“木叶”》是适合高中生学习的文艺随笔。蔡叶琳老师教学设计的最大特色是体现了支架式教学的理念。支架式教学是以“最近发展区”和建构主义理论为基础的教学模式，它强调学生的主体地位以及教师的指导角色，旨在培养学生自主思考、协作学习以及解决问题的能力。其中“支架”指的是在教学过程中教师为了使学生能理解知

识而提供的帮助。

蔡老师立足于学生现有水平，紧扣文本，将引导学生活动和行为的学习支架设计到任务驱动教学过程中，使学生获得了能力发展。具体而言，蔡老师在掌握学生已有的知识经验水平的基础上，紧扣《说“木叶”》的文本特点，设计了表格式任务单。《说“木叶”》中大量使用疑问句，作者通过这些疑问句的推动，让读者在逐层推进中接近自己的观点，疑问句起到了推动文本意脉向前发展的作用。蔡老师抓住这一文本语言形式的特点，引导学生深入阅读文本，完成任务单，是一种行之有效的策略。蔡老师设计的学习任务单为学生搭建了能帮助其跨越“最近发展区”的“支架”。同时，蔡老师在设计时融入学习迁移的策略，引导学生运用所学，探究古代诗歌中“柳”的形象，这无形中又搭建了能有助于培养学生迁移能力的“支架”。

（点评人：王萍，华南师范大学文学院副教授）

理解与重构

——《林教头风雪山神庙》探究性阅读

广东广雅中学　温景祥

一、案例简介

“理解与重构”包含“理解”和“重构”两个部分。首先，引导学生“由浅入深”“以点带面”地理解课文，逐层分析聚焦在林冲身上的多重矛盾以及情节发展过程中所呈现的人物性格等。其次，指导学生对课文进行研究性学习，运用聚焦阅读和重构故事的形式，站在不同角色的角度重述故事情节，分析不同角色眼中的林冲形象，深入小说内在的矛盾，掌握话本小说在叙述形式上的特点。

二、教学设计

（一）教学目标

（1）全面梳理小说情节，分析情节发展过程中林冲心理状态的动态发展过程。

（2）掌握小说叙述视角相关知识，从不同叙述视角感受小说叙述的艺术效果。

（3）对照不同叙述视角下的林冲形象，挖掘聚焦在林冲身上的深层矛盾与社会悲剧。

（二）教学内容

《林教头风雪山神庙》是《水浒传》第十回的内容，收录于部编版高中语文必修下册第六单元。林冲在第七回出场时作为“八十万禁军枪棒教头林武师”，“头戴一顶青纱抓角儿头巾，脑后两个白玉圈连珠鬓环。身穿一领单绿罗团花战袍，腰系一条双搭尾龟背银带”，是典型的官家良人，生活美满，积极追求功名利禄，到第十回被逼放弃了所有幻想而走向梁山，小说对“豹子头”形象的塑造也基本完成。学习课文《林教头风雪山神庙》，重点在于全面分析林冲走上梁山的深层原因，分析林冲“算得到，熬得住，把得牢，做得彻”的性格特点，把握这一部分在叙述视角选择上的特色及效果，借此理解中国传统小说从“话本”中脱胎而来的艺术特色。

（三）教学方法、模式、策略

（1）教学方法：讲授法、读书指导法、任务驱动法等。

（2）教学模式：问题—探究教学、情境—应用体验。

（3）教学策略：理解监控策略、深层对话策略、协商情境策略。

（四）教学媒体

平板（智慧课堂）、希沃白板。

（五）教学设计方案

1. **学习活动设计**

（1）环节一。

学生活动　完成初步阅读，提出自主阅读过程中的困惑，通过智慧课堂问卷与教师、同学交流阅读的难点，在交流中逐步理清小说的情节以及人物的关系，对人物形象及性格进行初步判断。

教师活动　检查预习作业，指导学生速读小说内容，引导学生从阅读中的困惑出发，在小说中寻找合理的解释，并且整理出有限文本所不能回答的问题，以此带出整本书阅读以及思辨性阅读的重要性和相关策略。

【设计意图】

阅读教学的关键在于让学生学会自我诊断与自我调节，在阅读过程中获得提升阅读能力的动力和方法。本活动环节从学生的原初阅读状态出发，引导学生审视自己的阅读水平，寻找阅读的困惑，将自己的阅读困惑用语言文字表达出来，使之清晰化，在教师的引导下抓住问题的本质，从核心内容出发，在一步一步的释疑中形成获得感和阅读兴趣。

（2）环节二。

学生活动　对比阅读“两次偷听”的内容，通过填写表格分析相应情节中的人物表现及其原因，分析人物内心活动，梳理“这条好计”的具体内容以及预设效果和意外情况。

教师活动　引导学生对比小说中“两次偷听”的情节，分析小说中“明处”与“暗处”、“细心”与“大意”等对照的关系，理解小说的矛盾冲突。

【设计意图】

对比阅读是产生阅读疑问并尝试深度分析的一种策略。这篇小说恰好存在“两次偷听”的情节，第一次是李小二及其妻偷听陆虞候他们商量如何谋害林冲，这次偷听引起了林冲的注意，林冲却不清楚具体的策略，无法进行预防。这样写很能凸显小说设置李小二这一角色的特殊用意——用陌生化限知视角带着读者（听说书的观众）替林冲担心，巧妙地推动情节发展，作者将李小二的茶酒店设在“营前”的“用意”以及写出李小二既有报恩之心又怕连累自己的特点充分展现出来。林冲从听到消息到接受安排照管草料场，很能体现林冲听天由命、顺受能忍的特点，这次陆虞候和富安极其小心谨慎，计划也极其周密、狠毒，在这一次偷听中，被害的林冲在“明处”，害人的陆虞候在“暗处”。第二次偷听是计划实施之后，林冲在庙内偷听陆虞候与富安、差拨的对话，陆虞候欣赏自己的“杰作”，自道“计策之完善”，林冲在“暗处”，陆虞候在“明处”，与前一次形成了鲜明的对比，此时尤其能体现陆虞候等人因“小人得意”而“粗心大意”。

（3）环节三。

学生活动　聚焦阅读课文中直接描写林冲的内容。从语言、动作、心理等方面分析林冲的人物特色，思考为何要如此塑造林冲的形象。

教师活动　展示并分析金圣叹对林冲的评价，结合文本中的细节描写和学生的分析，提出问题，让学生思考摆在林冲面前的主要矛盾以及林冲处理矛盾时的内心状态。

【设计意图】

研究性阅读的策略中，其中一点是“抓住文本的异常处、矛盾处、发人深省处、令人费解处质疑；不迷信文本，发现文本存在的问题，通过比较阅读、拓展阅读，分析确认”。小说中对林冲的语言、动作等细节加以描写，将林冲的形象生动而立体地呈现在读者面前，写出林冲顺受逆命、心存侥幸的心理以及能忍能熬的性格，写出他谨慎小心、安分守己、唯恐生事却被逼走上梁山的整个过程，充分体现“豹子头”的性格特质以及小说“乱自上作”“官逼民反”的中心思想。

（4）环节四。

学生活动　从李小二、李小二妻子、陆虞候、管营、林冲等角色中选取其一，以特定的叙述视角向别人讲述林冲落草的过程、原因、心理状态以及对社会现实的评价。

教师活动　组织课堂活动，引导学生如何以特定的叙述视角进行叙事，分析特定叙述视角的限制和特殊效应，讲授小说叙述视角的知识以及艺术特色，引导学生重构小说情节，学习通过不同镜头展现情节内容与人物形象。

叙述视角：作者在叙述过程中并不直接出现，而是选择了叙述者或者小说中的人物作为代言人。叙述视角是作者、叙述者和人物观察故事的角度，体现出观察者的立场及其认知限制，以及观察者的情感、态度和评价。

【设计意图】

通过限知视角来复述故事，复述式阅读方法既可以培养学生的记忆力、理解力、概括力，还可以培养学生的口头表达能力，更可以让学生深入研读小说设置不同人物角色的独特价值以及学会深入研究小说内在矛盾设置的特色。

2. 学习评价设计

（1）通过梳理小说情节以及回顾关于林冲的相关内容，测评学生在《水浒传》整本书阅读上的掌握情况，以点带面，适当引领学生进行《水浒传》整本书的深度阅读。

（2）通过课堂活动，要求学生快速阅读课文并按照要求选择一个叙述视角复述小说内容，分析人物形象，测评学生速读速记能力以及形象思维、逻辑思维水平，测评学生小组讨论以及语言表达能力。

（3）通过完成电影镜头编写的任务，测评学生对小说情节以及人物细节的熟悉程度，以及创造性解读文本，进行文学文本理解重构的能力。

3. 板书设计

算得到　　把得牢　　表面矛盾：高太尉、陆虞候、富安等人的迫害

林冲

熬得住　　做得彻　　深层矛盾：林冲原有生活理想与现实处境的矛盾

图1　板书设计图

（微信扫描二维码可观看课例，网页下载链接：https://module.scnu.edu.cn/article-13954-592-1.html）

三、教学成效与反思

第一，在教学目标的确定上，需要从小说文本本身特点出发，挖掘本篇小说的独特价值。林冲在《水浒传》中有着特殊的作用，他是“逼上梁山”“官逼民反”的代表人物，正如鲍鹏山所言，“梁山泊在林冲的故事里第一次出现，就能显示出更为深刻的内涵”，“林冲雪夜上梁山”体现了“忠心耿耿的王臣”被迫走向“王化之外”的社会悲剧。所以，学习本课的目标是“分析情节发展过程中林冲心理状态的动态发展过程”，从林冲内心的矛盾冲突中关照社会悲剧。另外，《水浒传》脱胎于话本，保留着话本小说的现场感和叙述技巧，小说中设置“李小二”形象和叙述过程中设置的悬念，都是话本小说的形式需要，以“从不同叙述视角感受小说叙述的艺术效果”为目标，正是抓住了这篇小说的特殊性。

第二，在教学内容的处理上，笔者注重分析小说叙述的语言及小说叙事中的矛盾冲突。学生读这篇小说，很容易将矛盾聚焦于“林冲与高太尉、高衙内、陆虞候等具体人物”的冲突，或者认为“官逼民反”，将矛盾聚焦于“林冲和朝廷”的冲突。其实，如果只是具体的人与人的冲突，林冲凭着高强的武功快意恩仇就可以了，如果是“林冲与朝廷”的矛盾，却无法解释林冲之前一而再再而三的“隐忍”，也无法解释为什么金圣叹称赞他为“熬得住”。唯有进一步将矛盾聚焦在“林冲和他身上的传统忠君思想与生活理想之间的矛盾冲突”，才能更加深刻地体会到林冲的难处和林冲的勇敢之处。《林教头风雪山神庙》这篇课文为我们呈现了一个“艰难地挣脱思想束缚的林冲”形象，笔者将引导学生深入理解这一过程作为教学的重点，就是为了让学生对林冲人物性格，对《水浒传》所体现的社会悲剧有更加深刻的理解。

第三，在教学策略方面，笔者以提升学生的阅读能力和思辨性思维能力为出发点。在教学中，教师作为向导，给学生设定许多具体的任务定向，如要求学生通过复述、概述、述评等方式对文本进行理解，引导学生寻找文本内容的矛盾之处、令人困惑之处等，经过多次的阅读方法定向指导之后，学生熟练相关阅读策略，便可以凭着自身的力量去品读、辨别、评价，由感动而理解、由理解而判断、由判断而深思。所以，这节课从学生的疑问出发，引导学生学会从“整本书阅读”“文段对比阅读”“关键描写聚焦分析”等方法中

实践阅读技巧，在师生对话、生生对话、生本对话中获得思维的乐趣。

第四，在教学媒体和教学设计上，笔者注重突出学生的主体性，所以运用“智慧课堂”的互动功能，在课堂上用调查问卷掌握学生理解程度，用小组讨论功能让学生研讨学习，用随机互动功能让学生演绎不同角色的叙述特征。具体设计环节上，让学生对比“李逵、时迁等人与梁山泊”“鲁智深、武松与梁山泊”“林冲与梁山泊”，进而理解林冲在整本《水浒传》中的深刻内涵。让学生对比“李小二妻偷听陆虞候等人密谋”和“林冲在庙内偷听陆虞候等人言计”的内容，整体把握小说情节，抓住情节冲突，分析“李小二”人物形象的价值。让学生聚焦分析林冲一系列的动作与心理，让学生知道陆虞候设计了林冲再谨慎都无法躲过的“祸患”，让学生知道小说强调的“天理昭昭”是多么的虚妄，让学生进一步理解小说中所体现的社会悲剧。

第五，这份教学设计体现了笔者对于阅读教学的新思考——教师的阅读理解层次深刻影响着学生的阅读理解层次，教学活动设计的艺术在于激活学生的深度阅读思维，让学生学会自主探究性阅读。运用“阅读整本《水浒传》，才能更准确把握林冲形象的文学价值”“好奇与疑惑，是进入深度阅读的起点，是激活思维的关键”“对比阅读，是研究性阅读的主要策略，可以从中找到分歧点”“聚焦阅读，可以窥见文学的秘密——作者隐藏的形式技巧”“个性化阅读——寻找属于自己的视角，形成自己的判断”等策略进行读法指导。

专家点评

温景祥老师的“《林教头风雪山神庙》探究性阅读”教学设计最大的特色是体现了“教—学—评一体化”。温老师以清晰的学习目标为起点，安排相应的教学活动，最后进行评价设计，指向促进目标的达成。例如，为了完成“分析情节发展过程中林冲心理状态的动态发展过程”这一教学目标，温老师安排了“环节一”“环节二”“环节三”。每个环节都明确了学生活动、教师活动及设计意图。最后，进行了清晰的学习评价设计，即要求学生梳理小说情节并回顾关于林冲的相关内容，完成电影镜头编写的任务。为了完成“从不同叙述视角感受小说叙述的艺术效果”，温老师安排了“环节四”，也进行了相应的学习评价设计，即要求学生快速阅读课文并按照要求选择一个叙述视角复述小说内容，分析人物形象。

总的来看，温老师充分考虑了教学目标与评价目标、学习方式与评价方式、学习任务与评价任务的一致性、整体性，将教师的教、学生的学与学习成效三者紧密关联起来，使教学系统的结构优化，使教学步骤有序化，有力促进了教学与评价的一体化，最终实现了语文学科核心素养落地生根。温老师的教学探索为当前课改背景下如何实施基于课程标准的教学设计提供了有益的启示。

（点评人：王萍，华南师范大学文学院副教授）

《项羽之死》（第二课时）

——高二 14 班导演作品《本色英雄》

佛山市顺德区第一中学　李锦欣

一、案例简介

本案例为电影拍摄活动课程，首先通过群文阅读让学生初步建立项羽整体人物形象，接下来通过让学生撰写电影分镜头脚本、现场表演及评奖，激发学生对文本《项羽之死》（载高中语文选修课本《中国古代诗歌散文欣赏》第四单元）的学习兴趣，从而学会全面、客观、整体地认识历史人物。

二、教学设计

（一）教学目标

（1）创建主题活动任务，通过小组合作完成电影分脚本创作，完成项羽人物形象分析。通过现场表演展示，加深学生对项羽行为、情感的理解与认识，提高文学审美鉴赏能力。

（2）通过历史人物评价创作，提升学生对文言文的把握能力，传承历史人物身上优秀的精神品质。

（二）教学内容

以拍摄电影作为任务驱动，让学生在完成电影分镜头脚本活动创作中，全面分析项羽人物形象，实现跨学科知识融合。

（三）教学方法、模式、策略

以学生活动为主，结合自主研读法、讨论法、直观演示法及教师点评呈现项羽形象。

（四）教学媒体

希沃白板、展示板。

（五）教学设计方案

1. 环节一：自主研读

（1）阅读司马迁《项羽本纪》全文并找出能反映项羽人物形象的句子或段落，进行简要概括。

（2）小组选出一位组长并组织成员合作完成“《本色英雄》分镜头脚本”的填写。

（3）运用学过的文言文句式，用文言文的形式完成“我说项羽”，可以模仿司马迁《项羽本纪赞》。

2. 环节二：导入

导入语：“你们总说现在的翻拍都太烂了，今天我想给你们一个机会，让你们当一回导演，拍一部作品。”

3. 环节三：知识回顾

（1）3 月 5 日，你接到通知说“明星工作室”可能会邀请你作为导演拍摄一部关于项羽的电影，你马上查阅了司马迁的《项羽本纪》并对其人物形象进行简略分析。

①籍长八尺余，力能扛鼎，才气过人，虽吴中子弟皆已惮籍矣。

②於是已破秦军，项羽召见诸侯将，入辕门，无不膝行而前，莫敢仰视。

③项王曰：“此沛公左司马曹无伤言之；不然，籍何以至此。”

④范增数目项王，举所佩玉玦以示之者三，项王默然不应。

⑤居数日，项羽引兵西屠咸阳，杀秦降王子婴，烧秦宫室，火三月不灭；收其货宝妇女而东。

⑥汉之二年冬，项羽遂北至城阳，田荣亦将兵会战。田荣不胜，走至平原，平原民杀之。遂北烧夷齐城郭室屋，皆阬田荣降卒，系虏其老弱妇女。徇齐至北海，多所残灭。齐人相聚而叛之。（2）初次见面，“项羽”给你留下怎样的印象？

英武过人、霸气凌人、狂妄、愚昧、刚愎自用、暴戾凶残、自矜功伐、残暴。

4. 环节四：合作探究、成果展示

3 月 8 日，明星工作室确定邀请你作为导演，以《项羽之死》为剧本拍摄一部名为《本色英雄》的电影，请你做好简单版分镜头脚本，并谈谈原因。（由于时间关系，可提前在预习环节布置，教师选取其中两个分镜头作为例子，明确填写内容及范围）

表 1 《本色英雄》分镜头脚本

镜号名称	景别	长度	画面内容	解说词	音乐	效果
慷慨悲歌	特写	15 s	深夜，项王左手举起酒杯，右手举高，反复多次慷慨悲歌，高唱《垓下歌》	《垓下歌》	伤感楚歌纯音乐	失落、绝望
霸王别姬	中景	18 s	深夜，项王与虞姬两相依偎，四目对望，一歌一和	—	分离纯音乐	不舍、重情

续上表

镜号名称	景别	长度	画面内容	解说词	音乐	效果
问道田父	远景—近景	20 s	天刚亮，项王迷路，看见一田父并上前问路，田父指向左	—	情节变化音乐	不得民心
……	……	……	……	……	……	……

（1）各小组通过展示平台对分镜头脚本进行展示并选择一个分镜头进行现场表演，每组3分钟。

（2）表演结束后由教师针对电影分镜头脚本或现场表演进行点评，每组不超过1分钟。

（3）学生以个人为单位，以评分准则为依据，分别对电影分镜头脚本及演员表演进行评分，最后从8组中分别选出3份优秀电影分镜头脚本及3位优秀演员，分别授予“新晋导演”奖及“最佳演员”奖。

（4）教师小结：“太史公有言，写其形，必传其神，传其神，必写其心。感谢每一位导演对剧本的苦心钻研，感谢每一位演员惟妙惟肖的演出，今天你们让项羽重新活在我们的眼前，印在我们心间。”

5. 环节五：模仿创作（“我说项羽”）

工作室希望在电影最后设计一个彩蛋，内容是大家对本部影片核心人物——项羽的评价。你决定参考太史公的《项羽本纪赞》，尝试用文言文的方式写下自己对项羽的评价，字数150~200字。

教学中所用表格如表2至表4所示。

表2 《本色英雄》分镜头脚本（空白表）

组别：　　　　　　　　　　组员：

镜号名称	景别	长度	画面内容	解说词	音乐	效果

【提示】景别：远景、全景、中景、近景、特写。

解说词：说明性语言，主要作用是介绍和叙述单纯用画面无法表达的内容。

效果：突出项王的人物形象。

优秀分镜头脚本推荐：__________　__________　__________

表 3 新晋导演评分表

组别	分镜头选取 是否准确	画面内容描述 是否恰当	表现效果	总评（30 分）
第一组				
第二组				
第三组				
第四组				
第五组				
第六组				
第七组				
第八组				

【注意】每一项 10 分，总分 30 分。

新增导演推荐：__________ __________ __________

表 4 最佳演员评分表

组别	动作	神态	语言建构 （语音语调）	审美提升	创意表演	总评 （100 分）
第一组						
第二组						
第三组						
第四组						
第五组						
第六组						
第七组						
第八组						

【注意】每一项 20 分，总分 100 分。

优秀演员推荐：__________ __________ __________

（微信扫描二维码可观看课例，网页下载链接：
https://module.scnu.edu.cn/article-13954-593-1.html）

三、教学成效与反思

（一）创新性

新课标要求我们“跳出以语言材料为中心的教学组织形式，转向以‘主题’为中心”，“以整体化的课程与教学组织形式，让学生在相对完整的情境和任务中自主建构、不断反思和调试中培育素养”，因此笔者在设计中以“拍摄电影《英雄本色》”为主题，通过一系列活动课程，以任务、情景式作为驱动力，激发学生学习激情。结合选修课本性质，通过文本成为剧本，融入电影学知识，让学生构建“电影分镜头脚本”，实现跨学科知识整合，有利于学生的综合知识应用。学生通过现场演绎项羽人物形象，以“新晋导演”“最佳演员”等奖项形成激励机制，激发学生的表演热情，让学生身临其境融入角色中，更好地把握人物形象。

笔者认为本次课程的创新性在于改变了传统教学中“重预设、轻生成，重效率、轻质量，重形式、轻活动”的教学方法，而是把“主题·情景·任务驱动·活动课堂”有机融合在一起，实现创新课堂。

（二）教学效果

作为一名新教师，笔者时常感到迷惑，也经常思考如何更好地激发学生的学习兴趣，如何使课本知识“活”起来。在认真听取了多位学科名师的讲座，认真研读新课标的理论后，笔者的方向逐渐变得清晰。现在的每一次尝试都是处在摸着石头过河的阶段，课堂中仍有许多不足的地方，但是本次活动课堂笔者认为是自己打造“主题·情景·任务驱动·活动课堂”的一次重大突破，在预设与生成环节有了质的飞跃，希望能在以后的课堂中得到更多满意的收获。

新课标大力倡导教师和学生进行群文教学与阅读，因此在本次设计中，笔者尝试让学生先回顾《鸿门宴》中对项羽的想象，以《项羽本纪》作为拓展阅读材料，立足课文《项羽之死》全面分析项羽人物形象。个别学生在阅读《项羽本纪》时有困难，因此笔者给学生挑选了重点段落，让学生在段落中寻找可以体现人物形象的句子。学生通过重点段落基本能对项羽有一个比较全面的认识。授课过程中，以“拍摄电影《本色英雄》”为主题的课堂活动很好地激发了学生的学习兴趣，通过课前小组自主研读及小组讨论，每个小组都能根据例子完成电影分镜头脚本的创作，大部分小组能找到至少 6 个分镜头，最多的可以找到 8 个分镜头，最少的也能找到 5 个分镜头。个别小组对镜头的把握不到位，如第四小组的分镜头中有“四面楚歌”，此镜头并不能正确反映项羽人物形象，最后通过台下观众评委的点评分析，让导演意识到问题所在。

现场表演环节让课堂气氛走向高潮，导演对分镜头脚本的认真分析，演员生动形象的演出有力地带动学生投入到角色中，领悟项羽形象。作为新晋导演及最佳演员，评委要求学生必须对文本有深入的了解，对表演者的语言、神态有细心的观察，这样的做法实际上是让教育在无形中发生。在第二小组的展示中，演员在表演项羽拒绝渡江时，没有留意到项羽之笑，台下就有评委点出这个问题，笑是项羽形象的一大重要体现，是他知耻重义、本色英雄的体现。“我谈项羽”是本次课堂最抒情的环节，大部分学生都能结合《项羽本纪》《鸿门宴》《项羽之死》做到全面看待历史英雄人物，有的同学对英雄人物感动、惋惜、痛心，有的对项羽投向赞美崇拜的目光，学生结合自己的人生观价值观对项羽的不同评价最是动人。还可以继续改进的是学生采用文言文方式进行创作时，个别字词句尚未成熟，有待进一步加强。

【评价维度】

（1）教学目标设计的评价：目标设定方向明确，数量适中，能够将课本知识与语文素养有机结合。

（2）对教学内容处理的评价：能有效结合选修课本性质，利用活动课程激发学生对人物形象的创造性学习兴趣。

（3）对教学方法、模式、策略选择与运用的评价：结合新课标对活动课程的要求，体现以学为主，结合群文阅读，跨学科知识融合进行教学。

（4）对教学媒体选择与运用的评价：利用多功能教学媒体辅助课堂活动更有序、更有效率地进行。

（5）对教学设计方案的评价：有明确的活动主题，有创造性的情景任务驱动，教学环节设置合理，层层递进，输入与输出并存，能让学生在活动中潜移默化进行知识吸收与运用。

（6）对教学设计创新性的评价：紧扣新课标要求，有效利用“主题·情景·任务驱动·活动课堂”开展教学，在活动课程前期准备中充分利用群文阅读优势，让文本成为剧本，实现跨学科知识整合，利用奖励机制，通过现场演绎调动学生的学习兴趣。

专家点评

用一个字来概括本教学设计的特点，便是“跨”字，到处都表现出“跨”字：跨学科（课程）、跨界、跨学习方式……

首先是跨学科（课程），为激发学生对文本《项羽之死》的学习兴趣，本案例不是现有常见的语文学科课程了，而是集群文阅读、电影脚本撰写、拍摄活动和电影评奖活动于一体的综合特色课程。

其次是跨界，传统语文课程中教师、学生是讲授者与学习者、知识的消费者，教师、学生始终在教育界，而本设计中教师、学生已经从教育界跨到演艺界了，他们是教师、学生，同时还是导演、演员、知识的创造者。

最后是跨学习方式，传统语文课程的学习方式脱离不了听说读写，而本教学设计中的学习方式不止于听说读写，还有表演、拍摄、评价、组织、管理等。

且不说要实现这么多“跨”的教学设计的可行性、有效性，单看设计者佛山市顺德区第一中学李锦欣老师“敢想敢干”的精神就值得我们学习。

（点评人：郑有才，华南师范大学文学院中学语文教学法教研室讲师）

各言其志，以礼当先

——《子路、曾皙、冉有、公西华侍坐》教学

韶关市第一中学　魏晓晖

一、案例简介

本篇选自部编版教材高中语文必修下册第一单元第1篇。单元导语要求学生在理解文意的基础上把握选篇的思想内涵，认识其文化价值，思考其现代意义，深化学生对传统文化的认知。虽然新教材比较注重单元任务和群文教学，但也需要建立在单篇教学的基础上。本篇教学即为《子路、曾皙、冉有、公西华侍坐》的单篇教学。

以往的文言教学很重视文言知识教学，强调字义、文义疏通，课堂上教师占绝对主导地位。反观学生，往往觉得学习文言枯燥乏味，缺乏动力，强打精神，死记硬背。然而，文言教学不能局限于文言知识教学。古文是古人的语言，是古人沟通的工具，与具体情境紧密相关。我们需要让学生意识到古文也是有意思的语言，而不仅是“遥远的知识”。因此，本文教学重在创设情境，引导学生自主解决文言字词问题，教师只适当点拨；同时引导学生在情境中把握人物形象和思想，可加深理解，培养学生自主研读能力。

二、教学设计

（一）教学目标

（1）通过人物语言和动作了解人物形象（性格、志趣等）。

（2）培养学生的情境意识，利用资料研读文本，使学生学会自主思考，提高学生的自主探究能力及语言表达能力。

（3）（重难点）使学生了解儒家思想特征和孔子主张，深化对传统文化“礼”的认识，明确自己的理想目标，树立正确的价值观、人生观。

（二）教学内容

《子路、曾皙、冉有、公西华侍坐》全文，《论语》相关知识，孔子“礼”的主张。

（三）教学方法

情境法（表演法）、点评、讨论、点拨。

（四）教学媒体

PPT 多媒体课件。

（五）教学设计方案

1. 课前预习

在规划本堂课教学活动之前，先让学生做文本预习，并将《论语》相关知识及孔子的重要主张打印成资料发给学生。

2. 教学过程

（1）还原情境，以演代读。

安排班级几位同学，以表演的形式还原课文内容。要求用现代汉语对话，不得脱离课文。创设具体的情境，以口译的形式展现学生文言知识的掌握程度，同时帮助学生培养情境意识，更好地进入人物角色。

（2）以评代讲，自主探究。

由各学习小组委派代表，点评同学的表演。为使点评更加有的放矢，教师可引导学生从语言表达、人物形象、行为表现几个角度进行评价，最后归纳四子之志，具体参考与设置如下：

①语言表达是否符合文本。

表 1　语言表达评价表

等级项目	不符合 C	基本符合 B	非常符合 A	阐述理由
语言表达				

（A 指人物语言表述完全与文本相符，乃至文雅；B 指语言表述基本与文本相符，有个别或少数错漏不得当；C 指表述与文本差别较大，错误不得当的地方较多。）

让学生判断表演同学的对话与原文是否相符，自主解决翻译过程中遇到的省略、赘余、倒序、古今异义等问题；如遇重难点字词句，教师可做适当补充讲解。

②人物形象是否与文本相符。

表 2　人物形象评价表

等级项目	不符合 C	基本符合 B	非常符合 A	阐述理由
人物形象				

（A 指表演的人物动作、语气与文本完全相符，形象鲜明；B 指演出动作、语气与文本基本相符，但细节不够；C 指演出动作语气与文本不一致，人物毫无特点。）

这项评价的设置是为了让学生注意文本当中的某些细节，如“率尔”“哂”“鼓瑟希，铿尔，舍瑟而作”“喟然叹曰”等动作是否在表演中有所体现，提示学生细读文本。

另外，四人发言时语气怎样？孔子说话时语气如何？引导学生立足文本，自主思考，揣摩各个人物的形象特征。

（从子路到曾皙，四个人的发言越来越谦虚，语气上子路应该是急躁一点，到后面愈趋舒缓。曾皙发言时独特的动作应该有一种儒雅的风范。结合孔子最后的点评，在四人谈志的时候微表情应该也是不一样的。）

③行为动作是否合礼。

表3　行为动作评价表

评价项目	合礼 A	不合礼 B	阐述理由
行为表现			

（A 指表演过程中人物在称谓、坐姿、其他动作、发言顺序等方面都符合人物身份、礼仪，没有不得体；B 指人物在以上方面有不合礼、不得体的地方。）

本项评价设置的目的是让学生思考“礼”可以有哪些具体表现，与文本比对，用心思考，探究古代师生闲谈的举止表现。比如称谓方面，自称其名，他称其字；发言长幼有序，次序分明（曾皙鼓瑟，最后发言）。

还比如，坐姿方面，教师可以把它作为文化常识补充给学生：

师：一般认为“侍坐”指在尊长旁边陪坐，这是有讲究的。《礼记·曲礼上》：“侍坐于所尊，敬毋余席。”说的是与尊长坐在一起时，尊者独坐一席，侍者另坐一席，尽量坐在接近尊者的那端，中间不要留较大空隙，以便服侍、请教。学生们“拥师而坐，如星拱月轮”，好不亲密！

那么，具体坐姿如何？秦汉以前，人们“席地而坐”，一般坐姿分两种——“跽”和“踞”，但最普遍及正式的坐姿是“跽”。“跽”根据场合环境的不同又分三种变化。平日闲暇时的坐法就是“坐”，膝盖跪在地上，脚背向着地面，脚心向上，臀部落在脚后跟上。这种坐姿是非常放松的，古人在休闲时基本保持这个姿势。

《说文解字》：“踞，蹲也”。屁股坐在地上，膝盖立起，或伸脚于前。“踞”坐法十分不雅观、不礼貌，有轻视、蔑视的意味，所以人们一般都不会采用这样的坐姿。本篇文章应该采取的是图1坐姿。

图1　“跽”

图2　“踞”

④梳理四子之志何如。

表4　四子之志

评述人物	文本	目标	对应现代职位	与现今自身个人理想目标对比
子路	可使有勇	强兵	军委委员	
冉有	可使足民	富民	商务部部长	
公西华	愿为小相	知礼	文化部部长	
曾皙	浴乎沂，风乎舞雩，咏而归	礼序人和	逍遥群众	

（以上表格内容可以在学生的共同探讨下得出结论。）

本环节重在对子路、曾皙、冉有、公西华四人所说志向做梳理归纳，并与自身理想目标做对比，了解自身个人目标取向，让学生辨析古今立志之别。由于曾皙的志比较难理解，教师可先做解释：

师：如果说前面三位说的都是治国的策略，那么曾皙呈现出来的就是礼乐治国的一个结果。他用富有诗意的语言，描绘了一幅春光明媚、惠风和畅的美景。如果可能的话，我们真想提起画笔画一幅“暮春咏归图”！美丽的时节，穿上美丽的衣服，和美丽的朋友，一起做美丽的事情，沐浴、吹风、歌咏。好一个风清俗美、和平宁静的社会环境，普遍认为曾皙的志表达了以“礼乐治国”的崇高境界。

结论：于今而言，我们树立理想，大多是为满足自身需求，追求个人价值，有“为中华崛起而读书”信念者，少之又少。然而四子言志不同，目标明确：治国理政，心系天下。是他们自信狂妄吗？不是的。因为孔子奉行“君子不器”“不仕无义”，他也是以此理念培养学生的。我们应该向他们学习，树立高远的目标，心系社会，有利国家。

（3）问题导向，师生共讨（重难点）。

师：同学们，我们对两千多年前的四位学子已有了一定了解，知晓他们尊师重教，注重礼节，也知道他们心怀天下。那么作为他们的老师，孔子自己的志趣理想是什么呢？能否通过文本找到答案？

有些同学非常细心，从孔子对学生的态度里找到了答案：“吾与点也。”孔子“与点”，能说明什么？研读文本，我们发现孔子听完曾皙的发言先“喟然而叹”，而后才说“吾与点也”。孔子为什么叹气？为何前面不叹？

通过前面的梳理我们知道，四人虽都志在治国理政，却又不尽相同。子路志在“强兵”，冉有志在“富民”，公西华志在“主礼”，均重在理政过程，唯独曾皙描绘的是一幅图景，出之以春风沂水，一片和煦春光。在礼乐崩坏的春秋末期，曾皙能对美好社会做如此具体生动的描绘，以此寄托自己的理想，在孔子看来，太难得了！百姓逍遥自在，知礼爱乐，天序人和，与他的“大同”理想不谋而合，这就是他追求的境界呀，因此喜不自胜喟然赞叹了。

是以曾皙的话不仅是显己志，也是对孔子心灵的折射。

师：既然拥有这么高远的政治理想，那么孔子想怎样实现这种理想呢？本文是否有所体现？

有同学在孔子评子路“为国以礼，其言不让，是故哂之”这里找到了线索。

“为国以礼”，是本文最能体现他政治主张的一句。孔子曾说：“不学礼，无以立。”他把礼看作是一个人的立身之本，是社会的纲领。对于礼的重要性，他说：“失之者死，得之者生。”可见他已经把礼提到了关乎生死的高度。

正是因为这样，子路“率尔而对”之后，“夫子哂之”，原因他说得很明白——“其言不让”。

《礼记·曲礼》：“侍于君子（长者），不顾而对，非礼也。”

陪侍老师坐着的时候，不四周顾望一下再回答，是不合礼仪的。求、赤、点都是有问才有答，唯独子路不问自答，非礼也，是以哂之。

因此孔子看来，要实现自己的治国理想，首先“立于礼”。

此外，不知道大家有没有发现一件有意思的事？子路“其言不让”被认为是不合礼仪的，而其他人在说话的时候，曾皙一直在鼓瑟，就合礼仪吗？我们都懂得，在老师上课、同学回答问题的时候，玩手机或开小差的行为是不对的，曾皙的行为是不是与此相似？

不是的。孔子说过，“兴于诗，立于礼，成于乐”（《论语》）。他认为，学诗学礼，其修身养性尚未完备，最后还须学乐以成之。可见乐的重要性。

《礼记》：“侍坐弗使，不执琴瑟。”

侍坐于尊长，尊长不指使自己，就不敢弹奏琴瑟。所以曾皙鼓瑟必定是得到孔子的命令。同时，孔子跳过排行第二的曾皙先让冉有发言，能看出孔子并不想打断琴声，他甚至是喜爱这琴声的。为什么孔子这般喜爱重视音乐？

《孝经·广要道》：“安上治民，莫善于礼；移风易俗，莫善于乐。”

安居上位，治理百姓，没有比礼更好的；转变民风，改易习俗，没有比乐更好的。可见二者共同作为治理国家的手段，缺一不可。

因此孔子认为，要实现自己的治国理想，还需“成于乐”。

孔子很想通过“礼乐治国”来实现真正的“天序人和”，是以曾皙描述的境界更显珍贵了。

（4）课后思考，结合现实。

本文孔子所说的“礼”，在今天有什么现实意义？

（微信扫描二维码可观看课例，网页下载链接：https://module.scnu.edu.cn/article-13954-594-1.html）

三、教学成效与反思

（一）教学效果

课堂生动活泼，学生积极主动，有的放矢，自主思考，能有效表达自己的独特见解，对孔子主张的“礼”有了比较深刻的认识，并结合现实，树立了自身的理想目标。

（二）反思

完成本课教学对学生有一定的要求，过程中引用《论语》相关内容较多，课堂容量大，需要学生全力配合。对于一些平时不够活跃、文言基础薄弱的班级，还需要进一步思考如何调动学生积极性，如何更深入浅出地完成教学。

专家点评

相信老师们对情境教学法都不陌生，这种方法由教师有目的地引入或创设具有一定情绪色彩的、以形象为主体的生动具体的场景，以引起学生一定的态度体验，从而帮助学生理解教材，并使学生的心理机能得到发展。常见的应用是，情境创设好了，教学活动便完成了。在教学中情境创设是目的，给人“为创设而创设”的感觉。而本教学设计中的情境法超越了以上传统情境教学法的应用，它通过情境创设来驱动学生完成一系列的探究学习任务。在教学中情境创设是手段，完成探究任务才是目的。这种方法我们可以称之为“情境驱动法”。

本教学设计首先安排几位学生以表演的形式还原课文内容，创设具体的情境，要求用现代汉语对话，不得脱离课文。然后教师提出情境任务：点评学生的表演，要求学生从语言表达、人物形象、行为表现等角度进行评价，最后归纳四子之志。

有的放矢的点评，其实就是完成一系列的课堂学习任务，大大提高了课堂教学的有效性。

在点评语言表达环节，让学生发现表演同学对话与原文是否相符，自主解决翻译过程中遇到的省略、赘余、倒序、古今异义等问题。

在点评人物形象环节，让学生注意文本当中的某些细节，如“率尔”“哂”“鼓瑟希，铿尔，舍瑟而作”“喟然叹曰”等动作是否在表演中有所体现，提示学生细读文本。另外提醒学生注意四人发言时语气怎样、孔子说话时语气如何，引导学生立足文本，自主思考，揣摩各个人物的形象特征。

在点评行为动作是否合礼环节，让学生思考“礼”可以有哪些具体表现，与文本比对，用心思考，探究古代师生闲谈的举止表现。在这里教师还补充了古人侍坐的文化常识。

情境驱动创造，创造点亮课堂。

（点评人：郑有才，华南师范大学文学院中学语文教学法教研室讲师）

守护家乡文化　厚植家国情怀

——部编版高中语文必修上册第四单元教学设计

华南师范大学附属中学　赖　慧

一、案例简介

语文是一门学习汉语语言文字运用的综合性、实践性课程，根据新课标的基本理念，部编新教材的教学设计也应在教学中构建语文学科核心素养。而针对必修上册第四单元的教学，教科书编者明确了教学重点应放在实践活动的设计与实施上，这是一个全新的活动单元，内容新，形式新，部编新教材单元设计的开发，缺乏的不是课程的主题或指导思想，而是课程的指引和具体方案的设计。为此，本教学设计围绕“守护家乡文化　厚植家国情怀”这一核心主题，将本单元的学习任务分解为三个学习阶段，分别落实“访谈”“撰写调查报告”“设计文创作品”“综合研学活动”的核心任务，结合教材和拓展学习资料，开展阅读与写作、表达与交流、梳理与探究等学习活动以及相应的评价和展示活动，以此来驱动学生深入参与活动，引导学生了解、关注和参与家乡文化生活建设，以帮助学生提升语文核心素养。

二、教学目标

（一）语言目标

（1）广泛阅读、观看访谈类文字和影像资料，掌握相关访谈的基本知识、方法、程序、技巧等，培养学生主动收集、积累、整合、归纳语言现象的意识。

（2）阅读相关调查研究、乡土文化等方面的文章，了解调查报告写作应包括的一般要素和基本要求，培养学生有针对性、有理有据地表达自己观点的能力。

（3）通过搜集、筛选资料和实地考察，以实地查阅或走访为基准，以文化、历史、经济、现状发展等为切入点，以感想和总结为呈现的方式来展示活动成果。

（二）思维目标

（1）学会从观察、走访各类社会现象中提炼有价值的典型问题，形成专题研究意识，学会分析、梳理材料，学会论证说理，提升理性思维能力和批判性思维能力。

（2）走出课堂，走向家乡，踏入社会，用历史眼光、文化视角和现代观念审视家乡社会的发展，学会多角度、多层次地分析问题，尝试新的方法，追求表达的创新力、思维的创新力。

（三）审美与文化的目标

（1）通过实地考察、访谈和撰写具有家乡特色的调查报告，思考家乡文化生活与自我成长之间的关系，形成关注和参与当代文化生活的意识，培养家国情怀。

（2）为家乡设计文创作品，在现代影音平台宣传家乡文化生活，切实地参与到家乡文化建设中，更好地增强文化自觉。

三、教学设计方案

此教学设计方案，是通过单元学习活动来落实的，单元活动的具体实施方案如下。

（一）第一阶段：指导学生进行实地考察、访谈，撰写关于家乡文化生活的调查报告

1．学习任务

（1）广泛阅读、观看访谈类文字和影像资料，了解访谈的基本概念和特点，掌握相关访谈的基本知识、方法、程序、技巧等。

（2）结合实地考察、走访中提炼出的有研究价值的现象，按照调查报告的基本写作要求，完成一篇有关家乡文化生活的调查报告。

2．课时安排

共 8 课时，其中方法指导 3 课时，方案讨论与设计 1 课时，成果展示与经验交流 4 课时。

3．学习资源

（1）教材单元资源：《调查的技术》《访谈法》《节日与文化》。

（2）助读资源：《记住乡愁留住根》（视频）、《家乡桐城》（纪连海）、《还看今朝》（视频）、《访谈流程与技巧》（张彦）、《人物志编写方法和技巧》、《调查报告的撰写步骤及注意事项》（泥安儒）、《调查资料的分析与总结》（王滨）（示例如图 1 所示）。

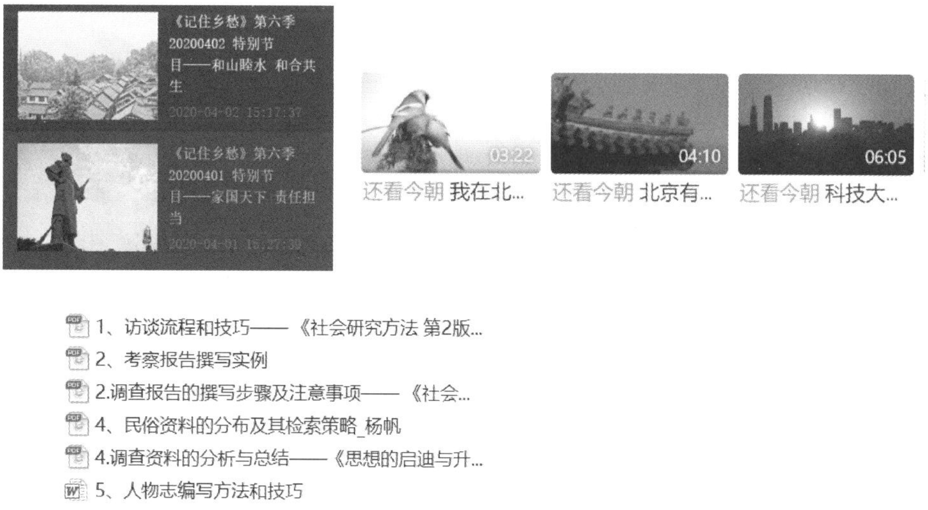

图 1　学习资源

4．**学生活动**

（1）学生课外广泛阅读、观看访谈类文字和影像资料，课堂上分小组讨论、总结、整理、归纳访谈的相关知识、方法，讨论设计调查问卷，为撰写调查报告做准备。（1 课时）

（2）指导学生阅读调查报告的相关资料，研究调查报告范例，教师引导并总结调查报告的撰写要求和实施步骤。（2 课时）

（3）学生分小组讨论确定调查报告的主题，研讨设计采访方案与内容，拟定调查工作计划（如图 2 所示）。（1 课时）

（4）利用假期，学生回到家乡实地考察和走访，完成访谈记录表（如图 3 所示），并撰写一篇调查报告。（如因客观原因无法回到家乡进行实地考察，则可以通过网络或电话进行线上采访，发放网络的调查问卷来搜集信息。）

（5）以小组为单位，每小组推选代表进行调查报告的成果展示与分享。（4 课时）

（1）　　（2）

图 2　教师指导与组织，引导学生定向与聚焦，学生展开讨论

访谈记录表 1

对象		年龄		性别		职业	
访谈主题							
访谈提纲							
访谈记录							

家乡风物记录表

风物名称		主要特点	
历史渊源		风物现状（是否完好，周边环境）	
文化价值		经济价值	
照片或资料		建议	

图 3　学习表格

5. **学习评价**

国庆期间，“文化寻根之旅”游学活动将在我校举办，你将作为我校代表，与海外华裔青少年一起参加以“留住家乡文化记忆”为主题的系列活动。

（1）请你和海外学生一起回到你的家乡实地考察，以“家乡文化”为主题组织访谈，填写访谈记录表，做好资料积累。

（2）广泛搜集资料，在访谈的基础上撰写一份关于“家乡文化”的调查报告，不少于1 500字，主题自定，并进行班内小组展示分享，同时借助调查报告展示评价表（如表1所示）评分，实行组内自评、小组互评、教师评分等方式。

表1　调查报告展示评价表

评价标准		组员评价	其他小组评价	教师评价
选题意义（20）	有特色、创新性			
	有研究价值			
研究内容（40）	主题明确			
	内容翔实			
	论证充分			
	重点突出，研究思路清晰			
展示水平（40）	表述清晰，重点突出，简洁明了			
	素材丰富，有趣味性			

注：评分参照标准包括两方面。1. 报告内涵：选题意义；研究内容。2. 展示水平。

（二）第二阶段：参与家乡文化建设

1. **学生活动**

（1）课外广泛搜集、查阅、整理文创产品的设计，并在班内简要介绍文创产品的种类、形式等，为设计作品做准备。

（2）以小组为单位，为“我为家乡代言”专栏设计文创作品，如明信片或者宣传海报。要求：主题鲜明，具有家乡地域特色，图文并茂，附上100字以内的文案推荐词，在班级展示，并推选出最佳文创作品，在公众号平台发布。

（3）以小组为单位，为“我为家乡代言”专栏拍摄一段短视频。要求：时长3～6分钟，可参考热门短视频平台的推荐作品，短视频需要有明确的主题、配乐、文案配音解说等，发布至短视频平台，评选出优秀作品，在年级展示。

2. **课时安排**

1课时。

3. **学习资源**

前期学生自己搜集的资料、整理的访谈记录以及自己撰写的调查报告。

4. **学习评价**

在“文化寻根之旅”活动的总结分享会上，你作为总结代表，就“家乡传统文化如何拥抱未来?”的问题，完成以下二选一的任务，以班级小组形式来完成。

（1）为“我为家乡代言”专栏拍摄一段短视频（3～6分钟）；

（2）积极参与现代家乡文化建设，为家乡设计文创作品，如明信片或绘制宣传手抄报。

（三）第三阶段：走出课堂，进行综合研学活动

第四单元的独特性决定了我们的教学不能只局限于学校课堂上，要真正走进家乡，了解家乡风土人情，关注和参与家乡的文化生活，就要走出课堂，走向田野，走入社会。由语文教师引领，开展通过研究性学习和旅行体验相结合的校外教育活动，这是学校教育和校外教育非常有效的衔接方式。

1. **课时安排**

这一阶段的课程具有系统性和整体性，时间跨度较大，适用于高一、高二年级，安排每学期2次活动，寒、暑假各1次活动。

2. **学生活动**

（1）教师带领学生实地走访岭南文学名人故居或博物馆，查阅文献资料，学生合作探究理解诗文，教师点拨，让学生了解岭南名士的作品，在诗文中感受岭南的风土人情。(2次活动课)

（2）在前期探访岭南文学名人的基础上，以“最念是家乡”为主题，引导学生关注家乡，回顾昨天、立足今天、畅想明天，创作一首诗或一篇文章，进行文学创作，增进对家乡的文化认同，最后推选出优秀作品，集结打印成册，并以小组形式编写序言和每篇作品后的推荐评语，整理为《最念是家乡》文学作品集。(2次活动课)

（3）教师带领学生实地走访广州的古建筑、本土企业、自然景观、村落民居等，落实完成相应的人物（风物）志、调查报告和建议书，探索以广州为核心的广府文化的内涵(4次活动课)

以上活动课都借助综合研学活动评价表对学生的活动过程及结构进行评价。

3. **学习资源**

《岭南历代诗选》《岭南历代文选》《广府文化》《广府先贤》。

4. **学习评价**

《最念是家乡》文学作品集即将在学校展出，作为编委会成员，请你为这部作品集编写序言，介绍编辑作品集的缘由、意义、主要内容，并写出推荐此作品集的理由。综合研学活动评价表如表2所示。

表 2 综合研学活动评价表

评价标准		组员评价	其他小组评价	教师评价
态度（20 分）	正确认识开展活动的意义			
	积极与他人团结协作			
	明确自我角色，积极参与分工			
过程（40 分）	选题具有研究价值或可操作性			
	活动方案具有科学性和可行性			
	参观、走访、调查，善于思考，能发现并解决活动中的问题			
	搜集、整理、分析研究相关资料，及时归纳、总结			
成果（40 分）	按时提交成果，并积极展示分享			
	成果主题突出、内容充实、条理清晰、素材丰富			

（微信扫描二维码可观看课例，网页下载链接：
https://module.scnu.edu.cn/article-13960-595-1.html）

四、教学成效与反思

本单元的核心任务是围绕“家乡文化生活”这一主题，引导学生关注和参与当代文化生活，学会剖析、评价文化现象，聚焦并提炼问题，展开专题研讨。本专题将活动聚焦在语言文字的运用上，分别通过“撰写调查报告”“设计文创作品”“综合研学活动”等活动来开展教学。第一阶段重在“积累”“整合”，主要任务是深入家乡文化生活，梳理积累“人和物”的素材，有针对性地进行访谈，撰写调查报告，感受家乡底蕴。学生可能对访谈和调查报告这些方式比较陌生，因此教学中设计了助读资料辅助理解，小组讨论归纳整合，教师引导总结。在此基础上，进一步完成第二阶段的学习活动“参与家乡文化建设”，重在“发现”“创新”。学生掌握了大量一手材料后，运用现代媒介手段，关注和参与当代文化建设，以新颖的形式提出丰富家乡文化生活的有效建议。第三阶段是语文课堂的课外延伸，既是空间范围的拓宽，又是时间跨度的延长，重在“鉴赏”“实践”，在前期探访岭南文学名人的基础上，自己创作编写文学作品集，落实真实情境的语言表达。

本单元教学设计立足于华南师范大学附属中学高一学生语文素养与能力的现状，各项教学要素基本符合新课改、新教材的具体要求，整个设计呈现出结构化、系统化、序列化的特点。以本单元主题为逻辑线索，设计统摄整个单元的真实情境，设置三个教学课段，设计了丰富多元的学习活动，很好地呈现了项目化教学模式，教学过程具有实用性，活动任务具有创新性，教学效果富有成效。当然，本单元属于综合实践活动单元，活动丰富，学生参与度高，落实时间跨度长，在具体操作上有一定的难度，建议提前布置任务，利用长假时间来具体落实。

（本单元设计在上学期进行了实践，故另附上本次教学设计实践后的学生部分学习成果集和学生调查汇报的部分展示视频，读者可在二维码处查阅参考。）

专家点评

本教学设计结合新课改、新教材的具体要求，以“守护家乡文化　厚植家国情怀”单元主题为逻辑线索，创设了统摄整个单元的真实情境，组织了“访谈”“撰写调查报告”“设计文创作品”“综合研学活动”等多样化的单元学习活动，并提供了丰富的学习资源及清晰的学习评价方式与评价量表。整个设计呈现出结构化、系统化、序列化的特点，是综合实践活动单元整体设计的优秀案例。

教学设计方案经过实践检验，教学过程具有实用性，活动任务设计贴合华南师范大学附属中学高一学生的语文素养与能力的现状且具有创新性，学生参与度高，学习成果丰富，整体教学效果富有成效。

（点评人：韩后，华南师范大学文学院讲师）

雷雨下的人性相，命运中的突围者

——部编版高中语文必修下册《雷雨》创新教学设计

广州市第五中学 全 淑

一、案例简介

以主办“曹禺诞辰111周年特别纪念活动”为由头，笔者巧设教学情境——校话剧社将申请举办以“雷雨下的人性相，命运中的突围者”为主题的“曹禺诞辰111周年系列展演活动”。以征集节目内容为任务驱动，践行项目化学习模式，将《雷雨》教学内容设计为8个节目。拟用3课时完成研习任务：第一课时完成“先声夺人”“心灵捕手”“昨日重现”环节，第二课时完成“舌战群儒”“评头论足”环节，第三课时完成“说文解字”“图文并茂”“致敬经典”环节。

二、教学设计

（一）核心素养

（1）语言建构与运用：揣摩语言潜台词，体会语言的个性化与动作性，把握戏剧矛盾。

（2）思维发展与提升：比较鉴赏人物形象，品读复杂的人性。

（3）审美鉴赏与创造：通过人物形象比较，理解美学的艺术效果，丰富审美体验。

（4）文化传承与理解：领会作者对人性、命运的深刻认识和对人类共同生存困境的深切关怀，激发同情他人、追求正义、坚守良知的悲悯情怀。

（二）课前准备

（1）学生自主阅读部编版高中语文必修下册第5课《雷雨》（节选）文本，以及教师提前印发的《雷雨》（北京十月文艺出版社2018年版）（第四幕节选）第219～231页的内容后，理清全剧情节脉络，画出错综复杂的人物关系图与矛盾冲突表格。

（2）小组合作搜集《雷雨》创作背景、作者简介以及戏剧基础知识的相关资料，并合作探究、解读潜台词。

（3）自主组建班级辩论队，就“周朴园对鲁侍萍的怀念到底有几分真情”“蘩漪是坏人吗？她是丑的吗？”等辩题，合作搜集文本论据，合力撰写辩论稿。

（4）自主选择一个感触最深的人物（最悲剧、最矛盾、最丰满、最真实……），写一则不少于150字的人物短评。

（5）以学生自愿为主、同学推荐为辅，组建“声临其境”配音团队，合作表演声音舞台剧。

（三）教学过程

1.“先声夺人”

请为学校话剧社举办“曹禺诞辰111周年系列展演活动”拟写一段主持人开场致辞，缅怀这位“东方莎士比亚”。

（点拨：点出曹禺及《雷雨》在中国话剧史上的杰出成就与独特地位，可从其丰富的意蕴、精严的结构、个性化的人物、饱含潜台词的语言、浓郁的抒情气息等角度切入。）

示例：各位老师、各位同学，大家好！今天我们欢聚一堂，共同缅怀曹禺这位被誉为“东方莎士比亚”的剧作家。《雷雨》之所以长盛不衰，是因为它和当下的、过去的、未来的人都有紧密联系。曹禺先生在时代变迁中站在体察人性、关注人的真正命运的高度，“用一种悲悯的心情来写剧中人物的争执”。莫言说：“好的文学会让你看到自己。”对人类共同生存困境的关注以及对命运的终极关怀是我们今天纪念曹老的最好理由！纪念他就是纪念具有蓬勃生命力的戏剧和人性的关系、和命运的关系、和时代的关系，其所秉持的悲悯情怀则是抗争命运的伟大人类最大的慰藉！

【设计意图】

情境写作，旨在提高学生基于社会情境的表达与交流能力。

2.“心灵捕手”

解读潜台词擂台赛——寻找“心灵解密大师”。

赛制：全班自主组成“高山队”与“流水队”，进行自由挑战赛。一人读经典对白，另一人及时解读其潜台词；由一队选手提问，限另一队任何一名选手解答，两队交替问答。

流程：教师点拨并完善补充相关潜台词；全班朗读周朴园与鲁侍萍暗含丰富潜台词的经典对白；由学生现场评选两位最佳“心灵解密大师”。

【设计意图】

通过现场评选最佳“心灵捕手”的良性竞争方式，激发学生的表现欲与求胜欲。

3.“昨日重现”

模拟湖南卫视原创声音魅力竞演秀《声临其境4》节目现场，《雷雨》凭借经典台词的艺术性与表现力度，以及很好的受众基础，成功成为《声临其境4》第一期的主打配音桥段。

赛制：只比拼声音，邀请四位演员同台竞技，通过台词功底、配音实力和互动搭档的比拼，由学生现场投票选出本期的“声音之王”。

流程：先进行竞演的三个环节。“经典之声”——周鲁夫妻相认、周朴园鲁大海父子相认片段配音，“魔力之声”——现场挑战鲁侍萍、周萍母子相认片段的拗口台词，“声音大秀”——四位嘉宾共同上演一出《雷雨之殇》声音舞台剧（蘩漪利用周冲、自揭私情、强留周萍的第四幕结局片段）。再进行点评环节，邀请语文教师、学生主演对其配音进行解说，将配音精妙之处凸显出来。

【设计意图】

运用“请君入瓮”法，感受经典戏剧语言的魅力：先如临其境，后欣然入境。采用热门综艺节目的演绎形式，投票投出最美配音王，激发学生的表演欲。

点评示例：

（1）父子相认——慈父般的温情。

鲁大海的配音演员：在演绎父子冲突这场戏时，我从周朴园的语气、神态中读出了一丝慈父般的温情。比如课文第 33 页大海出场时，舞台提示有“打量大海”，在周朴园询问“你叫什么名字”时，我想他是用些许怜爱的眼光来打量眼前这个亲生儿子的，接着他对大海说，“你这么只凭意气是不能交涉事情的”，“傻小子，没有经验只会胡喊是不成的”，何尝不是一位父亲对成年儿子的谆谆教诲与人生忠告呢？可能有人会解读为傲慢、挖苦或讽刺，但我分明体验到了耳提面命的感觉。再比如第 36 页他厉声对周萍与仆人们说“不要打人（鲁大海）”，应该也饱含一位老父亲看到手足相残时的痛心与无奈吧！

（2）《雷雨之殇》——悲剧把有价值的东西毁灭给人看。

周冲的配音演员：周冲是全剧最亮丽明朗的角色，但在第四幕结局时他却最无助、最悲哀，母亲繁漪自揭私情，喊来周朴园认亲的过程即儿子理想幻灭的过程。17 岁青春期对纯洁神圣爱情的向往，对母亲聪慧、慈祥美好幻象的憧憬，对父亲威严、正派、高大形象的敬畏，对温文尔雅的哥哥的爱戴，对社会正义、公平、自由的追求，都在“你难道见着自己心上喜欢的人叫人抢去，一点儿都不动气么”“你不是我的儿子”“你不要以为我是你的母亲，你的母亲早死了，早叫你父亲压死了，闷死了”“我是见着周萍又活了的女人”等呐喊声中破碎了！在“妈，您不要”的哀求声中，他的情感已不再激荡，只剩心如死灰般的绝望！

【点评设计意图】

巧妙捕捉审美触发点，引导学生对文本做全局性研究。将文本、教师、学生整合起来，实现教师主导作用和学生主体作用的有机统一。尊重学生的个性感悟和有生命质感的思维火花，让主演人员现身说法，更能让学生感同身受！

4. **“舌战群儒”**

两场辩论赛（要求：立论、立证、自由辩论等都须从文本中找佐证依据，“言之有物”，方能言之有理）。

（1）辩手就“周朴园对鲁侍萍的怀念到底有几分真情”辩题展开辩论。

（2）辩手就“蘩漪是坏人吗？她是丑的吗？”辩题展开辩论。

（点拨：文学作品的价值追求，不仅在于善恶的道德评价，更在于审美评价，即美学意义上的美丑。孙绍振教授说：“美学意义上的美，正是生命的感觉和情致的深邃。”美的不一定善，真善美不是绝对统一的。真善美的适度错位，可以避免人物的扁平化、脸谱化。)

《故都的秋》：残草、落蕊、衰蝉（衰败的生命）——美

《雷雨》《红楼梦》人物比较：情感丰富（蘩漪、林黛玉）——美；情感苍白（周朴园、周萍、薛宝钗）——丑

【设计意图】

①以“温情之敬意，理解之同情”来回看悲剧人物，以多元审美的眼光来重新评价文学形象，丰富学生的审美体验。②温故知新，建立新旧知识之间联系的同时，鼓励学生思维呈现多元态势，在质疑、释疑的辩论中挖掘文本，把阅读活动自然过渡为学生自我探究、自我体验的活动。

5. **“评头论足”**

人物点评大会：请选择一个你感触最深的人物（最悲剧、最矛盾、最丰满、最真实……），写一则不少于150字的人物短评。

（点拨：写出人物鲜明的性格特征与自己独特的人生感悟，并适度探究其悲剧原因与戏剧主题。）

示例：最丰满的人物是繁漪。她渴望独立自由、憧憬纯粹爱情，却无力冲破封建家庭的樊笼；她是封建制度的牺牲品，又是悲剧的直接推动者。在周朴园的夫权专制与冷暴力下，爱情幻想破灭了，她如同一个在沙漠中行将就木的旅人，发现了一片名为“周萍”的绿洲。她坚信这份爱恋是她爬出地狱的最后一根蛛丝，没料到却溺死其中。命运是片沼泽，每个人都想用自己认为对的方式扼住命运的咽喉，他们义无反顾般垂死挣扎。繁漪正是那个挣扎最剧烈、最壮美、最令人刻骨铭心的人！

【设计意图】

通过人物点评，学生能够更真切走近人物，驱动学生细心阅读、体悟文本，避免对人物形象“概念式”“贴标签式”的粗浅认识。

6. **“说文解字”：姓名大探秘**

请选择《雷雨》中一个你感触最深的名字，解读其内涵，体会作家人物命名的艺术。自圆其说即可。

点拨1：展示“周”甲骨文图片，像农夫在播种耕田，亦像猛兽被围困在囚笼中或像人在突出重围。正解：人在围起来的田地里密植庄稼的样子。每个人都在自己的园地里播种耕耘，想收获真情、理想、自由等，但造化弄人是我们面临的生存困境。周朴园锁住了七个人物的悲剧命运，而他自身也未能逃脱命运无情的枷锁。既然生命悲剧无可避免，那么奋力抗争命运是伟大人类唯一的选择。良知与悲悯则是我们冲破“雷雨”、抗争命运最好的武器！可见“周”姓有暗示主题的作用。

点拨2：《红楼梦》中人物名字的作用——揭示主题，如甄士隐（真事隐）、贾雨村（假语村言）；暗示人物命运，如甄英莲暗寓其命运“真应怜”，“娇杏”暗示“侥幸”；暗示人物特征，如贾芸舅舅卜世仁，贾政清客单聘仁，谐音“不是人”“善骗人”等。

示例：（暗示命运）周萍，“萍”，孤苦无依似浮萍，年仅一岁便被送到乡下，父爱母

爱完全缺失，青少年阶段孤寂凄凉；重回周公馆后，父亲专制严苛的管束让他并未感受到家庭、父爱的温暖，心灵依然空虚孤独。

四凤，美丽纯真似凤凰，爱她的周冲为她编织了一个美丽的梦想，懦弱的周萍给了她一个永远无法兑现的诺言。为了爱，她义无反顾，但终逃不过“凤凰涅槃”——浴火燃烧（触电而亡）的幻灭结局。

【设计意图】

个性解读姓名，激起学生更大的学习热情，使学习变得富有主动性和创造性。把学生紧紧吸引在课堂氛围中的同时，拓展学生的想象空间和想象能力，促进其非智力因素的发展。

7. **“图文并茂”**

请从文本选取能表现主题的鲜明人物或传情达意的独特意象（物象），为北京人民艺术剧院 2021 年新版《雷雨》首演设计一幅海报，说明其构成要素和设计意图，100 字左右。

点拨：可任选一人（物），也可选择多人（物）构成场景，确定海报的风格和基调。

示例：选用周朴园、鲁侍萍为主体人物，鲁侍萍背对着周朴园在关窗，周朴园在做沉思状。另一旁是两件陈旧的没有领子的灰色纺绸衬衣，一件右袖襟绣着一朵红梅，一件左袖襟绣着一朵红梅与“萍”字。画面以灰黑色调和一点点鲜红来形成反差。灰黑寓示“爱已成往事”，鲜红寓示“爱的印记”。再配上画面音“世界上最遥远的距离，是我就站在你的面前，你却认不出你曾经爱过的我”。

【设计意图】

设计海报，需要学生考虑物象与海报之间内在的契合度。既要展现物象自身的特点，又要凸显海报设计的美学要求，既深化学生对文本的领悟能力，又提高学生基于社会情境的表达与交流能力。

8. **“致敬经典”**

《雷雨》常演常新，其经典魅力在于体察人性、关注人的真正命运，以及作者悲天悯人的人文情怀。请引用一段表现类似主题或感情的名言或名段，作为本次“曹禺诞辰 111 周年系列展演活动”的主持人结语。

点拨：引用的名言名段名作要体现关注人性、关注人的命运的主题。

示例：所有人是一个整体，别人的不幸就是你的不幸。所以不要问丧钟是为谁而鸣，它是为你而鸣。社会是一艘大船，所有人都在同一艘船上，当船上有一个人遭遇不幸的时候，很可能下一个就是你。所以，永远不要对别人的不幸和苦难无动于衷，雪崩面前没有一片雪花是无辜的。

——《丧钟为谁而鸣》（海明威）

【设计意图】

联系同类、深化意蕴，解读经典的现实意义，感悟经典永恒的生命力。

（微信扫描二维码可观看课例，网页下载链接：https://module.scnu.edu.cn/article-13954-596-1.html）

三、教学成效与反思

以“设计”为主要手段，以项目学习为载体，践行项目化学习模式，驱动学生深入文本，环环相扣、循序渐进地突破教学目标，既打破了戏剧教学常用的套路，也突破了学生阅读戏剧的惯常方法与思维局限，有效促使学生的学习从平面走向立体。

不过，要求16岁处于青春期的孩子深刻理解悲剧的审美价值与现实意义，可能还要待其积累更多的生活阅历与人生经验。如果每个教学环节能设置具体的学习任务清单，真正落实学生课下课上的自主、合作、探究等学习方式，那就是较理想的设计方案了。

专家点评

本教学设计以项目学习为载体，以主办“曹禺诞辰111周年特别纪念活动”为由头，巧设教学情境，以征集“曹禺诞辰111周年系列展演活动”节目内容为任务驱动，通过创设“心灵捕手”解读潜台词擂台赛、“昨日重现”配音竞演、“舌战群儒”现场辩论赛、“评头论足”人物点评、“说文解字”姓名探秘、“图文并茂”海报设计等系列学习情境，激发学生的表现欲与求胜欲，增强学生对戏剧语言的品味能力，引导其获得更深刻的审美体验。

教学过程环环相扣、循序渐进地突破教学目标，突出了文本的核心特色，有效促使学生对《雷雨》的学习从平面走向立体。若是有具体的学习任务清单以及明确的学习评价方式与评价量表，则更为理想。

（点评人：韩后，华南师范大学文学院讲师）

从《秋菊打官司》看中国乡土本色

东莞中学　林子丹

一、案例简介

部编版普通高中语文教材以《普通高中课程方案（2017 年版）》和《普通高中语文课程标准（2017 年版）》为依据，围绕语文核心素养以及课程标准设置了若干任务群，要求教师整合学习情境、学习内容、学习方法和学习资源，精心设计学习任务，从而提升学生的语文核心素养。出于将学生引向深度阅读，重视读书方法的养成，扩大阅读面的要求，教材设置了整本书阅读与研讨这一学习任务群，要求学生在指定范围内选择阅读一部学术著作。部编版教材必修上册的阅读书目为费孝通先生的《乡土中国》。

因此，根据教材规定，本案例将通过案例分析法、探究法、讲授法进行启发式教学，让学生把握《乡土中国》中的关键术语、重要观点和价值取向；分析整体框架，把握作者的论证思路；认识我们的祖国，加强对中国传统文化的学习、认识和思考。

二、教学设计

（一）教学目标

（1）本课通过“秋菊打官司”这一具体案例以及时事新闻，进一步理解《乡土中国》中的重要概念和观点，把握概念之间的联系和作者的论证思路，提升逻辑思考能力。

（2）加强对中国乡土文化的认识，引发对中国乡土社会和现实生活的思考。

（二）教学内容

《乡土中国》是当代社会学家费孝通先生创作的社会学著作。教学内容涉及乡土社会人文环境、传统社会结构、权力分配、道德体系、法礼、血缘地缘等各方面，内容宏大复杂。《乡土中国》的整本书阅读，重点在于落实书中的关键术语、重要观点和价值取向；分析整体框架，把握作者的论证思路和概念之间的联系，借此认识中国独特的乡土文化。

（三）教学方法、模式、策略

运用案例分析法、探究法、讲授法进行启发式教学，把课堂还给学生。

（四）教学媒体

纸质材料：《乡土中国》原著。

视频资源：电影《秋菊打官司》。

设备：投影仪。

（五）教学设计方案

由于《乡土中国》内容庞杂，笔者对整本书阅读教学的处理主要分为两个部分：一是长达一学期的学生自读，在学生自读过程中，通过布置读书笔记、章节概述等落实阅读任务，理解书中“差序格局”“男女有别”“礼治”等重要概念。二是1~2课时的教师案例分析教学，将书中的各个关键术语、重要观点等理论应用到分析中。第一阶段的学生自读是第二阶段教师进行课堂教学的落脚点和重要基础。

本教学设计为案例分析教学这一阶段。笔者先给学生观看了电影《秋菊打官司》，将其中的故事作为分析案例进行课堂教学设计。具体设计如下。

1. **提出案例：请学生简单概括故事情节**

【剧情梗概】

秋菊的丈夫万庆来与村长王善堂因为盖辣子楼发生争执，庆来被村长踢中下体。秋菊怀着身孕去找村长说理，村长不以为意，不肯认错。秋菊不服，要讨个说法，前往乡里公安局上访。乡里的李公安与村民们都有交情，决定以调解矛盾并赔偿二百元结束。村长口头答应赔偿秋菊家的经济损失，心里则认为不应该赔钱，将钱甩在地上让秋菊捡。受辱的秋菊没有捡钱，而是踏上了漫漫的路途到县公安局去上访，县里公安局复议，维持原判。秋菊还是不服，来到市里。旅店老板是个好心人，见秋菊千里迢迢上访不易，又有孕在身，便告诉她市公安局长的地址。市里的复议书仍然维持原判，只是要求多加五十元钱赔偿金。复议书被直接交到村长手里，村长仍然不以为意。庆来从村长那里拿了钱，没想到倔强的秋菊又把钱还给了村长，重新去了市里。市公安局长建议她走法律程序，并推荐给她一个律师帮忙起诉。而法院判决市公安局处理得当，维持原案裁决复议。秋菊不服，决心继续向市中级人民法院上诉。过年时，秋菊难产了，然而村里人都去相邻的王庄看戏了，庆来只好去求村长去请人回来抬秋菊去医院。孩子顺利出生了，秋菊一家都感谢村长鼎力相助。然而在孩子满月之时，庆来拍片的结果显示村长踢的那一脚造成轻伤。于是中级人民法院判决拘留村长十五天，这让只想得到一句道歉的秋菊十分意外和茫然。

2. **分析秋菊一家与村长的冲突发生的最根本原因**

（1）联系“家族”“血缘与地缘”，乡土中国中，家族是父系的，重男轻女。村长只生了四个女儿，庆来当面骂他断子绝孙，对他来说是非常严重的侮辱，所以他要踢伤庆来。

拓展讨论：重男轻女的表现（如农村生男生女庆祝方式不同）、产生根源（劳动力问题以及宗教、文化的影响：香火延续、家族绵延的需要）。

（2）联系“男女有别”，男女生理上的分化是为了生育，生育又规定了男女的结合。男女之间的结合是为了共同完成生育。村长踢伤庆来下体，秋菊认为这是“要命的事”，踢的是“要命的地方”，因此坚持告状要个说法。

拓展讨论：某些同性恋骗婚的根本原因、由郑某代孕事件看为什么在中国代孕不能合法化。

3. 分析这场冲突中双方的是非对错

联系“无讼”“礼治秩序”，分析“理”与“礼”、“法治”与“礼治”的区别。法理社会讲究的是“合法还是违法”，保障人的合法权利；而礼俗社会讲究的是“是非”，追求“合乎情理”。

思考：秋菊一直想要个说法，为什么最后村长王善堂被抓走了她又说这不是她想要的？她想要的说法究竟是什么？司法制度在乡村推行的阻碍是什么？

学生讨论后教师明确：联系“无讼”，法律要走向熟人社会还有一段很长的曲折的路要走。它需要打破的是人际关系的铜墙铁壁。熟人社会可能不讲理，可是到了危急关头，却可以情浓于血；法律能给个说法，却法不容情，无情的裁决可能让真情消融。（甚至试想一下，如果法院的判决来得更快一些，很可能消失的是秋菊和孩子的生命。）

4. 分析村长始终不愿意给秋菊一个说法的原因

联系“名实的分离”，村长王善堂认为给秋菊道歉是丢面子的表现。面子就是表面的无违。在熟人社会中，处理问题多依靠人与人之间的信任关系、领导魅力、个人的信誉度、宗亲网络等。“面子”不仅是熟人社会里的话语权，也是熟人社会里解决问题的通行证。一旦丢了面子，不仅意味着在这个熟人圈子里寸步难行，还可能成为大家茶余饭后的“谈资”。

拓展讨论：家丑不能外扬。

总结并布置作业：学生围绕课堂上探讨的重要概念写一篇小论文。

（微信扫描二维码可观看课例，网页下载链接：
https://module.scnu.edu.cn/article-13954-597-1.html）

三、教学成效与反思

（一）成效

整本书阅读任务量大，课时紧张。通过案例分析，可以将《乡土中国》里的多个重要概念，比如“父系家族”“无讼”“人情”“面子”等在1～2课时中得到落实，保证了整本书阅读的整体性。

另外，《乡土中国》作为一部社会学著作，对于目前的“00后”高一年级学生来说，内容较为陌生且枯燥，阅读起来难度大。通过观看电影，结合具体案例来进行分析，相当于创设情境，增强了趣味性，有助于学生理解较为晦涩的概念。从教学效果来看，学生在课堂上的反应远远比平时活跃，以往上课很沉默的学生还主动举手回答问题。同时也提升了学生运用概念知识研究分析的能力。

（二）不足

《乡土中国》共有14个章节，内容繁多，而电影《秋菊打官司》中所体现的仅仅是乡土文化的一部分，通过它来解读文本还存在一定的局限性。

专家点评

用《秋菊打官司》材料可以激活学生学习和讨论《乡土中国》的积极性，也可以深入讨论其中的一些问题，这一设计还能加深学生对文本相关内容的理解，教师在设计时，能够补充相关材料为学生理解做铺垫和支持，后续提出的问题能够将两者的内容紧密结合起来，教师的提问和引导有效促进了学生思维能力的发展，整合教学设计是有效的！当然，如果能给学生更多自主学习，用任务推动教学则更好！

（点评人：周小蓬，华南师范大学文学院副教授）

数学篇

椭圆的定义和标准方程

——基于“单元课时”设计的圆锥曲线起始课教学

华南师范大学附属中学　袁宇飞

一、案例简介

“以具有整体性的知识单元为载体、从知识的联系性出发进行教学设计并展开课堂教学”是新课改的显著特点。基于全面实现数学育人目标的教学，应强调数学的整体性、逻辑的连贯性、思想的一致性、方法的普适性和思维的系统性。

圆锥曲线是一个重要的数学模型，其内容蕴含着重要的数学思想，从三方面体现着数学的整体性：首先，同一种圆锥曲线的不同定义具有内在的统一性，这体现了同一主题内容中蕴含的数学整体性；其次，三种常见的圆锥曲线具有统一定义、方程和相似性质，这体现了数学知识系统的整体性；最后，借助解析几何的方法研究圆锥曲线，蕴含着数形结合的思想，“数”与“形”两种不同的数学思想与方法之间相互融合，形成具有统一性、内在一致性的数学一般观念和方法。

因此，在此背景下，本课例选取人教版（A 版）高中数学选择性必修第一册第三章圆锥曲线起始课“椭圆的定义和方程”进行“单元课时”整体教学设计，通过探究式教学的模式，帮助学生突破两个难点：借助 Dandelin 双球模型实现椭圆原始定义到平面定义的过渡，感受椭圆不同定义的统一性；通过多种方式推导椭圆的标准方程，感受解析几何思想，旨在通过螺旋上升式的内容编排，引导学生体会数学的整体性，帮助学生建构数学知识网络，实现学生数学抽象、逻辑推理、数学运算等数学核心素养的形成和发展。

二、教学设计

（一）教学内容分析

圆锥曲线的教学具有重要的育人价值。通过分析几何图形的特征，经历椭圆、双曲线和抛物线定义和方程的提出过程，培养学生数学抽象素养；通过对几何问题的分析，探索解决问题的思路，提升学生直观想象素养；通过代数运算解决问题，提升学生数学运算素养；在解决圆锥曲线的问题过程中，培养学生逻辑推理素养；通过应用三种圆锥曲线解决生产、生活问题，培养学生数学建模素养。

本课时作为圆锥曲线的起始课，对后续进一步研究双曲线和抛物线具有统摄和启发作用，故应引导学生通过直线和圆的学习，初步获得研究圆锥曲线的“基本套路”，即：

抽象定义 → 建立方程 → 探究性质

进一步通过解析几何思想，利用坐标研究圆锥曲线的定义、方程、性质问题，再进一步研究圆锥曲线在数学和实际中的应用问题。

在教学过程中可能出现以下教学难点：

（1）学生从 Dandelin 双球模型中抽象出椭圆的几何特征时存在困难。

（2）学生利用“坐标法”研究曲线的经验不足，运用代数运算化简椭圆的标准方程可能出现困难。

为突破这两个教学难点，在本课时进行以下设计：第一，在椭圆定义的教学中，通过构建生活化的情境，借助 Dandelin 双球模型，引入椭圆的原始定义，通过分析几何关系得出椭圆的第一定义；第二，在根据定义求解椭圆的方程过程中，通过学生自主探究、教师引导的方式，通过多种方式的代数运算推导椭圆标准方程，在推导过程中，建立起椭圆不同定义和方程形式的统一性。

（二）教学目标

本节课的课时教学目标确定为：

（1）通过实例展示和数学史的介绍，观察圆锥曲线的形成过程，感知圆锥曲线的背景及其应用，渗透数学文化，激发学生学习动力。

（2）从真实的生活情境中抽象出 Dandelin 双球模型，抽象出椭圆的几何特征，经历从椭圆的原始定义过渡到椭圆第一定义的过程，帮助学生体会概念的形成过程，理解椭圆的定义，培养学生直观想象、数学抽象素养。

（3）根据椭圆第一定义的几何性质，合理建立平面直角坐标系，通过两种方法利用代数运算经历椭圆标准方程的推导过程，渗透数形结合思想，培养学生数学运算素养。

（4）通过课后思考题目的布置，引导学生发现椭圆不同定义之间的统一性，为后续学习圆锥曲线的统一定义奠定基础，培养学生数学运算、逻辑推理素养。

（三）教学流程

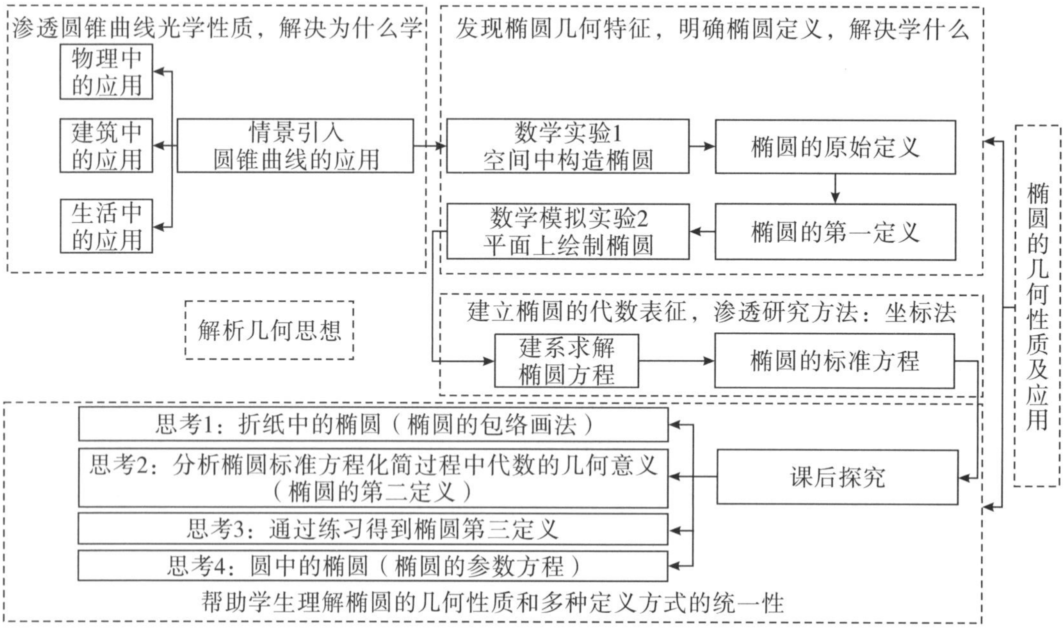

图1　教学流程图

三、教学过程

（一）情境引入

1．渗透数学文化：介绍圆锥曲线的广泛应用和原始定义

用一个不垂直于圆锥的轴的平面截圆锥，当截面与圆锥的轴夹角不同时，可以得到不同的截口曲线（见图2），它们分别是椭圆、抛物线和双曲线。我们通常把圆、椭圆、抛物线、双曲线统称为圆锥曲线。

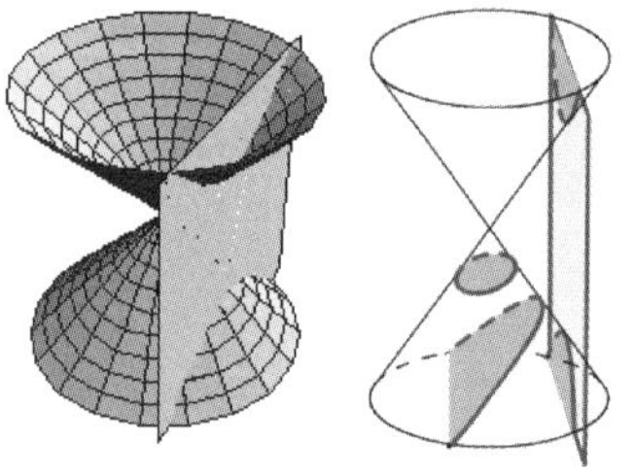

图2　圆锥曲线

圆锥曲线在生活中具有广泛的应用。古希腊时期有一个岩洞结构的监狱，犯人在最里面无论多么小声地议论，声音都可以通过反射清楚地传到洞口看守人的耳朵里。这个监狱是由一位叫刁尼秀斯的官员设计的，岩洞采用了椭圆形的结构，这是利用了椭圆的一个重要光学性质：从椭圆内部一个特殊点发出来的声音、光或热，经过椭圆反射可以全部聚集到椭圆内另一个特殊点上。后来这种设计被称为“刁尼秀斯之耳”。

正是因为这种性质，许多建筑的外表面都被设计成椭圆（球）面，如国家大剧院，这样乐队在椭圆内一个特殊点演奏时，两个点可以同时发出声音，相当于两个乐队在同时演奏，会增强音响效果（见图3）。

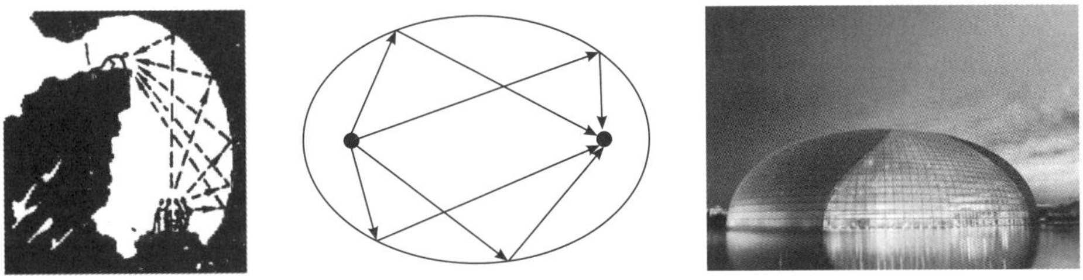

图 3　圆锥曲线的应用

除此之外，圆锥曲线与科研、生产、生活都有紧密的关系，如行星绕太阳运行的轨迹是一个椭圆，冷却塔、小蛮腰等建筑的外形线都是双曲线。

平面截圆锥形成的截口曲线是圆锥曲线的原始定义，首先以椭圆为例进行研究，如何从原始定义中找到椭圆的几何特征呢？

2．构建生活化真实情境，引出 Dandelin 双球模型

实验操作：用一个点光源（如手电筒）从不同角度照射桌面上的篮球，在桌面形成的投影线是什么形状？

事实上，篮球在桌面上的投影是圆锥曲线。其中一种情形如图 4 所示，投影是椭圆。此情形可以抽象为下面的几何情境：由点光源发出的光束形成一个圆锥，内切于此圆锥的球与桌面所在平面相切于一点，记为 F_1；同时，由于光线的可逆性，椭圆的投影也可以看作是桌面下方与桌面相切于另一点 F_2。由此构造出内切于圆锥且同时与椭圆面相切的 Dandelin 双球模型。

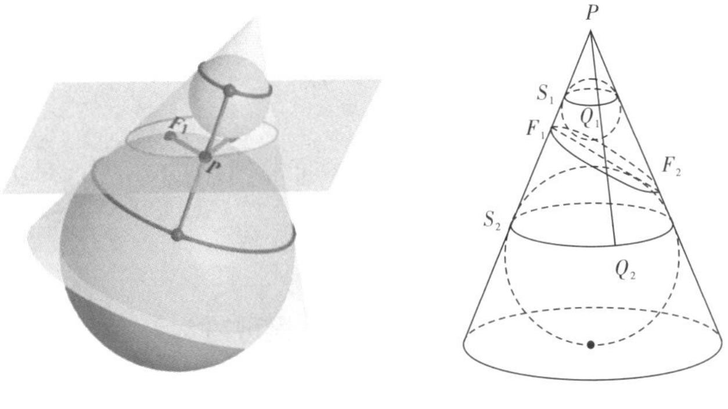

图 4　Dandelin 双球模型图

考虑轨迹椭圆上任意一点 M 与切点 F_1，F_2 有怎样的关系呢？

问题 1　从球外一点引球的切线，这些切线具有哪些性质？由此你能在上述模型中找到怎样的几何关系？

根据从球外一点引球的切线长度相等，则过球外一点作两个球的外公切线，有公切线长为定值。利用这一点，在 Dandelin 双球模型中的椭圆上任取一点 M 作圆锥的母线，分别与上下两球相切于 Q_1，Q_2 两点，则 $|Q_1Q_2|$ 为定值（即为圆台的母线长）。

由球的切线性质可知，$|MQ_1| = |MF_1|$，$|MQ_2| = |MF_2|$，故 $|MQ_1| + |MQ_2| = |MF_1| + |MF_2| = |Q_1Q_2|$ 为定值，即找到了椭圆的几何特征，由此引出椭圆的第一定义。

（二）新知探究

1．通过模拟实验绘制椭圆，形成椭圆的第一定义

问题2　上面的分析得出了椭圆上的点的几何特征：到两个定点的距离之和等于定值。那么满足“到两个定点的距离之和等于定值的点的轨迹”一定是椭圆吗？

利用多媒体进行平面内绘制椭圆的模拟实验，完善椭圆定义（见图5）。

图5　模拟实验

通过分析可知：当$|MF_1|+|MF_2|>|F_1F_2|$时，轨迹是椭圆；当$|MF_1|+|MF_2|=|F_1F_2|$时，轨迹是线段F_1F_2；当$|MF_1|+|MF_2|<|F_1F_2|$时，轨迹不存在。

问题3　你能通过修正上面的表述，给出椭圆的严格定义吗？

定义　平面内与两个定点F_1，F_2的距离之和等于常数（大于$|F_1F_2|$）的点的轨迹叫椭圆。这两个定点叫作椭圆的焦点，两焦点间的距离叫作椭圆的焦距。

2．通过不同方法推导椭圆的标准方程，建立知识的联系性

问题4　根据已有的研究直线和圆的经验，我们可以利用曲线的方程，借助代数方法研究平面图形的性质。这就需要我们建立椭圆的方程。根据条件，设$|MF_1|+|MF_2|=2a$，$|F_1F_2|=2c$（$2a>2c>0$）。根据椭圆的形状和定义，如何建立坐标系求解椭圆的方程最简单？

由椭圆的对称性，以F_1F_2所在的直线为坐标轴，以F_1F_2中点为原点建立平面直角坐标系。不妨以F_1F_2所在直线为x轴，则F_1（$-c$，0），F_2（c，0），设M（x，y），则由定义有$\sqrt{(x+c)^2+y^2}+\sqrt{(x-c)^2+y^2}=2a$（$2a>2c>0$）。

问题5　小组探究如何化简上述代数式。

方法1（两次平方法）：此方法是现行教材通常使用的办法，对上式两次平方、移项整理后可得椭圆的标准方程$\frac{x^2}{a^2}+\frac{y^2}{\sqrt{a^2-c^2}}=1$。

此时，我们令$b=\sqrt{a^2-c^2}$，则椭圆的标准方程可写为$\frac{x^2}{a^2}+\frac{y^2}{b^2}=1$；同时设出参数$b$后，$a$，$b$，$c$具有明显的几何意义，如图6所示。

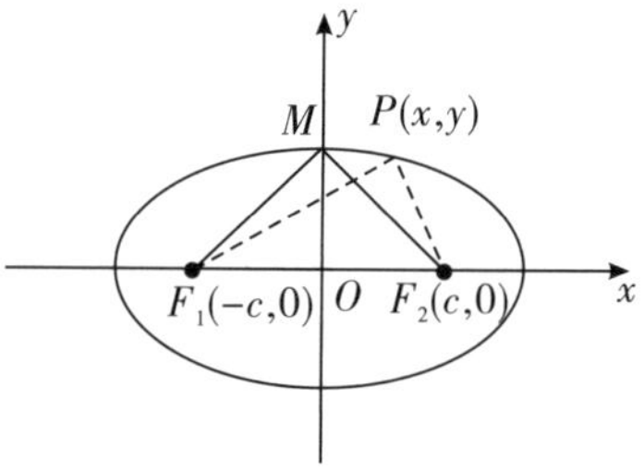

图6　椭圆

方法2（构造等差数列法）：由$\sqrt{(x+c)^2+y^2}+\sqrt{(x-c)^2+y^2}=2a$（$2a>2c>0$）可知，$\sqrt{(x-c)^2+y^2}$，$a$，$\sqrt{(x+c)^2+y^2}$构成等差数列，设此等差数列的公差为$t$，则有：

$$\begin{cases}\sqrt{(x-c)^2+y^2}=a-t\\ \sqrt{(x+c)^2+y^2}=a+t\end{cases}$$

两式平方相减得 $t=\frac{c}{a}x$，即 $\sqrt{(x-c)^2+y^2}=a-\frac{c}{a}x$，两边平方整理即可得。

问题6　回顾我们对直线和圆的研究过程，猜想下面我们会对椭圆进行怎样的研究？

类比已有的对直线和圆的研究经验，获得对圆锥曲线的研究路径，即借助椭圆的方程，研究其几何性质和应用。这就是后面课时我们要研究的问题。

（三）课后探究

思考1　如图7所示，在半径为 r 的圆 O 内取定一点 F，在圆周上任取一点 M，通过折叠使点 M 与点 F 重合，折痕为直线 l，连接 MO 交 l 于点 P。则 P 的轨迹是什么？

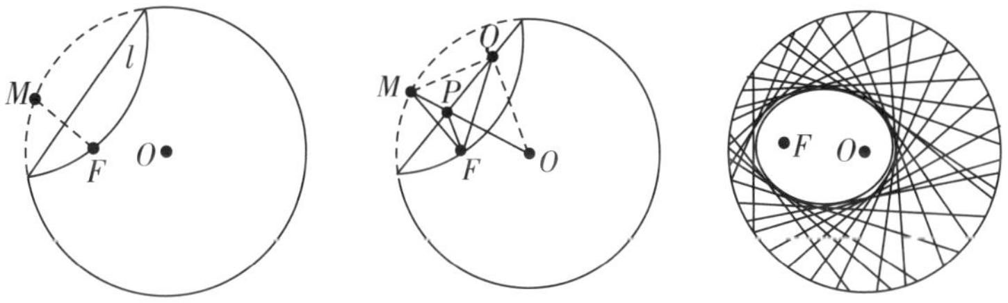

图7　思考1

【设计意图】

通过折叠问题获得椭圆的包络画法，揭示圆锥曲线的光学性质。通过分析几何关系可得，P 点的轨迹满足椭圆的定义，折痕实际上是椭圆的切线，所有切线组成椭圆的包络线，这其中反映着椭圆的光学性质。

实际上，若将上述问题中“在圆 O 内取定一点 F”改为“在圆 O 外取定一点 F”，其余条件不变，所得的 P 点的轨迹为双曲线的一支，这体现出圆锥曲线性质的统一性。

思考2　分析上述代数变形方法2的中间过程，我们得到 $\sqrt{(x-c)^2+y^2}=a-\frac{c}{a}x$，同理有 $\sqrt{(x+c)^2+y^2}=a+\frac{c}{a}x$。分析这两个代数式，你能否找到对应的几何意义？

【设计意图】

引导学生探究发现椭圆的第二定义，为后续学习圆锥曲线的统一定义奠定基础。

揭示圆和椭圆的关系，建立椭圆的参数方程。

思考3　如图8所示，设点 A，B 的坐标分别为 $(-5, 0)$，$(5, 0)$，直线 AM，BM 相交于点 M，且它们的斜率之积为 $-\frac{4}{9}$，求 M 的轨迹方程。

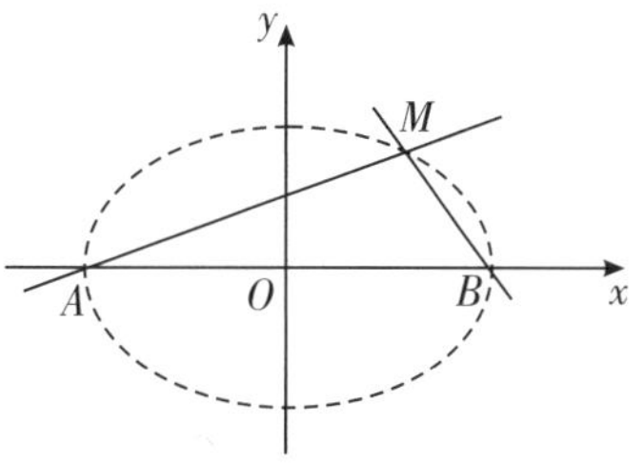

图8　思考3

【设计意图】

引导学生探究发现椭圆的第三定义。第三定义也是椭圆和双曲线共同具有的定义，体现了不同圆锥曲线内在性质的统一性。

思考4 如图9所示，两个以原点为圆心的同心圆，半径分别为 a，b $(a>b>0)$，作一条过原点的射线分别交两圆于 A，B 两点，过 A 作直线垂直于 x 轴，过 B 作该直线的垂线，交点为 P。

问 P 的轨迹是什么？

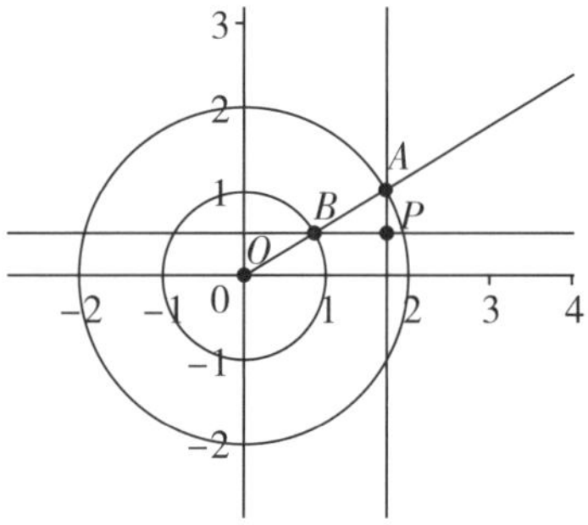

图9 思考4

【设计意图】

引导学生探究发现椭圆的参数方程：

$$\begin{cases} x=a\cos\theta \\ y=b\sin\theta \end{cases}\ (*)，\theta\in[0,\ 2\pi)\ 为参数$$

通过此问题帮助学生体会圆与椭圆的联系，同时体会椭圆不同方程的统一性。

（微信扫描二维码可观看课例，网页下载链接：https://module.scnu.edu.cn/article-13963-598-1.html）

三、教学成效与反思

在思路设计上，本节课在帮助学生形成研究圆锥曲线基本路径的同时，通过从椭圆的原始定义过渡到第一定义，帮助学生经历概念的形成过程，再探究得出椭圆的标准方程，最后，课后通过设计具有探究价值的问题，引导学生进一步发现椭圆的其他定义方式和性质，有利于发展学生数学抽象、逻辑推理和数学运算的数学核心素养。

另外，本课时内容探究性较强，对学生数学能力要求较高，因此教师在实施过程中可因材施教，有侧重、有选择地进行探究或利用两课时完成教学。

专家点评

整个教学设计思路清晰明了，教学难点设计合理，学生层次较高，突破难点的教学设计在结合教学过程的问题引导下能够层层深入，真正突破难点，教学过程的每个环节环环相扣，逻辑链非常清晰，内容丰富多彩。数形结合的课题内容具有一定的趣味性，能有效降低课本内容的抽象性与枯燥性。本节课的教学方式是探究式教学，让学生仔细观察思考，由学生探究得出椭圆的定义，亲历椭圆标准方程的推导，加深学习印象。教学设计上，问题3之后给出椭圆的定义，此处引导学生得出定义非常关键，也是探究式教学的体现。在教学设计上，还可以在问题3之后，增添教师引导的关键语句，给学生搭建脚手架；若在实际教学中学生直接得出定义，那么在教学中跳过引导话语进入下一环节。

（点评人：冯伟贞，华南师范大学数学科学学院副院长，副教授
苏洪雨，《中学数学研究》副主编，副教授）

三角函数的概念（第一课时）教学设计

广东实验中学　沈源钦

一、案例简介

三角函数是描述客观世界周期性变化规律的重要数学模型，是对函数模型的丰富，是对函数概念、性质、图像变换及函数应用的进一步深化。通过“三角函数”这一章的学习，有助于促进学生数学抽象、数学运算、逻辑推理、直观想象和数学建模等核心素养的发展。

作为本章起始课时的任意角三角函数概念，其正弦、余弦函数定义是本章的基本、关键概念，是后续三角函数性质、图像研究的重要依据。而新课标理念和新教材的整体设计，更加着重突出抽象概括三角函数模型的数学建模过程，突出“任意角三角函数的函数性”。这与以往的课标和教材有很大差别，对于教与学是个不小的挑战，笔者尝试进行新的设计，以抛砖引玉。

三角函数是“从角的集合到坐标分量的集合”的对应关系，其概念的构建是一个数学化的过程，这与以前各类初等函数概念的建构过程是不一样的。为突破这一学习难点，本教学设计以教材中圆周运动这一数学模型为教学起点，调动象限角、弧度制、单位圆、坐标系等相关知识，以动画直观方式从该模型中寻找变量抽象，通过合理地设计问题串，设计两个函数的函数值运算环节，使学生得到对应关系，确认是函数，再抽象概括出三角函数概念。在这一过程中促进学生更好地理解定义，学生可以感受到数形结合、运动变化、对应、数学化等数学思想方法，进一步促进学生数学抽象、数学运算、逻辑推理核心素养的发展。

二、教学设计

教材：人教版（A 版）高中数学必修第一册第 177 页至第 180 页。

教学对象：华南师范大学附属中学高一年级学生。

授课说明：笔者设计本教案，代表广东实验中学参加广东省“聚焦育人模式改革、发展学生核心素养”的国家级示范校研讨课堂交流活动。

（一）教材分析

本节内容分两课时，内容是研究三角函数图像和性质的基础，在本章具有承上启下的作用。本教案基于第一课时教学内容而设计。

（二）教学目标

（1）理解任意角正弦、余弦定义，体会定义的合理性。

（2）能根据三角函数定义求特殊角的三角函数值。

（3）能求解和理解“坐标比”定义，并认识到单位圆这一数学模型的优点。

（4）经历抽象概括三角函数模型的过程，体会数形结合、数学化、化繁为简等数学思想和方法。

（5）促进学生数学抽象、数学运算、逻辑推理等核心素养的发展。

（6）体会三角函数发展历史与课程学习阶段的一致性，感受数学发展的曲折，以及追求严谨的学科价值。

（三）学生学情分析

（1）认知基础：学生从集合与对应的观点重新刻画了一般函数的概念，学习了任意角以及弧度制，为学习任意角的三角函数奠定了基础。

（2）认知障碍：三角函数的构建是一个数学化的过程，与学生已有的初等函数概念学习经验有较大差距。

（四）教学重难点

重点：借助单位圆上点的圆周运动构建和理解任意角的正弦、余弦的定义；能根据定义求特殊角的三角函数值。

难点：从单位圆上点的圆周运动如何确定变量，如何明确对应关系，如何构建和理解对应法则。

（五）教法、学法分析

在本课时采用“以学生活动为主线，教师通过问题串引导学生思考”的教学策略。

（六）教学媒体

PPT 及动画演示、黑板板书。

（七）教学流程设计

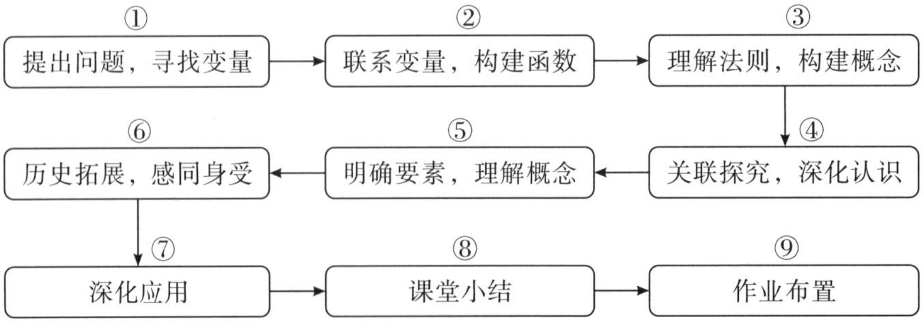

图1　教学流程设计图

（八）教学过程设计

1. 提出问题，寻找变量

（1）教学内容。

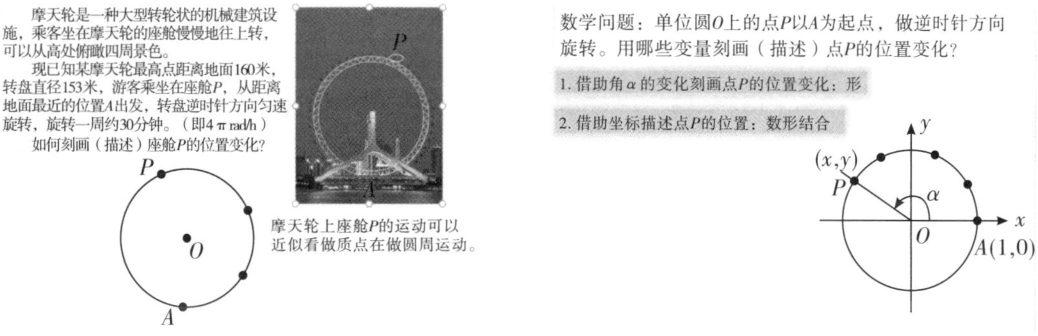

（1）　　　　　　　　　　　　　　　　（2）

图2　教学内容图

（2）师生活动。

教师引言：经过前两节任意角和弧度制的学习，我们一起来解决下面的问题：游客乘坐在座舱 P，从距离地面最近的位置 A 出发，转盘逆时针方向匀速旋转。当我们把座舱 P 看成质点，则可看成点 P 在圆周上运动。为研究的方便，我们在单位圆上进行研究，因此可抽象出这个数学问题。

提出问题：单位圆 O 上的点 P 以 A 为起点做逆时针方向旋转，可以用哪些变量刻画点 P 的位置变化？

注：学生可能回答弧长、弦长、圆周角 $\angle AOP$、坐标、时间等。

教师引导语：我们一起来考查这些变量，看看哪些比较合理。

特别注意：这里对弧长、弦长变量的考查，可以从“给定弧长和弦长，可能得到两个 P 点位置”进行点评。

其中，当学生回答坐标时，教师肯定学生数形结合的数学意识和思想，同时教师及时追问引导1：坐标系放在什么位置合适（即如何建立恰当直角坐标系）？

通过学生回答建系问题，教师升华总结：建系是联系几何与代数的桥梁，是实现数形结合思想的重要方法。依据对称性以及关于任意角终边在X轴非负半轴的要求建系。通过坐标表示点 P：数形结合。这个变量合理。

教师引导学生分析角：给定角 α，可以确定射线 OP，可以确定射线与单位圆交点 P（唯一）。板书“$\alpha\to$射线 $OP\to$点 P”。并及时引导学生从摩天轮转动不止一圈及顺时针转动等，引导学生记住 α 应为任意角。这个变量合理。

【设计意图】

①由摩天轮实际例子抽象出数学问题，明确本课时的研究任务。②通过将一般圆周运动简化为在单位圆进行研究，不失一般性，体现化繁为简、突出本质的数学研究方法。通过教师的提问和引导，找到刻画数学模型（即刻画 P 点位置变化）的两个变量，为下一

环节的探究自然铺垫。

2. **联系变量，构建函数**

（1）寻找对应关系。

教师引导：角 α 与点 P 横、纵坐标建立对应关系。

教师边通过 PPT 动画的展示，边提问学生（点名）：OA 是始边，当我们确定角 α 时，能确定什么？（学生可能回答终边）教师追问：终边唯一吗？那终边此时和单位圆有几个交点，交点是谁？（学生回答只有一个，是 P 点）此过程教师边提问边在 PPT 上给出如下过程：

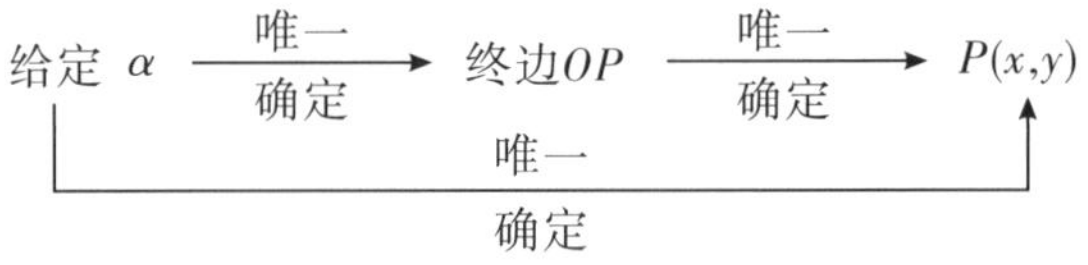

图 3　推导过程

（2）获得函数关系。

（教师层层引导与追问）

第一次引导：α 定了，y 定了，几个？（学生回答：1 个）α 定了，x 定了，几个？（学生回答：1 个）

第二次引导：这样的话，给定角 α，α 什么范围呢？（学生回答实数范围，教师要明确任意角的集合就是实数集 **R**，看来引入弧度制是很有必要的）有唯一实数的与之对应；同理，给定角 α，实数有唯一实数的与之对应。这就是什么？（学生回答函数）

学生给出回答，教师进行如下板书：

给定 $\alpha \xrightarrow{\text{对应}}$ 唯一 y　　给定 $\alpha \xrightarrow{\text{对应}}$ 唯一 x

图 4　板书对应关系

教师小结：综合以上大家的回答，得到比较清晰的两个函数关系，在弧度制下任意角为自变量，分别以横、纵坐标为函数值的两个函数，不妨记为 f 和 g。板书如下：

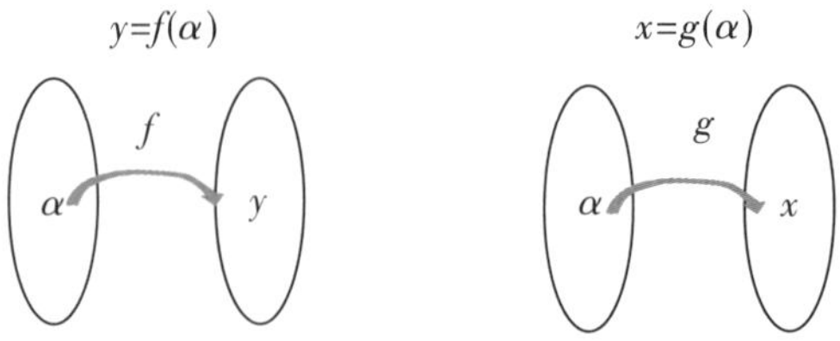

图 5　板书函数关系

【设计意图】

①这是本节课的重点和难点，结合一般函数概念、任意角、弧度制等知识，通过教师直观演示，不断设问、追问和层层引导，学生获得三角函数的对应关系，帮助学生在一般

函数观念下理清三角函数的“三要素”，初步构建三角函数概念，对理解形式化的三角函数定义起关键作用，突破了教与学的难点。②在概念的形成过程中，体会函数思想和数形结合思想。

3. **理解法则，构建概念**

教师引导： 请同学们根据刚才两个函数关系，求解函数值（见图6）。

注：学生通过计算，观察给定角之间的关系，根据函数关系，求得结果。教师通过提问学生获得结果，其中重点提问学生回答 $\alpha=\frac{\pi}{6}$ 和 $\alpha=\frac{5}{6}\pi$ 的计算过程。

教师需做出三点引导：（1）要点出利用初中学过的解直角三角形解题；（2）引导学生在长度上添加符号获得坐标；（3）由初中直角三角形得 $\sin\frac{\pi}{6}=\frac{1}{2}$ 和 $\cos\frac{\pi}{6}=\frac{\sqrt{3}}{2}$，进而得到 $f\left(\frac{\pi}{6}\right)=\sin\frac{\pi}{6}$，$g\left(\frac{\pi}{6}\right)=\cos\frac{\pi}{6}$，并由学生从 $f\left(\frac{5\pi}{6}\right)=\sin\frac{5\pi}{6}$，$g\left(\frac{5\pi}{6}\right)=\cos\frac{5\pi}{6}$ 等，从而获得对应关系表达式：$y=f(\alpha)=\sin\alpha$，$x=g(\alpha)=\cos\alpha$。

根据“点 P 的纵坐标 y、横坐标 x 都是角 α 的函数”的函数关系，求 $f(\alpha)$、$g(\alpha)$。

$f\left(\frac{\pi}{6}\right)=\sin\frac{\pi}{6}=\frac{1}{2}$　　$g\left(\frac{\pi}{6}\right)=\cos\frac{\pi}{6}=\frac{\sqrt{3}}{2}$

$f\left(\frac{5\pi}{6}\right)=\sin\frac{5\pi}{6}=\frac{1}{2}$　　$g\left(\frac{5\pi}{6}\right)=\cos\frac{5\pi}{6}=-\frac{\sqrt{3}}{2}$

$f\left(\frac{7\pi}{6}\right)=\sin\frac{7\pi}{6}=-\frac{1}{2}$　　$g\left(\frac{7\pi}{6}\right)=\cos\frac{7\pi}{6}=-\frac{\sqrt{3}}{2}$

$f\left(\frac{13\pi}{6}\right)=\sin\frac{13\pi}{6}=\frac{1}{2}$　　$g\left(\frac{13\pi}{6}\right)=\cos\frac{13\pi}{6}=\frac{\sqrt{3}}{2}$

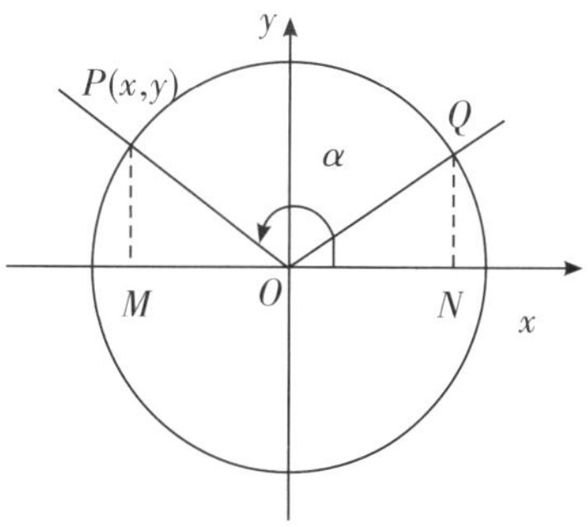

图6　求解函数值例题

【设计意图】

这是本设计的亮点。通过学生练习，巩固理解刚刚构建的函数关系，帮助学生构建和理解三角函数解析式。也为获得初、高中定义关联探究提供直观素材。

4. **关联探究，深化认识**

教师提问： 初中也有三角函数，那初、高中的定义有什么区别和联系？（由学生回答，并整理为三个维度的比较）

表1　三角函数初、高中定义的比较

内容	初中定义	高中定义
函数值符号	值均为正数	可正可负可零
角的范围	锐角	任意角
函数值定义	边长比值	终边上点的坐标

教师引导：初、高中三角函数的定义有什么内在联系？引导学生在上述例题图的 $\triangle OMP$ 中，由初中定义得出 $sin\ \alpha=\frac{y}{1}$，由高中定义得出 $\sin\alpha=y$。

【设计意图】

通过上一环节的运算结果，由教师引导学生分三维度进行回答，体会高中三角函数定义与初中三角函数定义的区别，从锐角的初、高中运算结果的一致认知到高中三角函数定义统一和兼容了初中三角函数定义。

5. **明确要素，理解概念**

（1）教师给出三角函数的定义并黑板板书。

设 α 是一个任意角，$\alpha\in\mathbf{R}$，它的终边 OP 与单位圆交于点 $P(x,\ y)$ 把点 P 的纵坐标 y 定义为角 α 的正弦函数

$$y=\sin\alpha$$

把点 P 的横坐标 x 定义为角 α 的余弦函数

$$x=\cos\alpha$$

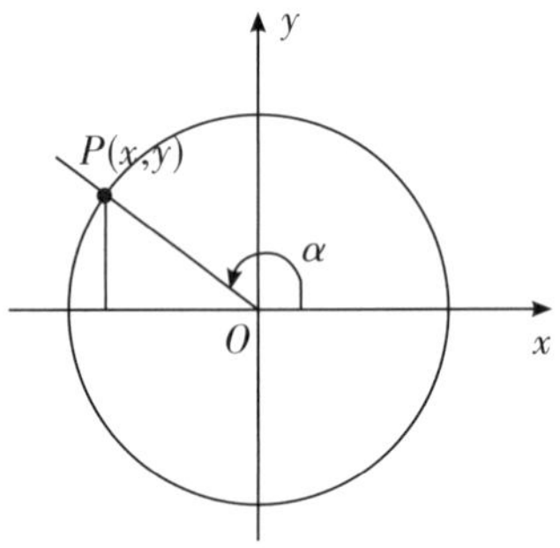

图 7　三角函数定义

（2）教师引导学生理解从函数三要素对正切函数进行“检验”，确认其函数关系。

把点 P 的纵坐标与横坐标的比值 $\frac{y}{x}$ 定义为角 α 的正切函数

$$\frac{y}{x}=\tan\alpha\qquad(x\neq0)\qquad\left(\alpha\neq\frac{\pi}{2}+k\pi,\ k\in\mathbf{Z}\right)$$

图 8　正切函数定义

（3）教师要特别强调：α 是自变量，$\sin\alpha$ 是整体，离开自变量 α 的 sin，con，tan 是没有意义的。

（4）给出三角函数的常用记法：

①正弦函数：$y=\sin x\ (x\in\mathbf{R})$

②余弦函数：$y=\cos x\ (x\in\mathbf{R})$

③正切函数：$y=\tan x$，$x\neq\frac{\pi}{2}+k\pi\ (k\in\mathbf{Z})$

教师要特别指出此处的 x，y，与初始定义中的 x，y 是不一样的！

【设计意图】

①在建构三角函数概念的过程中，通过再次明确函数三要素，较为准确地理解三角函数定义。②给出三角函数的常用记号，为后续章节的学习做好知识和符号铺垫。

6. **历史拓展，感同身受**

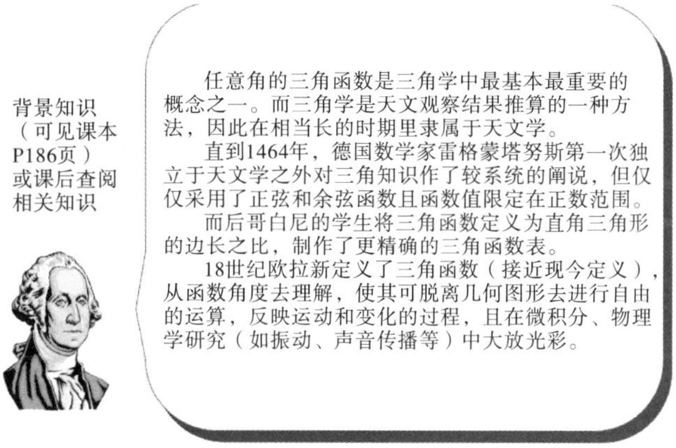

图9　历史拓展

【设计意图】

通过介绍三角函数的历史发展（与学生的三角函数概念学习过程具有相似性），使其感同身受，获得共鸣，体会数学发展的曲折；渗透数学文化，传递数学严谨的学科价值。

7. **深化应用**

（1）进阶训练。

【例2】如图已知角 α 的终边上的点 $P\left(\frac{1}{2},\ -\frac{\sqrt{3}}{2}\right)$，求角 α 的正弦、余弦和正切值。

解：由 $\sqrt{\left(\frac{1}{2}-0\right)^2+\left(\frac{\sqrt{3}}{2}-0\right)^2}=1$，$P$ 在单位圆上

根据任意角的三角函数定义：

$\sin\alpha=-\frac{\sqrt{3}}{2}$　　$\cos\alpha=\frac{1}{2}$　　$\tan\alpha=-\sqrt{3}$

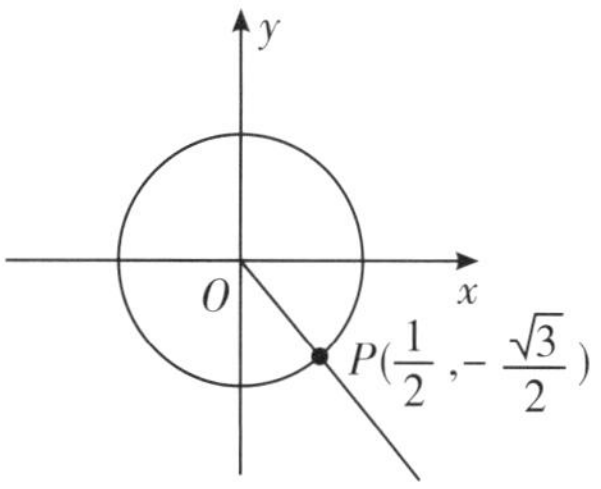

图10　例题

（2）变式训练。

变式1：已知角 α 的终边经过点 $P(-12,\ 5)$，求角 α 的正弦、余弦和正切值。

分析：$\triangle OM_1P_1 \backsim \triangle OMP$

$|OP|=\sqrt{(-12)^2+5^2}=13$

由 $\frac{|y|}{1}=\frac{5}{13}$，得 $y=\frac{5}{13}$

由 $\frac{|x|}{1}=\frac{12}{13}$，得 $x=-\frac{12}{13}$

$\sin\alpha=y=\frac{5}{13}$　　$\cos\alpha=x=\frac{-12}{13}$　　$\tan\alpha=\frac{y}{x}=\frac{5}{-12}$

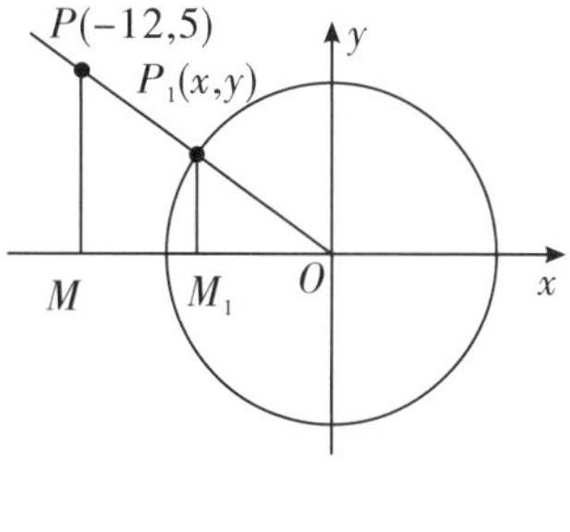

图11　例题变式1

（3）拓展理解。

变式2：已知角 α 的终边经过点 $P(x, y)$，求角 α 的正弦、余弦和正切值。

分析：$\triangle OM_1P_1 \backsim \triangle OMP$

$|OP| = \sqrt{x^2+y^2} = r$

由 $\dfrac{|v|}{1} = \dfrac{|y|}{r}$，$v$ 和 y 同号，则 $v = \dfrac{y}{r}$；

由 $\dfrac{|u|}{1} = \dfrac{|x|}{r}$，$u$ 和 x 同号，则 $u = \dfrac{x}{r}$；

$\sin\alpha = \dfrac{y}{r}$　　$\cos\alpha = \dfrac{x}{r}$　　$\tan\alpha = \dfrac{y}{x}$ $(x \neq 0)$

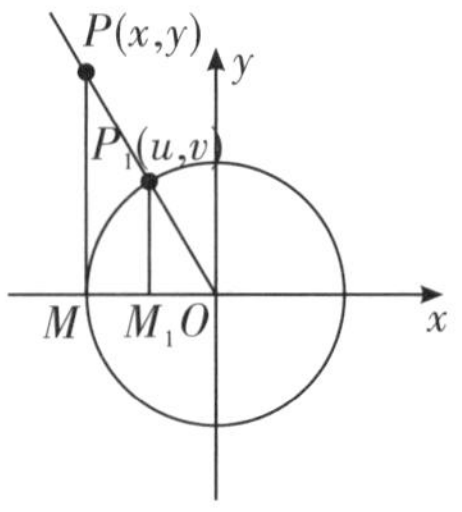

图12　例题变式2

（4）获得等价定义。

教师注意引导：①当 $r = 1$ 时，则为初始定义形式，体现了数学的简洁和形式美；②当α是锐角时，则函数值等价于边长比，再次认识初、高中定义的联系。

设角 α 的终边上任意一点的坐标为 (x, y)，它与原点的距离为 r，则

$$\sin\alpha = \frac{y}{r}$$

$$\cos\alpha = \frac{x}{r}$$

$$\tan\alpha = \frac{y}{x}\ (x \neq 0)$$

图13　函数值定义

【设计意图】

①通过进阶和变式训练巩固所学定义，也通过练习层层递进，为三角函数的“坐标比”定义证明做了铺垫，最终使学生认识到：只要知道终边上任意一点，便可以求得相应的三角函数值，得到三角函数的“坐标比”定义。②同时使学生对单位圆这一数学模型进行再认识：单位圆对三角函数定义起到更易理解、运算更便捷的作用。

8．**课堂小结**

（1）知识小结：三角函数定义，以及如何求三角函数值。

（2）思想归纳。

①从引入坐标表示感受数形结合的思想和方法，从如何建系及在单位圆中探究体会数学化繁为简的方法；从具体问题—定义—例题—新结论的学习路径，体会数学中特殊与一般不断转化的研究方法。

②经历从认识任意角三角函数新概念统一兼容初中三角函数概念；从三角函数历史看到数学发展的曲折和严谨追求。

③升华对弧度制引入必要性的认识。

【设计意图】

教师引导学生归纳总结，升华认识。

9. **作业布置**

（1）完成课本第 179 ~ 180 页练习题，第 184 页习题 5.2 第 1、11、12 题。

（2）完成特殊角的三角函数值表。

表 2　特殊角的三角函数值表

度	0°	30°	45°	60°	90°	120°	135°	150°	180°	270°	360°
弧度											
$\sin\alpha$											
$\cos\alpha$											
$\tan\alpha$											

（3）拓展阅读：阅读课本第 186 页，课后查阅相关知识。

附：板书设计

三角函数概念

$y=\sin\alpha$

$x=\cos\alpha$

$\frac{y}{x}=\tan\alpha$ $(x\neq 0)$ $(\alpha\neq\frac{\pi}{2}+k\pi,\ k\in\mathbf{Z})$

弧长、角度、弦长、坐标

给定 $\alpha\longrightarrow$唯一 y　给定 $\alpha\longrightarrow$唯一 x

$y=f(\alpha)$　　$x=g(\alpha)$

图 14　板书设计

（微信扫描二维码可观看课例，网页下载链接：
https://module.scnu.edu.cn/article-13963-599-1.html）

三、教学成效与反思

本教学设计试图体现数学新课程理念，贯彻本课时的教材实施要求，着重突出三角函数的“函数性”，注重促进学生核心素养的日常渗透和培养，教学设计和课堂实施逻辑主线明确，在课堂实践中以教师问题串为引，层层推进，师生互动热烈，有效突破难点，顺利实现课堂预设的教学目标，效果较为理想。

（一）本设计亮点一：教材内容重构

（1）基于教学对象有较高的学习水平和理解能力，将教材中的探究 1 活动，处理为由学生通过 PPT 动画的演示，通过口头逻辑推理得到结论。

（2）通过设计求函数值的运算环节，学生通过计算及对对应法则的“再创造”过程，让学生自然构建解析式，突破对函数关系的理解障碍；同时将教材探究2内容自然融入其中，直观的数据让学生体会初、高中三角函数定义的联系和区别。

（二）本设计亮点二：历史拓展

将课本拓展阅读有关三角学与天文学的数学史资料，与笔者查阅的三角函数概念历史发展资料有机整合，结合学生学习三角函数概念的进程一致性，使学生感同身受，产生共鸣，渗透数学文化，传递数学严谨的学科价值。

（三）教学反思

根据课堂的实践情况，笔者认为本设计可在以下两方面进行改进：

（1）数学史部分也可放置在例题之后、小结之前，使得课堂主线逻辑性更强。

（2）在“理解法则，构建概念”中也可先由$f\left(\frac{\pi}{6}\right)=\sin\frac{\pi}{6}$，$g\left(\frac{\pi}{6}\right)=\cos\frac{\pi}{6}$两个函数解析式，再由学生得出$f\left(\frac{5\pi}{6}\right)=\sin\frac{5\pi}{6}$，$g\left(\frac{5\pi}{6}\right)=\cos\frac{5\pi}{6}$等的顺序呈现方式，逻辑更严谨。

专家点评

此篇教学设计采取了“问题串”的教学方法，引导学生思考，有利于学生的知识建构。教学目标从知识、能力和情感三个维度分成六个点来撰写，全面、具体、明确，符合教材和学生的实际。从认知基础和认知障碍对学生的学情进行了全面的分析，有利于教学过程的设计和实施。重难点十分明确，对于实现重难点的过程也有一定描述。

沈老师有较高的处理教材的能力，密切联系学生的生活实际，从挖掘三角函数的实质进行教学，促进学生自主学习。教学过程采用了函数的角度去定义三角函数，从三角函数的自变量取值任意性切入学习，避免了学生因已学知识和现学的不一样带来的认知困扰，最后再说明锐角三角函数。教学过程中对数学史的处理也很有新意，一般的教学总是把数学史运用于教学引入这部分，但此篇教学设计则是安排在学习新知之后，对所学知识进行了一个总结，激发学生了解数学史和数学学习的兴趣。总的来说，此篇教学设计在认真分析了三角函数概念的基础上进行了一定的创新教学，具有新意。

（点评人：冯伟贞，华南师范大学数学科学学院副院长，副教授
苏洪雨，《中学数学研究》副主编，副教授）

正 态 分 布

广东广雅中学　全永如

一、案例简介

本课例由“误差”和“高尔顿钉板试验”这两个案例作为情境引入，很自然地构建出刻画连续型随机变量的模型——正态分布。通过几何画板等多媒体技术，以“问题串”的方式剖析概念本质。通过整合教材例题和变式教学的方式，呈现与正态分布及其他知识的交汇，如与二项分布、期望和方差的线性性质的综合问题，提升学生知识的系统性。

二、教学设计

（一）教材与学情

1. **教材分析**

教学内容：人教版（A 版）高中数学选择性必修第三册第七章第 5 节“正态分布”。

2. **学情分析**

优势：学生有较强的好奇心，已学习频率分布直方图，在离散型随机变量学习中掌握从特殊到一般的抽象模型的方法。

劣势：高中阶段不研究一般的连续型随机变量，受知识的限制，这对学生理解正态分布造成一定困难。

（二）教学目标与重难点

1. **教学目标**

（1）知识目标：①理解正态曲线的性质和图像、参数的意义；②了解正态分布的定义；③掌握正态分布中概率的表示；④应用正态分布解决实际问题。

（2）能力目标：培养学生数学建模、数据分析和数学抽象的核心素养。渗透类比、归纳、数形结合、从特殊到一般的数学思想。

（3）情感目标：通过融合信息技术的手段，增加课程的趣味性，激发学生的学习兴趣。

2. 教学重难点

（1）教学重点：正态分布的特征，概率的表示，正态分布的均值、方差及其含义。

（2）教学难点：描述正态分布随机变量的概率分布。

（三）教法与学法

1. 教法分析

（1）情境导学式、问题解决式、启发探究式、变式教学的教学方法。

（2）多媒体教学：应用 Flash 软件、几何画板等动态教学软件。

2. 学法分析

比较学习法、自主探索学习法、探究式学习法。

（四）教学设计方案

1. 引言

离散型随机变量的概率分布规律用分布列描述，而现实中，除了离散型随机变量外，还有大量问题中的随机变量不是离散型的，它们的取值往往充满整个区间甚至实轴，但取一点的概率为 0，我们称这类随机变量为连续型随机变量。

由于连续型随机变量的取值不能一一列举，那么用什么来表示概率分布规律呢？

【设计意图】

由熟悉的离散型随机变量用“分布列”刻画，提出问题：连续型随机变量的概率分布用什么来表示？形成鲜明对比，进而引出新的数学工具的必要性。

2. 情境创设，引入新课

案例 1：自动流水线包装的食盐，每袋标准质量为 400 g。由于各种不可控制的因素，任意抽取一袋食盐，它的质量与标准质量之间或多或少会存在一定的误差（实际质量减去标准质量）。用 X 表示这种误差，则 X 是一个连续型随机变量。检测人员在一次产品检验中，随机抽取了 100 袋食盐，获得误差 X（单位：g）的观测值如下：

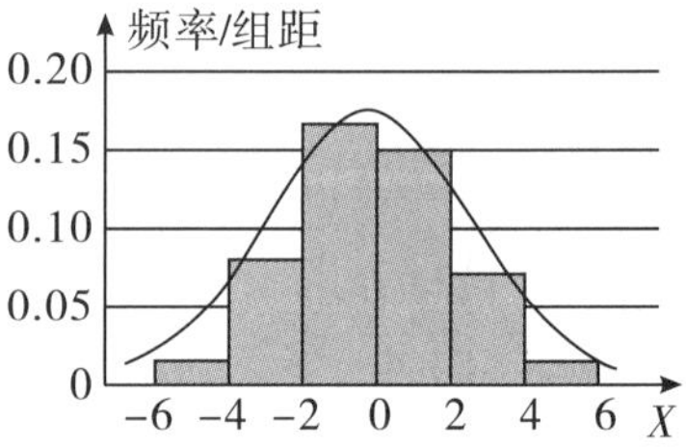

图 1　误差 X 的观测值

−0.6	−1.4	−0.7	3.3	−2.9	−5.2	1.4	0.1	4.4	0.9
−2.6	−3.4	−0.7	−3.2	−1.7	−2.9	0.6	1.7	2.9	1.2
0.5	−3.7	2.7	1.1	−3.0	−2.6	−1.9	1.7	2.6	0.4
2.6	−2.0	−0.2	1.8	−0.7	−1.3	−0.5	−1.3	0.2	−2.1
2.4	−1.5	−0.4	3.8	−0.1	1.5	0.3	−1.8	0.0	2.5
3.5	−4.2	−1.0	−0.8	0.1	0.9	1.1	2.2	0.9	−0.6
−4.4	−1.1	3.9	−1.0	−0.6	1.7	0.3	−2.4	−0.1	−1.7
−0.5	−0.8	1.7	1.4	4.4	1.2	−1.8	−3.1	−2.1	−1.6
2.2	0.3	4.8	−0.8	−3.5	−2.7	3.8	1.4	−3.5	−0.9
−2.2	−0.7	−1.3	1.5	−1.5	−2.2	1.0	1.3	1.7	−0.9

问题 1：如何描述这 100 个样本误差数据的分布？

问题 2：当样本容量增多、组数增多、组距减小时，频率分布直方图有何变化？如何构建适当的概率模型刻画 X 的误差？

【设计意图】

案例 1 选自教材，通过“问题串”的方式，由已有知识“频率分布直方图”来刻画有限的 100 个数据。再从“有限”到“无限”的迁移，引出“正态密度曲线”，形成“连续型随机变量”的初步概念。

案例 2：你见过高尔顿钉板吗？图 2 为一块高尔顿钉板示意图，在一块木板上钉着若干排相互平行但互相错开的圆柱形小木块，小木块之间留有适当的空隙作为通道让小球从高尔顿板上方的通道层层落下，最后掉入高尔顿板下方的某一个球槽内。

为了更好地考查随着试验次数的增加，落入各个球槽内的小球的分布情况，我们画出频率分布直方图——以球槽的编号为横坐标，以小球落入各个球槽内的“频率/组距”为纵坐标建立坐标系。

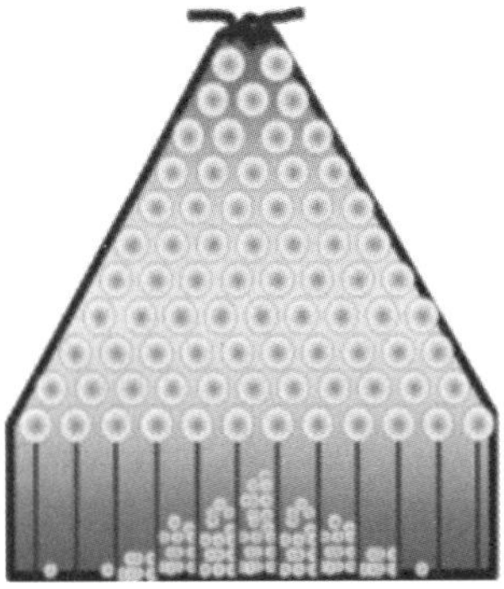

图 2　高尔顿钉板试验图

下面让我们一起来观看高尔顿钉板试验演示吧！（观看 Flash 动画演示）

（1）当样本容量增多、组数增多、组距减小时，频率分布直方图越来越接近________。（观看 Flash 演示总体密度曲线的生成）

（2）总体在区间（a，b）内取值的概率是____________________。

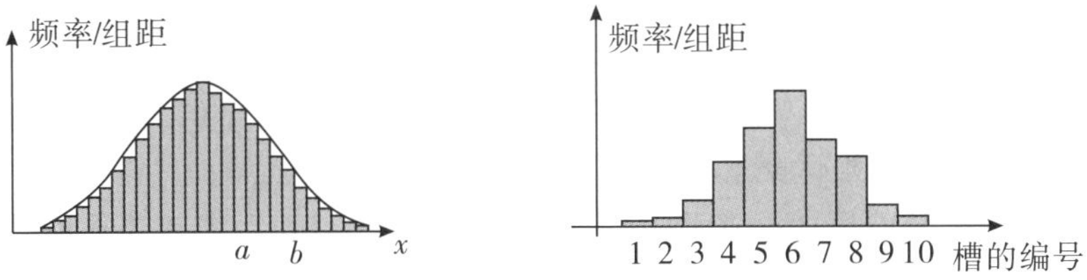

图 3　高尔顿钉板试验频率分布直方图

【设计意图】

（1）案例 2 运用多媒体 Flash 动画，演示著名的“高尔顿钉板试验”，它是由英国生物统计学家高尔顿设计的，是用来研究随机现象的模型。这个案例体现了不同学科之间的融合，体现了生物史、数学史，体现了数学来源于现实、应用于现实，让学生体会数学的重要价值。再次强化从“有限”到“无限”，“正态曲线”的概念。

（2）通过“问题”串的方式，设计逐层递进的问题，让学生理解在连续型随机变量中，用“面积”的方式来表示概率大小。

3．**构建模型，形成概念**

（1）正态曲线：像这种具有“中间高，两头低”特征的总体密度曲线，被称为正态密度曲线，简称正态曲线。正态曲线对应的函数为：$f(x)=\frac{1}{\sigma\sqrt{2\pi}}e^{-\frac{(x-\mu)^2}{2\sigma^2}}$，$x\in\mathbf{R}$，其中实数 μ，$\sigma(\sigma>0)$ 是参数。

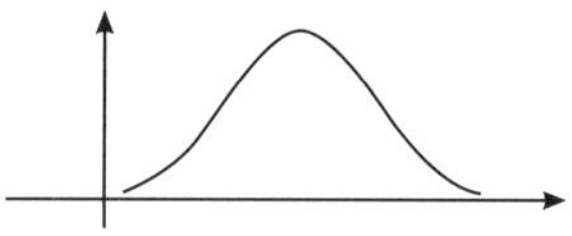

图4　总体密度曲线图

（2）正态分布：若随机变量 X 的概率分布密度函数为 $f(x)$，则称 X 服从正态分布，记作 $X\sim N(\mu,\sigma^2)$。

注意：

①μ 是总体均值，反映随机变量取值的平均水平的特征数；σ 是总体标准差，衡量随机变量总体波动大小的特征数。

②标准正态分布：当 $\mu=0$，$\sigma=1$ 时，得到标准正态总体密度函数表示式 $f(x)=\frac{1}{\sqrt{2\pi}}e^{-\frac{x^2}{2}}$，$x\in R$，记作 $X\sim$__________。

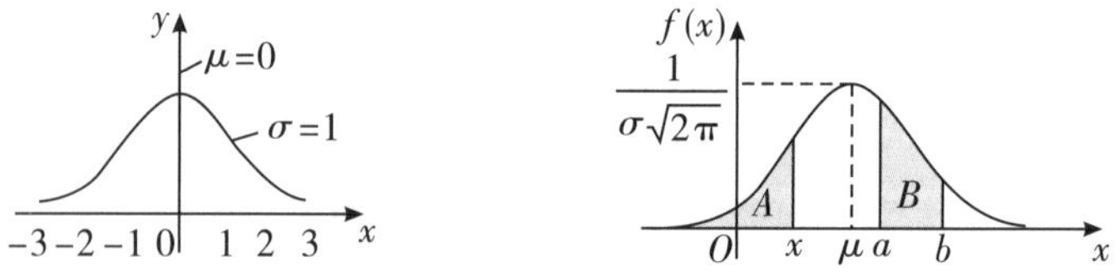

图5　标准正态曲线图

【设计意图】

从一般到特殊，认识标准正态分布的函数和图像。

（3）正态分布概率的表现形式：正态曲线与 x 轴围成的面积。

若 $X\sim N(\mu,\sigma^2)$，则 $P(X\leqslant x)$ 表示________________。

区域 B 的面积可用概率________________表示。

【设计意图】

通过两个问题，让学生体会用“面积”表示概率。

（4）正态分布是自然界中最常见的分布，在概率和统计中占有重要地位，很多随机变量都服从或近似地服从正态分布。

一般地，一个随机变量如果是众多的、互不相干的、不分主次的偶然因素作用结果之和，它就服从或近似服从正态分布。

早在1733年，法国数学家棣莫弗就用 $n!$ 的近似公式得到了正态分布。之后德国数学家高斯在研究测量误差时从另一个角度导出了它，并研究了它的性质。因此，人们也称正态分布为高斯分布。

【设计意图】

(1) 让学生知道正态分布在实际应用中的重要作用，用数学工具解决实际问题。

(2) 了解关于正态分布的数学史——高斯分布，体会数学的重要价值。

4. **探索图像，剖析特征**

用几何画板演示参数 μ，σ 对正态曲线的影响。

(1) 曲线在 x 轴的________，与 x 轴不相交（以 x 轴为渐近线）；

(2) 曲线是单峰的，它关于直线________对称（对称性，单调性）；

(3) 曲线在 $x=\mu$ 处达到峰值（只有一个最高点）________；

(4) 曲线与 x 轴之间的面积为________。

【设计意图】

通过设置“问题填空”形式，让学生了解正态曲线的性质。

思考：参数 μ，σ 对正态曲线有什么影响？

(5) 当 σ 一定时，曲线随着 μ 的变化而沿着 x 轴平移。μ 称为位置参数。

(6) 当 μ 一定时，曲线的形状由 σ 确定。σ 称为形状参数。σ 越大，曲线越“矮胖”，表示总体的分布越分散；σ 越小，曲线越“瘦高”，表示总体的分布越集中。

【设计意图】

教师展示几何画板，设置提问，让学生更直观地理解两个参数 μ，σ 对正态曲线图像的影响。

5. **3σ 原则**

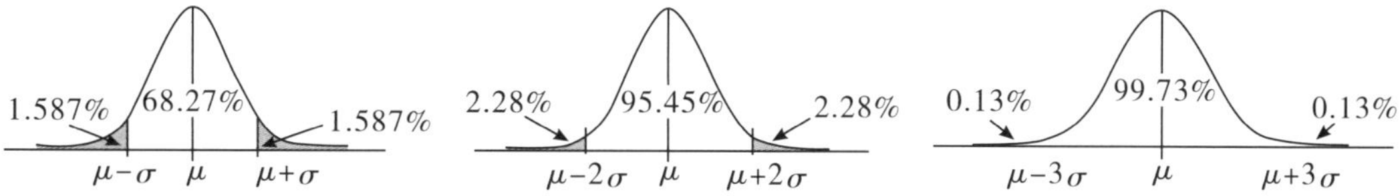

图6　3σ 原则图示

$P(\mu-\sigma<X\leqslant\mu+\sigma)=0.6827$

$P(\mu-2\sigma<X\leqslant\mu+2\sigma)=0.9545$

$P(\mu-3\sigma<X\leqslant\mu+3\sigma)=0.9973$

正态总体几乎总取值于区间 $(\mu-3\sigma, \mu+3\sigma)$ 之内，在此区间以外取值的概率只有 0.002 6。像这种概率很小（一般不超过 5%）的情况称为小概率事件，我们认为这种情况几乎不可能发生。

3σ 原则：实际生活中，服从正态分布 $N(\mu, \sigma^2)$ 的随机变量 X 只取 $(\mu-3\sigma, \mu+3\sigma)$ 之间的值。

【设计意图】

了解在 3 个特殊区间内取值的概率值，“3σ 原则”在实际中的重要作用。

6. **应用知识，解决问题**

【例 1】李明上学有时坐公交车，有时骑自行车。他各记录了 50 次坐公交车和骑自行车所花的时间，经数据分析得到：坐公交车平均用时 30 min，样本方差为36；骑自行车平均用时 34 min，样本方差为4。假设坐公交车用时 X 和骑自行车用时 Y 都服从正态分布。

（1）估计 X，Y 的分布中的参数。

（2）根据（1）中的估计结果，先画 X，Y 密度曲线的草图，再利用信息技术工具画出精确的图。

（3）如果某天有 38 min 可用，李明应选择哪种交通工具？

如果某天有 34 min 可用，李明应选择哪种交通工具？

【设计意图】

（1）考查学生对正态分布参数的理解，体会用样本估计总体的思想。

（2）手绘草图：让学生进一步认识正态曲线的参数的意义。利用几何画板展示“精确图”，让学生认识到多媒体工具在解决数学问题时带来很大的便利。

（3）这是利用概率进行决策问题，在同一个坐标系中通过观察两个正态曲线的图像，比较出概率大小进而做出决策。

【练习 1】（2015 湖北理 4）设 $X \sim N(\mu_1, \sigma_1^2)$，$Y \sim N(\mu_2, \sigma_2^2)$，这两个正态分布密度曲线如图 7 所示。下列结论中正确的是（　　）

A. $P(Y \geqslant \mu_2) \geqslant P(Y \geqslant \mu_1)$

B. $P(X \leqslant \sigma_2) \leqslant P(X \leqslant \sigma_1)$

C. 对任意正数 t，$P(X \leqslant t) \geqslant P(Y \leqslant t)$

D. 对任意正数 t，$P(X \geqslant t) \geqslant P(Y \geqslant t)$

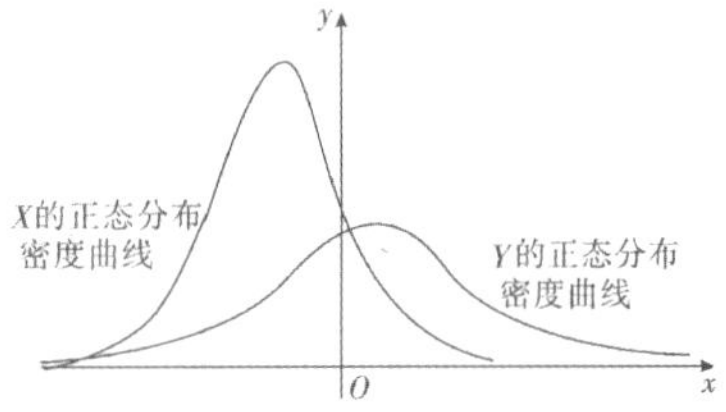

图 7　练习 1 图

【设计意图】

借用一道高考原题，直接针对难度较高的例 1 第（3）问的对点训练，帮助学生强化突破难点。

变式教学：

由【例 1】得，已知 $X \sim N(30, 6^2)$，则：

变式 1：$P(X \leqslant 30) =$ ________，$P(X \leqslant 42) =$ ________。

参考数据：若 $X \sim (\mu, \sigma^2)$，则 $P(\mu - \sigma < X \leqslant \mu + \sigma) = 0.682\,7$，$P(\mu - 2\sigma < X \leqslant \mu + 2\sigma) = 0.954\,5$，$P(\mu - 3\sigma < X \leqslant \mu + 3\sigma) = 0.997\,3$。

【设计意图】

考查利用正态分布的对称性求概率和正态分布中 3 个重要概率值的应用。

变式 2：从李明所有坐公交车的次数中，随机抽取 20 次，记 Z 表示这 20 次坐公交车中用时不超过 42 min 的次数，则 $E(Z) =$ ________。

变式 3：若 $\xi = 2X + 3$，则 $E(\xi) =$ ________，$D(\xi) =$ ________。

【设计意图】

变式 2 考查正态分布与二项分布的知识交汇，变式 3 考查正态分布与期望和方差的线性性质的知识交汇，达到复习的效果，提升学生融会贯通的能力。

【例 2】如图是一个正态曲线，试根据图像写出其正态分布概率密度函数的解析式，并求出总体随机变量的数学期望和方差。

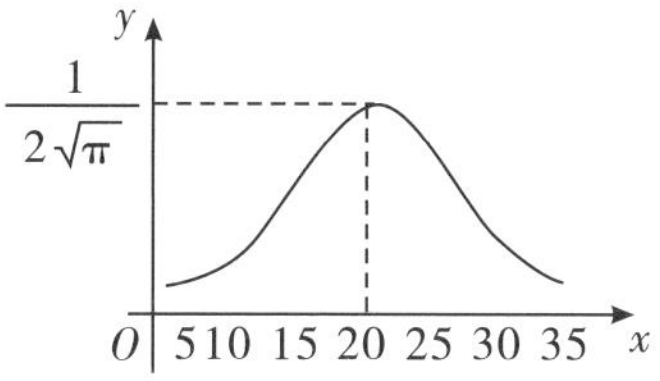

图8 例2图

【设计意图】

考查学生对正态密度函数与图像中的参数的对应关系。

7. **课堂总结**

本节课我们学习了什么?

【设计意图】

让学生自行总结，教师再做补充提炼梳理本节所学知识，形成系统。

(微信扫描二维码可观看课例，网页下载链接：https://module.scnu.edu.cn/article-13963-600-1.html)

三、教学成效与反思

(1) 突出知识的关联：从频率分布直方图的“有限”，取极限，到连续型随机变量的“无限”。

(2) 突出探究，以“问题串”“填空式”等形式，教师逐步提出问题，让学生逐步逼近问题本质。

(3) 突出变式教学：通过改编例题，用变式教学，覆盖正态分布在高考中的各种考点。

(4) 发挥多媒体技术的优势：用到 Flash 软件和几何画板软件，让学生更加形象、更加深入地理解概念。

专家点评

此篇教学设计的教学目标从知识、能力和情感三个维度进行分析，对于知识和能力目标全面、具体且适宜，知识目标有量化要求，能力目标符合学生年龄实际和认识规律，难易适度。但对于情感维度的目标设定是体现于课堂上的情感态度，不属于课程结束后须达到的目标范畴。教学重难点针对学生实际设计准确。

教学过程的结构完整，层次清晰，各部分时间安排合理，有做到突出重点、突破难点。课堂上所设置的教学案例丰富，让学生在丰富的生活情境、数学史情境下学习知识，激发学生的学习兴趣，全身心投入课堂学习中，使其有效地经历知识的形成过程。教学过程中有效使用信息技术对“高尔顿钉板试验”、正态曲线图像的变化等做出模拟，使学生能更加直观地感知，高效学习知识内容。教学过程中以“问题串”“填空式”等形式提出问题，激发学生思考问题，让学生逐步逼近问题本质。总的来说，此篇教学设计结构完整、层次清晰，达到预定的学习效果。

（点评人：冯伟贞，华南师范大学数学科学学院副院长，副教授
苏洪雨，《中学数学研究》副主编，副教授）

基于数学建模的高中概率公平性问题教学设计

中山纪念中学　周　佳

一、案例简介

数学建模是高中数学核心素养能力之一，从高中课程改革新课标中可以发现，教材非常重视教师对学生数学建模能力的培养。本篇教学设计尝试在高中概率统计公平性问题中引入建模思想，鼓励学生发现问题、分析问题、解决问题，从而培养学生的数学建模能力和数学应用能力，培养学生的核心素养能力。本设计为广东省教育研究院教育研究课题“基于数学建模素养为导向的高中数学教学实践研究”的成果之一，课题编号 GDJY－2020－A－s124。

二、教学设计

（一）课程分析

1. 教材分析

本文以人教版高中数学（选修2－3）为蓝本，将博弈论的问题和数学建模相结合设计教学过程，引导学生建立数学模型，将数学建模引入高中数学教学，这样不仅可以调动学生的能动性，还能锻炼学生用所学知识解决实际问题和分析问题的能力，从而加深学生对书本知识的理解，提高学生的学习能力。在新的高中课程改革中，数学建模作为核心素养能力之一，已经被放在了首位，教材中也有大量的素材以数学建模为背景。数学建模是将生活中的问题，借助数学语言来分析问题、解决问题、表达问题。数学建模可以让抽象的知识系统化，是一种高效的课堂教学模式。

本案例列举了生活中的问题，通过建模思想研究其公平性，并完善规则，让学生在建模的过程中增强对所学知识的认识和兴趣。

2. 学情分析

（1）授课对象：中山纪念中学高二学生。

（2）认知基础：学生已经掌握了排列组合、概率等相关知识，具备了利用所学知识建立数学模型分析问题的能力。

3. **教学目标**

（1）知识与技能。会运用所学的数学知识，通过建模过程将实际问题数学化，并通过数学知识解决问题。

（2）过程与方法。让学生亲自参与建模过程，经历“提出问题—探索问题—转化问题—建立模型—解决问题”的过程。

（3）情感态度价值观。通过数学建模过程，激发学生探索问题的好奇心，培养学生利用所学知识探索问题的兴趣和能力。通过数学建模过程，学生真正体会数学来源于生活，服务于生活，切身体会数学的魅力。

4. **教学重难点**

（1）重点：教学过程中，教师应该分配好每个环节的时间，对每个环节进行适时的引导和讲解，在教学设计中要体现数学建模的过程和背景所涉及的数学方法，即如何建立数学模型来解决问题、求解问题等。

（2）难点：如何培养学生的数学建模思想，如何将实际问题抽象为数学问题等。

5. **教学方法和手段**

采用启发式教学、分组式探究合作法。

（二）教学过程

1. **引入**

公平性问题在生活中经常遇到，那我们如何运用所学知识对事件是否公平进行讨论呢？这是一种很重要的能力，今天我们就通过对一个游戏规则是否公平的讨论，识别生活中的骗局，体验一下如何利用数学建模思想将我们所学的知识用于分析问题和解决问题。

2. **问题提出**

例 1：小明过年回老家，在集市上遇到一位商贩（以下简称乙）制定了这样一个赌博游戏引诱街上游客（以下简称甲）来玩。箱子里面装有六个外形一样，标有 1，2，3，4，5，6 号码的球，甲先从箱子中摸出一个球，乙再从剩下的球中摸出两个球。胜负规则为：乙摸到的两个球的数字相加和甲的数字比较，谁的大谁就赢，值相同就是平局。赌金按如下规则支付：如果甲赢，则乙向甲支付 2 元；若乙赢，则甲向乙支付 1 元。这个游戏规则对甲方是否公平，是否有利？

3. **自主探究**

师：这个摸球规则谁获胜的可能性大？如何计算具体概率？

生：明显乙获胜的概率大，可以列出总的基本事件（见表 1）。

表 1　摸球游戏总的基本事件

甲摸出球的数字	1	2	3
乙摸出球的可能数字	(2，3) (2，4) (2，5) (2，6) (3，4) (3，5) (3，6) (4，5) (4，6) (5，6)	(1，3) (1，4) (1，5) (1，6) (3，4) (3，5) (3，6) (4，5) (4，6) (5，6)	(1，2) (1，3) (1，5) (1，6) (2，3) (2，5) (2，6) (3，5) (3，6) (5，6)

续上表

甲摸出球的数字	4	5	6
乙摸出球的可能数字	(1, 2) (1, 3) (1, 5) (1, 6) (2, 3) (2, 5) (2, 6) (3, 5) (3, 6) (5, 6)	(1, 2) (1, 3) (1, 4) (1, 6) (2, 3) (2, 4) (2, 6) (3, 4) (3, 6) (4, 6)	(1, 2) (1, 3) (1, 4) (1, 5) (2, 3) (2, 4) (2, 5) (3, 4) (3, 5) (4, 5)

计算得出甲获胜的概率为$\frac{7}{60}$，乙获胜的概率为$\frac{47}{60}$，平局的概率为$\frac{1}{10}$。

师：从赌金支付情况看，规则对于甲是否公平？需要计算什么？

生：需要计算甲获利的期望，甲获利的期望（即平均获利）为$\frac{7}{60}\times 2+\frac{1}{10}\times 0+\frac{47}{60}\times(-1)=-\frac{11}{20}$，所以对于甲是不公平的。

4．**修改模型**

数学建模更加注重思维能力的培养，一个模型可能面临多样性解的问题，教师要事先做好准备。

师：那我们有哪些方法修改规则，使这个规则对于双方是公平的？

处理方式一：

生：可以修改支付赌金规则，使得双方获利的期望为0，则规则是公平的。

问题引导：事先我们不知道如何更公平地设置赌金规则，可以设如果甲赢，则乙向甲支付 a 元，若乙赢，则甲向乙支付 b 元，接下来如何计算呢？

生：让甲的获利期望$\frac{7}{60}\times a+\frac{1}{10}\times 0+\frac{47}{60}\times(-b)=0$，可计算得 $a:b=47:7$，则可以规定如果甲赢，则乙向甲支付47元，若乙赢，则甲向乙支付7元。

处理方式二：

问题引导：是不是保持按1∶2比例支付就一定对甲不公平？我们的最终目标是要让甲的获利期望为零，若设甲获胜的概率为 P_1，乙获胜的概率为 P_2，则应满足 $P_1\times 2+P_2\times(-1)=0$，化简得 $P_1:P_2=1:2$，比如当甲获胜的概率为$\frac{1}{3}$，乙获胜的概率为$\frac{2}{3}$时，就满足。那么如何设置球的数字能满足相应概率呢？这个问题可能有些复杂，我们可以先简化问题，比如把球的数量改成3个，大家讨论如何设置。

生：可以发现号码为1，2，3不行，但设置为1，2，4就可以。

师：那如果球的数量变成4个，大家讨论下。

生：我们试了号码为1，2，3，4就不行，但如1，2，4，7这种就满足。

师：那大家从上面的情况是否发现规律可利用到六个球的情况。

生：可以发现当数字从小到大排列，任意两个数字之和小于后面的号码即可。比如6个球的时候号码定为1，2，4，7，13，21是满足的。

5．**模型推广及检验模型**

我们来验证下前面的猜想：对于箱子里面装有 n 个外形完全一样的球，号码标为 $X_1<$

$X_2 < \cdots < X_n$（$X_{i-2} + X_{i-1} = X_i$，$i = 1$，2，…，$n-2$，$n \geqslant 3$），甲先从箱子中摸出一个球，乙再从剩下的球中摸出两个球。胜负规则为：乙摸到的两个球的数字相加和甲的数字比较，谁的大谁就赢，值相同就是平局。赌金按如下规则支付：如果甲赢，则乙向甲支付 2 元；若乙赢，则甲向乙支付 1 元。

问题引导：现在如何计算甲、乙获胜的概率，总的基本事件有多少个？甲获胜的基本事件有多少个？这样的数字有平局出现吗？

生：上面的数字保证了没有平局，总的基本事件为 $C_n^1 C_{n-1}^2 = \dfrac{n(n-1)(n-2)}{2}$，甲获胜的基本事件为 $C_{n-1}^2 + C_{n-2}^2 + \cdots + C_3^2 + C_2^2 = C_n^3 = \dfrac{n(n-1)(n-2)}{6}$，所以甲获胜的概率为 $\dfrac{1}{3}$，乙获胜的概率为 $\dfrac{2}{3}$，对于双方是公平的。

6. **小结**

这节课通过学过的知识帮助我们识别了生活中的骗局，让我们真切感受到数学的力量。相信大家通过这节课也提升了学数学的成就感。下面我就布置两个课后作业供大家继续通过建模思想研究公平性问题。

（1）（2020 年高考全国Ⅰ卷理科第 21 题改编）甲、乙、丙三位同学进行羽毛球比赛，约定赛制如下：累计负两场者被淘汰；比赛前抽签决定首先比赛的两人，另一人轮空；每场比赛的胜者与轮空者进行下一场比赛，负者下一场轮空，直至有一人被淘汰；当一人被淘汰后，剩余的两人继续比赛，直至其中一人被淘汰，另一人最终获胜，比赛结束。设每场比赛双方获胜的概率都为 $\dfrac{1}{2}$。

①探讨这场比赛是否公平？

②经抽签，甲、乙首先比赛，丙轮空。丙获胜的概率为多少？并对丙是否值得参与比赛给出建议。

（2）一年夏天，北京中关村科学院小区门口有个西瓜摊，摊主是魏姓大兴人，他卖瓜不称重，大瓜小瓜分着卖。大瓜的个头基本相当，每个 15 元；小瓜的个头也很均匀，每个 5 元。这天住在小区里的王教授和王太太夫妇来买西瓜，王太太看到很多人都在买小瓜，就凑了过去，却听见王教授说："不买小的，买大的。""大瓜的半径比小瓜的半径大不了 1 倍，可大的价格却是小的 3 倍呢……"王太太犹豫道。王教授笑笑说："瓜的大小要算体积，不是面积。那小瓜的半径大概是大瓜的 $\dfrac{2}{3}$，小瓜的体积不到大的 30%，大小瓜的皮厚差不多，当然买大的划算。"王太太疑惑地抱起了大个的西瓜，老魏看得目瞪口呆。

①你是否支持王教授的判断？请说明理由。

②请你替摊主老魏出个主意：同品种的大小瓜的半径比是 3∶2，大瓜如果卖 15 元一个，小瓜大概卖多少钱一个才能使得买大瓜小瓜都一样？

（微信扫描二维码可观看课例，网页下载链接：https://module.scnu.edu.cn/article-13963-601-1.html）

三、教学成效与反思

《普通高中数学课程标准（2017 年版）》中的课程内容突出了四条主线，其中一个就是“数学建模活动与数学探究活动”，必修有 6 个课时，选择性必修有 4 个课时，这是不同于旧教材的一大创新。可见数学建模在新课标中的地位很重要，根据这种指导思想，本文尝试了将数学建模思想融入解决实际生活的概率问题。

但数学建模并不是单纯地解决一个纯粹的数学问题，而是需要将实际问题数学化以及数学问题实际化的过程，因此在数学建模教学中应该善于灵活处理教材，做到教学有法，教无定法，贵在得法。

开展本节课后可以发现，数学建模课堂要以生为本，教师在引导学生处理实际问题上，要多鼓励学生发现问题，探究问题，让学生学会用数学的语言、符号、图表等来解决实际问题，真切体会到数学与生活之间的联系。在平时的教学中也可以有意识地渗透建模思想，只有这样，才能真正培养学生的建模能力和建模意识，不断提高学生的核心素养能力。

在讨论环节，由于数学建模本身具有灵动性和自主性，所以课堂本身有许多不可控制性，这是最大的难点，这也要求教师事先就要预设好各种可能的方法和情形，从而在课堂上能做到灵活应对。在学生的参与过程中，要关注学生能否做到和同伴交流，能否自主分析问题，能否利用数学语言处理问题。由于学生之间是有个体差异的，所以不能运用同一个标准来评判学生的建模活动，而应该从多种角度和结果进行评价。

专家点评

不只是在数学建模课上进行建模活动，在平时的教学活动中也渗透建模思想，此教学设计就给了我们一个很好的实践范例。在一些细节上，此教学设计目标设置和数学建模课的教学目标大致相同。本节课是概率问题的建模。知识技能方面，针对公平性问题进行建模的数学化，使学生学会将公平性情境问题转化为数学中的概率问题，运用概率相关知识建立模型并解决问题；过程与方法上，经历建模的过程中，学生的能力有得到培养，这也是我们的目的之一，所以具体过程结合核心素养的培养能使目标设计更丰富。在数学建模的过程中，在经历“提出问题—转化问题—建立模型—求解问题—检验并推广模型”的过程中，有利于提高学生提出问题、运用所学知识分析并解决问题的能力。

（点评人：冯伟贞，华南师范大学数学科学学院副院长，副教授

苏洪雨，《中学数学研究》副主编，副教授）

两角差的余弦公式

华南师范大学附属中学　潘强优

一、案例简介

华南师范大学于2020年3月15日发出了关于举办“华南师大－中小学”协同发展联盟“新课标、新教材、新高考”背景下创新教学设计评选与分享活动的通知。华师附中作为华南师范大学的附属中学，教师积极响应号召，笔者也投稿一篇。既然是新课标、新教材、新高考，本课选材自新教材人教版（A版）高中数学必修第一册第五章第5节“三角恒等变换”的第一课时：两角差的余弦公式。

之所以选取这节课作为案例，笔者主要出于以下两点考虑：

（1）内容编排新：新教材在三角函数章节处理上直接后移了平面向量这个章节，使三角恒等变换知识直接接上三角函数。因此，在三角恒等变换的起始课上，原有的利用平面向量推导的方法已经不适合新教材。

（2）指导思想新：新教材指导思想在于体系化学习。大方面来说从函数到三角函数一脉相承，在三角函数模块遵循同样的学习方法，即从单位圆出发逐步深入学习新知识。新教材给出的推导方法也是基于此得出的。

二、教学设计

（一）教学目标

（1）知识与技能：理解并掌握两角差余弦公式，能够正确使用公式解决相应的问题，初步掌握数学研究的一般方法和步骤。

（2）过程与方法：通过探究两角差的余弦公式，体会数学研究从特殊到一般的方法，培养学生数形结合的能力，使学生在探究中体会代数与几何的相互联系。

（3）情感、态度和价值观：通过对两角差的余弦公式进行探究，培养学生观察意识，锻炼数学逻辑思维，帮助学生体会数学的美，激发学生探索数学的兴趣。

（二）教学内容

本节课选自高中数学必修第一册第五章第5节“三角恒等变换”的第一课时：两角差

的余弦公式。本节课是在学习了三角函数定义、三角函数概念、三角函数图像及其性质的基础上，进一步研究通过两个角的三角函数去表示它们和与差的三角函数关系。研究两角和与差的三角函数是三角函数概念的深化和应用，也是学习三角恒等变换的第一节课，是后续内容学习的重要基础，有着承上启下的作用。三角变换可以揭示那些外形不同但是实质相同的三角函数式之间的内在联系，而推导两角差的余弦公式的过程比较集中地反映了这种联系，从中体现了丰富的数学思想。

（三）学情分析及教学策略分析

在新教材的学习当中，学生已经利用单位圆对三角函数进行了定义，利用单位圆的对称性推导出三角函数诱导公式，利用单位圆得到了三角函数的图像及其性质。可以说，单位圆与三角函数在学习的过程中紧密相连。基于此，本节课采用的引导方式就包括了从单位圆中推导两角差的余弦公式。

教学模式分析：基于上述教学内容分析和学情分析，本节课采取讲授法和小组合作讨论法开展教学。

教学媒体：自制道具、PPT 等。

（四）教学重点及难点

重点：两角差的余弦公式的推导及其应用。

难点：两角差的余弦公式的逆用和变用，定理推导。

（五）教学过程

表 1　教学过程

教学环节	教师活动	学生活动	设计意图
情景创设　引发矛盾	情境引入：某商场的自动扶梯与水平面夹角为 45°，已知电梯长度为 8 m，问电梯前进的长度大约是多少？ 再问，如果夹角变为 30°，如何作答？如果夹角变成 15°，又该如何作答？	当夹角为 45°时，电梯前进距离为 $8\cos 45° = 4\sqrt{2}$； 当夹角为 30°时，电梯前进距离为 $8\cos 30° = 4\sqrt{3}$； 当夹角为 15°时，电梯前进距离为 $8\cos 15° = 8\cos(45° - 30°) = ?$ （发现知识漏洞，寻求解答讨论）	情境引入，从现实抽象出数学问题，更适合学生心理发展规律
	追问：$\cos(45° - 30°) = \cos 45° - \cos 30°$吗？ 一般的，对于任意角 α 和 β，是否成立 $\cos(\alpha - \beta) = \cos\alpha - \cos\beta$？ 如果不成立，那么 $\cos(\alpha - \beta)$ 等于多少？	思考，尝试计算，至少会有两种回答。 答 1：如果式子成立，那么 $\cos 15°$ $= \cos 45° - \cos 30°$ $= \dfrac{\sqrt{2} - \sqrt{3}}{2} < 0$ 与 15°是锐角相矛盾，所以该式子不成立。 答 2：如果式子成立，那么 $\cos 15° = \cos 45° - \cos 30° = \cos 60° - \cos 45°$ 这也显然不成立，所以该式子不成立	经历从猜想到证明的一般过程，引发学生好奇心，学会证伪的思路

续上表

教学环节	教师活动	学生活动	设计意图
问题引领	证法1：思考并观察道具，请用多种方法计算图中菱形面积。 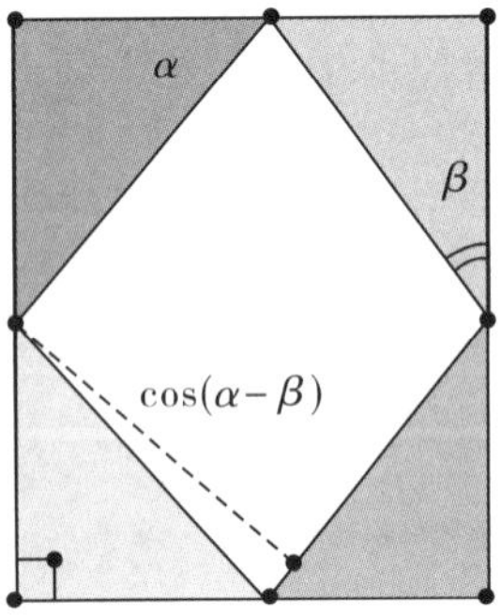 注：此处参考深圳外国语学校李博老师的教具	方法1：通过向对边做高，找到夹角 $\alpha-\beta$，得 $S_{菱形}=\cos(\alpha-\beta)\times1=\cos(\alpha-\beta)$ 方法2：通过割补法计算，得 $S_{菱形}=\cos\alpha\cos\beta+\sin\alpha\sin\beta$ 方法3：通过平移三角形，得到以下图形 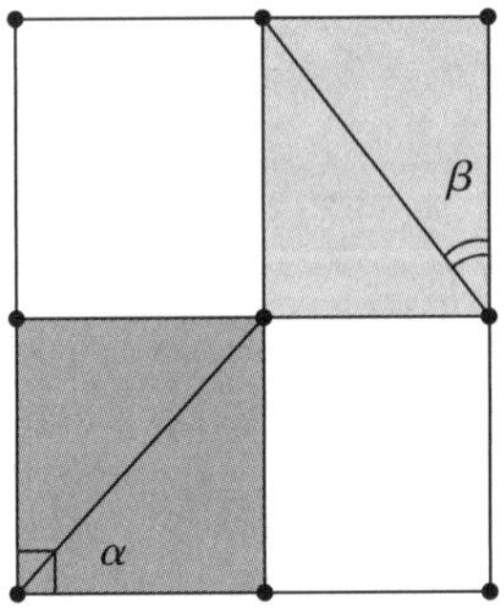 进而得到： $S_{菱形}=\cos\alpha\cos\beta+\sin\alpha\sin\beta$	通过道具展示，吸引学生注意力，通过面积的推导得到两角差的余弦公式。甚至通过无字证明使得同学们兴趣盎然，简化公式推导过程，提高效率
	【问1】通过以上菱形面积的计算，我们能够得到什么结论？ 以上公式被称作两角差的余弦公式，以上尤其是通过平移三角形的方式进行的证明也叫作无字证明，是一种非常简洁而美丽的存在。数学中有非常多的无字证明，有兴趣的同学们可以课后查阅更多资料。对于以上公式，我们在课后也会留下两道思考题给大家	回答：$\cos(\alpha-\beta)=\cos\alpha\cos\beta+\sin\alpha\sin\beta$	

续上表

教学环节	教师活动	学生活动	设计意图
	【问2】单位圆与我们对三角函数的学习紧密相连，那么我们研究两角差的余弦公式可否通过单位圆进行研究呢？	通过画单位圆画出角 α，角 β 终边，得到 α 与 β 的三角函数几何意义 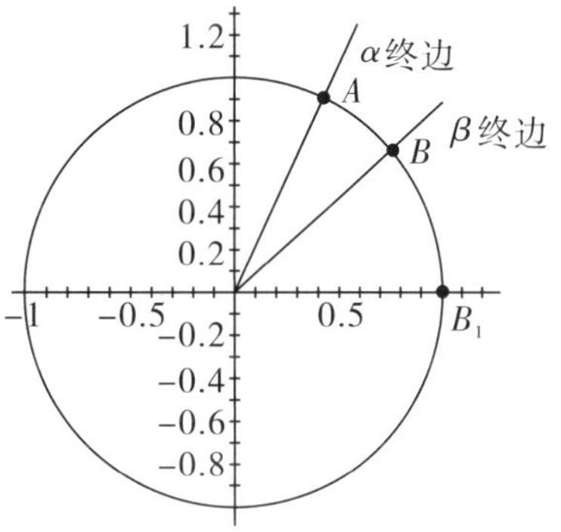 	
问题引领	追问1：如何在单位圆上体现 $\cos(\alpha-\beta)$？ （从简单的锐角入手）	通过旋转扇形 AOB 画出 $\alpha-\beta$ 的终边，与单位圆相交于点 A_1，其横坐标为 $\cos(\alpha-\beta)$ 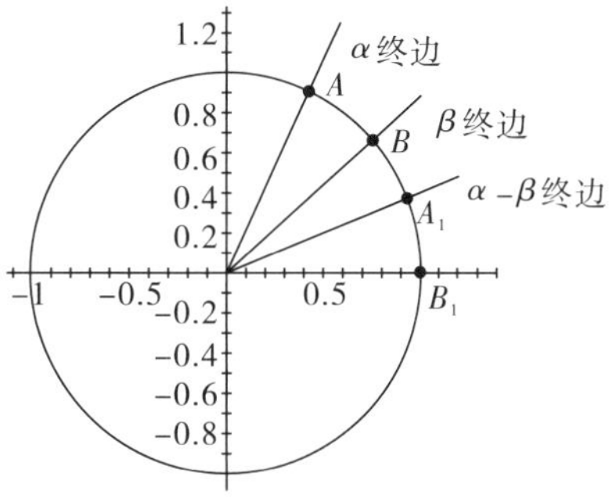 	顺着三角函数的研究思路容易想到单位圆。这个研究过程可以非常好地体现数形结合
	追问2：如何建立 $\alpha-\beta$ 与 α，β 的三角函数的等量关系？	由圆的旋转对称性可以知道 $\lvert AB\rvert=\lvert A_1B_1\rvert$，进而由两点间距离公式可以得到 $(\cos\alpha-\cos\beta)^2+(\sin\alpha-\sin\beta)^2$ $=[\cos(\alpha-\beta)-1]^2+\sin^2(\alpha-\beta)$ 化简得： $\cos(\alpha-\beta)=\cos\alpha\cos\beta+\sin\alpha\sin\beta$ 也能得到两角差的余弦定理	逐层追问的同时也是学生探索定理的过程

续上表

教学环节	教师活动	学生活动	设计意图
问题引领	追问3：能否去掉 $\alpha-\beta$ 为锐角这个条件？	如果 $\alpha-\beta$ 为负角，根据余弦函数的奇偶性和右边式子的对称性可以马上发现，这个恒等式对 α 与 β 的大小没有限制	从特殊到一般的推导方式，帮助学生建立起一整套的研究思路
	追问4：能否把两个锐角推广到任意角？	考虑到上一问的问题，我们不妨假定 $\alpha-\beta$ 是一个正角。根据角的终边的周期性，我们只需要考虑把两个锐角缩小到 $[0,2\pi]$ 范围内进行讨论即可。 容易得出，这个推广是成功的	这是一个很好的培养学生分类讨论的机会，到底因为什么要分类，标准是什么，等等
公式的初步应用	**例1** 请证明： （1）$\cos(\pi-\alpha)=-\cos\alpha$； （2）$\cos(\frac{\pi}{2}-\alpha)=\sin\alpha$； （3）$\cos(-\alpha)=\cos\alpha$	（1）$\cos(\pi-\alpha)$ $=\cos\pi\cos\alpha+\sin\pi\sin\alpha$ $=-\cos\alpha$ （2）$\cos(\frac{\pi}{2}-\alpha)$ $=\cos\frac{\pi}{2}\cos\alpha+\sin\frac{\pi}{2}\sin\alpha$ $=\sin\alpha$ （3）$\cos(-\alpha)=\cos(0-\alpha)$ $=\cos0\cos\alpha+\sin0\sin\alpha$ $=\cos\alpha$	初步应用两角差的余弦公式在熟悉的环境下证明诱导公式，发现诱导公式的本质
	变式1-1 请计算下列各式的值： （1）$\cos79°\cos34°+\sin79°\sin34°$； （2）$\sin11°\cos34°+\cos11°\sin34°$； （3）$\cos11°\cos34°-\sin11°\sin34°$； （4）$\frac{\sqrt{2}}{2}\cos15°+\frac{\sqrt{2}}{2}\sin15°$。 例题小结：对于公式的学习，我们不仅要掌握正用，还要掌握逆用以及变形使用，正确理解公式结构特征	1. 所有同学2分钟时间内独立完成； 2. 2分钟时间相互讨论交流； 3. 请1位同学回答自己的解题过程以及中间遇到的问题； 4. 其他同学补充回答，解决问题。 说明： 问题（1）可以直接逆用公式完成求解；对于问题（2），想要利用本节课的知识进行求解就必须认识清楚公式右边的结构特征，利用诱导公式对正弦函数进行转化；问题（3）、（4）考查的是公式的逆用和变形使用	除了正用公式，还需要学会逆用公式，甚至变形使用公式。这个环节借助同学们的相互解答，渗透团队合作的意识

续上表

教学环节	教师活动	学生活动	设计意图
给角求值	**例2** 请计算 $\cos 15°$	$\cos 15°$ $=\cos(45°-30°)$ $=\cos 45°\cos 30°+\sin 45°\sin 30°$ $=\frac{\sqrt{6}+\sqrt{2}}{4}$	应用公式回应了本节课开篇所提出的问题，回应前文
	变式2-1 请计算 $\cos 75°$。 追问：请你说说，通过两角差的余弦公式，你还可以计算哪些角的余弦？为什么呢？ 点评：求值问题，关键是凑角，把所求角度转换成两个已知角或者特殊角的差，进而应用两角差的余弦公式进行求值	$\cos 75°$ $=\cos(120°-45°)$ $=\cos 120°\cos 45°+\sin 120°\sin 45°$ $=\frac{\sqrt{6}-\sqrt{2}}{4}$ 说明：如果有同学想到 $\cos 75°$ $=\cos(45°+30°)$ $=\cos[45°-(-30°)]$，那么两角和的余弦公式也就水到渠成了	对公式的再次应用，增强学生对特殊角的认知，初步归纳三角函数求值问题一般方法
	变式2-2 请解决下面问题： 已知 $\alpha\in(\frac{\pi}{2},\pi)$，$\beta\in(0,\frac{\pi}{2})$，$\cos\alpha=-\frac{3}{5}$，$\cos(\alpha-\beta)=-\frac{5}{13}$，求 $\cos\beta$ 的值。 请两位同学进行板书。 教师对学生板书及解答过程进行评价，给予适当鼓励以及反馈，归纳总结解决给角求值问题一般的思路：第一种思路是利用方程思想进行求解，解法可行但是过于繁杂；第二种思路是利用已知角表示所求角，直接应用公式求解，解答更为高效	方法1：直接应用两角差的余弦公式 $\cos(\alpha-\beta)=\cos\alpha\cos\beta+\sin\alpha\sin\beta$ 对式子进行拆分，再结合同角三角函数关系进行解方程求解。 方法2：利用 $\beta=\alpha-(\alpha-\beta)$，把所求角用已知角表示出来，再应用两角差的余弦公式进行求解	此题旨在暴露学生的问题，一题多解，指引学生用更高效的方法解决问题。 利用学生板书，强调解题过程和答题规范
	变式2-3 已知 $\alpha\in(\frac{\pi}{2},\pi)$，$\beta\in(0,\pi)$，$\cos\beta=-\frac{1}{7}$，$\cos\frac{\alpha+\beta}{2}=-\frac{1}{3}$，求 $\cos\frac{\alpha-\beta}{2}$	主要凑角过程：$\frac{\alpha-\beta}{2}=\frac{\alpha+\beta}{2}-\beta$	形式不同，引导学生发现题目本质，紧扣两角差的余弦公式

续上表

教学环节	教师活动	学生活动	设计意图
给角求值	例题小结：归纳上述式子特征，根据式子特征你能否为本节课设计一道习题？	生：本质上只是对代数式 $\cos(\alpha-\beta)=\cos\alpha\cos\beta+\sin\alpha\sin\beta$ 的变化，当式子中 α，β 取不同的值时产生的不同题目。 如果给出 α 的三角函数值，就可以计算 $\alpha\pm\frac{\pi}{3}$，$\alpha\pm\frac{\pi}{4}$，$\alpha\pm\frac{\pi}{6}$ 等余弦值，反之亦然	通过反思总结提升学生对公式的认知和理解，真正掌握公式的用法
小结提升	【问 3】本节课通过什么方式推导了两角差的余弦公式，有什么特点？ 【问 4】两角差的余弦公式有什么特点，适用范围如何？ 课堂小结：两角差的余弦公式	小结： 一条公式：两角差的余弦公式 $\cos(\alpha-\beta)=\cos\alpha\cos\beta+\sin\alpha\sin\beta$。 两种证明：无字证明、单位圆证明。 三种重要思想方法：数形结合、从特殊到一般、凑角思想	通过课堂小结，迅速回顾本节课所学知识，再次巩固本节课内容，加深对公式的理解
课后思考	思考 1：利用道具所做的无字证明有什么限制？ 思考 2：如何利用道具推导出两角差的正弦公式？ 思考 3：两角差的余弦公式是我们学习三角恒等变化公式一个非常重要的基础，请进行自主探索，发现两角和余弦公式与两角差余弦公式的特点，并进一步得到二倍角公式	课后完成，及时交流	让同学们充分挖掘道具的价值，再次体验无字证明的乐趣，也帮助同学们辩证地认识事物
分层作业	【基础作业】 1. 课本第 217 页第 3，4，5 题。 2. 已知 $\cos\alpha-\cos\beta=\frac{1}{2}$，$\sin\alpha-\sin\beta=\frac{\sqrt{2}}{2}$，求 $\cos(\alpha-\beta)$。 【提高作业】 3. 猜想并证明： $\cos(\alpha+\beta)=$________； $\sin(\alpha\pm\beta)=$________； $\sin 2\alpha=$________； $\cos 2\alpha=$________。 4. 求值：$\frac{2\cos 10^\circ-\sin 20^\circ}{\sin 70^\circ}$		分层作业帮助不同学生掌握不同层次的数学知识，在掌握基本知识技能的基础上，让每个人都得到不同层次的发展

（六）板书设计

表 2　板书设计

两角差的余弦公式 $\cos(\alpha-\beta)=\cos\alpha\cos\beta+\sin\alpha\sin\beta$ （单位圆及其推导）	例 1 变式 1 - 1	例 2　变式 2 - 1 变式 2 - 2	变式 2 - 3 变式 2 - 4

三、教学成效与反思

（1）使用道具进行无字证明得到公式的速度比较快，可以大大节省课上时间。

（2）课后反思增加了进一步思考无字证明的用途，还可以得到两角和的正弦公式。

（3）对于代数式 $\alpha-\beta$ 的变化较多，本节课采用了两个典型的变式，主要还是需要同学们进行归纳总结，找到题目的本质。

（4）新教材的编排跟旧教材最大的区别在于学生的学习内容变化，新教材遵循学生学习特征，从三角函数直接进入两角差的余弦公式，采用单位圆进行研究。

专家点评

此篇教学设计从知识与技能、过程与方法、情感态度与价值观三个维度对教学目标进行了具体的解析，并对新旧教材内容的编排变化进行了对比分析，采取了不同于旧教材的公式推导方法。教学过程的设计中，从生活实际情景引入，让学生猜想两角差的余弦公式，使其产生认知冲突，激发学生的学习兴趣。此篇教学设计的一大亮点为自制教具激发学生对两角差的余弦公式的探讨兴趣，使用无字证明让学生直观感知两角差的余弦公式，提高教学效率。在课后反思中又再次强调了无字证明的用途，加深学生对无字证明的理解和运用。简言之，此篇教学设计的教学目标明确地体现在每一教学环节中，教学过程使用教具体现了创新性，丰富了课堂，提高了学生自主思考的积极性。

（点评人：冯伟贞，华南师范大学数学科学学院副院长，副教授
苏洪雨，《中学数学研究》副主编，副教授）

球的体积和表面积

云浮市新兴县惠能中学　陆洪威

一、案例简介

本节内容是人教版（A 版）高中数学必修第二册第八章第 3 节第 2 小节中的第 2 课时“球的体积和表面积”，是在学习了基本几何体的特征以及表面积体积计算公式的基础上继续学习的。本课的设计以《普通高中数学课程标准（2017 年版）》和《普通高中数学科教学指导意见（2021 年版）》为指导思想，立足“聚焦核心素养导向、构建问题导学课堂”的教学理念，以问题引领、任务驱动为教学模式，以“创设情境—提出问题—探究方法—解决问题—提升技能”为课堂主线，以图片、视频、动画、模型为教学辅助，以合作探究、动手操作、讨论总结为学习方式，让学生在情境中提出问题，在合作中探究方法，以求培养学生数学抽象、逻辑推理、数学运算、直观想象的核心素养。

二、教学设计

（一）教学目标

1. **知识与技能**

（1）掌握球的表面积和体积公式。

（2）会用球的体积与表面积公式解决生活实际问题。

（3）初步体会极限思想以及利用极限方法解决问题的思路。

2. **过程与方法**

（1）利用类比推理、归纳想象、极限思想方法推导球体积公式。

（2）提高分析、综合、抽象概括等学习能力。

（3）发展数学抽象、逻辑推理、数学建模、数学运算和直观想象核心素养。

3. **情感态度与价值观**

（1）欣赏球体建筑的美，从而发现数学美。

（2）会用数学的眼光观察世界，用数学的思维思考世界，用数学语言表达世界。

(3) 体会数学源于生活、用于生活的真谛。

(二) 教学重难点

(1) 教学重点：掌握球的表面积和体积公式。
(2) 教学难点：初步渗透极限思想方法。

(三) 教学课时

1 课时。

(四) 教学方法

问题导学法、直观演示法、小组讨论法。

(五) 学习方法

观察法、类比迁移法、合作探究法、学练结合法。

(六) 教学工具

PPT 课件、图片、球体模具、视频。

(七) 教学过程

环节一：情境创设，问题导学

1. 复习回顾（2 分钟）

圆柱的表面积：__________________　柱体的体积：__________________
圆锥的表面积：__________________　锥体的体积：__________________

【设计意图】

复习旧知，尝试将新知识与原有知识建立联系。

2. 创设情境（2 分钟）

图 1　新加坡苹果滨海湾金沙店

图 2　伦敦麦迪逊广场花园公司

图 3　天津滨海市公共图书馆

图 4　山东烟台娱乐城“黄海明珠”

师：以上图片的建筑物都有什么特点呢?

生：都是球体。

师：在设计、修建、维护球体建筑时常常遇到一些关于球的问题，例如：……（由此引出问题）

3. **问题导学（3 分钟）**

烟台黄海游乐城中有一个巨大的球体建筑，高 30 米，直径 21.8 米，由不锈钢网架结构筑成，叫作“黄海明珠”。

（1）若要在球体结构表面重新装修，所需材料的多少与球的哪个量有关?

（2）若要衡量球体结构内能够容纳多少游客，则应考虑球的哪个量?

引导学生回答：（1）与球的表面积有关；（2）与球的体积有关。

引出本课重点：那么球的体积和表面积怎么计算呢?

【设计意图】

本课用四组图片创设情境导入，引起学生的学习兴趣。在情境中提出问题，引出本节课学习的重点，提高学生发现问题的能力，让学生学会用数学的眼光看世界，培养学生的直观想象素养。

环节二：类比迁移，探究新知

1. **自主阅悟（阅读书本第 117 页最后两段，完成以下问题）（3 分钟）**

（1）若球的半径为 R，则球的表面积 $S=$____________。

（2）若球的直径为 6，则球的表面积 $S=$____________。

（3）表面积为 16π 的球的半径 $R=$____________。

【设计意图】

此处让学生自主阅读书本，在课堂教学中培养学生数学阅读的意识，提高自学能力，同时让学生学会自主解决问题，以夯实基础知识，培养数学运算素养。

2. **典例分析（4 分钟）**

例 3　如图 5 所示，某种浮标由两个半球和一个圆柱黏合而成，半球的直径是 0.3 m，圆柱高 0.6 m。如果在浮标表面涂一层防水漆，每平方米需要 0.5 kg 涂料，那么给 1 000 个这样的浮标涂防水漆需要多少涂料?（π 取 3.14）

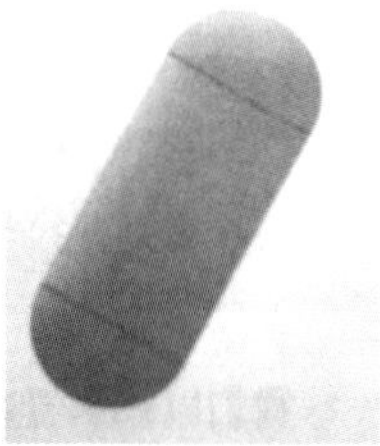

图 5　浮标图

师：给浮标涂防水漆，需要考虑什么问题?

生：浮标的表面积。

师：浮标的表面积是怎样构成的?

生：由两个半球面和一个圆柱的侧面组成。

（教师板演解题过程，规范答题格式和过程）

3. **解决问题（2 分钟）**

若要在“黄海明珠”表面重新装修，贴上一层蓝色的玻璃，所需的玻璃面积是多少?（不考虑损耗，π 取 3.14，参考值 $10.9^2=118.81$）（列出表达式，不计算最终结果）

【设计意图】

例 3 是应用类题目，是学生的弱点，此处通过详细讲解与计算，帮助学生克服心理障碍，不惧怕应用题；同时也回扣“黄海明珠”情境中的提问，通过解决两个生活实际问题，提高学生分析问题、解决问题的能力，让学生学会用数学思维思考世界，体验数学源于生活、用于生活，培养学生的数学运算和数学抽象素养。

4. **学法迁移（2 分钟）**

观看视频《圆的面积》，总结推导圆的面积计算公式的步骤：（1）分割；（2）求近似值；（3）转化。

师：能否按照这样的步骤和方法推导球的体积计算公式呢?

【设计意图】

此环节通过观看 1 分钟短视频，类比推理，迁移学习，让学生尝试类比推导球的体积计算公式，夯实公式推导的基本思想，提高学生分析问题、解决问题的能力，培养学生的逻辑推理和数学抽象素养。

5. **探究新知（7 分钟）**

环节 1：每 6 个学生一组，观察球的模型（见图 6），类比圆的面积公式的推导步骤，讨论球体积公式的推导过程。

（1）

（2）

图 6　球模型图

环节 2：请两位小组长总结发言。

环节 3：教师借助模型和课件动画，完善球体积推导的过程。

（1）第一步：分割。

①把球面分割成 n 个网格，每个小网格的面积记为 ΔS_1，ΔS_2，ΔS_3，…，ΔS_n，则球的表面积 $S=4\pi R^2=\Delta S_1+\Delta S_2+\Delta S_3+\cdots+\Delta S_n$。

图 7　分割球面

②连接球心 O 和每个小网格的顶点，整个球体就被分割成 n 个“小锥体”，每个“小锥体”的体积记为：ΔV_1，ΔV_2，ΔV_3，…，ΔV_n，则球的体积 $V=\Delta V_1+\Delta V_2+\Delta V_3+\cdots+\Delta V_n$。

（2）第二步：求近似值。

当 n 越大，每个小网格越小时，每个“小锥体”的底面就越平，“小锥体”就越近似于棱锥，其高越近似于球半径 R。则每个“小锥体”体积是：

$$\Delta V_i\approx\frac{1}{3}\Delta S_i R$$

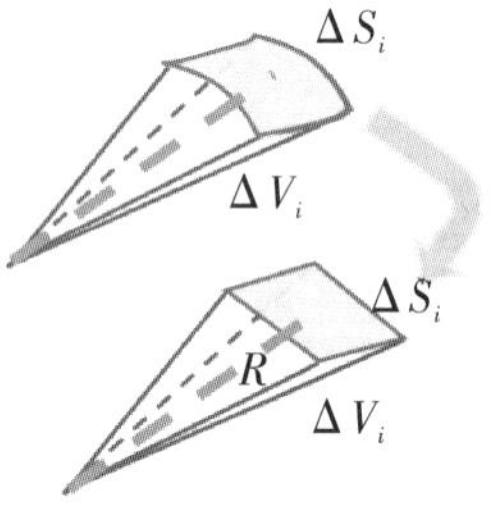

图 8　求近似值

（3）第三步：由近似和转化为球体的体积。

$$V=\frac{1}{3}\Delta S_1R+\frac{1}{3}\Delta S_2R+\frac{1}{3}\Delta S_3R+\cdots+\frac{1}{3}\Delta S_nR$$

$$=\frac{1}{3}R\ (\Delta S_1+\Delta S_2+\Delta S_3+\cdots+\Delta S_n)=\frac{1}{3}R\times4\pi R^2=\frac{4}{3}\pi R^3$$

【设计意图】

此环节设计小组合作探究，培养学生的沟通与协助能力；借助模型观察，夯实学生的基本活动经验，让学生学会用数学的眼光观察实物，并能用数学的思维来思考生活；通过让学生总结推导过程，增强学生用数学语言表达世界的意识；同时强调推导过程，初步渗透“分割、求近似值，再由近似和转化为球体的体积”极限思想方法，培养学生数学抽象、直观想象、逻辑推理的学科素养。

6. **新知始用（5 分钟）（请学生上黑板板演）**

（1）已知球的表面积为 64π，求它的体积；

（2）已知球的体积为 $\frac{500}{3}\pi$，求它的表面积。

【设计意图】

通过两个练习强调解决球的表面积和体积问题的关键在于抓住半径，加强学生对公式的记忆和应用，培养学生的数学运算和数学抽象素养。

7. **解决问题（2 分钟）**

衡量球体结构内能够容纳多少游客，则应考虑球的体积，求此球体建筑的体积。（保留两位小数，π 取 3.14，参考值 $3.14\times10.9^3\approx4\ 066.39$）（列出表达式，不计算最终结果）

【设计意图】

此环节回扣“黄海明珠”情境中提出的第二个问题。

8. **提出问题（4 分钟）**

若要扩大球体建筑的容客量，应该怎么做？请提出一个数学问题。

引导学生回答：扩大球的半径。

例如：如果半径扩大为原来的 2 倍，则表面积会扩大多少倍？体积会扩大多少倍？

尝试总结结论：$S_{球1}:S_{球2}=R_1^2:R_2^2$，$V_{球1}:V_{球2}=R_1^3:R_2^3$。

9. **新知活用（1 分钟）**

若两球表面积之比为 1∶2，则其半径之比是______________，其体积之比是________________。

【设计意图】

以上两个环节旨在聚焦核心素养导向、构建问题导学课堂的教学方式，使学生懂得研究球的问题的本质是研究球的半径，让学生学会发现问题、提出问题、分析问题，最后解决问题，让学生学会用数学语言表达世界，培养学生的逻辑推理、数学运算素养和口头表达能力。

环节三：归纳总结（1 分钟）

（1）两个公式：$S_{球}=4\pi R^2$，$V_{球}=\frac{4}{3}\pi R^3$。

（2）一个方法：推导球的体积公式的过程——①分割；②求近似值；③转化。

（3）一个结论：$S_{球1}:S_{球2}=R_1^2:R_2^2$，$V_{球1}:V_{球2}=R_1^3:R_2^3$。

（小结部分先引导学生自己总结，然后教师再补充强调）

【设计意图】

梳理本节课所学内容，构建知识框架，同时也为课堂小测进行知识铺垫。

环节四：课堂小测（3 分钟）

（1）当一个球的半径满足什么条件时，其体积和表面积的数值相等？

（2）已知三个球的体积之比是 1∶8∶27，则这三个球的表面积之比为________。

【设计意图】

此设计旨在检测学生当堂的学习效果，习题的设置体现了本节课的学习目标和重点。

环节五：课后作业

（1）书本第 169 页复习参考题 3 第（2）题：

球的半径扩大到原来的 n 倍，则其表面积扩大到原来的________倍，体积扩大到原来的________倍。

（2）已知球的表面积为 12π，求它的体积。

（3）书本第 119 页练习 4：

一个长、宽、高分别是 80 cm，60 cm，55 cm 的水槽中装有 200 000 cm^2 的水，现放入一个直径为 50 cm 的木球。如果木球的三分之二在水中，三分之一在水上，那么水是否会从水槽中溢出？

【设计意图】

课后作业的设置围绕本节课的学习重点，从公式的基本理解与应用，到生活实际问题的分析与解决，体现了学以致用的学习过程，促进学生逻辑推理和数学运算素养的养成。

（八）板书设计

8.3.2.2 球的表面积和体积

1. $S_{球}=4\pi R^2$，$V_{球}=\frac{4}{3}\pi R^3$

2. 推导球的体积公式的步骤：

①分割；②求近似值；

③由近似和转化为球体的体积。

3. $S_{球1}:S_{球2}=R_1^2:R_2^2$

$V_{球1}:V_{球2}=R_1^3:R_2^3$

例3 解：设 $2R=0.3$ m，则 $R=0.15$ m

浮标的表面积为

$S=S_{球}+S_{圆柱侧}$

$=4\pi(0.15)^2+2\pi\times0.15\times0.6$

$=0.09\pi+0.18\pi$

$=0.8478\ (m^2)$

所以，1 000 个浮标约需涂料

$0.8478\times0.5\times1000=423.9$（kg）。

图9 版书设计

（微信扫描二维码可观看课例，网页下载链接：https://module.scnu.edu.cn/article-13963-602-1.html）

三、教学成效与反思

（一）教学成效

本课主要采用问题导学的教学方法，以 PPT 课件、图片、球体模具、圆的面积视频、球体分割动画作为教学辅助，提高了学生的学习兴趣；合理设计例题和练习，让学生能熟练应用球的表面积和体积公式解决问题，课堂小测也收到较好的教学反馈。整节课气氛活跃，讨论激烈，练习准确度高，教学效果较好，表现在以下四个方面：

（1）以“黄海明珠”为情境，引出问题，并把情境和问题贯穿于整节课，课堂主线清晰。

（2）利用自制的球体模型，通过观察、小组合作等方式调动了学生学习的积极性，激发了学生的类比推理、合作交流能力。

（3）设置了学生自主提出问题的环节，让学生充分代入设计师、建筑师的角色，提出扩大球体容客量的相关问题，并自行解决，让学生体验到用所学知识提出问题、解决问题的快乐。

（4）利用动画、微课小视频，对球体分割过程进行演示，让公式推导过程形象生动。

（二）教学反思

（1）实践操作展示不够形象充分。由于时间关系，学生观察用的小球体笔者在课前已经拼好网格线，如果时间允许，应让学生自己拼小球体，亲自体验把表面分割成一个一个小网格的过程。

（2）教学环节多，进度紧，学生讨论和提出问题的时间较短。

（3）极限思想的渗透度不够。

专家点评

本篇教学设计的教学目标从知识与技能、过程与方法以及情感态度与价值观三个维度进行了具体的解析，特别地，过程与方法维度从数学思想方法和核心素养两个方面进行设计，情感态度与价值观维度，考虑到本节课知识内容的美学价值和应用价值，教学目标的设计全面而清晰；教学过程中设计提出问题的环节独具创新型，通过问题串的导学，能提高学生发现问题和分析、解决问题的能力；本教学设计还有一大亮点，教师自制球体模型，能使学生直观感知球体分割为无数个小三棱锥的过程，更好地渗透极限思想，进一步提高学生学习兴趣，营造良好的课堂探究氛围；针对球体模型的探究部分进行教学反思，完善此处设计存在的不足，具有很好的借鉴意义。

（点评人：冯伟贞，华南师范大学数学科学学院副院长，副教授

苏洪雨，《中学数学研究》副主编，副教授）

测量旗杆高度的实践探究活动分享与教学设计评价

北京师范大学（珠海）附属高级中学　刘　英

一、案例简介

本教学设计是在学生测量校园旗杆的教学活动后开展的活动分享与评价的教学设计，通过学生对5种不同的测量方法及结果的分析与评价，讨论测量过程中遇到的问题及误差分析，探究方法的科学性及合理性，体验完整的建模流程，感受数学的乐趣。

二、教学设计

（一）教学目标

（1）通过旗杆高度测量及求解，学生加深对正弦定理、余弦定理解三角形的理解和掌握。能够运用学过的数学知识解决问题。熟悉建模流程，提高用数学解决问题的能力。

（2）通过小组合作交流进行测量，运用不同的模型求解旗杆的高度，并对过程进行分享、交流评价，体验数学建模的乐趣，培养应用意识。

（3）运用不同的方法得出结果，进行思考和总结，培养学生数学表达的能力，培养学生的辩证思维。在活动中提升学生学习数学的兴趣以及成就感，进而培养学生的数学建模核心素养。

（二）教学重难点

教学重点：学生分享解决同一个问题的不同方法，对每一个模型进行评价分析。

教学难点：引导学生如何去评价模型。

（三）学情分析

学生知识基础：本教学设计适用于高一下学期的学生，学习了解三角形的实际应用，了解数学建模的基本流程。

学生特点：学生善于思考，能够提出问题，但解决问题的能力不强，平时参与数学实践的机会不多，经验不足，需要教师进行引导。

学习困难：测量工具简陋，学生的数学表达能力比较弱。

（四）教学内容

通过教师给出的测量任务，学生采用不同方法测量旗杆，阐明方法、过程以及结果，并且对测量过程中的任务以及反思等进行分享，在交流过程中打开思考问题的思路，探究每种方法中的误差原因。

（五）教学方法

任务驱动法、自主探究法。

学生通过完成任务卡的填写，也就完成一个完整的测量活动过程，小组合作，解决测量中遇到的问题。本节课是学生完成测量任务的延续，由一到两名同学进行任务汇报，其他同学对建模方法进行评价。

（六）教学模式

合作学习。

（七）教学媒体

PPT。

（八）教学过程

师：上节课同学们分小组对校园中的旗杆进行测量，下面请同学们进行分享，分享环节需要从设计方案、测量方法、测量过程以及测量中遇到了什么问题等角度进行交流。

1. **测量方法及结果分享**

A 组

（1）工具：米尺。

（2）测量方法：在相同时间下测量人的影子与自身身高的比例，同时测量旗杆的影子长，通过比例关系得到旗杆的高度。

（3）观测数据：某同学身高 1.61 m，测得影长 0.74 m，测得旗杆影长为 4.27 m。

（4）模型假设及符号约定：学生身高为 l_1，影长为 y_1；旗杆高为 h，影长为 y_2。

（5）模型建立及求解：旗杆高度$h=\frac{l_1y_2}{y_1}$，$h=10.3$ m。

B 组

（1）工具：直尺，可拍照手机，打印机。

（2）测量方法：学生站在旗杆旁边拍照，并用 A4 打印照片，用直尺测量学生身高以及照片中旗杆的高度，用比例关系求出。

（3）观测数据：某同学身高 1.67 m，用直尺测得照片中的身高为 0.036 m，旗杆的高度为 0.21 m。

（4）模型假设及符号约定：学生身高为 l，照片中学生身高为 a；旗杆高为 h，照片中旗杆高度为 m。

（5）模型建立及求解：旗杆高度$h=\frac{l}{a}\cdot m$，解得 $h=9.77$ m。

C 组

（1）工具：秒表，3 m 长的绳子，录音机，国歌。

（2）测量方法：国歌的演奏时间长度为46 s，两名同学尝试用46 s 的时间把国旗升到顶部，用秒表记下每次拉动绳子的时间间隔，另外两名同学把 3 m 长的绳子拉到水平位置，升旗手复制升旗时的速度，拉动3 m 长的绳子，并记下时间，通过 3 m 与时间的比值就可以测量升旗的速度，利用测得的速度乘以46 s 就可以估计旗杆的高度。

（3）模型假设及符号约定：①假设升旗手速度匀速，升旗不受到风等其他外界因素干扰；②升旗速度为 v，升旗时间为 t，升旗位置到地面距离为 d_1，红旗升到顶端时距离旗杆顶端记为 d_2。

（4）观测数据：升旗速度为 0. 2 m/s，时间为 46 s，升旗位置距离地面为 0. 9 m，红旗升到顶端时距离旗杆顶端距离为 0. 1 m。

（5）模型建立及求解：$h = vt + d_1 + d_2$

$$h = 0.19 \times 46 + 0.9 + 0.1$$
$$= 9.74 \text{ m}$$

（6）研究过程中的困难：速度不容易测量。

D 组

（1）工具：米尺，教学用量角器，笔，纸。

（2）测量方法：测量过程中，利用数学老师的量角器，自制一个测角仪，在旗杆的前面选择两个观测点，观测者视线与量角器中心位置齐平，眼睛、量角器上的标尺、旗杆顶部，三点一线，测量两个角度，以及旗杆底部台阶的高度，利用正弦定理解三角形，得出最后的解（见图 1）。

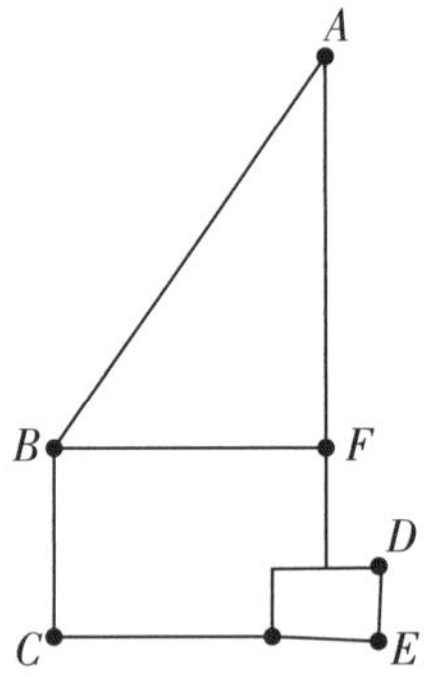

图 1　D 组旗杆模型

（3）模型假设：①观测者身高为 BC；②旗杆高度为 h；③台阶高度为 DE；④$\angle ABF$；⑤BF 为观测者到旗杆的距离。

（4）观测数据：台阶高度为 $DE = 0.5$ m，其他数据如表 1 所示。

表 1　D 组测量数据

观测者身高	1.62 m	1.57 m	1.73 m	1.68 m
观测角 $\angle A$	58°	63°	43°	36°
BF 的长度	5.8 m	4.97 m	8.96 m	14.06 m

（5）模型建立及求解：$h=BF\cdot\tan\angle ABF+(BC-DE)$。

根据 4 名小组成员的身高及观测角，得到的高度分别为：

$$h_1=10.3\ \text{m};\ h_2=10.4\ \text{m};\ h_3=10.2\ \text{m};\ h_4=10.6\ \text{m}$$

4 组数据求平均值得到旗杆高度 $h\approx10.38$ m。

（6）研究中遇到的困难及解决方案：缺少测量角度的仪器，用教师的教学量角器辅助观测角度。

E 组

（1）工具：皮尺，教学用直角三角板。

（2）测量方法：考虑到自制测角仪可能测角不准，造成对测量结果的影响，选择固定角度，调整距离，使得眼睛、三角板边缘、旗杆的顶部三点一线，并测量观测者位置以及到达旗杆底部的距离，就可以解直角三角形，得到旗杆的高度（见图 2）。因为测量中发现旗杆底部有台阶，没有书本上的理想，所以想到了测量底部不可到达建筑物的方法，调整模型，进行了测量。

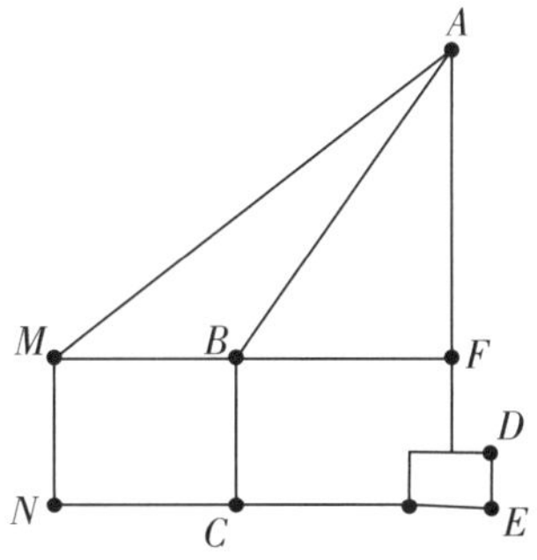

图 2　E 组旗杆模型

（3）观测数据：$\angle ABF=60°$，$\angle AMB=30°$，$MB=9.7$ m，$MN=1.67$ m。

（4）模型假设：①观测点距离记为 BM；②观测者身高记为 MN；③旗杆高度为 h。

（5）模型建立及求解：

$$\begin{aligned}h&=MN+AF\\&=MN+AB\cdot\sin 60°\\&=MN+BM\cdot\sin 60°\end{aligned}$$

解得 $h=1.67+9.7\times\frac{\sqrt{3}}{2}\approx10.07$ m。

（6）研究中遇到的困难及问题：由于测量工具有限，只有长度为 1 m 的皮尺，后来发现地上的石砖长度固定，于是通过数石砖的个数，顺利完成了测量任务。

2. **模型检测与评价**

师：同学们刚才分享了5个模型，都测出了旗杆的高度。大家想知道旗杆究竟有多高吗？在学校管理员处，我查到旗杆的高度约为10.4 m，D组同学的测量结果最接近，其次是A组的数据，B组和C组的测量结果误差比较大。我们比较一下这5个方法，你感觉哪一个更好一些，它们有什么优点？误差比较大的方法，有没有可取之处，或者怎样改进会更好一些？请同学们谈一谈。

（1）A组的评价。

生1：A组的方法是初中学习过的方法，操作方法和测量工具很简单，模型求解容易计算。

生2：A组只测量了一组数据，是不是误差会增大？如果要减少误差，应该多测几组，取平均值。

生3：如果测量当天是阴天，那就不能用这个方法了，这个方法有局限性。

师：同学们讲得很好，不但提出了该方法的优点和缺点，也提出了改进方案。接下来我们谈谈B组方案。

（2）B组的评价。

师：大家可以比较一下A、B组的测量方法，感觉这两种方法很相似，B组的方法有没有优于A组方法？该方法有没有局限性？

生1：我感觉模型的优点是操作简单，相比较A组的方法不依赖阳光，可以快速得出旗杆的高度。

师：误差产生的原因有哪些方面？

生2：因为旗杆与人的身高相差较多，这样处理是不是会产生比较大的误差？用直尺测量稍微有一点误差，就会造成与实际情况相差很大。

师：这种方法适用于测量哪类高度的物体？

生3：当测量的物体高度与人的身高差距不是很大时可以采用这种方法，这样误差不会太明显，而且方便操作。

生4：拍照的时候需要注意的是手机镜头一定不能倾斜，否则会造成更大的误差。

师：我赞同同学们的说法，看来实际测量中要注意的问题还很多。下面请C组同学来分享。

（3）C组的评价。

生1：C组的模型简单，但是不是专业人士，速度的测量很难做到匀速，容易产生很大的误差。

师：控制速度不容易做到，实际生活中有没有一些仪器可以替代人为的操作？

生2：可以借助无人机，设定具体的速度，让它飞到旗杆顶端，记下时间，帮助测量，或者借助手持式激光测距仪也可以快速得到高度。新的仪器的出现可使测量速度又快又准确，那么我们今天的测量还有没有意义呢？

师：这是一个好问题，现在有很多先进的仪器，但是要知道，很多仪器的设计原理也依赖数学模型，通过数学家或者程序员的努力，数学模型成为科技创新不可缺少的一部分。今天我们做的是一件非常有意义的事，可能以后新的发明创造就是由你们完成的。

（4）D 组的评价。

生 1：我们这组做了很多的工作，每个人都测了一组数据，最后取数据的平均值，这样会减小误差。

生 2：该模型的求解在直角三角形中，运算比较容易，通过几组数据的观测，并带入模型中进行求解。

生 3：不足的方面感觉还是自制测角仪不准确，会产生误差。如果有精密仪器，那结果就会好很多。

（5）E 组的评价。

生 1：E 组方案和 D 组方案的好处是无须测量角度，只要测量两个观测点之间的距离，就可以完成旗杆的测量。方法比较简单，误差就会减小。

生 2：选择的角度方便运算。

师（总结）：今天我们对 5 种方法进行了分析，有的同学还提出了一些好的建议，数学建模的评价在数学建模过程中是很有必要的。检测数据的可信度，有时会因数据采集有误、模型假设不合理、建模方法不正确而受到影响，这样的数学建模我们认为是无意义的。所以我们在解决问题时，要考虑建立的模型是否合理，方法是否恰当，是否有更加优化的方案。

3. **建模反思与课堂小结**

师：通过今天的分享，同学们对数学建模有哪些收获？

生 1：解决问题的方法不是唯一的，要关注选用方法的科学性及合理性。

生 2：从其他同学分享的结果可以看出，他们很用心，做了很多数据，也学习到了很多方法。方法也在做进一步的改进。

师：从做中学，可以加深对知识的理解；从学中做，可以增强对数学的兴趣。希望同学们遇到问题都能够多多思考，方法总比困难多。

4. **进一步可研究的问题**

生：我们小组想研究一下珠海日月贝的高度问题。

生：我们小组想研究一下，校园教学楼之间的楼间距多远合适。

……

师：同学们，把我们学到的数学知识用于解决问题，你会发现这个世界处处离不开数学，希望同学们能继续揭秘身边的数学。

（微信扫描二维码可观看课例，网页下载链接：https://module.scnu.edu.cn/article-13963-603-1.html）

三、教学成效与反思

旗杆测量高度是一个很传统的问题，方法很多，起点也比较低，适合高一学生开展，所有学生都可以参与，有利于提高学生的数学表达与交流能力。

分享过程中有些学生可能分享不到位，可以课前进行引导，从解决问题的思路、测量方法、测量结果等角度进行分享。整个过程中，误差分析体现了学生对整个测量结果的思考，学生集思广益，积极探讨可能出现的问题。

通过本节课的交流和探讨，学生意识到数学活动的科学性与严谨性。学生可以进一步改进测量方法和工具重新测量，也可以完善测量方法后测量其他物体的高度，或者把本节课收获的测量经验和方法用于实际应用。

专家点评

数学建模一系列课程所研究的问题为测量旗杆高度，落点比较低，高一学生都可以参与，具有一定的现实意义。此篇教学设计是采用“交流会”形式进行的活动分享和评价课程，设置在学生的建模实践活动后，学生已经亲身经历了数学建模和实践的过程。教学目标从求解旗杆高度、小组合作交流、思考总结结果3个活动中分别分析各个活动要达到的三维目标，对数学建模过程的剖析到位，十分具体且全面。学生以小组为单位进行数学建模活动，提出了5个测量旗杆高度的方案。从“模型检测与评价”这部分的教学过程设置中可以看出，教师设置问题，让学生之间进行评价，重视评价建模过程，强调科学实验的严密性，但不苛求学生建模过程的严密性；关注学生对问题解决方案的创新型，同时也关注方案实行的局限性。进一步引导学生可以改进测量方法和工具重新测量，也可以完善小组的测量方法，对其他物体的高度进行测量。最后将问题升华，深化学生对数学建模的理解，加深对三角函数知识点的理解，体会数学在实际生活中的运用。总体上说，这是一篇良好的数学建模评价课教学设计，但对于学生的预测活动要求较高，需要学生具有一定的问题解决能力和动手实践能力。

（点评人：冯伟贞，华南师范大学数学科学学院副院长，副教授
苏洪雨，《中学数学研究》副主编，副教授）

英语篇

六要素整合理念下的以读促写
——以人教版（2019）高中英语必修二 Unit 5 Reading for Writing 为例

广东广雅中学　吴嘉慧

一、案例简介

本课例基于高中英语新课标六要素整合的理念，围绕单元主题语境创设真实情景，从读到写，一步步为学生搭建内容、结构、语言方面的脚手架；同时，强调教学评一体化，课堂最后基于可操作、可实践、可测量的评价量表，鼓励学生进行生生互评，量表内容正是本节课为学生搭建的脚手架内容，符合“整体输入—整体互动—整体输出”的理念。本课例选材于人教版（2019）高中英语必修二 Unit 5 中的 Reading for Writing 板块，单元主题语境为人与社会，具体主题为 music，单元主线为音乐的力量（the power of music）。

二、教学设计

（一）教学目标

After learning this part (80 mins), students will be able to:

(1) Understand how music has helped Sarah Williams recover from her illness;

(2) Analyze the structure and rhetorical devices of a speech;

(3) Connect the power of music with their own life experience through referring to others' experiences;

(4) Create their own speech on how music can help them/someone they know;

(5) Edit their peers' writing based on what they learned in this lesson;

(6) Appreciate the power of music through delivering/sharing their own speech.

（二）教学内容

本课例选材于人教版（2019）高中英语必修二 Unit 5 中的 Reading for Writing 板块。单元主题语境为人与社会，具体主题为 music，单元主线为音乐的力量（the power of music）。教材该单元各板块及板块任务指向目标如表 1 所示。

表 1　教学内容

Lessons	Tasks
Listening and Speaking	Talk about music preferences
Reading and Thinking	Learn about experiencing music online
Discovering Useful Structure	Express feelings and describe situations
Listening and Talking	Plan a music festival
Reading for Writing	Write a speech
* Video Time	World Music：WOMAD

本课例为 Reading for Writing 板块，要求学生读一篇讲述音乐如何帮助病人治愈的演讲稿，然后创作一篇演讲稿，分享音乐如何改变自己或身边的人。具体的语篇分析如下：

【What】Reading 部分是一篇演讲稿，演讲者 Sarah Williams 讲述了自己身患重病心情沮丧，在接受治疗时医生让她听音乐放松，她因此从音乐中汲取到快乐、慰藉、力量、希望与满足感。在音乐的帮助下，她慢慢走向恢复，并呼吁大家在人生遇到困难与挫折时，可以多听音乐，让音乐成为自己生活的一部分。文章后设置了三个问题帮助学生理解文本主线：1. What was Sarah's problem? 2. How did music help her during her difficult time? 3. What is her advice to others? 另外，还要求学生配对原文句子及其使用的修辞手段、圈画演讲者描述音乐的力量时所用的关键词句，深化学生对文本的理解。

Writing 部分要求学生仿写演讲稿，分享音乐如何改变自己或身边人的生活。为了帮助学生仿写，教材依次从内容、语言、结构、同伴互评 4 个方面设计了相应的活动。内容方面，要求学生小组合作，讨论音乐对自身或他人做出影响的例子；语言方面，要求学生运用 Reading 部分所学的修辞手段起稿部分语句；结构方面，给出演讲稿主要环节并给出开头模板帮助学生整理写作思路；同伴互评方面，给出包含 5 个小点的写作评价表，要求学生进行同伴互评。教材最后给出分享创作、堂上演讲的小任务。为了达成写作目的，教材设计的任务关注学生写作各个方面（内容、语言、结构）与各个环节（从构思到起稿到修改到分享），教材设计逻辑十分清晰，体现了以读促写的设计理念。

【Why】本单元主题语境为音乐，主要引导学生了解音乐的力量。学生在学习本单元之前普遍都熟悉音乐的娱乐作用，本单元要深化学生关于音乐主题语境的认识，落脚点理念是本单元 opening page 中引用美国诗人 Henry Wadsworth Longfellow 的名言"Music is the universal language of mankind"，向学生渗透音乐是联结不同人、族群与国家的纽带这个文化知识。主阅读篇章"The Virtual Choir"是一篇介绍性说明文，旨在深化学生对"音乐联结人与人之间关系、使世界变得更美好"的认识，主要关注音乐群体联结功能。Reading for Writing 板块则聚焦音乐能帮助患者康复的治愈功能，这一功能是学生日常生活较少接触到的，是学生较为陌生的。因此本板块语篇选用演讲稿的语篇类型，让学生在阅读的过程中有与演讲者 Sarah Williams 面对面的感觉，深化学生对语篇目的的认识。

【How】文本是一篇演讲稿，结构清晰，语言生动，有吸引力与号召力。结构方面，整篇演讲稿遵循 Welcome the audience—Introduce yourself—Propose the topic—Personal anecdote—Personal feelings—Close the speech—Thank the audience at the end 的语篇逻辑结构；语言方面，运用了丰富的修辞手段：暗喻、明喻、拟人、引用名言、排比、设问，演讲色彩浓厚。基于此文本特征，教材设计了一系列任务，帮助学生在内容、结构、语言方面迁移创新。

（三）教学设计方案

表 2　教学设计方案

步骤	分步骤	学生活动	设计理由
Lead-in	Review	1. 填空回顾 Reading and Thinking 部分文章的中心思想。 2. 思考 How can music help people in their personal struggle?	新课标强调单元整体教学理念，在本课导入阶段回顾前面课时的中心思想，能帮助学生联系已知（音乐的群体作用）与未知（音乐的个体作用）、了解本课时的作用与定位、构建关于主题语境的结构化知识
	Situation	置身情景	教材在语篇呈现之前并无指令语说明篇章出处，为了帮助学生更好地理解文本，教师增设与之相关的真实场景
Pre-reading	Predict	根据教材配图与文本词汇云图，回答两个问题： 1. What is special about the speaker? 2. How do you think music helped her?	读前让学生观察配图，了解语篇作者背景；词汇云图预测让学生观察文本关键词，预测文本大意
Reading	Listen for main idea	听演讲稿，回答三个问题： 1. What was Sarah's problem? 2. How did music help her during her difficult time? 3. What is her advice to others?	虽然教材板块的设计初衷是以读促写，但篇章具有口语化特点（演讲稿），因此将阅读改为听取大意更恰当。设计的三个问题是教材原活动，充分利用新教材

续上表

步骤	分步骤	学生活动	设计理由
Pre-writing	Situation	置身场景，了解仿写任务	承继阅读前的场景，写作任务要求学生在同一情景下进行仿写，帮助学生明确写作目的与写作对象
	Content	阅读网络补充材料，回答问题：How has music helped you or someone you know?	为了帮助学生仿写，教师需要在内容上给予学生帮助。由于话题内容对于学生较为陌生，因而单纯的小组讨论可能无法为学生提供足够的写作素材和思路。教师通过展示网络资源，既为学生提供写作内容、语言帮助，也向学生传授合理运用网络资源的学习策略，在众多语料的阅读与思考中，深化学生对单元话题的理解
	Structure	思考 How did Sarah organize her speech，并完成补充配对任务	仿写的第二步，学生在有话可说的情况下要学习如何组织自己的篇章，使之符合演讲稿的体裁特征，更有效地传达演讲内容，实现演讲目的。配对任务的选择降低了学生的写前焦虑，有利于学生的迁移创新
	Language	1. What phrases did Sarah use to describe the power of music? 2. 了解修辞手段在演讲中的作用，并学习 6 种修辞手段。 3. 完成书本练习：Match the names of rhetorical devices to the lettered sentences in the speech	写作需要一定的语言知识，既然输出任务是仿写，阅读篇章的语言就能给学生很大的参考价值。第 1 个活动可以给学生提供具体的语言支撑；第 2、3 个活动能帮助学生明确六大修辞手段的定义与具体使用，帮助学生提升自己的创作，提高表达的有效性
Writing	Create	基于演讲稿创作模板进行仿写	在写前环节，学生们已初步了解演讲稿的结构特征，这一步要求学生运用所学大纲进行写作，给学生结构上的仿写支架

续上表

步骤	分步骤	学生活动	设计理由
Post-writing	Polish	运用修辞手段润色文章语言	演讲稿要求语言有感染力和号召力，学生在写后运用所学的修辞知识润色自己的语言，提高表达的有效性
	Peer edit	利用写作自评表，进行同伴互评	写后的同伴互评能够在分享中使写作任务更加真实，同时，在修改同伴的写作过程中，能帮助学生了解评分标准
	Share	演讲	学生在班里演讲自己的写作成果，既能使写作任务更加真实，也能增强学生的自信心，在分享中促进写作能力的提高
	Sample writing	阅读、分析、借鉴范文	范文的提供能给学生额外的高效输入，有利于学生进一步改进自己的写作
	Homework	1. Continue revising your speech and make it ready to be delivered/shared. 2. Browse TED speech website (https://www.ted.com/) and further explore music therapy（音乐疗法）	除了让学生进一步修改自己的写作外，还要求学生借助网络资源深化对单元主题的认识

（四）教学媒体

希沃智慧平板。

（微信扫描二维码可观看课例，网页下载链接：https://module.scnu.edu.cn/article-13959-604-1.html）

三、教学成效与反思

本课例实践新课标六要素整合的英语课程理念，在充分挖掘语篇特征、学生学情的前提下，为学生搭建充足有效的脚手架，帮助学生仿写，深化学生对单元主题语境的认识，从学生的课堂反馈、写作成果均可以看出，课堂目标基本达成。

专家点评

从六要素整合的英语学习活动观出发，引导学生在主题意义引领下，通过学习理解、应用实践、迁移创新，促进自身的语言知识学习、语言技能发展、文化内涵理解、多元思维发展、价值取向判断和学习策略运用。整堂课的教学设计同时关注教学评一体化，评价方式多样，关注学生的内容结构和语言特点；读写结合的教学，关注对学生阅读的评价。教师从语言、结构、内容等方面进行评价，具有针对性，呼应教学目标。采用词汇云图进行文章预测的方式培养学生的思维能力，能够加深学生对语篇的理解。采用“以读促写”的方式，非常的巧妙，在六要素整合的理念下引导学生对语篇深层次的思考，整体教学效果良好。

（点评人：黄丽燕，华南师范大学外国语言文化学院教授）

研究新教材育人价值，实现育人目标的探索与实践

——以人教版（2019）高中英语必修二 Unit 3 Stronger together：How we have been changed by the Internet 为例

广州市执信中学　黎洁媛

一、案例简介

本课例基于高中英语新课标六要素整合的理念，通过创设学习理解类活动、应用实践类活动、迁移创新类活动，对文本进行层层深入的分析，通过追问培养学生的思维品质；同时，从文章本身联系到学生现实生活中疫情期间的经历，对文章 Stronger together：How we have been changed by the Internet 的主题进行探讨，实现育人价值。本课例选材于人教版（2019）高中英语必修二 Unit 3 中的 Reading and Thinking 板块，单元主题语境为人与社会，具体主题为 the Internet。

二、教学设计

（一）教学目标

在本课学习结束时，学生能够：

（1）根据文章标题预测主要内容及作者态度。

（2）概括文章的主旨大意并理解文章的结构与写作方法。

（3）获取、梳理并评价 Jan 在加入网络社区前后的生活变化以及她利用网络帮助他人的事例。

（4）联系实际，发现社会上更多像 Jan 一样通过网络社区帮助他人的例子。

（5）基于所读文本和关于疫情期间经历的讨论，思考并讨论自己如何像 Jan 一样通过网络社区帮助别人。

（二）教学内容

本单元的主题是“互联网”，涉及四个语篇。其中第一部分是 Listening and Speaking 板块，主要是对青少年上网习惯的调查；第二部分是 Reading and Thinking 板块，作者用 Jan Tchamani 的例子来讲述网络社区如何改变人们的生活，人们是如何通过网络社区变得更强大的，从而突出网络社区的优点；第三部分是 Listening and Talking 板块，讲述如何选择最好的应用软件；第四部分是 Reading for Writing 板块，是一篇关于网络安全的博客文章。本单元各板块主题相互关联，共同服务于“在学习、生活和社会交往中合理有效地使用互联网”的主题意义探究。通过本单元各板块学习，在听、说、读、写技能训练的同时，需要帮助学生深度理解网络共同体概念，明白网络的好处及危害，并提升学生在使用网络过程中的判断、选择和决策能力。单元主题与各板块间的关系如图 1 所示。

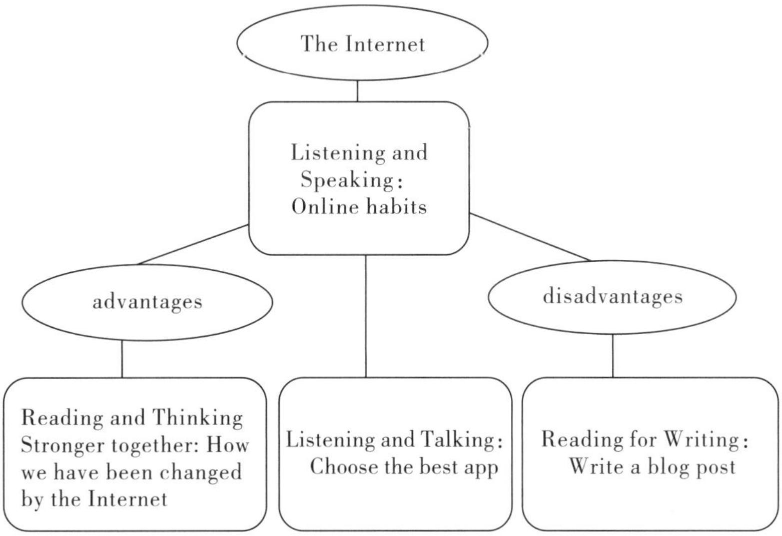

图 1　单元主题与各板块关系图

本课使用的是 Reading and Thinking 板块的文章。该语篇共有五个段落，作者在第一段提出核心观点：人们的生活不仅因互联网而变得更为便利，还因网络社区的出现和社交网络的发达而得到进一步改善。第二段到第五段，作者则用举例子的方法，通过描述 Jan 在生活上的改变来阐明这一观点。Jan 在加入网络社区前生活孤单、枯燥无味，但在加入网络社区后，她能在网络的帮助下做各种不同的事情，并受到网友的启发，成立了 IT 俱乐部教授老年人使用网络，改变他们的生活；她还通过持续学习，发现了社会需要填补数字鸿沟，以此让每个人都能用上互联网及新技术的重要性，于是她下一步打算帮助贫困国家的孩子。本文的标题和第一段使用“现在完成时的被动语态”阐述人们的生活是如何被互联网所改变（该语法的学习将在 Discovering Useful Structures 板块完成）。此外，文中使用了大量的动词短语来描述 Jan 利用网络所做的事情，如 listen to music，watch films，start an IT club，take online classes，bridge the digital divide 等。

文本分析最后的部分还要对主题的意义进行阐述，对于主题意义“stronger together”的深入探讨，能引导学生以 Jan 为榜样，将她的做法迁移运用到自己真实的生活情境中，综合培养学生的选择能力、分析判断能力和说理能力，提升学生的公民意识。

（三）教学方法、模式、策略

本课以学生为主体，教师以问题链启发学生思考，引导学生通过个人思考、小组合作的方式进行学习，经过师生对话与生生对话，师生共同对文章的主题意义进行深入探讨。

（四）教学媒体

教材及拓展视频、多媒体课件、学案、电脑、希沃、黑板和粉笔。

（五）教学设计方案

（T：teacher；Ss：students；IW：individual work；PW：pair work；GW：group work；CW：class work）

表 1　教学设计方案

步骤	教学活动	设计意图	互动模式 & 时间
Pre-reading			
Step 1	Activity 1. Watch and think Activity 2. Read the headline and predict T invites the students to predict the main idea of the passage and the author's attitude based on the headline, and introduces the tip of reading headlines	视频导入，调动学生情绪与兴趣，引入话题。 培养通过标题预测文章大意与作者态度的能力，并介绍本文阅读技巧	4' IW PW
While-reading			
Step 2	Activity 3. Skim (the text) for main idea and structure T's questions: —When we read for main idea, where do we usually focus on? —Where do you get the main idea? —Which word is important? Why is it so important?	归纳文章大意，并通过分析第一段的功能及其与其他段落的关系理解文章结构，并了解本文的文本类型	5' IW PW

续上表

步骤	教学活动	设计意图	互动模式 & 时间
Step 3	Activity 4. Read, analyze and summarize (Jan's changes) T invites Ss to read the passage and analyze how Jan's life has been changed by online communities. T's questions: —Why do you think her life has become meaningful? —How did she help the older people? —What did they benefit from the IT club? —How was their life? —He could take care of himself. That means...? —Why did Jan want to help children in poor countries? —What is digital divide? —When she thinks about bridging the digital divide, that means she thinks about the whole...? Activity 5. Read and evaluate (Jan's story) T invites Ss to analyze how Jan's experience show "stronger together"	引导学生对文章的深层理解与挖掘。在理解文本基本信息的基础上，分析 Jan 的生活发生了怎样的变化，并对其他人的生活产生了怎样的影响。最后通过总结 Jan 的经历，进一步阐明网络社区如何通过连接不同的人群使人们一起变得更强大，从而深化对文章主题的理解	15' PW GW CW
Post-reading			
Step 4	Activity 6. Make connections (Find out more examples) T plays a PPT video about what people did on the Internet to help each other during the pandemic with only pictures. Ss talk about what the people in the PPT video did during the pandemic	从文本走到现实生活，引导学生回顾 2020 年上半年居家期间社会上大家通过网络守望相助的行为，既是提供更多例子，也是引导学生发现身边像 Jan 一样的人们	5' CW
Step 5	Activity 7. Apply and design Ss work in groups to discuss and prepare a presentation about how to help others through online communities	引导学生把文本所学以及疫情期间人们所做的事情运用到新情景中，从别人走到自己，思考自己可以如何像 Jan 一样通过网络社区帮助有需要的人，培养学生的创造性思维，并实现育人价值	11' GW

续上表

步骤	教学活动	设计意图	互动模式&时间
Homework			
	Work in groups to list the disadvantages of using the Internet, and brainstorm ways to overcome the disadvantages. • What can the government do? • What can the schools do? • What can we do? …	对于单元学习的延续，培养学生的批判性思维	

（微信扫描二维码可观看课例，网页下载链接：
https://module.scnu.edu.cn/article-13959-605-1.html）

三、教学成效与反思

本案例教学目标的设计层层递进，与教学活动环环相扣，紧扣核心素养的要求。在教学内容处理上，笔者把本节课的授课内容置于整个单元的安排进行分析，体现大单元的意识。在对文本进行仔细分析后，结合单元主题与育人价值，对教学内容进行筛选与重组，力求在教学过程中培养学生的思维品质。在教学方法、模式、策略选择与运用上，笔者坚持以学生为主体，以问题链启发学生思考，通过小组合作的方式，师生共同挖掘文章内涵，探讨主题意义，学生参与度高，积极思考，效果较好。在教学媒体的选择与运用方面，本课使用了视频播放和希沃的画图功能，一方面更好地激发学生的兴趣，另一方面，学生使用希沃的画图功能直接在文本上做标记，使文本和学生的思考过程可视化，学生的课堂参与度也更高。教学设计方案方面，教学活动包括学习理解类—应用实践类—迁移创新类，逐步引导学生深挖文本，深化对主题的认识；从对文本的理解，到联系身边的事，再回归到学生对自己行为的思考，活动设计能完成本节课的教学目标，并体现了学科育人价值。从教学设计的创新性来说，一是体现在课前互联网大会视频的播放，2020 年互联网大会的主题是“打造网络共同体”，和本课“stronger together”刚好吻合，而且本课最后总结时引用视频里习近平主席的话“Together we can make the world a better place”巧妙地前后呼应，并提升了主题。二是体现在分析“How has Jan's life been changed by the Internet?”这个核心问题上，笔者在板书设计上使用直观的方式来呈现不同群体的人们通过互联网形成了网上社区，从而点题“online community”。三是从文本联系到身边的事时，笔者引导学生联系 2020 年上半年的疫情期间所发生的事情，使学生更好地共情，发现身边像 Jan 一样在疫情期间通过互联网帮助别人的人，从而最后反观自己，如何像 Jan 一样发挥互联网的优势来帮助别人。

专家点评

黎洁媛老师整堂课的教学一直围绕着目标进行，较好地实现了教学目标，教学效果良好；教师注重用问题引导学生层层深入思考，有利于培养学生的思维品质，让学生在解决问题的过程中理解与表达；教师对音乐材料做了多模态改编，将图片和文字共同呈现，帮助学生理解语篇内容，拓展学生们的学习广度，易于启发学生对语篇进行深度加工。整体上来说，教师对知识点的演示清晰且规范；教师教学思路清晰，对于学生的回答能够及时有效地反馈。

（点评人：刘晓斌，华南师范大学外国语言文化学院副教授）

基于教材内容的读后续写教学设计

广州市第六十五中学　林慧静

一、案例简介

本节课主题语境是人与社会，人与自我。本课是基于人教版（2003）高中英语选修7 Unit 2 课文 Satisfaction guaranteed 的读后续写指导课。本单元的课文是一篇科幻小说，讲述某公司试验机器人托尼的故事。机器人在方方面面帮助女主人，最后让女主人对他产生了感情上的依赖。本节课是在完成课文的阅读理解以及深度思考之后开展的续写指导课，学生对于文本内在的信息比较熟悉。在前一节课，教师已经引导学生进行“further thinking”：Why did Claire fall in love with Tony? How would you rebuild Tony if you were the creator of him? 学生对于这两个问题，有了自己的看法，这为后面的续写做了很好的铺垫。本节课以续写技巧指导作为主要任务，包括指导学生如何构建故事情节、如何列续写提纲以及如何有效应用写作微技能之细节描写。

二、教学设计

（一）教学目标

1. **能力目标**（Ability aims）

The students will be able to：

(1) Acquire the skills of how to create the plots of a story.

(2) Acquire the skills of making an outline of a story.

(3) Strengthen the ability of describing a person’s feelings in details.

2. **情感目标**（Emotional aims）

The students will be able to：

(1) Discuss and share their views in the cooperation.

(2) Learn from the Claire’s final realization.

（二）教学重难点

（1）Enable students to create plots for a story.

（2）Enable students to make an outline for a story.

（3）Strengthen student's ability of describing a person's feelings vividly.

（三）教学方法

任务教学法（task-based method）、问题教学法（question-based method）。

（四）教学媒体

慧学君智慧教学云平台（Huixuejun Teaching Platform）、多媒体电脑（mufti-media computer）、课件（PowerPoint）、黑板（blackboard）。

（五）教学设计理念及流程

1. 教学设计理念

（1）运用任务型语言教学模式，培养学生的语言综合运用能力，重点突出写作微技能的训练。

（2）课堂以学生为主体，鼓励学生充分发挥想象力，构思续写情节和预测结尾。

（3）通过限时写作，训练学生的写作思维能力。

（4）利用慧学君课堂互动平台，提高学生的课堂参与度，并在课堂上评讲学生的作文，检验本节课教学目标的达成度。

2. 教学流程

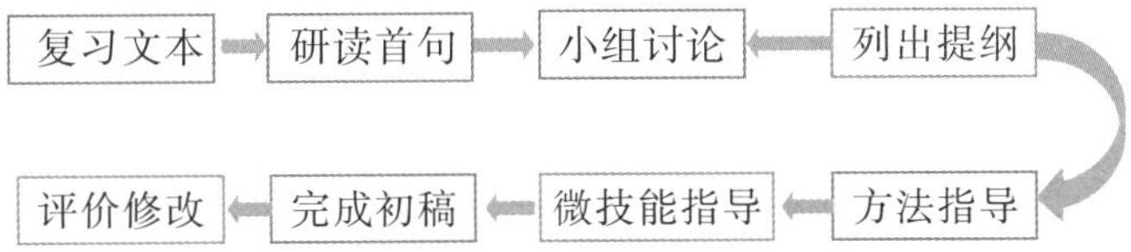

图 1　教学流程图

（六）教学过程

表 1　教学过程

教学环节及时长	教学活动（包括教师与学生）	设计意图	慧学君课堂互动平台使用情况
Step Ⅰ Revision（1'）	Review the main characters of the story and their relationship	让学生明确人物关系，以避免在续写时写一些跟人物关系有矛盾的情节和情感	抢答
Step Ⅱ Pre-writing（17'）	Give some guidance on continuation writing	写前的方法指导	屏幕广播

续上表

教学环节及时长	教学活动 （包括教师与学生）	设计意图	慧学君课堂互动平台使用情况
1. Presenting a continuation writing task（1'）	1. Present a continuation writing task about the story of the text. 2. Students circle the key words of the two given sentences. 3. Guide students to think by asking a question "What can be inferred about the plots development from these sentences"	让学生明确基于课文故事的续写任务以及续写要求； 引导学生迅速捕捉续写首句的关键词以及情感基调	屏幕广播； 抢答
2. Group discussion（2'）	Students discuss with their teammates about the plots development（group work）	激发学生的好奇心和续写欲望； 引发学生间的思维碰撞，以共同构思合理的故事情节及结局	计时器
3. Making an outline（3'）	Students write their own outline for their writing（individual work）	鼓励学生充分发挥想象力并列出他们自己的续写提纲	随测（主观题）； 拍照上传； 计时器
4. Presenting a student's outline（1'）	Other students judge whether this outline is logical and reasonable	引导学生判断该提纲的逻辑性和合理性	抢答
5. Presenting a technique of creating plots（7'）	Students think of some relevant questions according to the key words of the two given sentences and then speak out their answers	以"Questions & Answers"环环相扣的问题链形式，引导学生构思故事情节，教师再根据学生的回答来列出情节发展的关键词	抢答； 随机
6. Presenting a possible outline（1'）	Students learn how to make an logical and reasonable outline	指导学生如何在理顺情节线和情感线的基础上列出提纲，为续写明确方向	屏幕广播

续上表

教学环节及时长	教学活动（包括教师与学生）	设计意图	慧学君课堂互动平台使用情况
7. A micro-skill of writing（1'）	Students learn a micro-skill “to show, not to tell”	指导学生通过细节描写来使人物形象更加立体，避免直白地、概括性地讲述	屏幕广播
8. Revision of some expressions（1'）	Students review some useful expressions about how to describe a person's sadness	鼓励学生把这些表达适当地用于写作中，以达到把情感细化的目标	屏幕广播
Step Ⅲ While-writing（15'）	Students continue the story according to the text and the writing task (individual work)	让学生把本节课学到的续写技能用于实际写作中	随测（主观题）； 拍照上传
Step Ⅳ Post-writing（5'）	1. Present an assessment form of continuation writing about “what to write” and “how to write”. 2. Evaluate a student's writing and focus on some expressions about description, including some adjectives and verbs	教师堂上解读评价表； 教师讲评学生作文，重点关注微技能的运用情况，检验本节课教学目标的达成度	屏幕广播； 画笔
Step Ⅴ Summary（1'）	Make a summary of the 3 tips for continuation writing. 1. Creating plots of a story: Questions & Answers. 2. Making an outline: plots line & emotion line. 3. Describing a person's feeling in details: “to show, not to tell”	小结本节课的续写方法指导，确认学生掌握 3 个写作技能	屏幕广播
Assignment（1'）	Students finish and polish their writing. Under the expressions about describing a person's feelings in their writing. Students assess their own writing and their teammates' writing. (individual work & group work)	学生完成写作并润色； 画出细节描写的表达，明确自己掌握了描写“伤心”的微技能； 根据评价表进行自评和互评； 检验本节课教学目标的达成度	屏幕广播

（微信扫描二维码可观看课例，网页下载链接：
https://module.scnu.edu.cn/article-13959-606-1.html）

三、教学成效与反思

学生对于从读到写的模式还不够熟悉，在阅读能力方面问题不大，大部分学生能较好地理解原文内容，准确抓住原文的关键信息和给续写埋下的伏笔。但在续写方面，学生的主要问题在于：①学生往往在列了续写提纲之后，不懂得如何充实故事情节，推动故事的发展；②语言运用的能力不足，在细节描写方面比较弱。学生往往是直白地、概括性地讲述，而没有具体的细节描写，在情感细化方面比较弱。因此，针对读后续写的考查目标以及学生的不足之处，本节课在教学设计上，重点指导学生如何构建故事情节、如何列续写提纲以及应用写作微技能之细节描写来使人物形象更加立体。

专家点评

林慧静老师整堂课教学目标清晰，教学效果良好；紧抓高考新题型，在教学中积极创新。写前给出明确任务，提供框架支持，引导学生关注语言积累；写作的过程通过问题引导学生建立自己的写作大纲，同时引导学生关注段落各自的侧重点；写后引导学生关注自己的写作情况，进一步反思自己的写作，从而进行分析提升。整体而言，教师的整体教学设计巧妙，教学思路清晰，教学的逻辑性很强。

（点评人：徐曼菲，华南师范大学外国语言文化学院教授）

附录：

一、课前导学案

Class：____________ Name：____________ Number：____________

复习并默写以下关于描写“伤心”的表达：

1. “伤心”：（*adj.* ____________ *adv.* ____________ *n.* ____________ ）

2. “哭”：

哭____________； 抽泣____________； 忍不住哭____________；

大哭起来________________。

3. 每次一想到……，……就涌上心头。

____

4. 她心痛极了，泪水顺着脸颊流下来。

____

5. 她被一股悲伤之感控制，忍不住哭泣。

____

6. 一听到……，他如此绝望以至于……

____

二、深层思考（Further thinking）

Q1. Why did Claire fall in love with Tony?

____

____

____

Q2. How would you rebuild Tony if you were the creator of him?

____

____

____

三、课中导学案

Class：____________ Name：____________ Number：____________

学习目标：

1. 学会合理预测文章中人物和事件的发展趋势，设计符合逻辑的故事情节。
2. 掌握写作微技能之细节描写，用丰富的语言描述人物，使人物形象更加立体。
3. 发挥想象力与创造力，续写故事，从 Claire 的经历和人生感悟中有所反思。

（1）Make an outline（理顺续写的情节）：

Para 1：____________ ⟶ ____________ ⟶ ____________ ⟶ ____________

Para 2：____________ ⟶ ____________ ⟶ ____________ ⟶ ____________

（2）Write down your story.

Para 1. Claire was heart-broken after Tony left. ____________________

____

____

____

____

____

____

____

____

Para 2. Three weeks later, Tony showed up at the front door. ______________

____

____

____

____

____

____

____

____

____

四、课后自评和互评

请根据以下评价表，自评和互评作文。

表 2　评价表

Assessment for your writing（评价表）	自评（0～5 分）	互评（0～5 分）
1. Well consistent with the text and core socialist values.（主题上：是否与课文一致，是否符合社会主义核心价值观）		
2. Well connected with the text and the two given sentences.（连贯上：是否与课文衔接，是否与续写的两段首句衔接）		
3. Reasonable and logical.（情节上：是否合理和有逻辑）		
4. Rich and vivid.（语言上：是否丰富和生动，是否有情感的细化，包括动作描写和心理活动等的描写）		
5. 主题是否有升华，是否传播正能量		
Total scores		

人教版（2019）高中英语必修三 Unit 4 Reading and Thinking—Space：The Final Frontier

东莞市第一中学　李晓君

一、案例简介

本课例基于高中英语新课标学科素养及六要素整合的理念，一方面引导学生掌握不同的阅读方法，通过预测、略读、问题链、关键词等要素对文本进行深度解读；另一方面通过多模态教学模式，引导学生辨析文本中所传递的丰富信息、思想、情感和观点，并能评判宇航员为太空探索所付出的生命代价，引发深度思考，培养批判性思维。本课例选自人教版（2019）高中英语必修三 Unit 4 Reading and Thinking 板块课文 Space：The Final Frontier。该主题语境为“人与自然”，并从属于该语境下“宇宙探索”主题群，活动主题为了解太空探索的发展历程。

二、教学设计

（一）教学目标

合理的教学目标是课堂各种活动设计的指路明灯，在教学设计中发挥着不可忽视的指导性作用。基于对教学内容、课型和教学对象基本情况的分析，笔者围绕英语核心素养的四个方面，设定了本节课的教学目标。

1. **语言能力目标**

（1）在“人与自然”的主题语境下，学生能够理解并正确掌握文中和主题相关的单词、词块、句型。

（2）在阅读过程中，学生能够观察和分析文章的组织结构，把握段落与句子之间的衔接和连贯关系，准确而简练地归纳段落大意。

2. **文化意识目标**

（1）了解人类太空探索的历史成就，积累天文百科知识，提高科学素养。

（2）了解我国太空探索的历史成绩以及最新发展，增强文化自信和民族自豪感。

（3）学习太空科学家和宇航员们不畏艰险、勇于探索的精神。

3. **思维品质目标**

（1）通过文本的阅读和解读，学生能够理解文字所传递的丰富信息、思想、情感和观点。

（2）能够梳理人类太空探索的历史发展、成就及其重要意义。

（3）能够分析和评判宇航员为太空探索所付出的生命代价，引发深度思考。

4. **学习能力目标**

（1）在文本的阅读中，学生能够熟练掌握不同的阅读方法，通过预测、略读、问题链、关键词等要素对文章进行深度解读。

（2）在阅读过程中，学生能够辨析阅读文本中的表层和深层意义，准确把握文本所传递的信息，并能形成自己独到的见解。

（二）教学内容

1. **文本解读**

本课例选自人教版高中英语必修三 Unit 4 Reading and Thinking 板块课文 Space：The Final Frontier。本单元的中心话题是目前全世界都相当关注和重视的太空探索。该主题语境属于三大主题语境“人与自我、人与社会、人与自然”中的“人与自然”这一大类，并从属于该语境下“宇宙探索”主题群。该主题语境为语言学习提供了有关人与自然、人与世界的意义语境，并有机渗透情感、态度和价值观。该板块活动主题是“了解太空探索的发展历程”，主要让学生在阅读语篇的基础上，了解人类探索太空的发展历程以及重大历史事件。一方面帮助学生了解人类在太空探索方面做出的努力和牺牲（包括宇航员在探索过程中所付出的生命代价，但是失败和挫折并没有阻止人类探索太空的脚步）；另一方面也旨在渗透我国科学家在近些年太空探索领域做出的卓越成就以及对人类太空探索事业的贡献，从而探究科学家们的精神品质，坚定文化自信，增强爱国情怀和民族自豪感，引导学生树立远大志向，刻苦学习，为中国未来的航天事业贡献自己的力量。

表 1　文本解读表

What	Topic	Space exploration
	Content	Space：The Final Frontier
How	Genre	A popular science article
	Structure	Introduction – Body – Conclusion
	Language	accurate but popular; avoid using technical terms; a wide use of writing techniques
Why	Intention	Learn about the development of space exploration. Understand the sacrifices mankind has made. Know about our remarkable achievements
	Attitude & Value	Appreciate what we has achieved. Strengthen our cultural confidence. Enhance patriotism and national pride

2．**课型解读**

本课例所涉及的板块课型是 Reading and Thinking，本板块的活动主题是“了解太空探索的发展历程（Learn about the development of space exploration）”，主要让学生通过阅读了解人类探索太空的发展历程以及重大历史事件。阅读文本“Space：The Final Frontier”是一篇科普文。文章按照时间顺序简要介绍了人类探索太空的历史。除了列举一些著名的历史性事件外，文章还对科学家和宇航员不畏困难、刻苦钻研、勇担重任、无私奉献的精神表达赞美之情，倡导学生坚定文化自信，增强爱国情怀和民族自豪感，引导学生树立远大志向，刻苦学习，为中国未来的航天事业贡献自己的力量。

3．**学情解读**

本课例授课对象为高一学生，经过高一半个学期语言能力、学习能力、思维品质和文化意识的培养，学生已基本具备用英语获取和处理信息、分析和解决问题的能力，对于阅读策略也有所了解，因而文本本身的阅读障碍应该不是很大。本单元的话题比较贴近学生的认知，学生对于太空探索的历史和重要性有所了解。另外，阅读文本是一篇科普文章，科普文章的读者是大众化人群，而非专业领域的学习者或研究者，因此这种文章体裁也符合学生的阅读能力。五个段落抓住科学事实，通俗易懂，学生能在阅读文本的同时感受英语语言的魅力，也能够通过阅读，了解人类探索太空所做的贡献和牺牲，增加文化自信和民族自豪感。

4．**教学重难点**

（1）教学重点：使用不同的策略（略读、跳读和批判性思维等）来充分理解文本。

（2）教学难点：学生学会分析文本的模式，分享自己对太空探索的意义和取得的显著成就的看法。

5．**教学方法**

Teaching methods：

（1）Multimodal ways of presenting learning content（graphic organizer，word cloud，video presenting，mind-map）.

（2）Task-based language teaching.

（3）Communicative approach.

（4）Learning methods.

（5）Audio visual learning method.

（6）Cooperative learning method.

6．**教学媒体**

A smartboard，tablets，a computer.

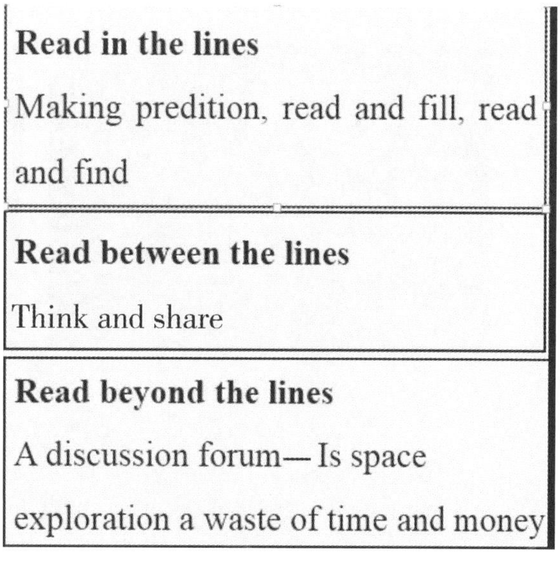

图1　具体教学方法

7. **教学设计方案**

Activity 1: Lead in and activate the knowledge about space exploration

(1)

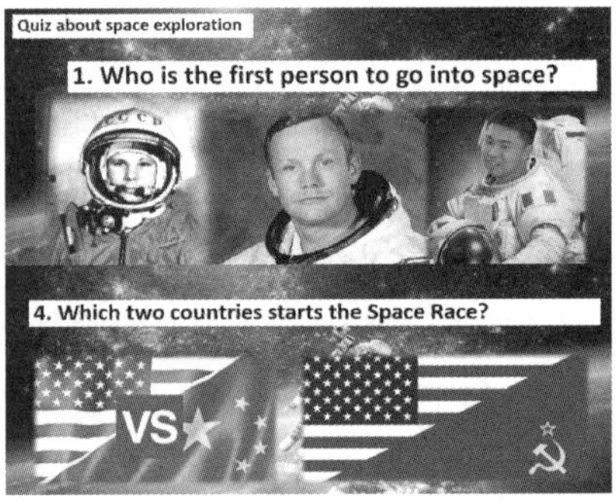

(2)

图2 课件展示1

(T: teacher; S: student; Q: question)

Pictures about myself showing and doing a quiz:

T: How did they dress up?

S: They dressed up as astronauts.

T: Yes! We all to some degree look forward to being an astronaut and are so curious about the space. But how much do you know about space exploration. Let's do a quiz.

【设计意图】

以教师跟宇航员的合照作为导入，再通过太空探索小知识的测验，实现启动学生的已有认知，激发学生话题兴趣。导入的问题利用学生已知，引出文本历史事件，帮助学生更快更好地进入后续文本阅读。

Activity 2: Video (challenger exploded)

(1)

(2)

图3 课件展示2

T: From the quiz, we can see we actually have achieved a lot in space exploration. But do you think it easy to explore the space?

S：No!

T：Let's watch a video.

T：What happened to the challenger? What about the astronauts? Can you use done adjective to describe space exploration sometimes?

S：It exploded and all the astronauts died and it is dangerous.

T：Since space exploration can be risky sometimes, then why do we still explore the space?

【设计意图】

学生通过观看挑战者号爆炸的视频，了解人类在太空探索方面做出的努力和牺牲，包括宇航员在探索过程中所付出的生命代价，引发学生思考人类还要进行太空探索的原因，为下文的阅读做铺垫。

Activity 3：Predict the title and find the answers

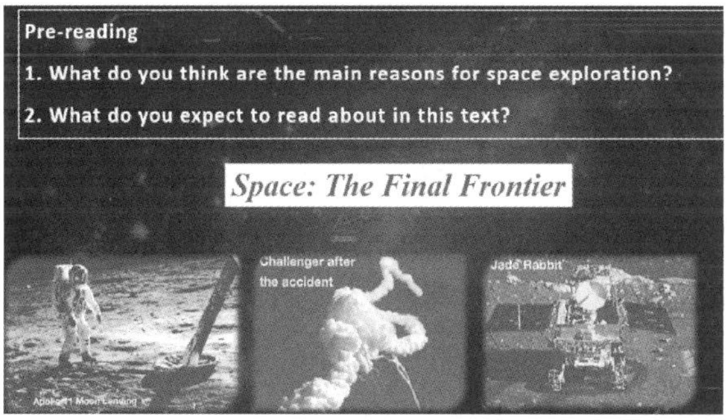

(1)

(2)

图4　课件展示3

Space：The Final Frontier — raise questions freely according to the title and find the answers by themselves.

【设计意图】

通过标题和图片让学生预测文章的内容，再通过云图对文章的内容进行猜测验证，让学生有机会参与文本的讨论，能让学生有发散性思维，让学生成为课堂的主人。在此基础上，通过串联学生所提供的信息，概括出文章的大致意思。

Activity 4：Reading

1. Read for the type of it — it is a popular science article

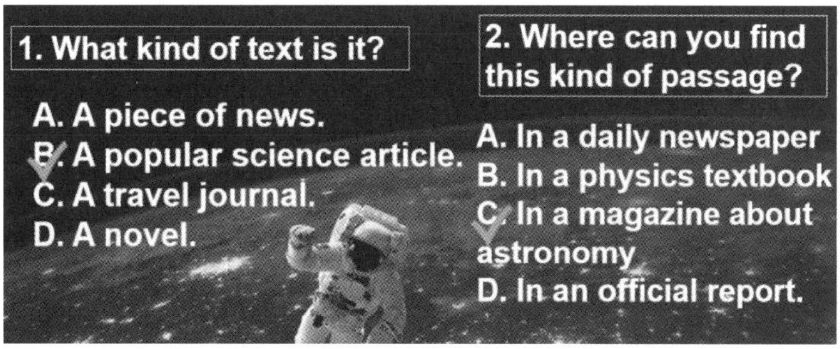

图5　课件展示4

2. Read for the logic of it — cohesion and coherence

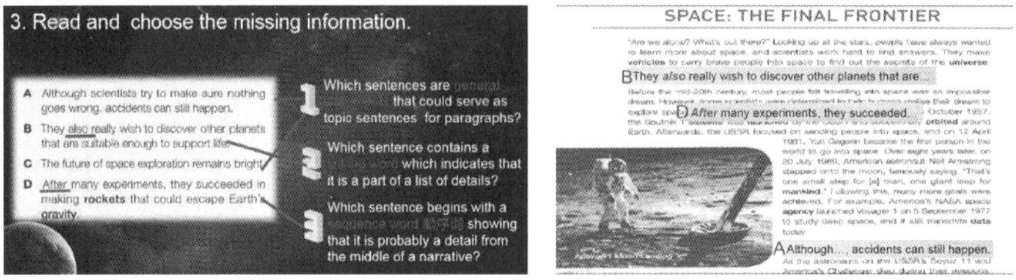

(1)　　　　(2)

图 6　课件展示 5

3. Read for the main idea — summary

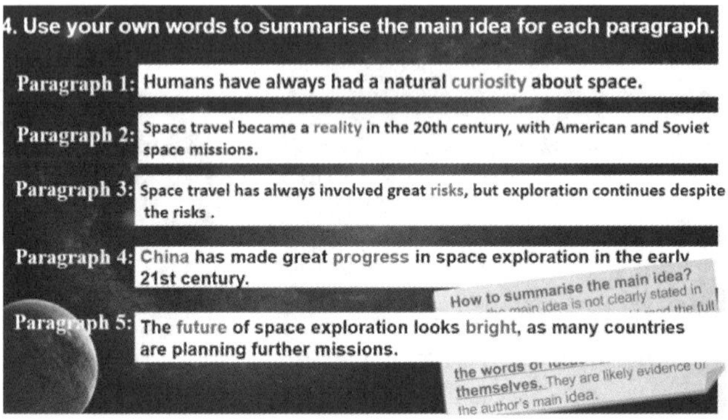

图 7　课件展示 6

4. Read for the structure — introduction/ body/conclusion

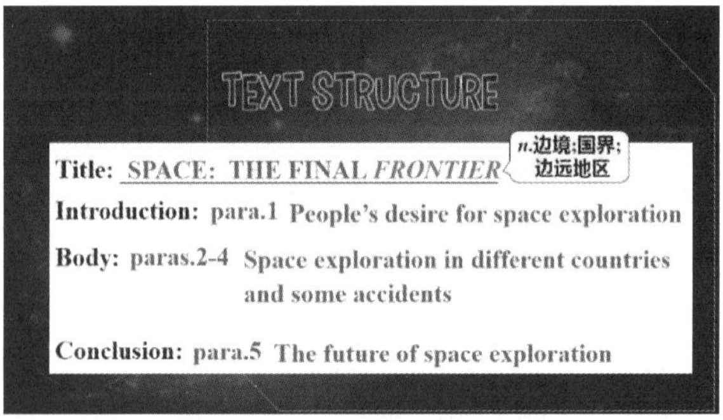

图 8　课件展示 7

5. Think and share (discuss and share)

(1) Para 1: curiosity

Q: What is the attitude of people to space?

S: Be curious about...

Q: What does the curiosity lead to?

S: Scientists make vehicles to carry brave people into space.

Q: What does the writer ask two questions at the very beginning?

S: To attract readers' interest.

Q: Why do we explore the space?

S: Two reasons…

Inspiration:

It is the curiosity about space that…

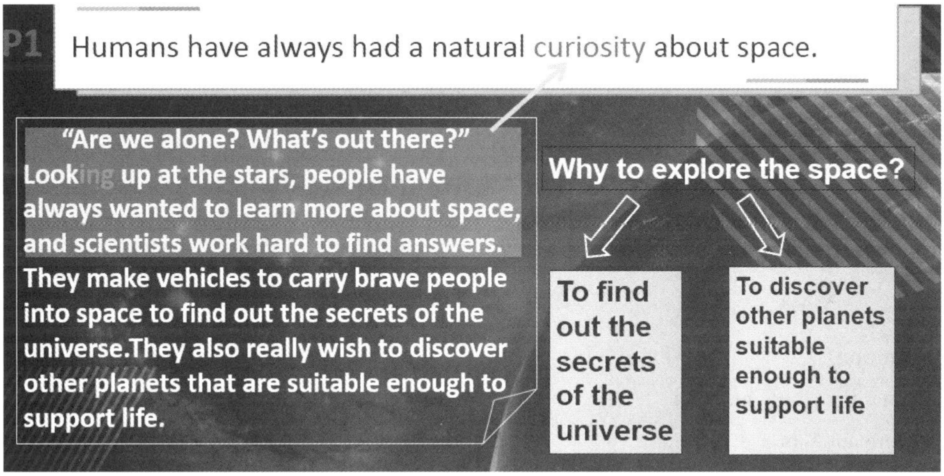

图 9　课件展示 8

(2) Para 2: achievements

Q: There was a competition between two countries. Who are they?

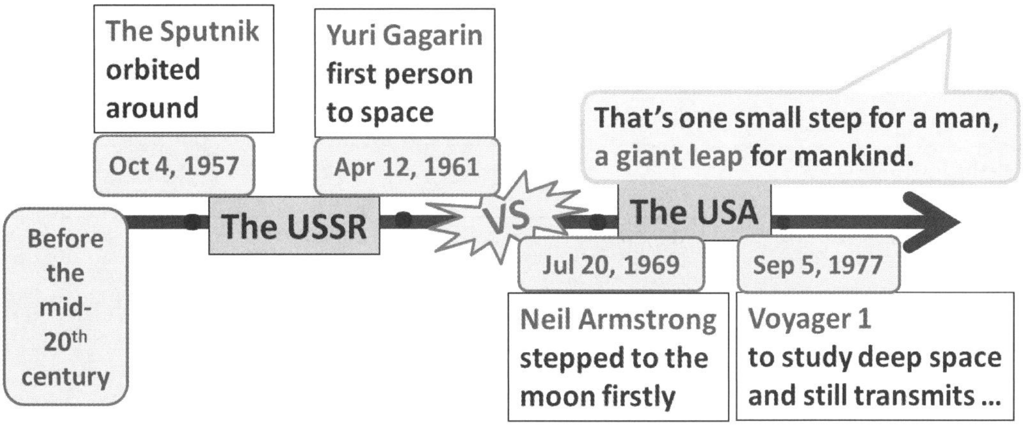

图 10　课件展示 9

Q: What turned the impossible dream into a reality?

S: Determination, efforts from scientists…

Q：How is paragraph 2 organized?

S：Time order.

Q：What kind of writing techniques are used in paragraph 2?

S：Listing quotes，giving examples.

(3) Para 3：desire

T：Space exploration is not an easy job，what happened later was tragic.

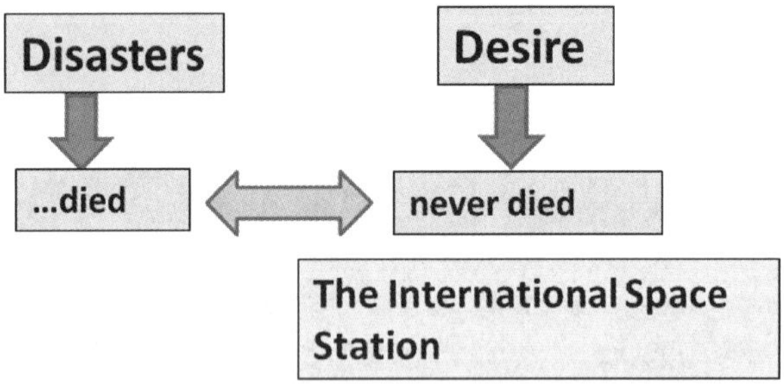

图 11　课件展示 10

Inspiration：

Despite the …，humans' … for space exploration never died. For example，… Thus，greater achievements are made.

Q：What kind of writing techniques are used in paragraph 2?

S：By contrast，giving examples.

(4) Para 4：China's progress

Time	Spacecraft/ Vehicle; Astronauts ; Missions
In 2003	
Then	
followed by...	
After that, / Afterwards	
More recently	

图 12　课件展示 11

Q：What contributed to the remarkable achievements?

S：Support from government；great efforts；experience；persistence…

Q：How is paragraph 4 organized?

S：Time order.

Q：What kind of writing techniques are used in paragraph 4？

S：By comparison；giving examples.

（5）Para 5：future

Q：What is the future of space exploration？

S：It remains bright.

Q：What are the scientists' hope？And what about scientists' attitude towards space exploration？

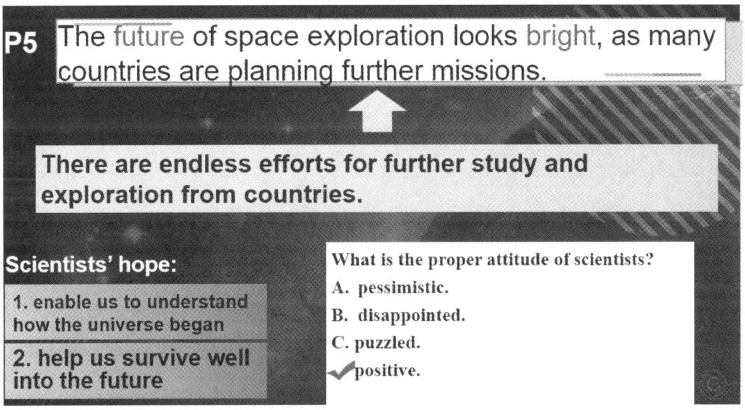

图 13　课件展示 12

【设计意图】

引导学生从 what - how - why 三个层面理解文本，解读文本，提升学生阅读素养。

Activity 5：Act as a debater（critical thinking）

Is exploring space a waste of time and money？

Pros：weather report；GPS navigation…

Cons：hunger；pollution；accidents…

But to explore is human.

播放 video（We Are Explorer）

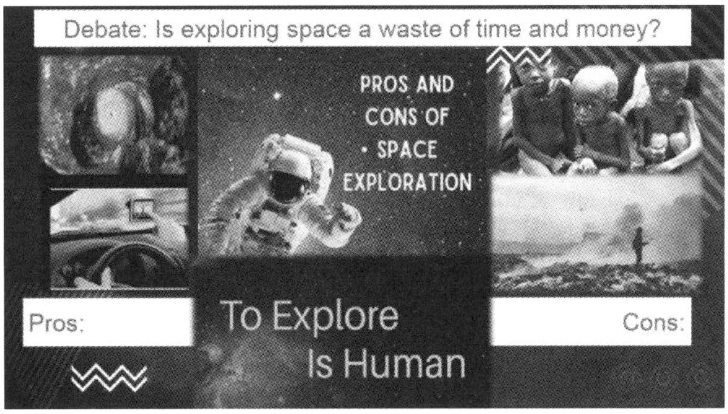

图 14　课件图示 13

【设计意图】

本环节在理解文本结构和内容基础上，解读文本意图，并提升文本内涵，解读人类在太空探索方面做出的努力和牺牲，但是失败和挫折并没有阻止人类探索太空的脚步、人类对于未知的探索本质；引导学生与自身实际相结合，树立远大的目标，采取切实的行动，去积极探索更多未知领域。

Activity 6：Assignment

[**Must**] Write down your argument about whether exploring the space is a waste of time within 80 ~ 120 words.

[**Optional**] Write a summary of the passage "Space：The Final Frontier" within 60 words, and share your views on how senior high students should do to contribute to the space exploration.

Your writing will be evaluated by：（1）clarification of ideas；（2）choice of words；（3）logical organization；（4）correctness of grammar；（5）spelling.

【设计意图】

在课堂学习和操练的基础上，利用读写结合，将所学、所思、所想"落地"，写成文本，操练语言，提升思维品质。

Activity 7：Blackboard design

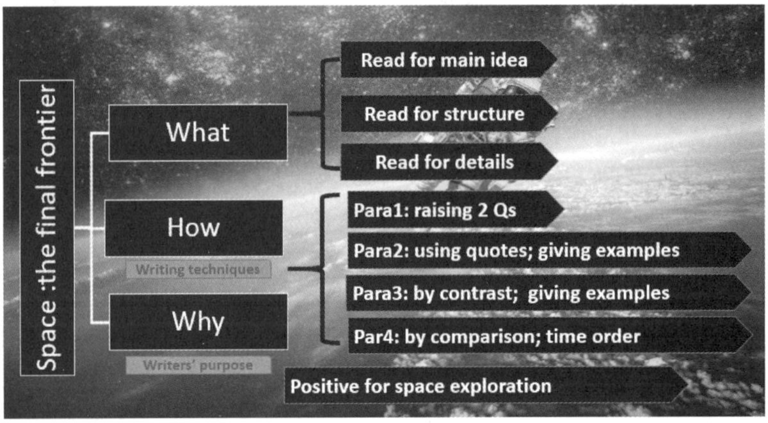

图 15　课件展示 14

（微信扫描二维码可观看课例，网页下载链接：https://module.scnu.edu.cn/article-13959-607-1.html）

三、教学成效与反思

Advantages：

(1) Learning objectives can be effectively achieved.

(2) Learning activities are well designed from low-order to high-order level.

(3) Multimodal ways of presenting learning content (graphic organizer, word cloud, video presenting, mind-map).

(4) Clear blackboard design.

(5) Stratified homework.

Disadvantages：

(1) Difficulty in summarizing the main idea of each paragraph.

(2) Difficulty in enlightening students to better understand the significance of space exploration from one single lesson.

专家点评

本课教学基于高中英语新课标学科素养及六要素整合的理念，教学目标清晰、明确，整个教学过程围绕教学目标层层展开，教学目标达成度好。李晓君老师利用问题使学生在问题驱动下层层深入学习文章，也更容易激发学生思考，从而培养学生的思维品质。教师的语音优美，语调平缓有着重之处，PPT制作精良，美观度佳。本节课的教学设计有意识地运用多种非文字的多模态资源丰富教学材料，将阅读文本转换为多模态的形式，易于让学生理解，且能激发学生的学习兴趣。

（点评人：徐曼菲，华南师范大学外国语言文化学院教授）

间接数据驱动下的电子词典辅助教学
——基于人教版（2003）高中英语选修7 Unit 5 Travelling abroad

广东实验中学　陈光伟

一、案例简介

《普通高中英语课程标准（2017年版2020年修订）》中对数据驱动学习理念（data-driven learning，DDL）以及电子词典的使用都进行了相关的阐述和说明。基于此，本课例以DDL为理念，以电子词典为工具，通过投屏展示电子词典中的范例语言，对学生进行可视化信息输入，并引导学生进行观察归纳、小组合作讨论等活动，实现数据驱动学习。本课例为人教版（2003）高中英语选修7第5单元的第2课时，阅读篇章KEEP IT UP，XIE LEI语言点教学。

二、教学设计

（一）教学目标

（1）培养学生在语篇中快速定位目标语言的能力。

（2）培养学生观察真实语料、自觉总结语言规律的能力，培养学生的思考、推理能力。

（3）培养学生"说"的能力以及使用恰当语言的语用意识。

（二）教学内容

（1）单词类：board，lecture，acknowledge，contradict，substitute。

（2）短语类：get used to/adjust to/adapt to，keep it up/keep up/keep up with，fit in (with)，as far as one is concerned。

（3）句型类：It is/was the first time that …/… for the first time/The first time …

（4）搭配类：numb with ＊/numbed ＊。

（三）教学方法、模式、策略

可视化信息输入、观察归纳、小组合作讨论。

（四）教学媒体

Antcon 语料库检索工具、电子词典。

（五）教学设计方案

表 1　教学设计

教学环节	教师活动	学生活动	设计意图
复习语篇	教师通过提问和展示利用语料库检索工具生成的可视图（见附录一），引导学生回顾语篇内容并进行口头复述	学生观察可视图，回答问题，并最终对语篇进行口头复述	回顾旧知识，在语篇的基础上引入知识点学习
语言学习	教师通过电子词典投屏展示相关知识点的例句，引导学生观察、总结规律并最终完成学案的归纳（部分电子词典投屏截图见附录二）	学生观察电子词典投屏例句，总结规律并最终完成学案的归纳	鼓励学生观察真实语料的检索结果，自觉总结出语言规律，在掌握准确地道的语言的同时，培养学生的思考、推理能力
综合运用	教师引导学生用本节课所学语言表述进行角色扮演，对语篇中出现的三个人物进行采访	学生应用本节课所学语言表述进行角色扮演	培养学生“说”的能力以及使用恰当语言与不同对象进行对话的语用意识
总结与作业	教师总结课堂并布置作业：对比新旧教材文本，感受结构/用词不同	学生回顾	对语言运用环节的延伸

（微信扫描二维码可观看课例，网页下载链接：
https://module.scnu.edu.cn/article-13959-608-1.html）

三、教学成效与反思

本节课设计完整，多媒体运用灵活，给学生较强的视觉冲击。词典资源丰富，能培养学生的学习能力和习惯，渗透引领，符合新课标要求。学案（见附录三）设计简洁大方，符合学生认知。最后环节学生的输出完整、符合预设，学生获得感强烈，教学效果较突出，是一节高效的课堂。条件允许的话，可以在课后对词典的资源进行截屏整理，给学生提供更多的补充和延伸。

专家点评

这一节课教学目标具体，达成度很高；教师的教学思路清晰，整体教学过程富有层次感，整个教学过程的每一个环节衔接流畅、层层递进，顺畅且富有逻辑性。本堂课的突出亮点在于陈光伟老师关注到了新技术工具在教学中的整合运用，利用电子词典辅助学生学习词汇搭配，这种教学非常新颖、有特色，很好地反映了文本的题材、主题内容特征，且有利于培养学生的思维品质，激发学生的学习兴趣，学生的参与感强烈，这一教学设计符合新课程标准。陈光伟老师关注学生的语言理解，利用提问达成问题驱动的课堂学习氛围，利用语料库检索工具生成可视化学习材料，从而帮助学生进一步高效回顾、复习、重述文章的关键信息。

（点评人：刘晓斌，华南师范大学外国语言文化学院副教授）

附录一：

Rank	Freq	Keyness (LL4)	Effect (DICE)	Keyword
1	4	+ 37.53	0.0133	preparation
2	3	+ 28.14	0.01	essay
3	3	+ 28.14	0.01	host
4	3	+ 28.14	0.01	tutor
5	5	+ 22.27	0.0161	family
6	2	+ 18.76	0.0067	authors
7	2	+ 18.76	0.0067	families
8	4	+ 18.25	0.013	ask
9	3	+ 16.8	0.0099	article
10	4	+ 16.27	0.0129	thought
11	2	+ 14.96	0.0067	studying
12	3	+ 14.28	0.0098	students
13	2	+ 12.08	0.0066	foreign
14	2	+ 11.19	0.0066	university
15	5	+ 10.78	0.0147	first
16	1	+ 9.38	0.0033	accommodation
17	1	+ 9.38	0.0033	acknowledging
18	1	+ 9.38	0.0033	autonomous
19	1	+ 9.38	0.0033	beneficial
20	1	+ 9.38	0.0033	numb

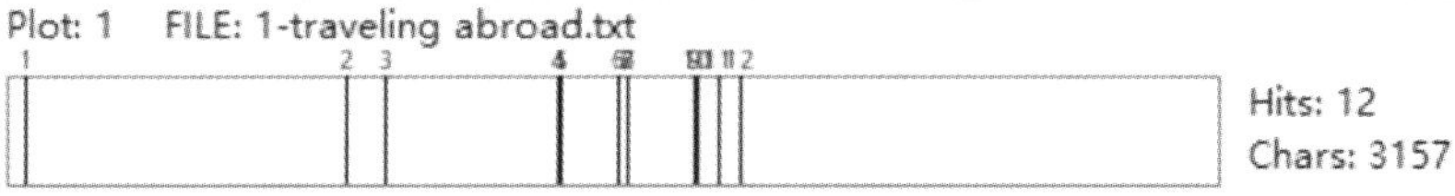

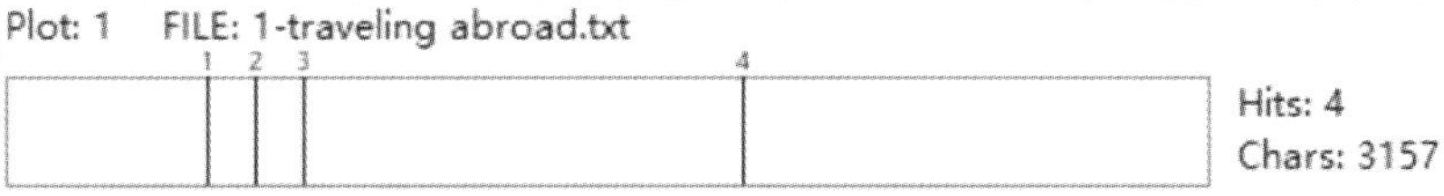

图 1　利用语料库检索工具生成可视图

附录二：

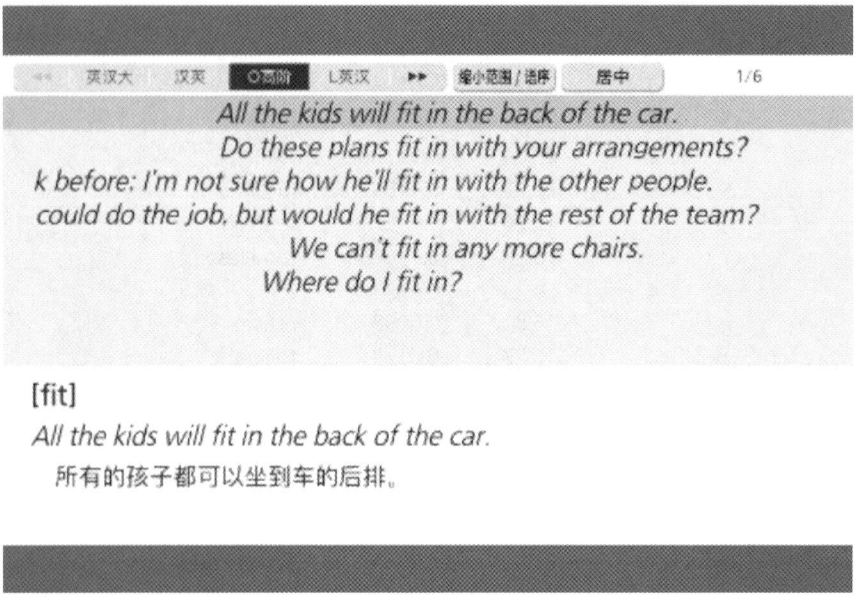

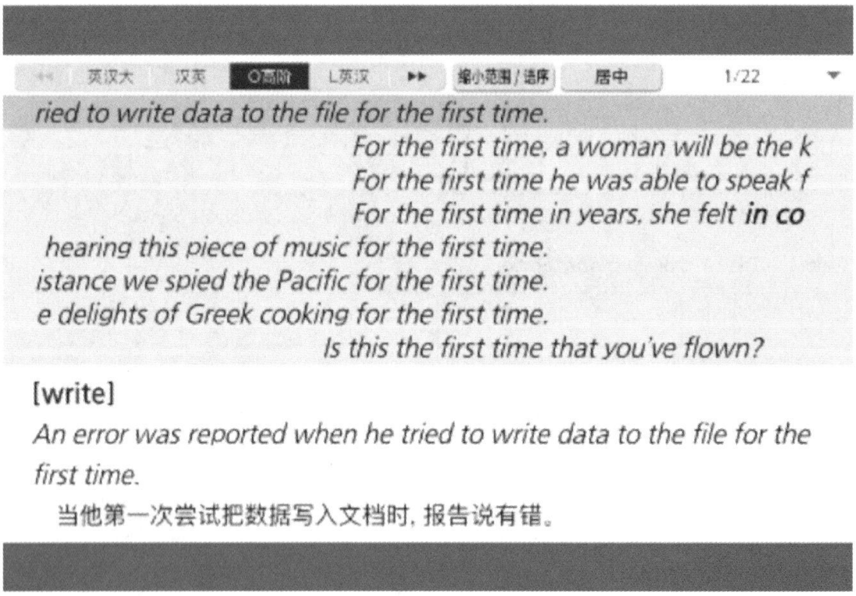

图 2　部分电子词典投屏截图

附录三：

M7U5 Traveling Abroad KEEP IT UP, XIE LEI
Language focus

表2 数学内容表

项目	目标单词/短语	（课文）短语/例句	用法	可替换旧知识
单词类	board			
	lecture			
	acknowledge			
	contradict			
	substitute			
短语类	get used to /adjust to /adapt to			
	keep it up /keep up /keep up with			
	fit in (with)			
	as far as one is concerned			
句式类	It is/was the first time that …/… for the first time/the first time …			
搭配类	numb with * /numbed *			

Suppose you are a newspaper reporter. Please interview Xie Lei /Xie Lei's host family/Xie Lei's tutor using the words or expressions:

- board, lecture, acknowledge, substitute, contradict, get used to/adjust to/adapt to, keep it up/keep up/keep up with, fit in, as far as one is concerned, It is/was the first time that …/… for the first time/the first time…, numb with * /numbed * , etc.

表3 采访表

访问对象	访谈方向	访谈大纲	预设回应	可用到表达
Xie Lei	Her feeling			
Xie Lei's host family	Her living host family			
Xie Lei's tutor	Her studying tutor			

多模态工具辅助阅读教学

——以人教版（2019）高中英语必修二 Unit 3 The Internet Reading and Thinking 为例

东莞市第六高级中学　莫淑娟

一、案例简介

本课基于多模态工具的应用开展阅读教学。教学中主要通过在不同的阅读环节中融入视频、思维导图、文字云图及图片等，多维度培养学生的阅读策略。课堂教学采用了较多贴合现实生活的素材，引导学生关注社会问题，培养其公民意识及对社会问题的同理心和共情能力，在落实学科核心素养的同时实现立德树人的根本任务。

二、教学设计

（一）教学目标

1．语言技能

（1）通过分析文章标题获取文章话题范围、主旨及作者态度。

（2）通过使用预测、略读、寻读等阅读技巧开展篇章阅读，掌握文章关键信息。

（3）利用文字云图、思维导图、图片及视频等多模态工具，辅助开展篇章阅读理解。

2．思维品质

就相关话题有逻辑地、批判性地、创新地提出个人观点及建议。

3．学习策略

（1）基于不同的阅读任务，灵活地采取相应的阅读技巧。

（2）梳理、整合篇章信息及联系自己的生活实际。

4．情感价值

增强学生对于社会问题的同理心及共情能力，实现立德树人。

（二）教学内容

本课时语篇主要围绕“创建网络社区”为主题，讲述了英国一位年过五旬的失业妇女通过使用互联网改变了自己的生活，并且也帮助其他老年人学会使用互联网，从而改变了他们的生活和命运的故事。互联网给现实生活带来便利，并使人们因互联网而联结起来并变得更加强大。首段是文章的主旨段，点明文章主题。第二至第四段以具体的例子，说明了主人公因互联网“受助”及“施助”的经历，是文章的核心部分。末段以主人公的一段话进行结尾，升华文章主旨。

（三）教学重点

（1）帮助学生利用文字云图、思维导图等多模态工具整合及梳理文本的主要信息。

（2）培养学生通过分析文章标题获取文章话题范围、主旨及作者态度的阅读能力。

（四）教学难点

（1）引导学生就相关话题有逻辑地、批判性地、创新地提出个人观点及建议。

（2）培养学生对于社会问题的同理心及共情能力。

（五）教学方法、模式、策略

小组教学法、任务式教学法。

（六）教学媒体

PowerPoint 演示文稿。

（七）教学设计方案

1. 设计思路

本课为一节常规的阅读课型。教师课前播放一段视频，向学生展示互联网技术给现代生活带来的改变，调动学生的学习兴趣，同时为课堂后续活动进行铺垫。阅读教学部分主要通过不同的阅读环节，培养学生不同的阅读策略。读前头脑风暴及预测，能培养学生通过分析文章标题获取文章话题范围、主旨及作者态度的能力。读中侧重略读、寻读及思维导图，培养学生关注文章关键信息、梳理篇章结构的能力。读后开展小组讨论并就相关话题提建议，引导学生从不同的角度思考问题并提出对策，培养学生思维的逻辑性、批判性及创新性。本课采用了较多贴合现实生活的素材，能引导学生关注社会问题，培养学生的公民意识，及其对社会问题的同理心和共情能力。

2. 教学过程

表 1　教学过程

Step	Teacher (T)'s activities	Students (Ss)' activities	Purpose
Before class	T plays a video on 5G life	Ss enjoy the video	1. To introduce the topic of the class. 2. To arouse Ss' interest and catch Ss' attention

续上表

Step	Teacher (T)'s activities	Students (Ss)' activities	Purpose
Warming-up: Brainstorming	1. T shows the logos of different APPs. 2. T draws a conclusion based on Ss' answers that the internet has brought us much convenience	Ss talk about what they can do with the Internet	1. To activate Ss' knowledge on the Internet. 2. To help Ss be more familiar with the theme of the class
Pre-reading: Predicting	1. T provides Ss with the title and the wordcloud. 2. T introduces the skills of predicting. 3. T guides Ss to find out the key word of the title, analyze the attitude of the author and predict the main idea of the text	1. Ss analyze the title and the wordcloud. 2. Ss try to predict the main idea of the text and the attitude of the author	1. To help Ss master the skills of predicting by using the title and the wordcloud. 2. To prepare for the following activities
While-reading: Skimming	1. T introduces the skills of skimming. 2. T introduces the usage of the transitional word "but". 3. T introduces the function of the topic paragraph and the topic sentence. 4. T introduces the structure of the text	1. Ss skim the text and find out the topic paragraph and the topic sentence of the text. 2. Ss analyze the whole text and figure out the structure of the text	1. To help Ss grasp the main idea shortly. 2. To help Ss understand the function of the topic paragraph, the topic sentence and the transitional word
While-reading: Scanning	T guides Ss to scan the text and figure out some key information of the text	1. Ss scans the text and raise questions based on the given key words. 2. Ss answer the questions raised by peers	1. To help Ss practice the skill of scanning. 2. To encourage Ss' creativity. 3. To prepare for the following activity—mind-mapping
While-reading: Mind-mapping	T leads Ss review the text and work out a mind map	Ss review the detailed information in the text and summarize the main idea based on the mind map	1. To help Ss reorganize the key information of the text. 2. To help Ss understand the structure of the text

续上表

Step	Teacher (T)'s activities	Students (Ss)' activities	Purpose
Post-reading: Discussing	1. T introduces the definition of digital divide. 2. T plays a video showing digital divide. 3. T leads Ss to think who should be responsible for the digital divide. 4. T summarizes the suggestions	Ss discuss with peers and put forward suggestions on how to bridge the digital divide to different groups of people	1. To help Ss think logically and critically. 2. To encourage Ss express their own opinions. 3. To help Ss learn how to put forward suggestions
Summary	T summarizes the whole class	—	1. To cultivate Ss' sympathy and empathy. 2. To reemphasize the core of the text
Homework	—	Ss write an article to state the advantages and disadvantages of the Internet, and try to put forward suggestions to teenagers	To encourage Ss' critical thinking and reflection

（微信扫描二维码可观看课例，网页下载链接：
https://module.scnu.edu.cn/article-13959-609-1.html）

三、教学成效与反思

本课的亮点在于，基于文本结合多模态资源，多维度训练学生的阅读能力，同时，采用了较多贴合现实生活的素材，引导学生关注社会问题，培养学生的公民意识，及其对社会问题的同理心和共情能力。在培养学生的学科核心素养，实现立德树人方面有较好的推动作用。

专家点评

莫淑娟老师这节课的教学目标清晰，紧紧围绕英语学科核心素养有针对性地培养学生的学科核心素养，教学目标整体达成度高；对文章解构到位，引导学生对文章深入理解和思考，用思维导图引导学生关注文章脉络；教学思路清晰，PPT 的展现也清晰且富有逻辑，整个教学过程的每个环节衔接流畅、层层递进，顺畅且富有逻辑性。在这堂课中，莫淑娟老师利用了非常多的多模态资源，将文本转换为多模态的形式，易于让学生理解，且能激发学生的学习兴趣，整体教学效果良好。

（点评人：刘晓斌，华南师范大学外国语言文化学院副教授）

阅读课和读后续写相结合的案例探究

——北师大版新教材高中英语必修一 Unit 3 Lesson 3 Memories of Christmas

中山市小榄中学 李奕群

一、案例简介

本课例是阅读课，选自于北师大版新教材高中英语必修一 Unit 3 Lesson 3 Memories of Christmas。本节课的教学设计采用了建模的思维，一环扣一环，环环相扣，从两个维度对文章进行了解读，即时间的明线和情感的暗线。围绕课文主题语境——人与社会（家人之间的爱），本课例对课文进行升华拓展，让学生在封闭的原文中探索作者歌颂的主题及渲染的基调，又在原文基础上合理发挥想象，仿效作者的语言风格，利用写作主体“角色意识”创造出开放且符合逻辑的续写情节。

二、教学设计

（一）教学目标

（1）语言能力：了解圣诞节的相关表达，能运用这些表达来复述课文。

（2）学习能力：掌握梳理文章结构，根据时间关键词查找信息，总结概括和复述故事的能力。

（3）文化意识：了解国外圣诞节的背景知识，理解西方的亲情并且内化为自己对亲人的情感。

（4）思维品质：通过赏析对比和比较的写作手法，体会作者的感情。

（二）教学内容

【What】本课是阅读课。本篇文章主要介绍了奶奶去世前和大家度过的最后一个圣诞节以及大家的一些活动和庆祝仪式。通过这些描写表达对奶奶的思念和爱。

【Why】通过学习这篇文章，学生可以更多地了解西方的圣诞节，且能体会西方的亲情，从而更好地去爱自己的家人，珍惜和家人相处的时间。

【How】本文是记叙文，故事按时间顺序展开，在文中能找到明显的时间标志词。通过让学生去文中找到这些时间标志词和在该时间段内人们的活动，让学生了解圣诞前后的仪式。文中还采用了明显的对比和比较的写作手法，通过赏析这次圣诞节和以后每次圣诞节的行为差异，体会作者对奶奶的思念和爱。

（三）教学方法、模式、策略

本课主要采取了小组探究和自主探究相结合的教学方法，以及活动式课堂的模式和小组竞争的教学策略。

（四）教学媒体

多媒体课件、一体机。

（五）教学设计方案

1. **文本分析**（Text Analysis）

文章出处：北师大版新教材高中英语必修一第 3 单元（Lesson 3 Memories of Christmas）。

主题语境：人与社会——家人之间的爱。

2. **学情分析**（Students Analysis）

学生来自佛山市顺德区实验中学高一某音乐班。音乐班的学生表现欲较强，但英语基础较为薄弱，所以授课时应该适当重心下移。考虑到学生对音乐比较感兴趣，笔者在这节课中加入了很多音乐的元素，希望能唤起他们的学习兴趣，加深对本课主题的理解。

3. **教学重点**（Important Teaching Points）

圣诞节前后人们的庆祝活动和仪式。

4. **教学难点**（Difficult Teaching Points）

赏析对比和比较的写作手法，从而体会作者的感情。

5. **教学过程**（Teaching Procedure）

（T：teacher；Ss：students；CW：class work；IW：individual work；PW：pair work）

表1　教学过程

<table>
<tr><th colspan="2">Teaching activities & steps</th><th>Purpose</th><th>Time & mode</th></tr>
<tr><td>Step 1: Lead in</td><td>Ss listen to a song and T invites Ss to answer the following questions:
Q1. What is the date of Christmas Eve?
Q2. What is the date of Christmas Day?
Q3. What kind of writing technique does the song use according to the table below?
<table>
<tr><th>Imagination</th><th>Reality</th></tr>
<tr><td>The best time of the year when everyone comes home.
With all this Christmas cheer.
It's hard to be alone.
Putting up the Christmas tree with friends who come around.
It's so much fun when Christmas comes to town.
Presents for the children wrapped in red and green</td><td>I guess that Santa's busy cause he's never come around.
All the things I've heard about but never really seen.
I never hear a sound</td></tr>
</table></td><td>1. To introduce the topic of the lesson.
2. To let students know the background of Christmas.
3. To acquaint Ss with the writing techniques of comparison and contrast</td><td>5'
CW</td></tr>
<tr><td>Step 2: Pre-reading</td><td>Ss read the title of this lesson and T invites students to have a guess.
1. Is this text a narrative（记叙的）, persuasive（议论的）or expository（说明的）writing?
2. In what order（顺序）is this text developed? (in order of time/space)
3. Why was it such a memorable Christmas to her?</td><td>To cultivate Ss' ability of prediction</td><td>2'
CW</td></tr>
<tr><td>Step 3: Fast reading</td><td>Ss find out the time about Christmas in the text, and then divide them into four parts. In this part, Ss can discuss with their partners and check the answers
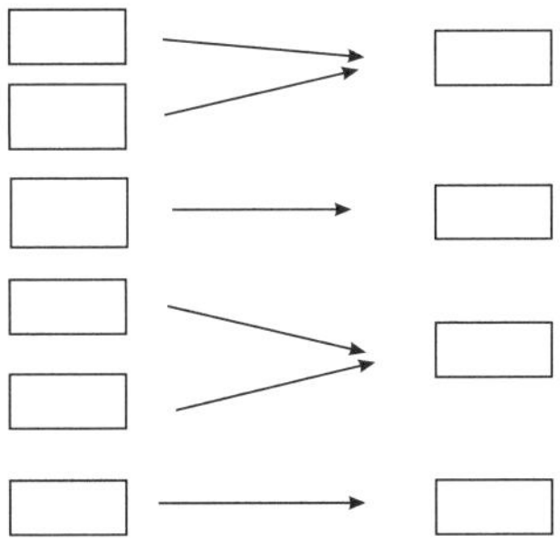</td><td>1. To help Ss find out the time order and know the structure of the passage.
2. To cultivate Ss' ability of cooperation</td><td>8'
PW
CW</td></tr>
</table>

续上表

	Teaching activities & steps	Purpose	Time & mode
Step 4: Careful reading activity 1	T divides Ss class into 3 groups, and invites each group to find activities for each time of Christmas. A. Opened presents B. Put up the Christmas tree C. Enjoyed Christmas pudding D. Put a stocking at the end of the bed E. Put on silly paper hats F. Wrote a letter to Father Christmas G. Hung decorations on the tree branches H. Left sugar biscuit out for Father Christmas I. Had a big turkey with potatoes J. Made sugar biscuits Before Christmas: ________________ On Christmas Eve: ________________ On Christmas Day: ________________	1. To help Ss get familiar with the activities of Christmas. 2. To prepare Ss for the task of retelling	7' CW PW Group Competition
Step 5: Careful reading activity 2	Ss discuss with their partners and then fill in the blanks of the following passage according to their memories. My memories of Christmas started in November. Before Christmas, children ________ to Father Christmas for the presents they wanted. Granny and I ________. On Christmas Eve, the whole family helped to ________ the Christmas tree, hang ________ on the tree branches. Before going to bed, we left sugar biscuits for ________ and ________ at the end of our beds. On Christmas Day, we found all kinds of small toys and sweets in the stocking. we opened ________. Lunch was late, we put on ________, ate a big ________ and ________. What a day!	1. To check if Ss have remembered the activities of Christmas. 2. To help Ss practice oral English	3' CW PW Group Competition
Step 6: Careful reading activity 3	T invites several Ss to retell the story	To cultivate Ss' ability of retelling	5' IW, PW Group Competition

续上表

<table>
<tr><th colspan="2">Teaching activities & steps</th><th>Purpose</th><th>Time & mode</th></tr>
<tr><td>Step 7: Careful reading activity 4</td><td>Ss compare the different activities of the writer on this Christmas and on each Christmas after Granny passed away, then try to taste the emotions of the writer.
<table><tr><th>activities</th><th>Feelings</th><th></th></tr><tr><td>Before Christmas,
On Christmas Eve,
On Christmas Day</td><td>opened presents;
enjoyed Christmas pudding;
put a stocking at the end of the bed;
put on silly paper hats …</td><td></td></tr><tr><td>On each Christmas after Granny passed away</td><td></td><td></td></tr><tr><td>Conclusion</td><td></td><td></td></tr></table></td><td>1. To cultivate Ss' ability of tasting writer's emotions by comparison and contrast.
2. To enable Ss make an in-depth exploration of the text</td><td>2'
CW
PW</td></tr>
<tr><td>Step 8: Careful reading activity 5</td><td>T invites Ss to read the sentences and ask 2 questions: (1) What can you find? (2) Did the writer notice it at that time?
1. She spent most of her time on the brown sofa by the fire.
2. She was quiet, seemingly happy.
3. Her hand was slightly shaky.
4. She stayed inside by the fire, looking outside but didn't go outside</td><td>1. To cultivate Ss' ability of reading between the lines.
2. To prepare Ss for post reading activities</td><td>2'
CW</td></tr>
<tr><td>Step 9: Post-reading</td><td>T invites Ss to make stories.
If you were the writer, and you occasionally got a chance to celebrate the Christmas again, how would you spend the Christmas?
____
______________________________</td><td>1. To cultivate Ss' ability of creativity.
2. To improve Ss' thinking quality.
3. To help Ss adopt a right emotional attitude towards family</td><td>6'
IW
Group
Compe-tition</td></tr>
</table>

续上表

Teaching activities & steps		Purpose	Time & mode
Promotion after class	读后续写 （原文）I still remember the last Christmas Granny spent with us. It began in the middle of November on a cold, windy day. I remember the wind because Granny's grey hair was a mess when she arrived. That was also the day Granny moved in. Somehow, at the time, I didn't know she was sick. Maybe I was too young, maybe she hid it too well, or maybe I was just too excited that Christmas was on the way. After Granny moved in, she spent most of her time on the brown sofa by the fire. Sometimes she was quiet, but she seemed happy. When I wrote a letter to Father Christmas telling him about the presents I wanted, Granny made an effort to help me. Her hand was slightly shaky, but she wrote "Father Christmas, the North Pole" on the envelope. In December, our excitement grew each day—lights appeared in the streets, Christmas cards arrived, and there was snow everywhere. Granny and I made sugar biscuits, stuffed the turkey and then I sat on my granny's lap and we sang Christmas songs. My favourite song was *Frosty the Snowman* and I loved the bit that went "Thumpety-thump-thump, thumpety-thump-thump, look at Frosty go!" Granny had patience to sing it over and over again. On Christmas Eve, Granny took a seat by the fire as we put up the Christmas tree. I hung most of the decorations on the branches. "That's the most beautiful tree I've ever seen," Granny said. Then she started singing, "Oh, Christmas tree, oh, Christmas tree, you fill my heart with music ..." Before bed, Granny and I left a plate of sugar biscuits out for Father Christmas, and put a stocking at the end of my bed. I remember Granny sitting on my bed and singing softly until I fell asleep. My stocking was full of small toys and sweets on Christmas morning, and there were presents under the tree. I was on my best behaviour as we opened the presents. （以上为课文前 8 段，后文续写） Surprisingly, Granny called everyone together and told us that there was only several days left for her. ________________________________ ________________________________ We finally decided to do something special with Granny. ________________________________ ________________________________	1. To consolidate and upgrade what Ss learned in class. 2. To cultivate Ss' ability of writing. 3. To establish links with the colleage entrance examination	

（微信扫描二维码可观看课例，网页下载链接：
https://module.scnu.edu.cn/article-13959-610-1.html）

三、教学成效与反思

这节课最主要是聚焦两大目标：一是让学生熟悉西方圣诞节的一些庆祝仪式，二是让学生体会作者和奶奶之间的亲情，从而转化为自己的情感态度价值观，更好地去爱我们的家人。所以笔者整堂课的课堂设计都是围绕着这两个中心目标展开的。一开始笔者用一首歌作为导入，歌词中出现了大量圣诞节的描述，既能加深学生对圣诞节的了解，也能激发音乐班学生的学习兴趣。通过让学生赏析这首歌里的对比写作手法，为更好地理解课文和后面的环节做铺垫。Reading 部分笔者采用了常规的 pre-reading，while-reading ，post-reading 的几大步骤。其中 pre-reading，fast-reading 和 careful reading 都是为后面的 retelling 学生的口语输出做准备。从 comparison and contrast 环节开始，笔者引导学生对文章的理解从时间线转向情感线，通过找出差异更好地理解和感受作者对奶奶的爱和思念。Read between lines 这一部分除了训练学生从显性信息推断隐性信息的能力，也是为了引出 post reading，从而升华整节课的主题，通过让学生思考“如果重过圣诞节，你会做些什么来弥补作者的遗憾”，从而引导学生思考我们该怎么样更好地去爱我们的家人、朋友或者身边的人，珍惜大家相处的时间。

课后提升环节设计的基于课本原文的读后续写、改写是这个教学设计的灵魂所在。读后续写既是封闭的，又是开放的。学生在封闭的原文中探索作者歌颂的主题及渲染的基调，又在原文基础上合理发挥想象，仿效作者的语言风格，利用写作主体“角色意识”创造出开放且符合逻辑的情节。本节课的课后提升，笔者设计的读后续写前面的文章信息全部是课文原文，而需要学生续写的部分设计为课堂上授课的内容，这样学生不仅有话可写，也能表达真情实感。教师可以在日常教学实践中有意或无意地渗透读后续写的意识，如在阅读课时隐去后半部分文本或者对文章进行重组和再创造，留给学生更大的发挥空间。

本节课是笔者赴顺德区上的一节三省 11 校的公开课，这节课笔者采用了小组竞争的方法，学生参与很活跃，虽然是在其他学校借班上的交流课，整节课上完效果非常好，学生配合，互动性强，并且学生乐于输出自己的观点，表达自己的情感，课堂效果受到了听课教师的一致好评。

专家点评

李奕群老师的这一节课教学目标具体，达成度良好；教师的教学思路清晰，整体教学过程富有层次感，每个教学活动环环相扣。本节课的教学设计灵活利用了音乐资源，为学生创设主题语境进行教学，歌词中圣诞节进行了描述，既能加深学生对圣诞节的解读，也能激发学生的学习兴趣。学生在赏析音乐的同时，会注意到对比的写作手法，为更好地理解课文和后面相扣的环节做铺垫。音乐的歌词是学生直接学习的内容，通过对相关语言点的复现，促进学生对多模态语篇的深度解读。教师在阅读课设计读后提升任务，引导学生发挥想象，仿效语篇的语言风格，为学生创造出开放思考的写作环境。

（点评人：徐曼菲，华南师范大学外国语言文化学院教授）

物理篇

粤教版高中物理必修第二册“匀速圆周运动”教学设计

广东实验中学　吕黎洁

一、案例简介

本节课的内容是粤教版高中物理必修第二册第二章第一节“匀速圆周运动”，以课标要求、教材上的例题和“实践与拓展”中自行车的传动装置为情境引入，通过探究式、体验式教学让学生深入了解线速度和角速度之间的关系。

二、教学设计

（一）教学目标

（1）物理观念：通过探究与体验，学生理解圆周运动中线速度、角速度等概念，并充分认识链条（皮带）传动装置中线速度和角速度的关系。

（2）科学思维：能将生活中的实际情景转化为物理模型，能用数学工具推导出不同半径下角速度的关系，推理检验工业设计的合理性。

（3）科学探究：能对现有器材进行改造，并能运用信息化手段获取实验数据并得出结论，学会与同伴分享交流。

（4）科学态度与责任：经历实验探究、调查体验的过程，培养实事求是的科学态度，养成从生产、生活中寻找物理原理的思维习惯。

（二）教学内容

（1）课标要求：会用线速度、角速度、周期描述匀速圆周运动。

（2）教学内容：本节课为粤教版高中物理必修第二册第二章第一节“匀速圆周运动”的拓展教学，粤教版的课本在介绍完线速度、角速度以及线速度、角速度和周期的关系后，就是以自行车传动系统的例题来让学生巩固相关概念。笔者在教学实践中思考，是否不要把知识仅仅停留在书本上，让学生自己经历探究、体验的过程，学生对相关概念一定会有更清晰的认识。所以本节课主要设计了两个分组活动，一是让学生通过实验探究搞清楚在线速度相同的情况下角速度和半径的比例关系，二是通过调查体验了解自行车前后齿轮齿数比的设计，并通过分享交流加深对相关知识的理解。

（三）教学方法、模式、策略

本节课采用基于问题导向的探究式、体验式教学方法，从“情境引入”“基于问题的学习”“分组体验探究”“交流分享成果”4 个步骤展开。在“分组体验探究”中借鉴项目式学习的模式，给学生布置一个项目任务，指导学生分别通过实验探究和调查体验的方式获取信息，得出结论，巩固知识。教学策略是在教学中注重情境创设，注重学生探究能力的培养和信息技术的运用，学生通过自身经历而非通过教师讲授获得知识，通过解决实际问题促进学生核心素养的形成。

（四）教学媒体

多媒体课件、向心力演示器、手机软件 phyphox。

（五）教学设计方案

表 1　教学设计方案

教学环节与教学内容	教师活动	学生活动	设计意图
情境引入	问题 1：自行车经历了两百多年的发展，其间它的外形也经历了多次变化。右图这种不带链条传动的自行车出现在 1873 年，前轮的直径很大，这样的外形与现代自行车差别很大，同学们知道这样设计的主要目的吗？ 问题 2：为何现代自行车没有延续之前的样子，而是改成下图的样子呢？大家想想当时的这种设计会有什么问题？  问题 3：现代自行车如何做到在减小轮子直径的同时又能保持较快的速度呢？	学生对问题 1 的讨论：同轴传动的角速度相同，也就是前轮转动的角速度与人踩脚踏的角速度相同，轮子半径做得大，根据公式 $v = \omega r$ 可知可以增大其线速度，让它跑得更快一点。 学生对问题 2 的讨论：轮子太大上下不方便，自行车体积庞大占地方，骑行时还容易摔倒。 学生对问题 3 的讨论：使用了链条传动的形式	通过老式自行车和现代自行车结构变化的对比，学生能够了解链条（皮带）传动在现代机械中的广泛应用，并挖掘其中的物理原理

续上表

教学环节与教学内容	教师活动	学生活动	设计意图
基于问题的学习	问题4：链条传动可以说是现代自行车最重要的一个结构，它的原理是怎样的呢？ 链条传动的结构如下图所示，A、B、C、D分别为小齿轮、大齿轮、后轮和脚踏边缘上的四个点。 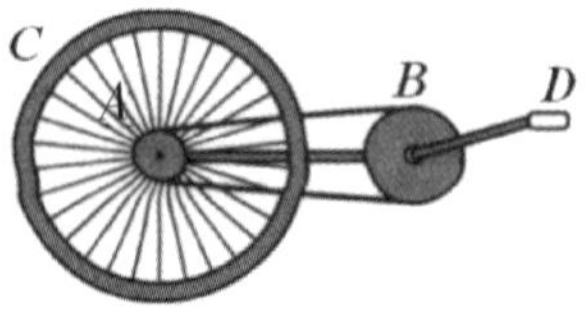 问题5：如果大、小齿轮半径比为2∶1，车轮直径约66 cm，骑行者每秒踩脚踏一圈，自行车的速度是多少呢？ 问题6：小明想搞清楚他的自行车前后齿轮的半径比，但身边没有任何测量工具，他有办法找到答案吗？	学生对问题4的探究：自行车前进时，由于链条不可伸长，也不会脱离齿轮打滑，因而大、小齿轮边缘的点在相等时间内通过的弧长是相等的，即线速度大小相等，$v_A=v_B$。而齿轮半径$r_A<r_B$，根据公式$v=\omega r$可知角速度$\omega_A>\omega_B$。又因为大齿轮与脚踏为同轴传动，$\omega_D=\omega_B$，小齿轮与后轮为同轴传动，$\omega_C=\omega_A$，也就可以得出$\omega_C>\omega_D$，实现后轮的角速度比人踩脚踏的角速度快了。 学生对问题5的探究：$r_A:r_B=1:2$，则$\omega_A:\omega_B=2:1$，再根据同轴传动规律得$\omega_C:\omega_D=2:1$，也就是骑行者踩脚踏一圈，车轮会旋转2圈，则自行车前进速度$v=s/t=2\pi d/t\approx4.15\ m/s$。 学生对问题6的探究：观察齿轮和链条结构可以看出，前、后齿轮要跟链条完全咬合，齿轮上每个齿的规格一定要相等，这样前后齿轮上的齿数比就可以表示周长比，也就是半径比了	引导学生回顾物理原理，并能将物理原理灵活应用到实际生活中
分组体验探究	提供仪器、布置任务 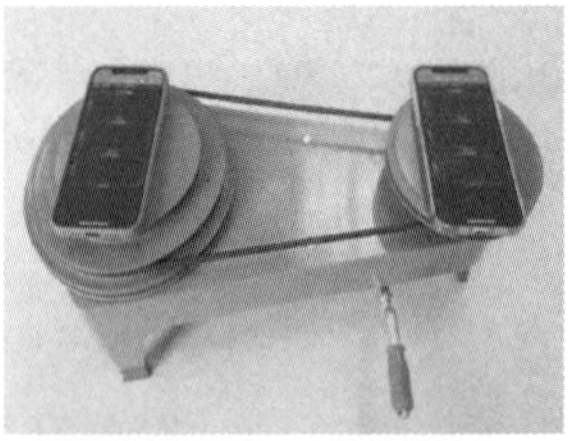 	小组一：改造向心力演示器，通过手机软件观察并测量不同半径比情况下两轮角速度的关系。 小组二：利用课余时间调查共享单车大小齿轮半径比；校园内骑行变速山地车，了解山地车变速原理	设计两个不同的小组任务，一组侧重实验探究，另一组侧重调查体验

续上表

<table>
<tr><th>教学环节与教学内容</th><th>教师活动</th><th>学生活动</th><th>设计意图</th></tr>
<tr><td>交流分享成果</td><td>（1）引导学生做实验并得出实验数据。
①塔轮半径比：1∶1
角速度峰值（rad·s^{-1}）：
17.430 216
17.475 456
②塔轮半径比：2∶1
角速度峰值（rad·s^{-1}）：
12.858 216
25.922 398
③塔轮半径比：3∶1
角速度峰值（rad·s^{-1}）：
9.504 943
28.805 046
从三组实验数据可以看出，两个皮带相连的塔轮角速度变化的图线形状完全相同，从每次运动过程中角速度的峰值测量具体数据可以看出，在半径比分别为1∶1、2∶1和3∶1时，得到的角速度之比近似为1∶1、1∶2和1∶3，实验数据与理论值非常吻合。
（2）引导学生思考，前后齿轮齿数比为2∶1的物理含义是什么？
半径比为2∶1，即脚踏和后轮的角速度比为1∶2，也就意味着脚踏转1圈，后轮转2圈。

结合学生骑行变速车的感受，问：共享单车为什么把前后齿轮半径比设计为2∶1？
一方面可以让骑行保持较合理的速度，不太快也不太慢，另一方面这个比例骑行不会太累，既轻便又速度适中</td><td>小组一：将向心力演示器上部的槽、弹簧测力套筒、标尺等拆除，只留下两边三层塔轮，将两部手机置于塔轮平台上，利用手机软件 phyphox（此款APP是直接使用手机里的传感器测量和分析物理数据的手机软件，其中的陀螺仪可以直接测量角速度）比较两个圆盘上的角速度关系

小组二：首先在校门口实地调查了3种不同品牌共享单车的前后齿轮齿数，得到如下数据。
美团单车，前齿轮齿数是24，后齿轮齿数是12；青桔单车，前齿轮齿数是28，后齿轮齿数是14；哈啰单车，前齿轮齿数是32，后齿轮齿数是16。
从调查结果可看出，3种共享单车前后齿轮的齿数不同，但前后齿轮齿数比均为2∶1。
研究某款24速变速山地车前后齿轮参数如下：前齿轮齿数是42、34、24，后齿轮齿数是32、28、24、21、18、16、14、12。骑行感受：前齿轮齿数越多、后齿轮齿数越少，骑行速度越快，但骑起来越费力</td><td>一组学生有实验数据，另一组学生有调查数据和骑行体验，两个小组分享交流，加深对该知识的理解和认识</td></tr>
</table>

（微信扫描二维码可观看课例，网页下载链接：
https://module.scnu.edu.cn/article-13964-611-1.html）

三、教学成效与反思

本节课采用问题导向的方式让学生回顾旧知识并联系新问题，再给学生布置探究和调查任务，采用项目式学习的方式开展教学，并将学习活动延伸到课堂之外，让学生充分挖掘自行车圆周运动的物理原理，了解链条、齿轮的设计结构，抛弃了传统的讲授式的教学方式和习题式的学习方式，让学生自己经历探究、体验的过程，学生对相关概念有了更清晰的认识，同时培养了学生解决实际问题的能力，较好地体现了新课标的理念和发展学生核心素养的教学目标。

专家点评

本教学设计注重情境创设，注重学生探究能力的培养和信息技术的运用，学生通过自身体验经历而非通过教师讲授获得知识，通过解决实际问题促进学生核心素养的形成。

本教学设计的特点：

（1）突出问题导向教学：采用问题导向式教学方式，从“情境引入”“基于问题的学习”“分组体验探究”“交流分享成果”4个步骤展开。

（2）融入深度学习理念：采用项目式学习的方式，将习题内容变为学生探究体验的内容，通过设计问题串引导学生逐步了解物理原理，探寻物理本质。

（3）有效对接课内与课外，重视探究体验与交流分享：根据课标要求，有效整合教材的知识内容、例题和“实践与拓展”，打通课内与课外。通过实验探究体验让学生深入了解线速度、角速度之间的关系；通过调查体验，了解自行车前后齿轮齿数比的设计，并通过分享交流加深对相关知识的理解。

（4）深度融合信息技术：改造现有实验器材，借助手机软件直接测量角速度。

（点评人：张军朋，华南师范大学物理与电信工程学院物理教育研究中心主任，教授）

粤教版高中物理必修第一册“力的动态平衡”媒体教学应用教学设计

肇庆市第一中学　李永华

一、案例简介

本节课内容选自粤教版高中物理必修第一册第三章第六节“共点力的平衡条件及其应用”，根据课标及对学生能力素养提升的要求，专门设置本课时讲解力的动态平衡问题。本案例注重媒体技术在教学实践中的应用，通过动画展示、传屏互动等方式培养学生的想象能力、作图能力和推理能力。

二、教学设计

（一）教学目标

（1）物理观念：通过特定的物理情景，学生正确理解动态平衡中“缓慢”的含义，正确分析物体受到重力、弹力时的方向，灵活使用平行四边形进行合成分解。

（2）科学思维：学会将不同几何特点的物理模型进行特征分析并归纳分类，学会用力的矢量三角形分析推理物体受力特点。

（3）科学探究：注重科学探究的“解析”维度，学会使用合适的物理模型解析生活中的实际受力平衡问题。

（4）科学态度与责任：通过对生产生活例子的观察、分析与推理，不停留于对事物表面的认知，养成挖掘其内在科学本质的思维习惯。

（二）教学内容

（1）课标要求：能用共点力平衡的条件分析生产生活中的问题。

（2）教学内容：本节课的内容是粤教版高中物理必修第一册第三章第六节“共点力的平衡条件及其应用”的相关内容，学生在了解物体的静态平衡后，学习如果物体发生缓慢运动，将会变成一个动态平衡的问题。本章节的内容比较综合，同时也是高考的热门考点。在传统教学或展示PPT图片的教学过程中，部分学生难以形成动态的形象认知，更难以进行下一步的推理分析。笔者在教学实践中思考能否将动态平衡的动态过程以动画的形式展示出来，所以本节课采用了多种媒体技术，并以经典的模型实例推动课堂，让学生对解析法、作图法、相似三角形法有初步的理解，培养学生的想象、作图、推理等核心能力。

（三）教学方法、模式、策略

本节课以互动作为课堂核心，以经典例题模型作为思考材料，并多方面采用媒体技术，采用了大量动态演示的方法，例如动画、视频、实验、仿真实验等手段，并尝试了几种不同数据统计共享的方式。

（四）教学媒体

1. 数据分析——阅卷统计系统

在上课之前，利用学校配备的好分数 APP 阅卷分析系统，统计学生做题的正确率，以学生测试的数据结果作为课堂教学的立脚点（见图 1）。不同学校可以根据实际情况使用。

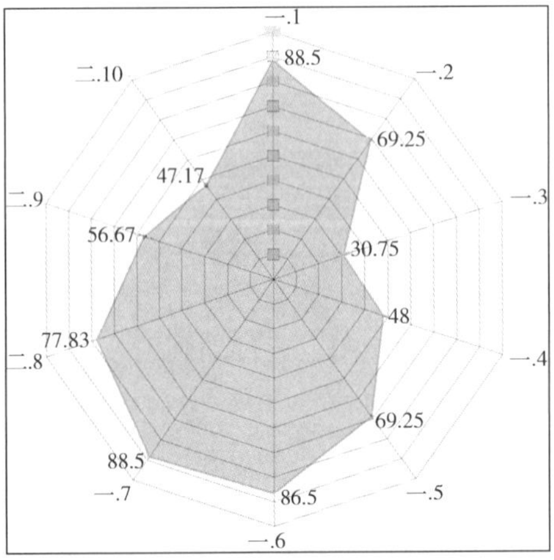

图 1　各小题得分百分比雷达图

2. 推送资源——希沃白板课件

希沃白板课件的集成性较强，可以融入数学画板、视频、动画等丰富的教学资源（见图 2)，在课前、课中、课后都可以与学生端进行共享。学生不仅可以观看教师的演示，还可以进行独立分析，并根据自己的需要在希沃题库中寻找相关习题。

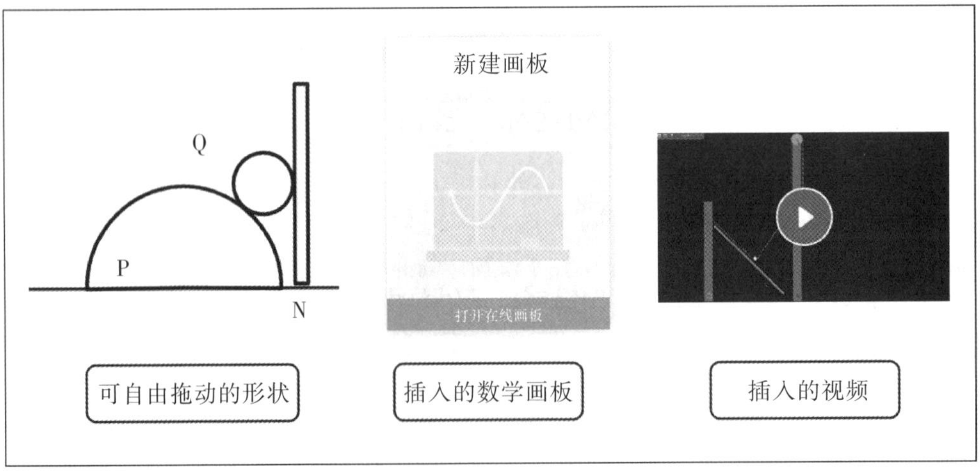

图 2　希沃白板画面展示

3. **精准化教学——即时投票软件**

相对于传统课堂的口头询问举手示意，课堂中的数据即时反馈可以帮助教师进行更精准化的教学。本案例利用 QQ 群即时投票功能，能够快速反馈学生的答题情况（见图 3）。通过问卷星的调查，可以统计学生的学习掌握情况。有条件的学校也可以使用希沃易课堂软件，这款软件集成度更高、更方便，缺点是需要付费。

图 3　QQ 投票功能

4. **深度学习——动画演示**

为突破深入课堂的重点难点，本案例使用了希沃白板的动画功能、数学画板的动态演示（见图 4）、Algodoo 仿真实验平台（见图 5），以此当作学生思维的“脚手架”，逐步发展学生的作图能力，再配合板书进行逻辑推理，更进一步加强学生的理解能力，深入学生的思维发展区。

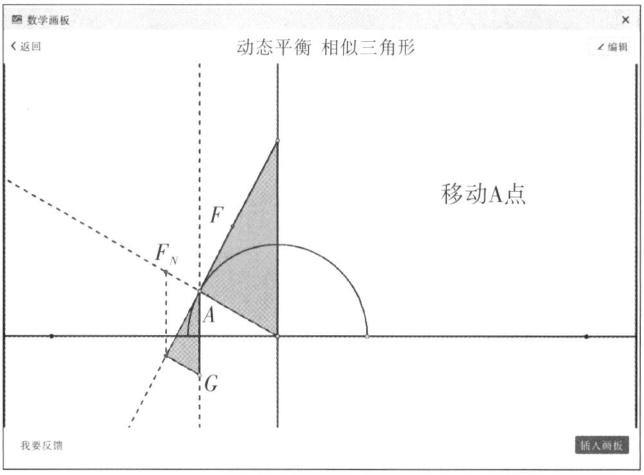

图 4　数学画板示例

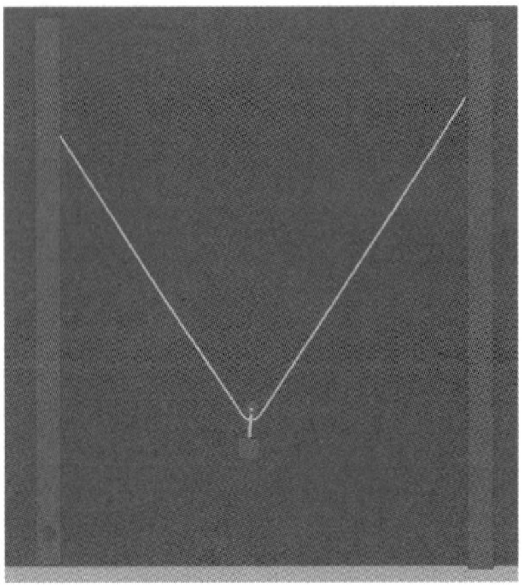

图 5　Algodoo 仿真动画示例

5. **针对性指导——传屏技术**

在课堂上，利用希沃传屏技术，使用了课室固定的高清投影以及手机传屏两种方式（见图 6）。手机传屏可以把学生课堂练习的图片即时传到大屏幕，其优点有二：第一，挑选具有代表性的答案，可以激发学生的思维，纠正作图习惯，打破思维惯性；第二，可以方便学生更好地进行分享展示，节约时间，提高教学效率。另外，由于部分实验现象不明显，坐在后排的学生难以观察，采用直播传屏的技术可以把实验现象放大，让所有学生都参与进来，提高课堂的互动性。

图 6　传屏技术的课堂展示

（五）教学设计方案

1. 教学环节一：数据分析引入

（1）教师活动。

图 7 数据分析：数据内容是学生学前训练，通过学校的改卷系统统计得出结果。教师

对数据进行进一步分析，指出掌握得较好的内容，指出相对薄弱的地方，并提出本节课的主题内容。

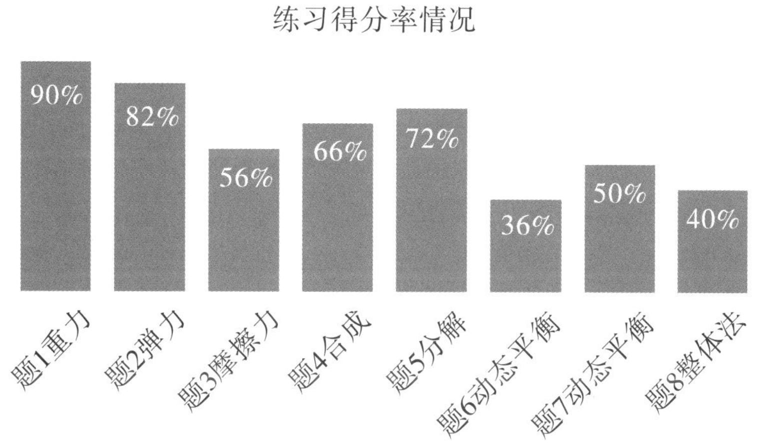

图7　学生练习得分率情况

（2）学生活动。

学生对比班级整体与自身的情况，了解自身的学习情况。

（3）技术、资源（含平台与工具）。

“好分数 APP”是一个一体化的改卷系统，可以快速得出改卷情况，并能快速通过手机 APP 进行数据共享和处理。

【设计意图】

及时反馈，让学生了解自身的掌握情况。

2．教学环节二：实例分析

> 实例分析一

（1）教师活动。

问题：在汽车的维修中，千斤顶发挥了很大作用，图8分别为剪式千斤顶的实物图和示意图。当摇动把手时，螺纹轴迫使千斤顶的两臂靠拢，从而将汽车顶起。若摇动把手把车继续往上顶，两臂受到的压力将如何变化？

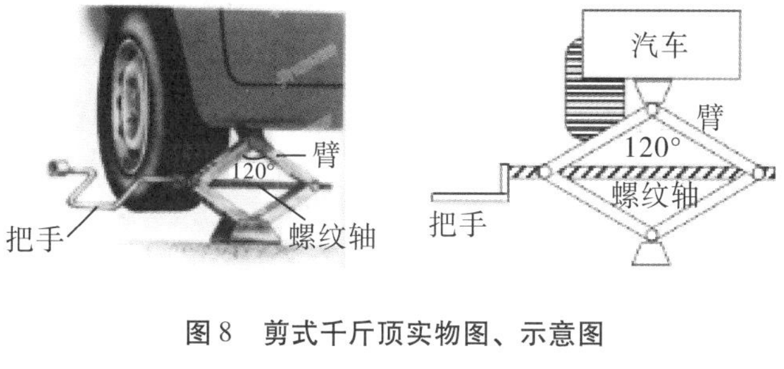

图8　剪式千斤顶实物图、示意图

（2）学生活动。

①学生通过作图将实际情景转化为物理模型，选择分析对象，进行受力分析。

②讨论交流：如何选择受力对象？在变化的过程中，哪些几何特点保持不变？

（3）技术、资源（含平台与工具）。

①传屏：使用传屏技术把学生的作图痕迹在大屏中进行展示。

②投票功能软件。

【设计意图】

让学生将生产生活中的物理情景转化成物理模型。

实例分析二

（1）教师活动。

问题：如图9所示，将衣服用光滑挂钩挂在晾衣绳上，若使右端结点向上移动，绳子拉力如何变化？若把右边杆子往左移动，绳子拉力又如何变化？

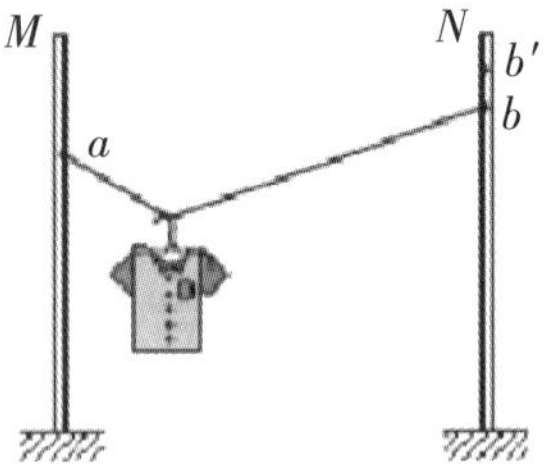

图9　晾衣绳示意图

（2）学生活动。

①学生对比千斤顶问题，通过作图将实际情景转化为物理模型，进行受力分析。

②讨论交流：为什么在右端点向上移动的过程中，绳子夹角不变？

实例分析三

（1）教师活动。

①仿真动画展示：把提前做好的 Algodoo 动画播放出来，让学生直观感受角度不变（见图10）。

②数学证明：通过图形的对称性，证明两绳子的角度与两杆的距离有关，而与右端结点的位置无关，并强调光滑挂钩的条件。

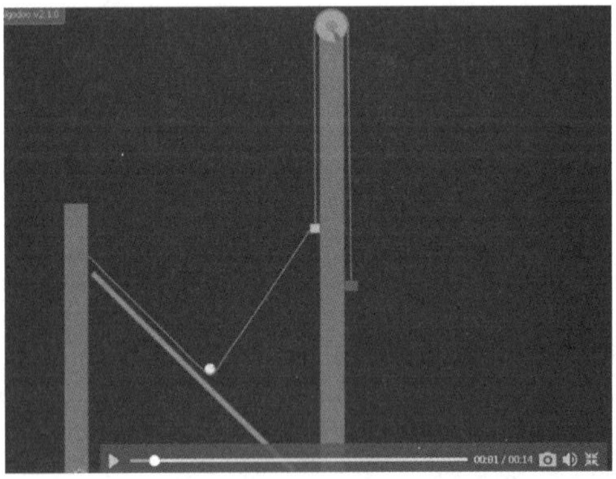

图10　仿真动图展示

（2）学生活动。

总结该模型的几何特征：两拉力与竖直方向夹角相等，具有对称性。

（3）技术、资源（含平台与工具）。

①Algodoo 仿真实验平台。

②投票功能软件。

【设计意图】

形象展示相关的动态过程，提升学生推理证明的科学思维。

实例分析四

（1）教师活动。

问题：如图 11 所示，一盏电灯用电线悬于天花板上 A 点，在电线 O 处系一细线 OB。现保持 β 角不变，缓慢调整 OB 方向至虚线位置，则在此过程中细线 OB 中的张力如何变化？

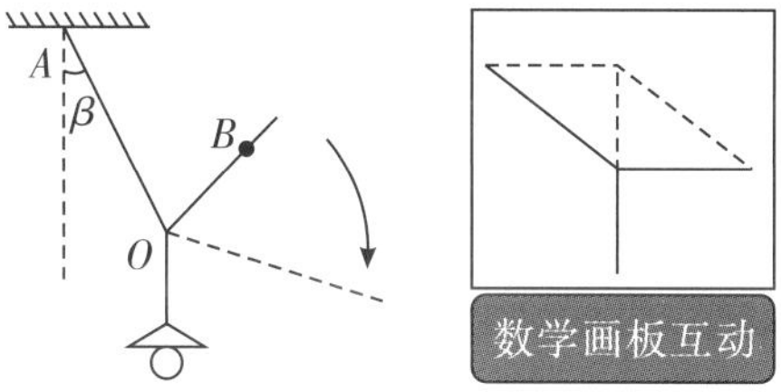

图 11　活动演示图 1

（2）学生活动。

①学生对实际情景通过作图转化为物理模型，选择分析对象，进行受力分析。

②讨论交流：两绳子与竖直方向的夹角是否相同，AO 绳子方向不变，对应力的三角形几何特点是什么？

③媒体互动：观察数学画板中线段长度的变化。

④总结该模型的几何特征：点到线的距离。

（3）技术、资源（含平台与工具）。

数学画板，教师提前制作相关数学画板内容。

【设计意图】

形象展示相关的动态过程，培养学生的直观思维，提高推理分析能力。

实例分析五

（1）教师活动。

问题：如图 12 所示，拉动绳子，小球在光滑半圆球面上缓慢运动，分析小球受到各个力的变化。

（2）学生活动。

①学生通过作图将实际情景转化为物理模型，选择分析对象，进行受力分析。

②讨论交流：小球受到的弹力有什么几何特点？力的三角形与空间三角形有什么关系？

③总结该模型的几何特征：力的三角形与空间三角形相似。

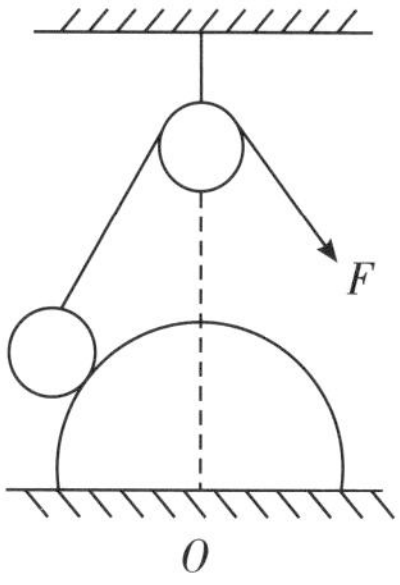

图 12　活动演示图 2

3. 教学环节三：总结归纳

（1）教师活动。

引导：请对之前例题物理模型的几何特点进行总结归纳（见图3），并讨论交流。

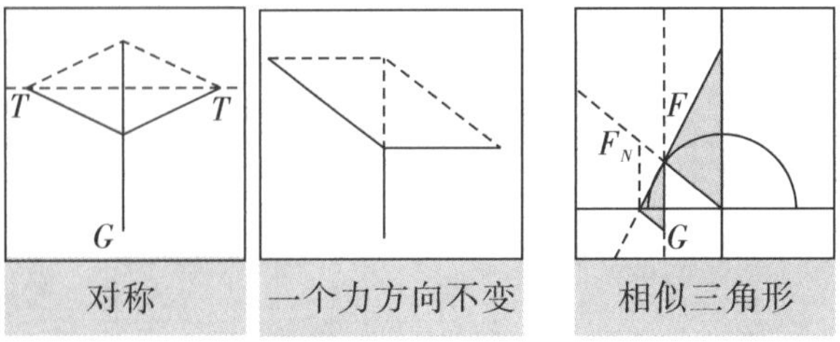

（1）　　（2）　　（3）

图13　活动演示图3

（2）学生活动。

①媒体互动：操作数学画板，观察其中的几何线段变化。

②讨论交流：如何辨别实际情景的几何特征，并选用对应的物理模型解析问题。

（3）技术、资源（含平台与工具）。

数学画板，教师提前制作相关数学画板内容。

【设计意图】

①落实本节课的物理观点内容。

②培养学生归纳总结的能力。

4. 教学环节四：应用提升

（1）活动1。

教师提出问题：如图14所示，圆柱形木头被一块挡板挡住，为卸载木头，向右移动挡板，木头受到弹力会如何变化？

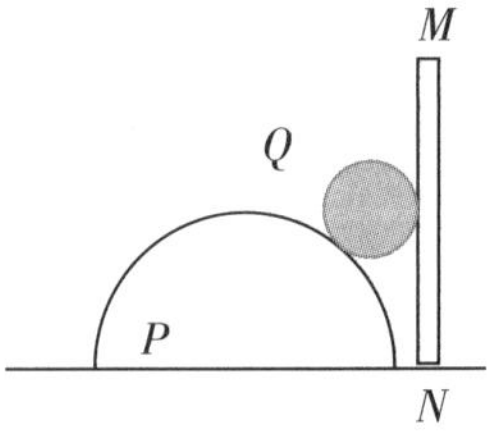

图14　活动演示图4

学生分享如何选用相关模型，分享思路、方法。

（2）活动2。

教师演示实验：把悠悠球当作滑轮使用，下端用绳子挂着重物，左上端绳子固定，右上端绳子用弹簧测力计，并用手拉着，改变夹角大小，观察测力计示数变化。

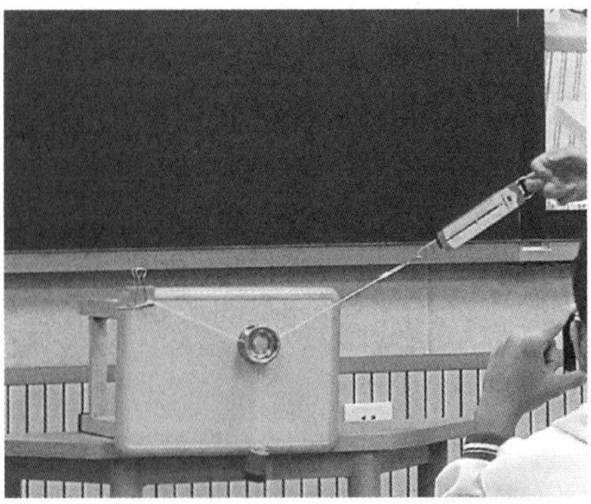

图15　活动演示图5

学生讨论交流：用相关模型解析该实验现象。

(3) 技术、资源（含平台与工具）。

传屏展示：把实验画面及读数画面直播到大屏幕上，让课室各角落的学生都能看清实验现象。

【设计意图】

注重科学探究的“解析”，学会用对应物理模型解析生活实际中的受力平衡问题。

（微信扫描二维码可观看课例，网页下载链接：
https://module.scnu.edu.cn/article-13964-612-1.html）

三、教学成效与反思

较以往的讲评加板书的方式，本节课整体效果显著，贴合新教改的方向，从三维能力转变成发展学生的物理核心素养。由于技术的支持，课堂的容量大幅增大，可以讲解更多的例题。由于多次采用动画演示的方式和即时反馈的教学手段，教师能更好地击破教学的重点难点，突破学生的思维屏障。教师亲自制作的数学画板、Algodoo 仿真实验是本节课的亮点，具有创新借鉴意义。

本节课采用了 QQ 群投票功能及问卷星的数据即时反馈方式，可以在课堂上快速反馈学生的答题情况，再根据答题的情况进行个性化的辅导，是教学变革的重要方式。由于目前学校正处于智慧学校 2.0 的建设过程中，部分软件、硬件设备还有更好的优化空间。若使用对课堂有更强针对性的数据反馈软件，就不需要用 QQ 群和问卷星的方式了，教学效率可以得到进一步提升。随着经济和科技的发展，相信设备会越来越完善，但作为教师也要不断提升自我的信息技术应用水平。

在内容上，本节课的内容比较充实，高一学生很难马上掌握 3 种方法的使用，但通过动画的演示可以提高学生的想象能力，为学生的课后习题打好基础。在最后的学情分析中，可以了解到学生对相似三角形方法的掌握比较薄弱，所以可以在课后习题中有针对性地增加相关内容，利用下次课再次巩固理解，让学生有螺旋式的提升。

在未来的教学中，教育技术将更加全面地渗透到教学实践中，但教育技术只是手段方法，并不是目的。教学实践的最终目标必须落实到培养学生的核心素养，让学生有更扎实的物理观念、更灵活的科学思维、更熟练的科学探究和更坚定的科学态度。

专家点评

实现信息技术与物理教学的深度融合是 2017 年高中物理课程标准对物理教学的要求。本教学设计展示了多种信息技术在“力的动态平衡”教学中的应用，是多种信息技术在物理教学实践中应用的范例。

本教学设计的特点：

（1）动态形象，化抽象为具体。通过动画演示、仿真实验等方式表征力的动态平衡问题，有利于学生想象、作图、推理等核心能力的培养。

（2）实现有效互动。通过传屏技术有效地实现师生和人机互动，能更好地击破教学的重点难点，突破学生的思维屏障。

（3）实现即时反馈。通过 QQ 群投票功能及问卷星的数据即时反馈方式，可以在课堂上快速反馈学生的答题情况，有效实现个性化的辅导。

信息技术在物理教学中应用是为教学目标服务的。信息技术应用是否有效，何时应用，取决于应用的目的，而不是技术本身。

（点评人：张军朋，华南师范大学物理与电信工程学院物理教育研究中心主任，教授）

人教版高中物理选择性必修第二册“远距离输电”教学设计

广东实验中学　黄靖薇

一、案例简介

本案例选自人教版高中物理新教材选择性必修第二册第三章第四节，从教学内容、教学策略和教学用具三方面对“远距离输电”进行创新设计。教师应用“科学史—探究”的教学策略，适当地补充输电前期内容和后期验证实验，以“近代输电—现代输电—新型输电”为线索展开教学，并巧用自制教具让学生直观感受“线损”，有效地突破教学难点。

二、教学设计

（一）教学目标

（1）物理观念。知道远距离电能输送的历史发展过程；知道电能输送过程中有功率损失和电压损失，了解降低这两种损失的途径；了解高压直流输电。

（2）科学思维。能通过公式推理论证解决输电导线上的功率损失等问题；结合生活实际理解远距离输电采用高压交流输电的原因；会设计电能输送的示意图，根据示意图能进行简单的计算。

（3）科学探究。本节课主要采用“科学史—探究”的教学策略，以“近代输电—现代输电—新型输电”为线索，利用多媒体课件、视频，与课堂演示实验、学生分组实验相互结合，探究输电过程的几个环节，让学生围绕不同时期的情况解决同一核心问题：线损。

（4）科学态度与责任。通过以电能输送发展史为线索，让学生辩证认识爱迪生、特斯拉的科学研究态度，了解并体会物理学对经济、社会发展的贡献，培养学生学习物理的兴趣，关注并思考能源等与物理学相关的热点问题。

（二）教学内容

1. 教材的地位和作用

本节课是在学习了交变电流的产生、描述以及变压器的基础上进行的，是物理学知识的延伸和实际应用，更是物理知识服务于现实生活的重要体现。

2. 课程标准的要求

知道远距离输电时应用高电压的道理，探讨远距离输电中导致电能损耗的因素。

3. 教材内容安排

教材首先介绍爱迪生的直流配电系统，通过一道例题计算让学生感知低压直流输电的电能损耗情况；然后通过导线发热功率计算公式，解释为什么采用高压输电；再通过实验，对比低压交流输电和高压交流输电的过程，验证高压交流输电的有效性；最后再介绍直流输电。

4. 教材的处理

（1）鉴于本节课的内容是应用性内容，而且教材中都为介绍性内容，若用发展史为线索贯穿课堂，以解决核心问题“线损”为本节课的重点，学生会有逻辑地理解知识，对知识的来龙去脉更为深刻。因此本节课的设计以电能输送发展史为线索，贯穿课堂始终。

（2）适当补充和完善教学内容。新教材介绍了爱迪生的直流配电系统并说明了直流发电的缺陷。但从直流配电到交流配电缺乏过渡，因此把特斯拉和爱迪生电流大战的科学史放在直流配电的内容后，学生更容易理解接受。

（三）教学方法、模式、策略

本节课采用“科学史—探究”的教学策略。学生学习物理的进程和人类研究物理学的进程具有内在相似性。在远距离输电发展的历史进程中，配电、输电方式选取的关键点和突破点往往是本节课教学的重点和难点。故本节课以“近代输电—现代输电—新型输电”为线索，每种技术的发展都会推动知识点的学习进程。学生在跟随科学家脚步学习的过程中，能感受科学探索精神，渗透人文教育。

（四）教学媒体

PPT，导线电阻演示板，低压、高压交流远距离输电演示仪，交流与直流远距离输电演示仪。

（五）教学设计方案

表1　教学设计方案

教学环节和教学内容	教师活动	学生活动	设计意图
【创设情境，导入新课】 通过题目里常见的一句话“导线电阻均可忽略”，提问“是否导线无论多长，电阻都能被忽略”，引起学生思考，再进行实验。如下图所示串联了5米导线后灯泡暗了，但不明显，再把60米导线全部串联到电路中，灯泡变得很暗。引出长导线的电阻不能被忽略，它能损耗部分电能。  再设问：“发电站在哪？”引出输电时距离很远，导线很长，会损耗部分电能，引发学生思考怎么才能把发电厂的电高效地输送给用户	用单刀双掷开关控制接入导线的长度。 提出问题： 我们平时的发电厂是在哪里	观察灯泡的亮暗。 期待回答： 很远很远的地方	通过常见作业题的一句话引发学生思考，突出“长导线的电阻对实际线路的影响程度”，引起学生的兴趣和疑问。 以往都是口头说长导线电阻不能忽略，现在通过实验现象说明问题，使学生有更深刻的认识——长导线发热消耗的电能是不能忽略的
【提出矛盾，理论分析】 介绍爱迪生采用直流配电系统时，同样遇到过导线发热消耗过多电能，输电存在困难的问题。通过课本例题让学生计算体会当时低压直流输电的电能损耗情况。 接着引导学生思考如何帮助爱迪生解决“线损”问题，降低电能的损失，从而通过公式 $P_{损}=I^2R$、$P_{输出}=U_{输}I_{输}$，推导减少线损的有效方法是高压输电。  	提出问题： 如何帮助爱迪生解决导线发热损耗大部分电能的问题？ 在白板上用公式推导出减少线损的有效方法是高压输电。	学生计算发现输电线路中有很大的损耗，然后根据现有知识思考问题解决方案。 根据教师的引导，跟上教师的思路。	利用电能输送的发展史吸引学生眼球，并根据已学的公式解决实际问题，将物理知识应用于生活。 提出矛盾，让学生产生疑问，并想办法解决。

续上表

教学环节和教学内容	教师活动	学生活动	设计意图
直流输电要升高电压存在技术上的困难，对直流电又不能采用直接升压的方式，引导学生思考在输电过程中要运用交流电。结合输电发展史中变压器的发明，让学生思考如何用交流电进行升压。 学生小组讨论，在学案上画出各小组的设计图。 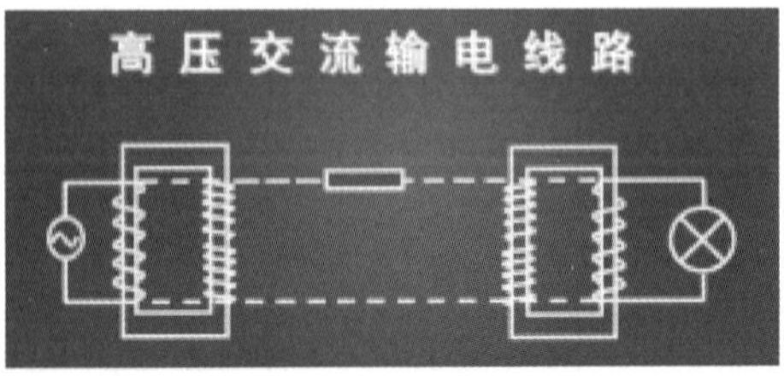 讨论后教师引导学生要先使用升压变压器把电压升高输送电，再用降压变压器把高压降低为 220 V 输送给用户，得出线路图	提出问题： 我们不能对直流电进行直接的升压，那么我们可以用什么电进行直接的升压？ 安排小组讨论： 如何利用交流电和变压器实现高压输电	期待回答： 交流电。 小组积极讨论出结果	得出高压输电的结论后，通过让学生思考如何摆放升压变压器和降压变压器的位置，让学生更有兴趣去研究这个问题，使从发电厂到用户的输电线路在学生脑海里更深刻
【进行实验，验证猜想】 学生分组实验：根据线路图，教师在学生桌面摆放相应的器件——小灯泡 1 个，交流电压表 2 个，变压器 2 个，导线若干，两端带鳄鱼夹的导线，3 ~ 8 Ω 的绕线电阻以及学生电源。让学生根据自己设计的线路图组装低压交流输电和高压交流输电的线路，对比两回路的灯泡亮度和电压表示数。 教师演示实验：学生分组实验后，教师展示自制教具，直接对比低压交流输电和高压交流输电，验证高压交流输电能有效降低电能损耗，加深学生认知 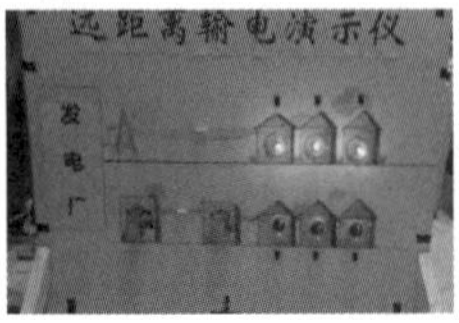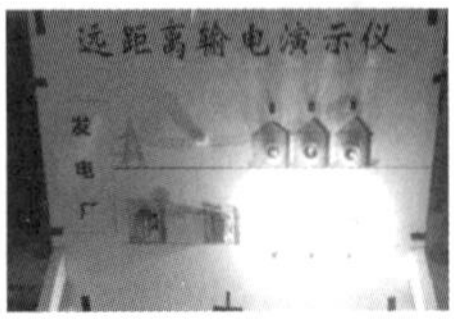	以学生为主体，引导学生组装线路图，强调让学生注意观察、记录灯泡亮度和两端电压表的示数。 介绍演示仪的构造及其原理。 让学生猜测哪个回路灯泡会更亮，设置悬念，点亮灯泡	仔细观察实验现象，得出结论——高压输电能有效降低输电的损耗	学生通过自己动手组装自己设计的线路图，再得出结论，经历了完整探究实验的过程，能增强科学探究能力，同时增强成就感。 通过自制教具，且是根据学生设计的线路图设计的教具，能使学生兴趣更浓厚

续上表

教学环节和教学内容	教师活动	学生活动	设计意图
【再现矛盾，理论分析】 （1）提出在大功率高压交流输电线路的损耗同样大，因为采用越大功率的高压交流电进行输电，导线产生的感抗和容抗就越大。 （2）介绍导线产生的感抗和容抗对输电线路的影响效果等效于把一个电容并联在输电回路中，把一个电感串联在输电回路中。 （3）利用自制教具在高压交流输电线路的基础上并联电容、串联电感，做一组对比试验，发现加上电容和电感的电路的灯泡比没加的更暗，从而直观地体现出因大功率交流电使导线产生的感抗和容抗损耗的电能是很多的。 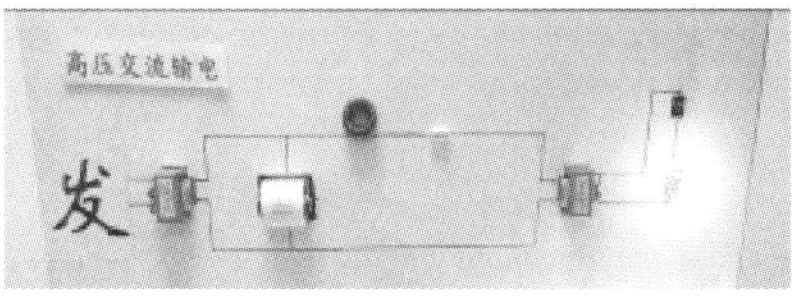 （4）矛盾再次出现，引导学生思考在大功率输电线路采用直流输电能使导线中的感抗和容抗不体现在回路当中。 （5）让学生跟随教师的思路，先用交流电将电压升高，再把高压交流转变为高压直流，最后把高压直流转变为高压交流再把电压降低，从而把电能输送率最大化。 思考能否把交流和直流输电结合在一起，共同减少导线上电阻、电感、电容的影响 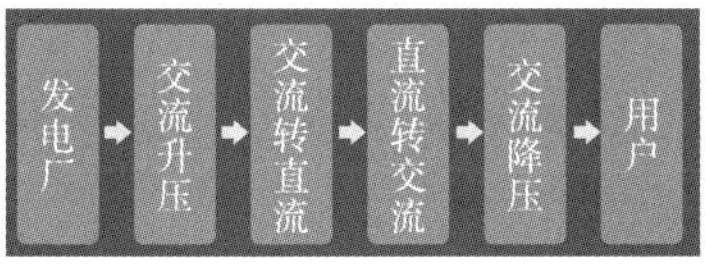	细致观察实验中有在高压交流输电线路中加电感、电容时灯泡的亮度和没加时灯泡亮度的区别。 介绍演示仪的构造，并点亮灯泡。 分析线路图，得出直流输电能使导线中的感抗和容抗不体现在回路当中	根据教师的引导，跟上教师的思路 学生了解实验原理，认真观察实验现象，并对现象进行思考	学生对交流电使导线的感抗和容抗体现出来的认知是模糊的，不知道到底电容和电感会对输电线路产生多大的影响，通过自制教具模拟这个过程能使学生认知更为深刻。 利用矛盾的产生引起学生的求知欲望，逐步引导学生思考要把高压交流输电和直流输电相结合
【进行实验，验证猜想】 展示高压直流输电演示仪，是在高压交流输电的基础上加上交流转直流、直流转交流的部分，再利用电能输送发展史中高压直流输电部分向学生讲述整流设备和逆变设备的作用，最后打开开关观察灯泡亮度，验证高压直流输电的可行性。	介绍演示仪的构造，并点亮灯泡	学生了解实验原理，认真观察实验现象，并对现象进行思考	

续上表

教学环节和教学内容	教师活动	学生活动	设计意图
【归纳总结 课后思考】 布置思考题： 随着并联灯泡个数的增多，为什么非高压输电的灯泡逐个变暗，而高压输电能使灯泡亮度不发生变化？	设置悬念，逐个点亮演示仪的灯泡	学生观察实验现象，产生疑问	这是模拟用户逐个增多，即用电高峰期的情形，提出生活中的问题留给学生思考

（微信扫描二维码可观看课例，网页下载链接：
https://module.scnu.edu.cn/article-13964-613-1.html）

三、教学成效与反思

在教学中，遵循学生的认知规律和特点，结合课程标准的要求，运用“科学史—探究”教学策略进行教学，以“近代输电—现代输电—新型输电”为线索展开教学，环环相扣，并通过自制教具演示实验、学生自主实验增加与学生的互动，学生能较好地掌握本节课的内容。

虽然整堂课氛围较好，教学目标、教学效果也达到了，但由于教学经验不足等原因，仍存在值得进一步改进的地方。整节课下来基本都是教师在布置任务，学生的研究是被动的。其实教师只是辅助的角色，只应起着引导的作用，这种引导仅仅是提示、帮助，学生迷惑时教师引导他怎样去辨明方向，而不是轻易去告知他方向。在问题链的设计中，还可以设置得更到位，更好地体现学生的主体地位。

专家点评

本教学设计以物理核心素养为导向，以学生为主体，渗透科学史，运用“引导—探究”教学，鼓励学生主动参与、主动探究、主动思考、主动实践。

本教学设计的特点：

（1）教学线索清晰：以远距离输电发展史为线索组织教学内容，教学脉络清晰。以“近代输电—现代输电—新型输电”为线索，让学生经历不同时期输电过程解决同一核心问题“线损”的思考与探究过程。

（2）突出和发挥实验的作用：自制教具，设计探索性实验，将实验探究贯穿本节课的始终，培养学生发现问题、探索知识的能力。

（3）联系生活、联系实际：把电能输送技术的革新与生活实际联系起来，有利于培养学生“从生活走向物理，从物理走向社会”的意识。

（4）重视史料的育人功能：通过以电能输送发展史为线索，让学生辩证认识爱迪生、特斯拉的科学研究态度，了解并体会物理学对经济、社会发展的贡献，培养学生学习物理的兴趣，关注并思考能源等与物理学相关的热点问题。

（点评人：张军朋，华南师范大学物理与电信工程学院物理教育研究中心主任，教授）

粤教版高中物理必修第一册“自由落体运动”教学设计

华南师范大学附属中学汕尾学校　王宇瑶

一、案例简介

本节课选自粤教版高中物理必修第一册第二章第四节“自由落体运动”，根据课标要求以及其在教材中的地位和作用，通过游戏以及课前采访视频激发学生兴趣，让学生通过动手实验及分析来学习自由落体运动规律，采用抛锚式教学法以达到培养学生研究物理问题的方法和思维能力、提高认识层次的目的。

二、教学设计

（一）教学目标

（1）物理观念：①理解自由落体运动、自由落体运动性质和重力加速度的大小、方向；②掌握自由落体运动的规律。

（2）科学思维：①培养学生分析和综合、推理和判断等思维能力；②利用自制牛顿管和智能定位板培养学生的创新思维。

（3）科学探究：①经历实验观察、实例探究讨论交流的过程，体会自由落体运动现象；②经历实验探究过程，体会科学探究的方法，领略运用匀变速直线运动规律解决实际问题的方法。

（4）科学态度与责任：①体会生活中的自由落体运动现象，生成“学以致用”的思想，激发学生的学习热情；②体验自主学习的过程，养成乐于细心观察、勤于思考、相互交流的学习习惯以及合作精神。

（二）教学重点与难点

（1）重点：①理解什么是自由落体运动及自由落体运动的条件；②理解自由落体运动的规律。

（2）难点：①对物体下落快慢影响因素的探究；②对自由落体运动性质的分析；③对自由落体运动规律的应用。

（三）教学方法

以建构主义理论为指导，以学生为中心，在强调学生对知识主动探索的建构主义学习环境中采用“抛锚式教学法”，把教学内容以问题的形式提出，通过多媒体和演示实验最大限度地呈现物理情景，应用启发与探究相结合的方式，有目的地引领学生互相交流、沟通、启发、补充和动手探究实验，使课堂中所有的设计与安排都围绕学生来展开。

（四）教学器材

牛顿管、针筒、单向阀、纸片、铁架台、打点计时器（带复写纸片）、纸带、重锤、智能定位板、刻度尺、计算器、铁球，多媒体、智能手机、路由器。

（五）教学流程

本节课主要设计以下教学环节展开教学活动：

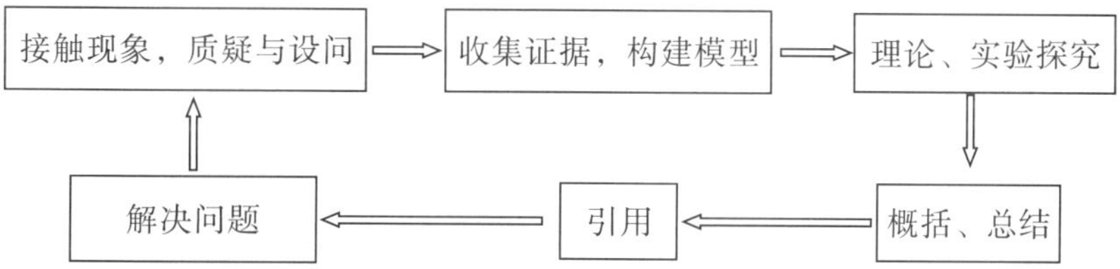

图 1　教学流程图

（六）教学过程设计

表 1　教学过程

教学环节	教师活动	学生活动	设计目的
新课引入	师：课前，我们先做一个游戏——用刻度尺测出大家的反应时间。 要求：①手在尺子下沿处微张约 3 cm；②每人 3 次机会，取最好成绩记下刻度尺示数；③没释放就反应者直接淘汰。 师：为什么可以通过刻度尺的示数知道大家的反应时间呢？带着这样的问题进入今天的新课：自由落体运动	学生参与活动  	吸引学生学习兴趣，引入新课

续上表

教学环节	教师活动	学生活动	设计目的
一、自由落体运动的定义	（1）落体运动是生活中常见的一种运动（展示雨滴、树叶、苹果下落的图片以及课前采访的小视频），这种运动有什么特点？ 我们发现不同的物体下落速度是不一样的。那么物体落体运动的快慢与什么因素有关呢？ （2）引出古代伟大哲学家亚里士多德和伽利略的不同观点。 （3）探究落体运动快慢到底与什么因素有关。找3名同学分别做几个小实验： 实验一：一枚硬币和等大的纸片从同一高度同时下落，谁下落得更快？请一个同学来感受一下这两个物体有什么不同。 （发现：重的物体要下落得快些。这个想法与亚里士多德的观点一样，但却被伽利略提出了质疑。下面我们来做第二个实验。） 实验二：一张A4纸片和一张A4纸揉成的纸团从同一高度下落，哪张纸下落得更快？ （从这个实验我们又发现，轻重一样的物体下落快慢却不一样。） 实验三：一张A4纸和半张A4纸揉成的纸团从同一高度下落，这次哪张纸下落得更快？ （这表明物体下落的快慢与物体的轻重有没有必然的联系？） 进一步想：既然物体下落快慢与质量无关，那么是什么原因造成树叶与苹果、揉成团之前的纸和揉成团之后的纸下落的快慢不一样？（下落中受哪些力？重力/空气阻力？）重力没变，阻力发生改变，也就是说空气阻力对物体下落快慢有影响。那如果没有空气阻力，轻重物体谁下落得快？	（1）学生对物体下落情况进行描述。 生：重的物体下落得快。 （2）学生通过阅读回答亚里士多德和伽利略的观点。 （3）生：（实验一）纸明显下落慢。  生：（实验二）纸团下落得快。 生：（实验三）还是纸团下落得快。 生：猜测是空气存在阻力。 	展现历史探究过程。 暴露矛盾，引发学生思考。 从身边仪器的定性探究过渡到真空实验室的定量探究。 给出自由落体运动的定义

续上表

教学环节	教师活动	学生活动	设计目的
一、自由落体运动的定义	实验四：大家桌子上有一个密封管，我们称之为牛顿管，它是牛顿最初设计的。里面有一根羽毛和一个铁球，请大家观察，在抽气前、抽掉一部分空气和全部抽空后两者下落的快慢有什么不同。 实验之前先说几点： 先把牛顿管竖直，用磁铁吸住，老师在羽毛上沾了一小块铁片，质量仍然比铁球小，同时释放。 抽气方法：把针筒与塑胶管口连接，反复抽气。抽气过程中，让塑胶管保持竖直，不要绞上。（演示）一直抽到很费力为止，取掉针筒。再观察羽毛和小铁球的下落。 收拾好仪器，打开夹子，让空气重新进入管内。请一个同学起来说看到的现象。 （1）在抽气之前，你看到的现象是什么？ （2）抽掉一部分气之后呢？ （3）下落的还是和之前一样快慢差别很大，还是快慢的差别缩小了？ （4）那为什么两者的运动还是不一样快呢？  如果继续抽气会怎样？我们来看一个视频。 这是美国最大的真空实验室做的一个实验。在抽气之前，羽毛和保龄球相比，明显下落得慢。抽气用了 3 个小时，把里面 30 吨的空气抽走到只剩 2 克。抽真空（近似）后我们发现保龄球和羽毛时时刻刻下落得一样快。	 （1）生：未抽气之前，铁球下落比羽毛快得多。 （2）生：快慢差别没那么大了。 （3）生：几乎一样快，但还是稍微有一点差别。 （4）生：空气没有抽干净。 	

续上表

教学环节	教师活动	学生活动	设计目的
一、自由落体运动的定义	所以我们发现：在没有空气阻力的情况下，轻重物体下落得一样快。 定义：我们把物体只在重力作用下从静止开始下落的运动叫作自由落体运动。（板书） （1）从这个定义当中可以看出，自由落体运动应该满足什么条件？ （2）我们地球上只受重力的运动可能吗？ （3）我们周围的空气阻力总是存在的，在空气阻力相对重力可以忽略的情况下，静止释放的物体也可以近似地看成自由落体运动，比如这个铁球的下落有没有空气阻力呢？ 但是相对重力可以忽略，可以看成自由落体运动。 （4）这里体现出了什么样的研究思想？ 质点也用过这样的思想。建立理想模型	（1）生：只受重力，并且 $v_0=0$。 （2）生：不可能。 （3）生：有。 （4）生：忽略次要因素，突出主要因素的研究思想	
二、自由落体运动的性质	知道了什么是自由落体运动，那么，自由落体运动是什么性质的运动呢？ 大家猜想：拿着盒子里的小铁球感受一下自由落体运动，启发一下灵感。 思考：有没有可能是我们前面学的匀加速运动呢？ 用实验来验证，验证的方法有很多种，比如光电门、频闪照相机等。今天我们就用最传统的打点计时器。之前我们已经学习过运用打点计时器探究匀变速直线运动，今天同学们自己动手设计一个研究自由落体运动的实验。 找一组动手能力基础较好的学生上台演示： A. 先把纸带连接重锤（看一下学生是怎么连接的），穿过打点计时器的限位孔和复写纸。	生：（猜想，回答） 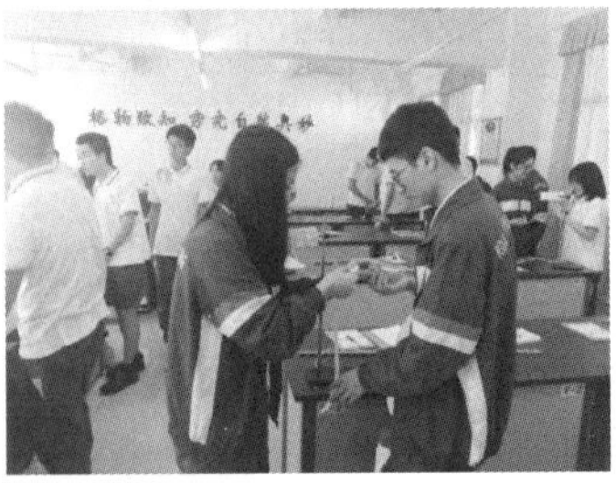	经历一个完整的实验探究过程。从提出问题、做出猜想、理论探究和实验探究到得出结论。 准确地得到结论

续上表

教学环节	教师活动	学生活动	设计目的
二、自由落体运动的性质	B. 提高重物到打点计时器处，让纸带保持竖直，大家想：歪着纸带行不行？ C. 先打开打点计时器，再迅速干脆地释放纸带。 接下来请大家按照刚才的方法，打出两条纸带。（把仪器拿下去） 师：大家都得到了纸带。看看大家的纸带，我们要研究所有的点吗？从两个角度讲： A. 首先舍掉前面不清晰的点，从清晰点开始分别标 0、1 等。 B. 为了减小误差，我们每隔一个点取一个计数点。（请大家马上在纸带上标出相应的计数点） （1）每两个计数点之间的时间间隔是多少？ （2）怎么知道每两个计数点的距离？ 测量时，教师先提醒几点：①直尺的 0 对准 0 点。直尺不动，读出各点的刻度。读数时要估读，填写在表格的第一列。②两点的距离不能一段一段地测，会增加偶然误差。 接下来请大家思考，根据这些计数点的时间间隔和距离，如何判断出是不是匀加速运动？请大家讨论一下。 请一个同学起来回答如何判断。 接下来请大家挑选打点更好的那条纸带进行测量计算，把数据填写在导学案上。测量出来是多少就是多少，尊重实验事实。 展示两组数据。首先能够确认的是两个计数点的距离在越来越大，也就是肯定在加速。相邻相等时间内的位移之差，前两个比较相等，后面误差较大。再看一组。 由于电源频率不稳、纸带的摩擦、实验操作不规范等原因，导致我们数据的误差有点大。	生：（要尽量减少阻力） 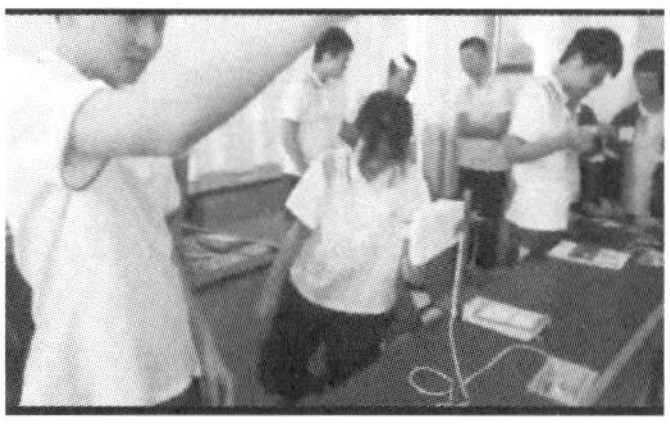 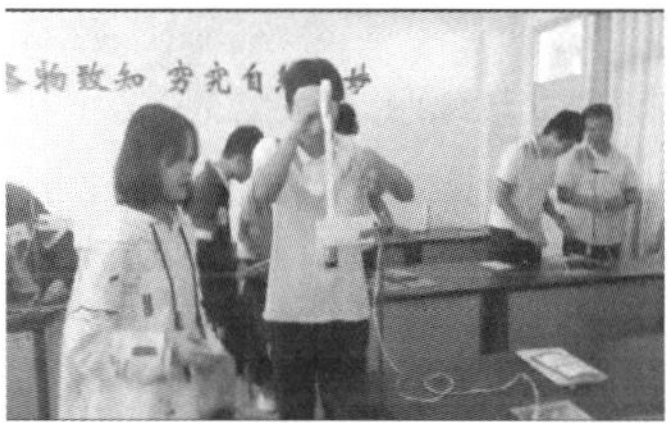 生：操作，标出计数点。 （1）生：两点时间间隔是 0.04 s。 （2）生：两点的距离可以用直尺测。  	

续上表

教学环节	教师活动	学生活动	设计目的
二、自由落体运动的性质	为了更精确地研究，可用一个更先进的设备——智能定位板。它的工作原理大概就是物体发射信号，然后定位板接收信号。物体移动时，光点也在移动，表明它能够实时定位这个物体的位置。 先固定住物体。记录数据并释放，记录一系列的点。 大家能观察出每两个点的时间间隔吗？ 这里有采集频率（比较小，教师放大）50 Hz、100 Hz 两个选择，刚刚教师选的是 50 Hz，也就是 1 s 采集 50 个点，每两个点的时间间隔是 0.02 s。所以从这个意义上讲其实相当于一个打点计时器，都是 0.02 s 记录一个点。它比打点计时器更先进的地方在于这些点的坐标已经同步记录了。 知道这些点的坐标和时间，就可以算出每一个点的速度，然后画出 $v-t$ 图。（由于定位板省掉了测量和计算的时间，我们可以很方便地进行多次实验） 图形是倾斜直线，表明是匀加速运动。 结合它的初速度是 0，所以它是初速度为 0 的匀加速直线运动。（板书）	生：①看相邻相等时间内的位移之差是否相等；②求每一点的速度。画 $v-t$ 图，看是否是一条倾斜的直线。 生：（操作）	
三、自由落体运动加速度	接下来的问题又来了，已经知道自由落体运动是匀加速直线运动，那它的加速度是多少呢？ 我们已经得到了 $v-t$ 图，从 $v-t$ 图怎么去知道加速度？ 定位板已经帮我们算好了，直接点加速度即可。（操作）得出加速度是 9.200。	生：算斜率。	形成自由落体运动加速度的观念，知道自由落体加速度在各点有差异

续上表

<table>
<tr><th>教学环节</th><th>教师活动</th><th>学生活动</th><th>设计目的</th></tr>
<tr><td>三、自由落体运动加速度</td><td>
我们把这个加速度称为自由落体加速度，又叫作“重力加速度”（板书）。所谓自由落体加速度就是物体自由下落的加速度。

符号：g，方向：竖直向下。

g 的大小是多少呢？刚刚用定位板我们测量的加速度是 9.200。由于空气阻力的原因是偏小的，更精确的测量表明自由落体加速度为 $9.791\ m/s^2$。

在同一个地方，不同物体的自由落体加速度是相同的。不同地方的自由落体加速度是不尽相同的，如北京等。（PPT 展示）

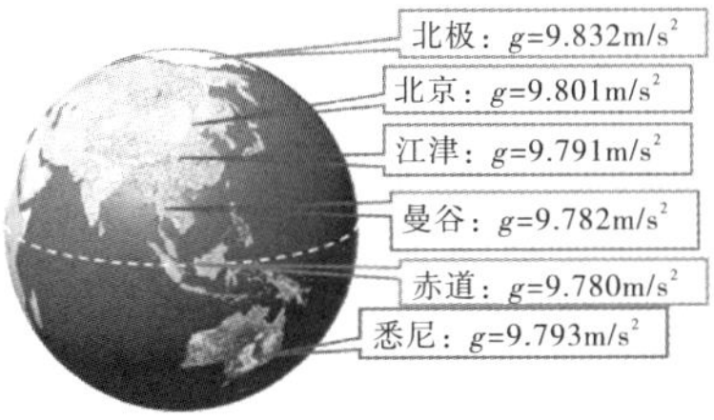

大家观察：加速度的变化有什么规律？

虽然纬度越高，g 越大，g 在变，但都在 $9.8\ m/s^2$ 左右。通常的计算当中我们取 $9.8\ m/s^2$，粗略计算也可以取 $10\ m/s^2$。
</td><td>生：纬度越高，g 越大</td><td></td></tr>
<tr><td>四、自由落体运动的规律</td><td>
前面我们已经学了匀变速运动的规律，而今天我们又知道了自由落体运动也是一个匀变速直线运动，只不过它的初速度为 0，加速度为 $g = 9.8\ m/s^2$。我们把前面的公式改写一下就行了。

大家把公式写在导学案上，请一个同学上来写。

$v = gt$，$h = \frac{1}{2}gt^2$，$v^2 = 2gh$。
</td><td>生：（主动思考，书写公式）</td><td>形成自由落体运动规律的观念</td></tr>
</table>

续上表

教学环节	教师活动	学生活动	设计目的
五、学以致用	我们回到刚开始的问题，反应最快的同学的反应时间是多少呢？给大家提供两个信息：已知反应最快的同学抓住刻度尺的距离为8.6 cm，加速度大小为9.8 m/s^2。刻度尺释放后，可以看作自由落体运动。运用自由落体运动规律求解。	生：（操作，计算）	学以致用，从课堂走向社会
六、课堂小结	通过这一节课的学习，我们得到了哪些收获呢？下面找同学来总结下（教师做恰当必要的补充）	生：（回忆总结）	形成知识结构
七、作业	利用教材上的材料频闪照片编制课外作业对比三种实验方法。 查找伽利略关于落体研究的相关资料	完成作业	课后巩固，拓展

（七）板书设计

§2.4　自由落体运动

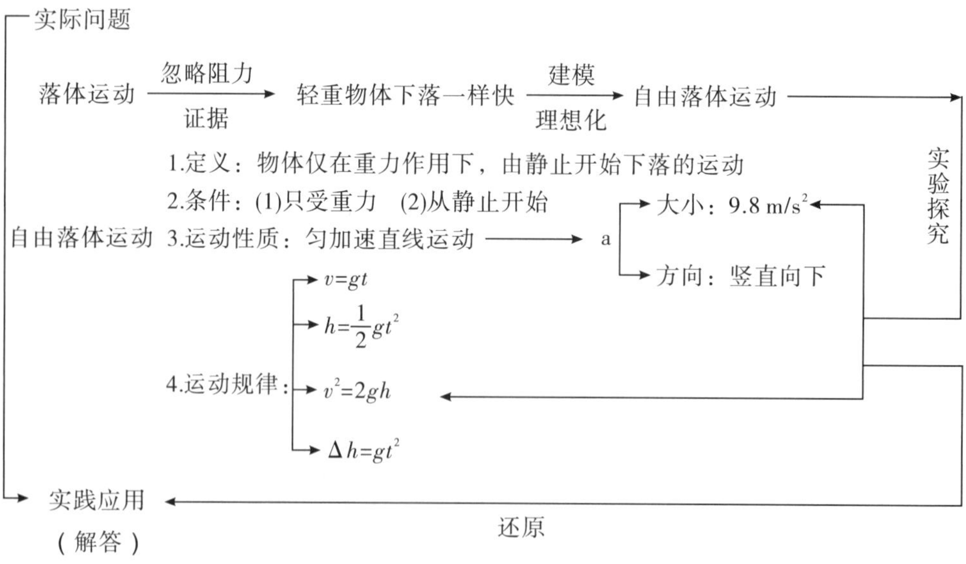

图1　板书设计图

（微信扫描二维码可观看课例，网页下载链接：
https://module.scnu.edu.cn/article-13964-614-1.html）

三、教学成效与反思

本课一开始通过游戏引课等多种活动激发学生学习兴趣，采用多种形式进行师生互动、生生互动，让学生始终保持积极探索的学习心态。通过抛锚式教学法，学生的主体地位得到了明显的巩固和提高。本节课贴近生活、联系实际，激发学生在生活中发现物理，提高运用物理解决生活中实际问题的能力。

本课有待改进的地方：（1）分组实验时有少部分学生只是漫不经心地观看，没有真正投入其中，还要进一步提高学生的参与度；（2）在一些交流讨论及实验探究活动中，教师还需多提供一些指导，引导学生多倾听他人的想法与结论，进一步提高课堂效率。

专家点评

本教学设计教学目标明确，教学线索清晰。通过创设问题情境，有效地设问引导，让学生经历和体验自由落体运动概念模型的构建过程。通过联系生活、联系实际，激发学生的探究热情和学习兴趣，提高学生运用物理知识解决实际问题的能力，以达到发展学生物理核心素养的目的。

本教学设计的特点：

（1）重视课的导入。本课通过游戏引课，容易激发学生的学习兴趣。

（2）重视科学思维的培养。通过生活、历史、实验等多维视角，引导学生建构自由落体运动概念的模型。

（3）重视常规实验与现代技术的结合。本教学设计将常规实验与现代技术实验有效融合，探究自由落体运动的性质和规律。

（4）注重互动教学。采用多种形式进行师生互动、生生互动，让学生始终保持积极探索的学习心态。

（点评人：张军朋，华南师范大学物理与电信工程学院物理教育研究中心主任，教授）

粤教版高中物理必修第三册“产生感应电流的条件”教学设计

华南师范大学附属南沙中学　方　颖

一、案例简介

本节课选自新版粤教版高中物理必修第三册第六章第三节“电磁感应现象”中“产生感应电流的条件”部分。基于初中所学知识，在教材原有探究磁通量改变可以产生感应电流的基础上，增加借助自制教具探究磁通量不变不产生感应电流的实验，使探究教学更加严谨、富有逻辑，最终得到产生感应电流的条件，并应用于生产生活中。

二、教学设计

（一）教学目标

（1）在学生了解感应电流产生条件的过程中，培养学生的磁场能转化为电能的能量观，形成物理观念。

（2）通过让学生反思，完善初中已学的产生感应电流的知识，培养学生的科学思维。

（3）通过实验探究产生感应电流的条件和分析归纳总结，培养学生科学探究的物理学科核心素养。

（4）通过了解手机无线充电和防抱死制动系统的工作原理，为学生建立科学、技术、社会与环境间的联系，培养科学的态度与责任。

（二）教学内容

1. 教材的地位和作用

本节课内容在高中物理知识体系中具有承前启后的作用。首先本节课内容在学生了解并理解磁现象与磁场、磁感应强度、电磁感应现象发现的基础上，进一步探究“磁生电”的条件——产生感应电流的条件；其次为之后学习“楞次定律”和“法拉第电磁感应定律”等内容奠定了学习的基础，是粤教版高中物理选择性必修第二册整个“电磁感应”

章节的学习基石；最后，本节课的学习过程对培养学生观察能力、思考能力和实验能力有着重要的作用，有助于提高学生的物理学科核心素养。

2. 课程标准对本节的要求

了解产生感应电流的条件。

3. 教材的特点

（1）通过将学生已有的初中知识引入课堂，建立新知识与旧知识的联系。

（2）通过 3 个探究实验，让学生经历科学实验探究的流程，培养学生的科学探究能力。

（3）通过介绍汽车防抱死制动系统和无线充电技术，引入感应电流在生产和生活中的应用。

4. 教学重难点

（1）教学重点：产生感应电流的条件。

（2）教学难点：产生感应电流的条件的理解。

（三）教学方法、模式、策略

本节课在教学指导思想上，始终坚持“教师为主导，学生为主体”的原则，通过教师创设问题情境和有效的设问引导，让学生亲历物理知识的构建过程。

在教学方法和手段上，综合应用实验演示、讲授和谈话等多种方法，并辅以图像、动画、视频、自制教具等多媒体手段。例如，用电流传感器代替电流表，使现象更加直观明显；通过展示 Flash 动画，增强学生对所学内容的感性认识。把教学过程设计成以有悖常理的现象为切入点，以已有知识和观察实验为基础，以问题为主线的师生对话交流的过程。

在学法指导上，让学生尝试自己观察思考、描述实验现象、分析概括并得出结论，使学生在获取知识过程中，领会物理学的研究方法，受到科学思维方法训练以及建立协作、探索等精神。

（四）教学媒体

表 1　教学媒体汇总表

序号	教具实物图	所需器材
1		电磁炉 小灯泡 导线

续上表

序号	教具实物图	所需器材
2	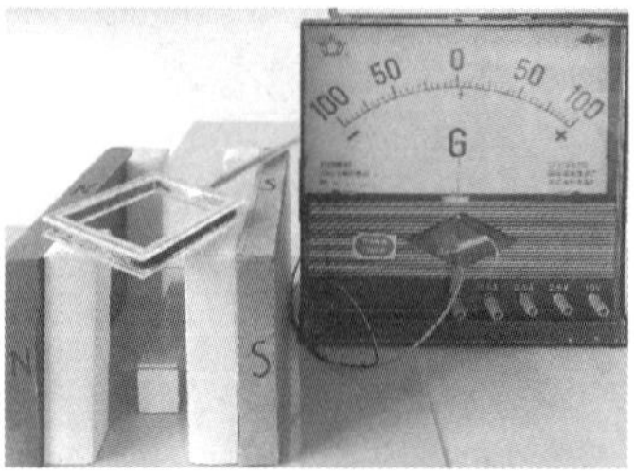	矩形磁铁 自制矩形线框 灵敏电流计
3		灵敏电流计 螺线管 导线 条形磁铁
4	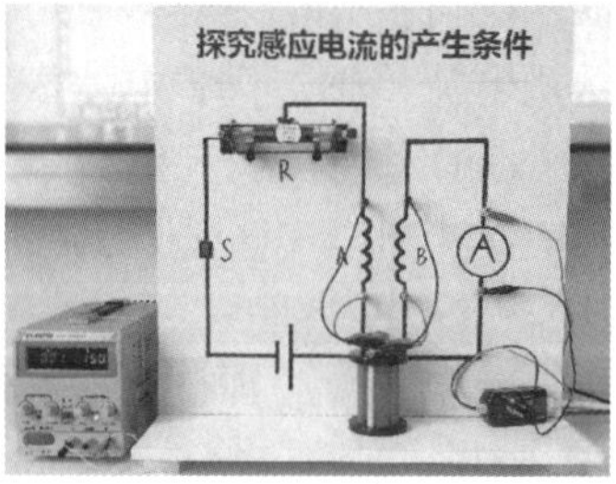	开关、导线 滑动变阻器、学生直流电源 DISLab 电流传感器 大螺线管、带铁芯的螺线管
5	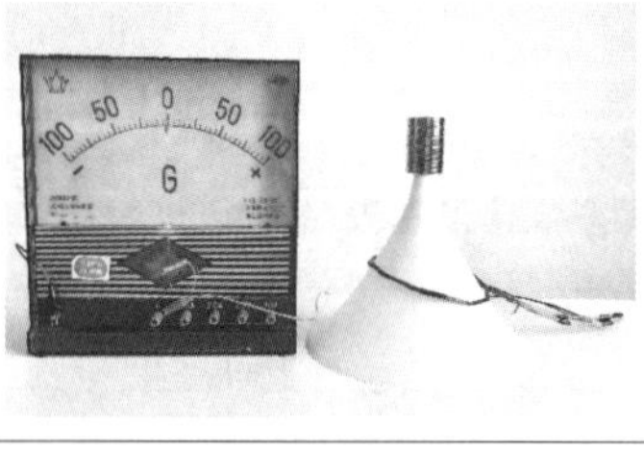	自制表面磁通量相等的喇叭形模具 面积可变的线框 强磁铁 灵敏电流计
6		无线充电器 不能无线充电的手机 改装线圈

续上表

序号	教具实物图	所需器材
7	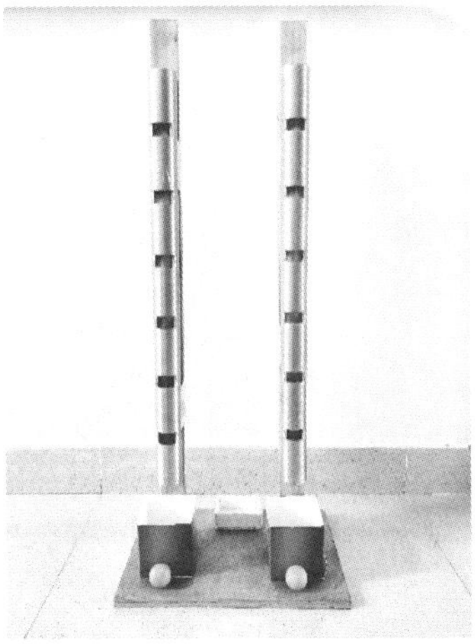	磁性小球 非磁性小球 铝管
8	—	多媒体课件

（五）教学设计方案

【教学流程图】

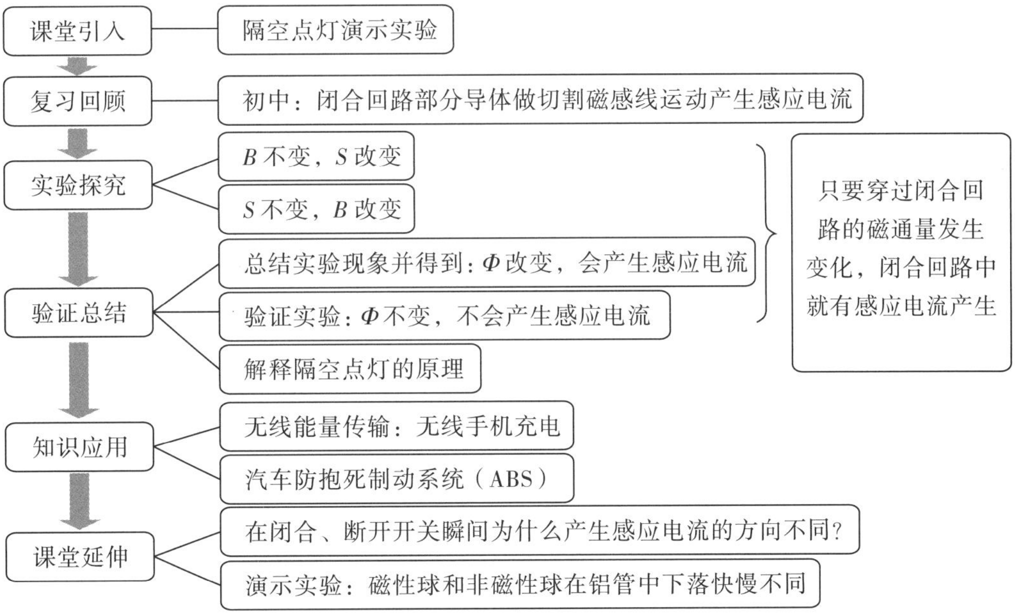

图1　教学流程图

【教学过程设计】

表 2　教学过程

教学环节和教学内容	教师活动	学生活动	设计意图
【创设情境，引入课题】 实验引入：隔空点灯。把小灯泡与导线连成无电源的闭合回路，放在电磁炉上，打开电磁炉开关，小灯泡亮了	表演隔空点灯演示实验。问：没有电源的小灯泡为什么会发光	观察 好奇 兴奋 思考	通过有悖常理的实验引起学生的认知冲突、思考和学习兴趣，并带着问题进入课堂
【回顾故知，新旧衔接】 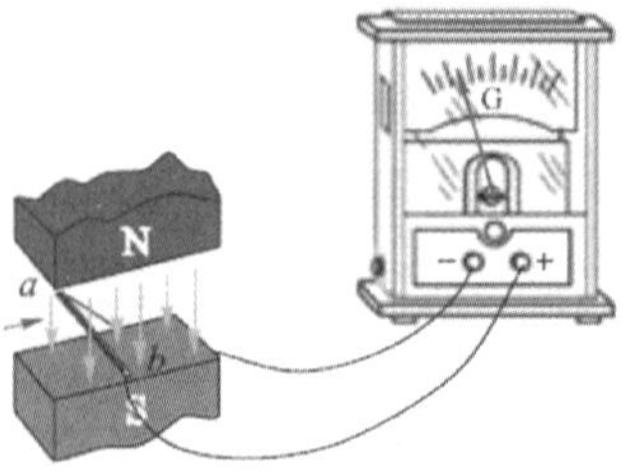 回顾初中产生感应电流的情况，从学生已有知识进行分析 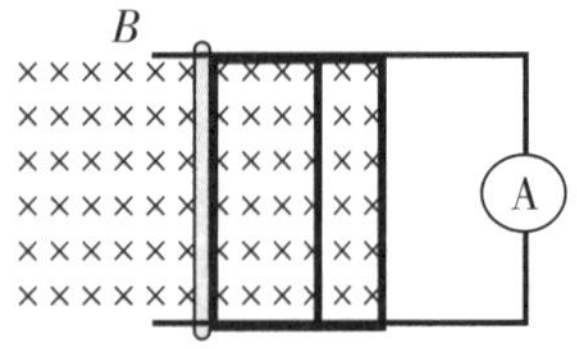	提问：根据初中的知识，在什么情况下，磁会生电呢？分析部分导体切割磁感线的情况。 提问：在闭合回路的部分导体做切割磁感线运动时，还存在的变量是什么？不变量是什么？ 提问：结合控制变量法，大家大胆地猜想一下，除了闭合回路的部分导体做切割磁感线运动，还有其他方式产生感应电流吗？	回忆 生：闭合回路的一部分导体切割磁感线会产生感应电流。 思考 生：变量是闭合回路在磁场中的面积 S。不变量是磁感应强度 B。 思考 生：B 不变，S 改变；S 改变，B 不变	让学生回顾初中的知识，从已有的概念入手慢慢地加深学生的认知，并引导学生提出猜想。让学生对以往的知识进行反思，培养学生的科学思维
【实验探究，形象感知】 实验目的：探究感应电流的产生条件。 提出猜想：（1）磁场强弱 B 不变，在磁场中闭合回路的面积 S 改变。（2）在磁场中闭合回路的面积 S 不变，磁场的磁感应强度 B 改变。 实验仪器：（1）自制磁场强弱不变的平行磁场和矩形线框，灵敏电流计。 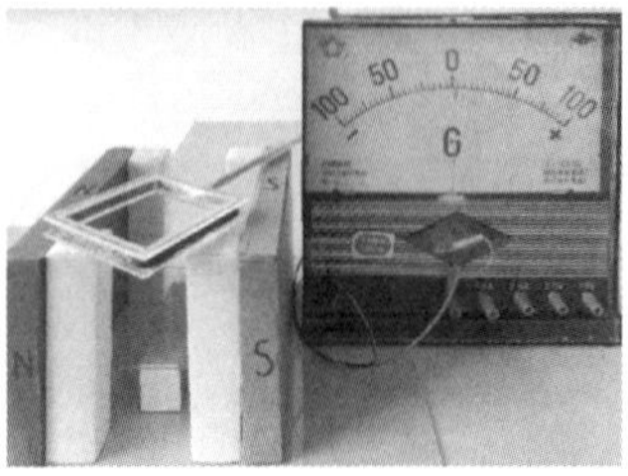	引导学生设计实验，介绍实验仪器。 演示实验： （1）B 不变，S 改变。实验一：让和灵敏电流计串联的整个矩形线框在磁场内旋转。并解释闭合线框的面积没变，但是闭合线框垂直于磁感线的面积改变了，也是改变面积产生感应电流的一种方式。	观察 思考 回答 （1）B 不变，S 改变，可以在闭合回路中产生感应电流。	指导学生进行完整的实验探究过程，引导学生设计实验，观察、分析和归纳，从而为得到结论做铺垫。培养学生的科学探究学科核心素养

续上表

教学环节和教学内容	教师活动	学生活动	设计意图
（2）抽插磁铁实验。  （3）自制模仿法拉第探究感应电流的产生条件的示教板 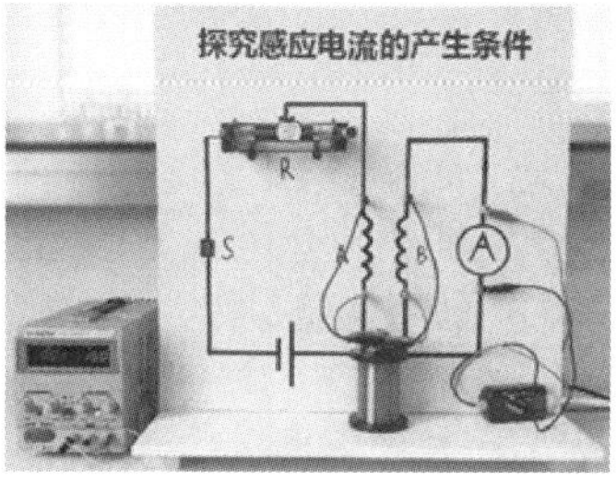	（2）S 不变，B 改变。实验二：在闭合的螺线管中插入、拔出磁铁，指导学生观察灵敏电流计的偏转情况。实验三：模仿法拉第实验。进行闭合和断开开关、在闭合开关后快速移动滑动变阻器的实验操作，指导学生观察屏幕上电流的变化情况	（2）可以在闭合回路中产生感应电流	
【现象归纳，总结验证】 回顾探究实验一、实验二、实验三的实验现象，并总结规律，得到感应电流的产生条件。 由 Φ 改变可以产生感应电流，反推磁通量 Φ 不变，不会产生感应电流，并进行验证。 实验仪器：自制表面磁通量不变的模具和面积可变的线框，灵敏电流计 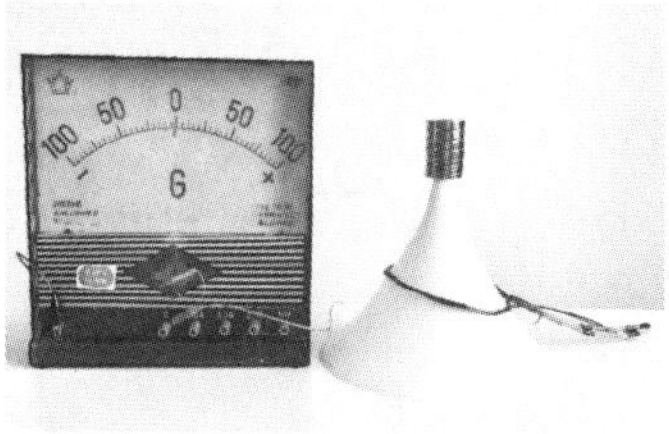	总结实验现象。 提问：同学们，在总结分析了所有实验后，大家发现，究竟是哪个物理量决定感应电流的产生？ 得到实验结论。 验证：Φ 不变，不会产生感应电流。 提问：Φ 不变有哪几种情况？ Φ 不变： ① B 不变，S 不变。带领学生回顾插拔磁铁实验，磁铁放入螺线管中固定不动时，没有感应电流产生。	总结 思考 深化理解 生：闭合回路中磁通量的变化。 记忆 生：① B 不变，S 不变；② B 变，S 变，B 乘 S 不变。	通过总结让学生得到感应电流的产生条件。 通过反向验证实验，增强学生对感应电流产生的根本条件的理解，突破教学难点

续上表

教学环节和教学内容	教师活动	学生活动	设计意图
	②B变，S变，B乘S不变。先向学生解释模具的由来和特点，并选取模具两个横截面让学生分析，B和S都不同，但磁通量相等。随后先在不改变面积的情况下，指导学生观察，闭合线框出现了感应电流，证明磁场和线框完好。再演示当线框贴着模具运动时，指导学生观察指针是否偏转	通过分析和验证实验得到：Φ不变，没有感应电流产生	
【知识应用，拓展提高】 （1）分析解释并引入课堂的隔空点灯演示实验。 （2）分析手机无线充电的原理。将普通手机改造为无线充电手机并演示。运用视频和图片引导学生共同分析手机无线充电原理。 （3）讲解汽车防抱死制动系统的结构和作用，重点讲解其中的轮速传感器和本节课知识的联系。引导学生分析	（1）演示电磁炉内部构造，提示学生我国的家庭用电是交流电，引导学生用本节课知识分析实验。 （2）先播放手机无线充电的视频，随后解释原理并现场演示普通手机改装为可以无线充电手机的充电过程。 （3）利用视频讲解汽车防抱死制动系统的原理、构造和作用，通过动画并结合本节课知识讲解轮速传感器的原理	听讲 观察 思考 回答	让学生学以致用，并为学生建立科学、技术、社会与环境间的联系，培养科学的态度与责任

续上表

教学环节和教学内容	教师活动	学生活动	设计意图
【设置悬念，引出下节】 （1）由教师展示在模仿法拉第实验时，实时展示在屏幕上产生感应电流的 $I-t$ 图，询问学生为什么闭合和断开开关时产生感应电流的方向不同。 （2）让学生观察磁性球和非磁性球在铝管中同时自由释放，两球下落的快慢不同，让学生课后解释并询问原因。利用本节课的知识，引出下节课的内容	提问：为什么指针偏转的方向不同？ 演示实验，并提问：为什么磁性球和非磁性球下落的快慢不同	好奇 思考	激发学生的课后思考，为下节课“楞次定律”的学习留下悬念

（微信扫描二维码可观看课例，网页下载链接：
https://module.scnu.edu.cn/article-13964-615-1.html）

三、教学成效与反思

（一）巧妙创设多个课堂教学情景，产生了良好的教学效果

利用本教学设计进行课堂教学时，因巧妙地创设了多个教学情景和探究过程，从多方面刺激了学生的感官，激发了学生的学习兴趣。例如：（1）在导入环节向学生展示“隔空点灯”的实验时，学生表现出明显的兴趣，并产生思考，提出了他们自己的一些猜想。（2）利用灵敏电流计观察实验，“插拔磁铁”的实验现象最明显，教学效果最好。（3）在模仿法拉第实验中，原线圈的闭合回路中需要较大的电压才能在副线圈中产生明显的实验现象，但容易使原线圈所在电路中电流过大，电源自动断电，导致实验失误。所以，若有条件，建议采用电流传感器代替灵敏电流计观察实验。

一系列实验教学知识在和学生互动交流中生成，课堂氛围热烈，教学效果好。在随后的练习反馈和提问中，即使距离学习这一节课已经过去很长时间，学生仍然可以很清晰地回忆起实验现象，描述出实验结论。

（二）教学实验很多，需要适当选取，讲解和演示相结合

本教学设计所选取的实验和内容很多，如果全部应用很难在一节课上完，或者每个探究实验讲解得不透彻，会让学生产生走马观花的感觉。所以应适当选取本教学设计中的实验和生活应用，突出重点，并在讲解过程中注意实验与实验、内容和内容的连接性。如果有条件的话，所有的演示实验也可以改为小组探究实验，然后让每个小组分享实验现象，总结结论。

专家点评

本教学设计教学目标明确，教学结构线索清新，通过创设问题情境、有效的设问引导和技术应用，让学生经历和体验物理知识的探究和构建过程，科学、技术、社会与环境之间的关系，提升和发展学生的物理核心素养。

本教学设计的特点：

（1）突破常规教学。基于初中所学知识，在教材原有探究磁通量改变可以产生感应电流的基础上，增加借助自制教具探究磁通量不变且不产生感应电流的实验。使探究教学更加严谨、富有逻辑和创新，最终得到产生感应电流的条件，并应用于生产生活中。

（2）实现教学优化。本教学综合应用实验演示、讲授和谈话等多种方法，并辅以图像、动画、视频、自制教具等多媒体手段。例如，用电流传感器代替电流表，使现象更加直观明显；通过展示 Flash 动画，增强学生对所学内容的感性认识。把教学过程设计成以有悖常理的现象为切入点，以已有知识和观察实验为基础，以问题为主线的师生对话交流的过程。

（3）重视新技术。通过展示手机无线充电和防抱死制动系统的工作原理，引导学生了解本节知识的实际应用，有利于提高学生的物理学习兴趣，认识科学、技术、社会与环境间的联系。

（点评人：张军朋，华南师范大学物理与电信工程学院物理教育研究中心主任，教授）

化学篇

“认识有机化合物”教学设计

云浮市新兴县惠能中学　陈子谏

一、案例简介

“认识有机化合物”是学生开启有机化学的大门、系统学习有机物的关键内容。通过学习，学生形成认识有机物的微观视角，构建有机物的认知模型，在模型构建的科学探究中不断完善原有的概念，在认知冲突和思维碰撞中强化宏微观，在问题解决中发展学科核心素养。本教学案例将知识的学习和有机物空间模型的构建巧妙地融合在一起，以认识有机物为主线，将碳原子的成键特点、烷烃、同系物、同分异构体的学习融入以模型的构建、从模型中寻找规律的实践活动中，并运用相关的概念解决实际问题。案例把零散的几个模块知识串起来，实现了教学内容的结构化，让学生认识到有机物结构的重要性，为学生在后续有机物的学习中能紧密围绕“结构决定性质、性质决定用途”这一主线指引了明确的方向。

二、教学设计

（一）教学与评价目标

（1）教学目标。

①通过伸手触摸身边的有机物的小游戏，感受有机物在生产生活中无处不在，进一步体会化学源于生活并应用于生活，提升学科自豪感。

②通过自主构建模型，初步形成有机物空间结构的认知模型。

③通过观察、归纳和总结，初步形成有机物的通式观，构建烷烃、同系物、同分异构体的认识模型。

（2）评价目标。

①通过感受有机物的无处不在，诊断并发展学生对化学学科价值的认识水平。

②通过建立烷烃、同系物、同分异构体等有机物的认知模型，初步形成学生对有机物认识思路的结构化水平。

③通过自主构建模型，并对模型进行比对、归纳，诊断并发展学生的动手能力及空间

思维水平。

（二）教学内容

认识有机化合物。

（三）教学方法、模式、策略

（1）教学方法：情境教学法、探究教学法、互动教学法。

（2）教学模式：发现学习式、合作探究式、交流讨论式。

（3）教学策略：情境教学策略、协作学习策略、启发式教学策略。

（四）教学媒体

多媒体一体机、PPT 课件、分子模型、有机物分子结构的相关图片。

（五）教学设计方案

1. 教材版本

人教版新教材高中化学必修第二册。

2. 授课对象

县城重点中学高一实验班学生。

3. 背景分析

（1）教材及学习内容分析。

本节课是人教版高中化学必修第二册第七章第一节“认识有机化合物”第 1 课时内容。本课时属于有机化学基本理论内容，阐述碳原子成键特征和烷烃结构的归纳、拓展，是有机化学较为重要的一节。教材将本节内容放在学习元素化合物及化学反应基本理论之后，学生已对无机物的性质有了深入的认识，可以开启有机化学的学习。这既是对初中有机化学知识的扩展与延伸，也为后续高中有机物的学习做铺垫，起到了承上启下的作用。

（2）学情分析。

学生在九年级下册已经从用途的角度初步认识了生活中常见的有机物，但还没形成系统的概念和体系，也未能从结构、性质等方面了解有机物。学生刚进入高中，逻辑思维能力、空间思维能力、实验探究能力不强，但对实验探究很感兴趣。部分学生宏微观较弱，需要教师在教学中引导学生构建宏微符认知模型。

4. 教学重点

了解有机物种类繁多的原因，会判断烷烃、同系物、同分异构体；通过分组探究活动，构建空间认知模型，为后续有机物的学习奠定基础。

5. 教学难点

通过引导学生自主建构知识，培养微观探析与宏观辨识、证据推理与模型认知核心素养。

6. 教学与评价思路

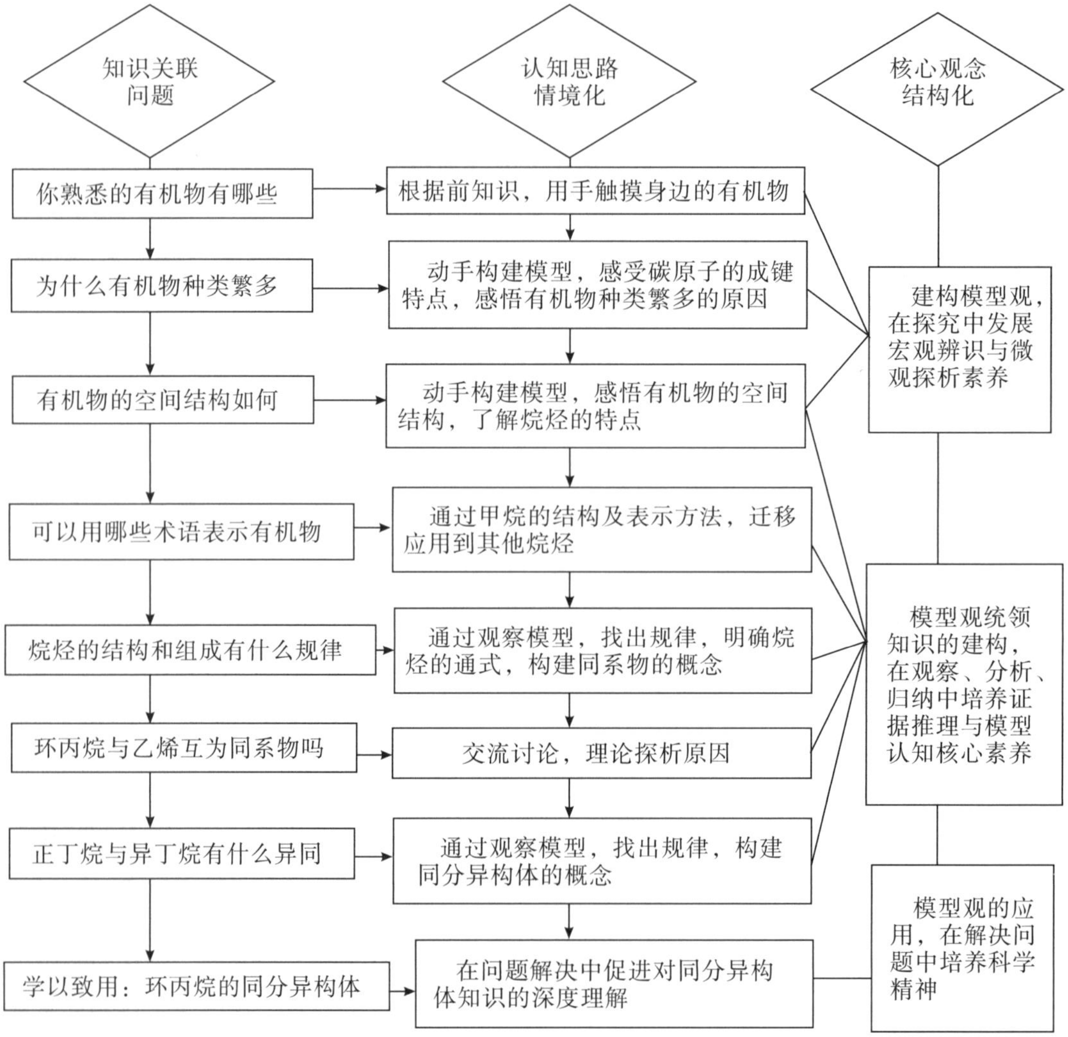

图1 教学与评价思路

7. 教学过程

表1 教学过程

教学环节	教师活动	学生活动	设计意图
环节一：情境导课，激发兴趣	【开篇】通过“1、2、3木头人”的小游戏，让学生寻找身边熟悉的有机物。 【设置认知冲突】为什么碳元素在自然界中含量不算高，但有机物种类繁多？	观察、寻找、分享身边的有机物，重温有机物的定义。 质疑、思考	（1）通过游戏，回忆、联想、感受有机物在生产生活中的广泛存在，激发学生的学习兴趣。 （2）通过问题引出认知冲突，引发学生的思考，激发学生的探究欲望

续上表

教学环节	教师活动	学生活动	设计意图
环节二：实验探究，认识有机物的成键特点，寻找有机物种类繁多的原因	【设置问题链，引导学生深入思考】有机物在我们身边随处可见，说明其用途如何？什么决定用途？什么决定性质？有机物具有怎样的结构？组成有机物的中心原子碳原子结构如何？碳原子可以跟哪些原子成键？成键特点如何？为什么有机物种类繁多？ 【引导学生进行模型构建】 【引导学生认真观察所构建的模型，找特点】每个碳原子可以成几个共价键？可以跟哪些原子成键？碳原子与碳原子之间可以成哪些类型的共价键？碳、碳间可以连接成哪些类型的碳骨架？	（1）思考，回答。 （2）学生分组实验： 【探究活动1】原子的成键个数探究：用1个碳原子、任选其他原子，拼插出合理的有机物。 【探究活动2】碳原子成键类型探究：用2个碳原子，拼插不同的碳碳键。 【探究活动3】碳骨架类型探究：用4个碳原子，拼插出不同的碳骨架。 （3）小组代表展示拼插的模型，归纳碳原子的成键特点，总结有机物种类繁多的原因	（1）通过问题链引发学生连续思考。 （2）通过动手搭建分子模型，构建有机物成键特点的认知模型，直观感悟并分析有机物种类繁多的原因，培养宏观辨识与微观探析素养。 （3）进一步强化模型观，培养学生形成有机物空间结构认知模型，提高学生分析、归纳、总结的能力
环节三：实验探究，认识第一类有机物——烷烃	【设疑】具有这些成键特点的有机物的空间结构是怎样的？ 引导学生通过实验寻找答案。 请小组代表展示构建的分子模型，并说出这类分子在结构、组成上的特点。 【提问】我们该如何给这些烷烃命名？请阅读课本后给烷烃命名：C_5H_{12}、C_8H_{18}、$C_{17}H_{36}$。 【过渡】有哪些化学术语可以表示这些有机物？ 【展示】展示甲烷的球棍模型、空间充填模型，感受烷烃的正四面体结构，介绍结构式、结构简式、分子式等有机物的表示方法。 【引导学生观察、比较不同碳原子的烷烃分子式的异同，归纳烷烃的通式】	（1）学生分组实验： 【探究活动4】探究烷烃的结构特点：分别选用1个、2个、3个、4个碳原子，氢原子个数任选，拼插出仅含有碳碳单键、链状的有机物。 （2）学生展示搭建的烷烃的球棍模型，阐述烷烃的结构特点，引出烷烃的概念。 （3）通过自主学习，学会烷烃的习惯命名法。 （4）根据模型感受甲烷的空间构型，掌握有机物的各种表示方法。 （5）迁移练习：书写乙烷、丙烷、正丁烷的结构式、结构简式、分子式。 （6）学生总结烷烃的通式	（1）通过分组实验搭建烷烃的分子模型，培养学生的动手能力，帮助学生建立有机物的空间结构，了解烷烃的特点，明确烷烃的概念和简单命名方法。 （2）搭建实物模型，给学生营造视觉的冲击，真实感受烷烃的结构。在创设问题情境的同时，激发学生对烷烃相关知识的学习欲望。 （3）学会用多种化学术语表示烷烃，促进学生的进阶学习，为后续各类有机物的学习做铺垫

续上表

教学环节	教师活动	学生活动	设计意图
环节四：找规律，认识同类有机物的特点——同系物	【过渡】引导学生观察表格信息，找出烷烃在结构和分子组成上的规律。 【设疑】引导学生观察、思考与讨论： 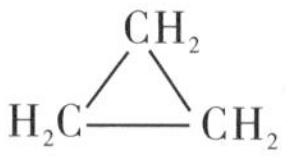 与 $CH_2{=}CH_2$ 是否互为同系物？	（1）学生通过观察、比较、找规律，总结同系物的概念、特点。 （2）【思考与讨论】小组展开讨论，小组代表分享讨论结果	（1）引导学生通过对比，学会总结归纳建构同系物的概念。 （2）提高学生运用知识解决问题的能力
环节五：比较归纳，认识有机物的特殊现象——同分异构现象	【设疑】请学生举起刚才用4个碳原子搭建成的分子模型，相邻小组同学互相比较模型，观察所拼插模型的异同。 引导学生用结构式、结构简式、分子式表示这两个分子，并结合表格数据，找出其组成、结构、性质上的异同 请找出物质 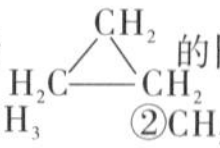 的同分异构体： ①$CH_3CH_2CH_3$ ②$CH_2{=}CH{-}CH_3$ ③ 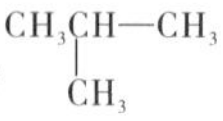 ④ 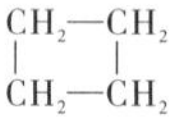	【自主学习】比较正丁烷、异丁烷的分子模型，书写结构式、结构简式、分子式，并阅读课本第63页图7-7，结合相关数据，比较并总结两种物质分子组成、结构、物理性质的异同，并由小组代表分享结果。 【学以致用】通过练习，学会判断同分异构体	通过数据和模型找规律、立结论、获新知，提升学生的分析能力和逻辑思维能力。 通过练习，巩固同分异构体知识，突破难点
环节六：知识小结，巩固练习，凝练升华	（1）回顾、小结，初步形成体系。 （2）巩固练习，应用提高	思考、练习、应用、巩固提高	对知识进一步提炼，提高学生运用知识解决问题的能力

8. **板书设计**

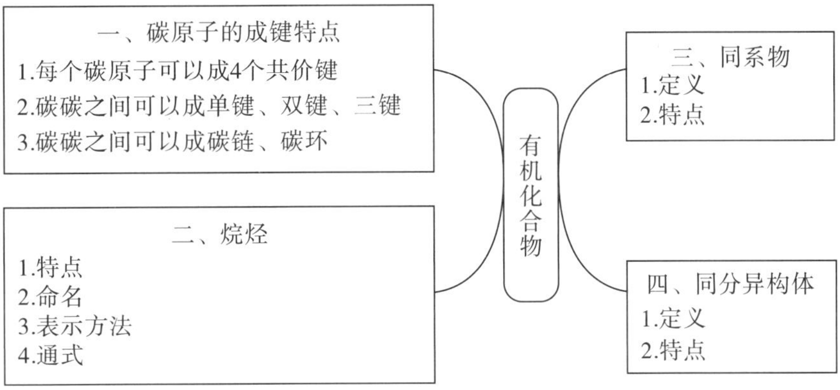

图2　板书设计图

（微信扫描二维码可观看课例，网页下载链接：
https://module.scnu.edu.cn/article-13961-616-1.html）

三、教学成效与反思

有机物在生活中无处不在。“认识有机化合物”是学生系统地学习有机物的第一课，是深入认识和理解有机物相关结构和性质的入门性、基础性知识，承载着激发学生学习有机物的兴趣、帮助学生初步从宏微结合的角度认识有机物以及构建有机物认知模型的重任，直接影响着学生后续能否轻松地开展有机物的学习。因此，这一课具有重要的学科战略意义和学科价值。

1. **注重问题导学，引领深度学习**

本设计在教学过程中注重通过创设一系列的问题链，以问题引导学生开展一系列的探究活动，在探究活动中发现问题，再以问题引发学生的继续思考、归纳总结和获取结论。将知识的学习镶嵌到自主发现问题、解决问题的过程中，引导学生循序渐进地深入分析、深度思考，从而实现了活动、问题和知识的有效统一，达成了学生的深度学习。

2. **注重知识的自主建构，促成进阶学习**

本课先通过引导学生触摸、感受身边的有机物，激发学生的兴趣，再通过一系列问题链引导学生将有机物种类繁多的原因往其结构的方向思考，进而让学生通过分组实验动手构建分子模型，辅以有机物分子结构的相关图片进行展示，通过学生的直观感受、比较、总结和归纳，掌握烷烃、同系物、同分异构体等相关知识。同时，通过巧妙地设置情境、问题链等引导学生主动思考，采用实验探究、实物模型展示等直观的方法帮助学生构建有机物的认知模型，通过合作探究、交流讨论、总结归纳等方式达成知识的自主建构，将零散的知识结构化，将抽象的问题具体化，内容环环相扣，逐层递进，循序渐进地引导学生逐个攻破各知识点，实现进阶学习，符合学生的认知规律。

3. **注重学生个性发展，构建生态课堂**

本课避开了传统的填鸭式讲授，以“伸手触摸身边的有机物”为背景切入，教师抛出“为什么有机物种类繁多”的问题引发学生展开思考，巧妙设计情境与问题链，学生通过实验探究、小组交流、讨论等方式获得答案，并通过小组代表展示模型、阐述规律、分享结论，引发学生积极思考、主动参与、大胆表达，充分发展学生的个性。学生热情饱满，在课堂中尽情展示，充分满足了学生的动手、表达欲望，真正把课堂交给学生，实现了教与学的有效统一。整节课轻松流畅，各环节间过渡衔接自然，营造了轻松愉快的学习气氛，充分体现了以学生为主体的生态课堂特点。

4. **注重学科核心素养的落地**

整节课注重引导学生进行认知模型的构建，渗透了宏观辨析与微观探析、证据推理与模型认知素养，有利于提高学生的综合素养与能力，并通过学生触摸身边的有机物等情境设计，让学生进一步体会化学源于生活，应用于生活，增强学生的学科自豪感，培养了学生的科学精神与社会责任素养。通过动手探究新知，学生学会比较、分析、归纳、总结，提高了分析问题、解决问题的能力，培养了学生严谨、求实、求真的科学态度，提升了学生探索真知、崇尚真理的科学意识。

专家点评

该案例教学目标清晰，教学环节流畅，能紧扣有机化学的教学内容特点及要求，采用有机物微观结构模型搭建、实验探究等教学方法帮助学生构建对有机物的认识模型，学生活动设计和课堂问题链设计合理，有利于学生动脑、动手，完成知识的自主建构，提升能力和核心素养。

（点评人：郭飞红，广州市天河区教师发展中心副主任，中学化学正高级教师，广东省第十批特级教师）

挖掘真实情境价值 促进学生深度学习

——以“铁盐和亚铁盐”的教学为例

广州市执信中学 钟映雪

一、案例简介

本案例以人教版高中化学必修第一册“铁盐和亚铁盐”的教学为例，围绕食品脱氧剂的真实问题情境，探索在新课程新教材下用活动丰富学生的学习体验，以问题促进学生深度学习的课堂教学。

二、教学设计

（一）教学目标

（1）能从物质类别、元素价态的角度，依据复分解反应和氧化还原反应原理，预测铁盐和亚铁盐的化学性质和变化，设计实验进行初步验证，并能分析、解释有关实验现象。

（2）通过实验探究铁盐和亚铁盐的化学性质，并能用化学方程式或离子方程式正确表示。体会实验对认识和研究物质性质的重要作用，形成证据意识。

（3）能从物质类别和元素价态变化的视角说明铁单质、铁盐和亚铁盐的转化路径。

（4）结合食品脱氧剂的实例，能将铁盐和亚铁盐性质的知识运用于解决生产、生活中简单的化学问题。

（二）教学内容

铁盐及亚铁盐。

（三）教学方法、模式、策略

（1）挖掘“脱氧剂”的真实情境价值，促进学生深度学习。

（2）借助价－类二维图，建构认识元素化合物的基本模式。

（3）发挥实验在学习元素化合物中的作用，帮助学生认识元素化合物的性质。

（4）通过小组合作及评价交流，使新知识在运用中得到巩固强化。

（四）教学媒体

希沃一体机、投影机。

（五）教学设计方案

1. 环节 1：情景引入

（教师）上一节课我们学习了铁的氧化物，那如果食品脱氧剂（Fe 粉）变质了，产物会是哪种铁的氧化物呢？

（教师）预测产物：FeO、Fe_2O_3、Fe_3O_4。

（教师）今天我们就来探究食品脱氧剂（Fe 粉）变质后的产物是什么。

（展示）教师剪开一包食品脱氧剂，将脱氧剂倒入表面皿中，借助希沃投屏展示给学生。

（教师）大家观察到食品脱氧剂的状态和颜色分别是什么呢？

（教师）黑色粉末状固体，还有少量的白色固体。

（教师）这个白色固体是什么呢？

（展示）食品脱氧剂的成分说明。

（教师）食品脱氧剂的主要成分是还原铁粉、活性炭、树脂、氯化钠和水。白色固体就是氯化钠，它的作用主要是和活性炭、水一起加快还原铁粉吸收包装袋内的氧气，其原理我们将在电化学中学习。

【设计意图】

选择探究食品脱氧剂变质后的产物作为本节课的情境主线，一是因为学生对食品脱氧剂已经具有一定的认识，降低了情境素材的陌生度；二是因为检验变质后的产物起到了承上启下的作用，既承接了上节课所学的铁的氧化物的性质，又通过该素材引出了 Fe^{2+} 和 Fe^{3+} 的性质学习。

2. 环节 2：Fe^{2+} 和 Fe^{3+} 的性质

（教师）根据大家刚刚的猜测，变质后的食品脱氧剂的成分可能有 Fe 粉、FeO、Fe_2O_3、Fe_3O_4。那么如何探究是哪种氧化物呢？

（学生）用磁铁吸引。

（学生）用酸溶解，检验 Fe^{2+} 和 Fe^{3+}。

（教师）大家都讲得很好，我们可以先用磁铁吸引，将固体进行初步的分离，再用酸溶解，检验溶液中的 Fe^{2+} 和 Fe^{3+}。

（教师）进行该实验探究前，我们需要具备哪些基础知识储备呢？

（学生）掌握 Fe^{2+} 和 Fe^{3+} 的性质。

（教师）是的，接下来，大家分小组利用价－类二维图来学习和交流 Fe^{2+} 和 Fe^{3+} 的性质。（如图 1 所示）

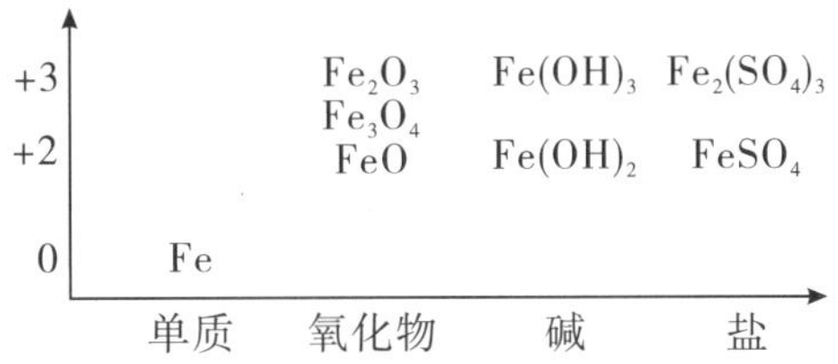

图 1　铁及其化合物的价 - 类二维图

（学生）（小组讨论交流后进行分享）亚铁盐的性质从类别角度：可以和碱反应生成氢氧化亚铁。从价态角度：①具有还原性，可以和某些氧化剂反应；②具有氧化性，可以和某些还原剂反应。

（教师）哪些氧化剂可以和 Fe^{2+} 反应？

（学生）酸性高锰酸钾溶液、双氧水、新制氯水、氧气等。

（教师）哪些试剂与 Fe^{2+} 反应会有明显的现象呢？

（学生）酸性高锰酸钾溶液，现象是紫红色溶液褪色。

（展示）取少量硫酸亚铁溶液于试管中，逐滴滴加酸性高锰酸钾溶液，通过希沃投屏展示实验操作和实验现象。

（教师）Fe^{2+} 可以使酸性高锰酸钾溶液褪色，也能和双氧水、新制氯水、氧气等反应，具有较强的还原性。

（教师）哪些还原剂可以和 Fe^{2+} 反应？

（学生）活泼金属 Mg、Zn，KI 溶液。

（教师）I^- 是常见的还原剂，如果和 Fe^{2+} 反应，产物分别是什么呢？

（学生）I_2 和 Fe^{3+}。

（展示）取少量硫酸亚铁溶液于试管中，逐滴滴加 KI 溶液，振荡，再滴加几滴淀粉溶液，通过希沃投屏展示实验操作和实验现象。

（教师）通过实验我们发现无明显现象，说明 Fe^{2+} 不能氧化 I^-，即 Fe^{2+} 具有较强的还原性和较弱的氧化性。那么 Fe^{3+} 又有什么性质呢？

（学生）（小组讨论交流后进行分享）铁盐的性质从类别角度：可以和碱反应生成氢氧化铁；从价态角度：具有氧化性，可以和某些还原剂反应。

（教师）哪些还原剂可以和 Fe^{3+} 反应？

（学生）活泼金属 Mg、Zn，KI 溶液。

（展示）取少量硫酸铁溶液于试管中，逐滴滴加 KI 溶液，振荡，再滴加几滴淀粉溶液，通过希沃投屏展示实验操作和实验现象。

（教师）滴加淀粉溶液后溶液变为蓝色，说明 Fe^{3+} 与 I^- 反应生成 I_2，即 Fe^{3+} 具有较强的氧化性。Fe^{3+} 还有特殊的性质，它可以与 KSCN 溶液反应显血红色。

（展示）取少量硫酸铁溶液于试管中，滴加几滴 KSCN 溶液，振荡，通过希沃投屏展示实验操作和实验现象。

【设计意图】

通过该环节学生掌握了 Fe^{2+} 和 Fe^{3+} 的性质，为接下来探究变质后食品脱氧剂浸取液

中的 Fe^{2+} 和 Fe^{3+} 提供知识支持；并在该环节中强化价－类二维图和实验在学习元素化合物中的重要作用，落实常见氧化剂和还原剂的应用。

3. 环节3：检验变质食品脱氧剂浸取液中的 Fe^{2+} 和 Fe^{3+}

（教师）我们通过价－类二维图学习了 Fe^{2+} 和 Fe^{3+} 的性质，现在大家分小组设计检验变质食品脱氧剂浸取液中 Fe^{2+} 和 Fe^{3+} 的方案，将实验方案以流程图（如图2所示）的形式表示出来，限选试剂有稀盐酸、稀硫酸、氢氧化钠溶液、硫酸铜溶液、KSCN溶液、双氧水、新制氯水、碘化钾溶液、淀粉溶液、酸性高锰酸钾溶液。

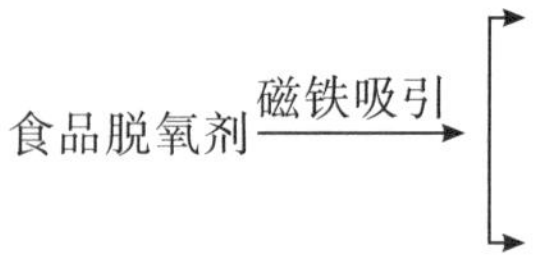

图2 食品脱氧剂分离流程图

（展示）分小组讨论设计实验方案，通过希沃投屏展示实验方案。

（教师）点评实验方案，引导学生修正实验方案：限选试剂中有稀盐酸和稀硫酸，应该选择哪种酸进行溶解呢？还是两种酸都可以呢？

（学生1）都可以，只需要提供氢离子即可溶解。

（学生2）只能选择稀硫酸，否则过量的稀盐酸也能使酸性高锰酸钾溶液褪色，无法检验 Fe^{2+}。

（教师）大家都说得很好！溶解食品脱氧剂确实只需要提供氢离子就可以了，但要注意到酸根 Cl^- 能使酸性高锰酸钾溶液褪色，导致我们无法通过酸性高锰酸钾溶液来检验 Fe^{2+}，因此酸溶只能选择稀硫酸。

（展示）取少量稀盐酸于试管中，逐滴加入酸性高锰酸钾溶液，振荡，通过希沃投屏展示实验操作和实验现象。

（教师）通过实验可以知道稀盐酸能使酸性高锰酸钾溶液褪色，那我们能用氢氧化钠溶液来检验 Fe^{2+} 吗？这样就不用考虑 Cl^- 的干扰了。

（学生）不可以，因为溶液中 Fe^{2+} 和 Fe^{3+} 共存，$Fe(OH)_3$ 的存在会干扰 Fe^{2+} 的检验。

（教师）很好，根据大家的分析，我们可以得到完整的实验方案（如图3所示）。大家根据实验方案进行实验探究。

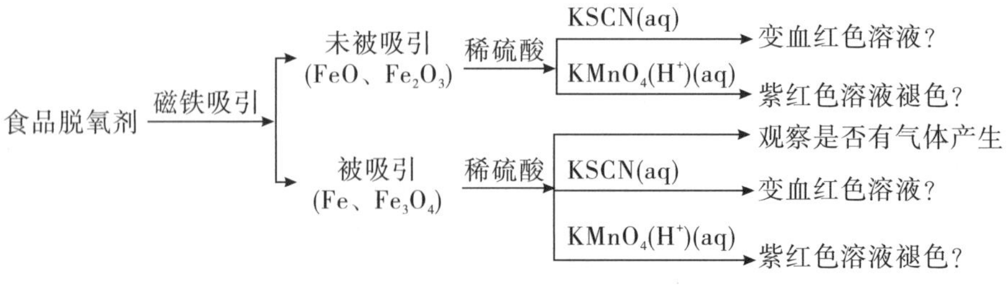

图3 实验方案流程图

依据实验方案进行实验探究，记录实验现象。

【设计意图】

在环节2中学生已学习了 Fe^{2+} 和 Fe^{3+} 的性质，通过该环节，学生将理论知识运用到真实情境问题的解决中，通过实验方案的设计、评价、修正和使用，使学生的学习变得有意义，也更加深刻，促进了他们对 Fe^{2+} 和 Fe^{3+} 性质的深度学习。

4．环节4：体验真实情境的复杂性

（教师）大家都完成实验探究了，根据实验结果，食品脱氧剂变质后的产物有哪些？

（学生）FeO、Fe_2O_3、Fe_3O_4。

（教师）Fe^{2+} 的检验还可以用铁氰化钾溶液来检验，现象是产生蓝色沉淀。

（展示）取少量未被磁铁吸引的固体于试管中，加入稀硫酸溶解，再滴加铁氰化钾溶液，振荡，通过希沃投屏展示实验操作和实验现象。

（教师）通过实验，发现无蓝色沉淀产生，即食品脱氧剂变质后的产物没有 FeO，这与大家的实验结果是相反的，这是为什么呢？还有什么物质也能使酸性高锰酸钾溶液褪色呢？

（学生）氯化钠！

（教师）对！食品脱氧剂中还含有氯化钠固体，加酸溶解后也能使高锰酸钾溶液褪色。因此，之前的实验方案其实是不完善的，在验 Fe^{2+} 前应该先除去 Cl^-。

（教师）我们通过加入稀硫酸产生气泡的现象判断变质后的脱氧剂中含有 Fe 单质，那如果没有气泡产生，能否说明脱氧剂中没有 Fe 单质呢？

（学生）不能，因为 Fe_3O_4 溶于酸产生 Fe^{3+}，此时 Fe^{3+} 与 H^+ 共存，Fe^{3+} 的氧化性大于 H^+。若 Fe 单质含量少，Fe 完全与 Fe^{3+} 反应生成 Fe^{2+}，那么就没有气泡产生。

（教师）分析得很好，由此可以说明 Fe^{3+} 确实具有较强的氧化性。

（教师）通过这一节课的学习，大家要认识到真实情境下的问题解决不仅需要大家具备良好的化学基础知识，还需要大家能够认识真实情境的复杂性，全面分析问题。

【设计意图】

充分挖掘变质食品脱氧剂真实情境的价值，使学生感受真实情境问题的复杂性。且问题的产生都是与学生已有的认知经验产生冲突矛盾的，激发了学生解决问题的积极性，提升了学生科学看待问题和解决问题的能力。

（微信扫描二维码可观看课例，网页下载链接：
https://module.scnu.edu.cn/article-13961-617-1.html）

三、教学成效与反思

本案例根据学生的实际情况搭建合适的认知脚手架，引导学生通过小组讨论、交流评价、实验探究等学习活动一步步完成解决问题的任务，达到情境、问题、活动的“三位一体”，从而完成知识的有意义建构。但由于活动环节较多，导致最后的分析与总结时间较为仓促。

专家点评

钟映雪老师的教学思路明确了物质类别和元素价态的物质转化认识角度，设计了依据复分解反应和氧化还原反应进行铁盐与亚铁盐相应化学变化实验探究的活动方案，较好地体现了发展学生证据推理、科学探究、模型认知等化学学科素养的教学过程。整个方案教学目标表述准确，设计有新意，教学内容整体容量大，适合于化学学习基础比较好的学生。

（点评人：郭飞红，广州市天河区教师发展中心副主任，中学化学正高级教师，广东省第十批特级教师）

渗透化学学科育人价值，以学科素养为本的教学案例

——化学反应的限度

江门市新会第一中学　林珠玲

一、案例简介

本案例是线上教学案例，内容是人教版高中化学必修第二册第六章第二节“化学反应的限度”，通过化学史引入可逆反应，回顾可逆反应的概念和特征；通过实验探究，学生从宏观转到微观认识化学反应的存在限度；通过图表数据分析物质浓度和速率的变化，从而理解和建立化学平衡的概念；最后利用学习到的知识解决工业生产中存在的实际问题。教学中注重挖掘学科育人价值，通过学习任务落实核心素养。

二、教学设计

（一）教学与评价目标

1. 教学目标的设计

（1）通过播放图片引出哈伯研究合成氨的化学史，认识化学反应的可逆性。

（2）通过实验方案设计，对可逆反应进行实验探究，从定性角度深入了解可逆反应，了解反应内部微观粒子的发展变化。

（3）通过图表数据分析，绘制 $c-t$ 和 $v-t$ 图像，从定量角度深化对化学反应限度的认识，建构可逆反应的平衡状态。

（4）学以致用，通过运用化学知识来解决工业生产中存在的实际问题。

2. 评价目标的设计

（1）利用化学史引入情境，诊断并发展学生的学科价值观、社会价值观水平。

（2）通过可逆反应实验方案的设计与探究，诊断并发展学生的实验探究水平与创新意识，提升学生的宏观辨析与微观探析素养。

（3）基于实验数据的处理，建立化学现象与数学模型之间的联系，诊断并发展模型认知水平。

（4）通过用化学知识来解决工业生产中存在的实际问题，培养学生的学科精神和社会责任。

（二）教学方法、模式、策略

（1）教学方法：问题推进法、实验探究法。

（2）教学模式：兴趣引入（采用化学史）—创设问题情境—寻找论据论证（实验探究/数据分析法）—归纳知识形成思维模型—学以致用—课后拓展探究学习。

（3）教学策略：通过实验搭建认知框架和模型，深化理解概念；基于实验数据建构化学平衡概念；通过课后探究和应用变式练习，巩固发展概念。

（三）教学媒体

多媒体教学平台，化学软件，仿真化学实验室，Flash 动画软件。

（四）教学设计流程

教学设计流程如表 1 所示。

表 1　教学设计流程

教学环节	学习活动	设计意图
在线观看资源	展示 19 世纪大饥荒时德国化学家哈伯研究合成氨和农作物丰收图片	通过化学史，让学生感受制造氮肥的艰辛，学习科学家的科学精神和品质
在线观看资源	播放实验视频，分析反应进行过程	从宏观实验现象认识可逆反应
在线完成任务	利用化学软件进入“化学仿真实验室”进行在线实验探究	学生探究实验，从微观角度认识可逆反应，提高实验探究水平和创新意识
在线交流研讨	通过实验数据和绘图归纳化学平衡	建立化学与数学模型之间的联系，发展了“证据推理与模型认知”学科核心素养
在线观看资源	播放实验视频	通过实验探究了解化学平衡是可以随外界条件的改变而改变的
在线观看资源	播放中国合成氨的发展资料	增强学生的民族自豪感和荣誉感
课后探究与巩固	课后探究作业与学案作业	用化学知识解决工业生产的实际问题，培养学生的学科精神和社会责任

（五）教学设计方案

1. 过程环节1：通过化学史引入新课

表2　活动1

学生活动	教师活动	设计意图
学生观看图片（图片来源于百度网）    	（1）播放19世纪大饥荒图片，寻找饥荒原因。 （2）播放德国化学家哈伯研究合成氨的图片，引出工业合成氨的发展史。 （3）播放农作物丰收图，感受科学成果对人类社会的贡献	通过工业生产氨的史实，让学生感受制造氮肥的艰辛，学习科学家的科学精神和科学品质

2. 过程环节2：学习反应限度

【学习任务1】通过宏观实验现象回顾可逆反应。

【评价任务1】诊断并发展学生认识化学反应的维度。

表3　活动2

学生活动	教师活动	设计意图
（1）学生观看实验视频。 （2）在线分组讨论：少量钠与水反应，钠消失了，则该反应不是可逆反应。少量氯气与水反应，溶液呈黄绿色，则该反应是可逆反应。 （3）小结归纳： ①可逆反应：同一条件下既能向正反应方向又能向逆反应方向进行的反应。 ②特征："三同"即"相同条件""正逆反应同时进行""反应物、生成物同时存在"	视频素材：展示钠与水、氯气与水反应的视频。 问题1：钠与水反应、氯气与水反应在进行程度上有什么不同？ 问题2：回顾可逆反应的概念和特征是什么。 问题3：从反应进行程度的角度分析为什么工业合成氨的产率那么低	通过宏观现象加深学生对可逆反应的认识，同时认识工业合成氨的困难所在，培养学生探究科研难题、寻找解决困难方法的习惯

【学习任务2】通过实验探究定性认识可逆反应。

【评价任务2】诊断并发展学生对可逆反应的认识，同时发展学生的实验探究水平与创新意识。

表4　活动3

<table>
<tr><th>学生活动</th><th>教师活动</th><th>设计意图</th></tr>
<tr>
<td>（1）学生在线分组讨论设计方案。
学生讨论问题：如何证明是可逆反应？如何检验生成物？如何检验反应物？
（2）学生代表在线分享设计方案。
（3）学生在线分组讨论分析并完善设计方案，注意控制 $FeCl_3$ 溶液要少量。
（4）学生利用“仿真化学实验室”的化学软件进行实验探究</td>
<td>（1）问题1：如何用实验方法检验“$2Fe^{3+}+2I^{-}=I_2+2Fe^{2+}$”是否为可逆反应？
实验试剂和仪器：0.1 mol/L KI 溶液，0.1 mol/L $FeCl_3$ 溶液，CCl_4，KSCN 溶液，小试管，胶头滴管。
（2）问题2：根据下表分组讨论如何设计实验方案？
<table>
<tr><th>实验目的</th><th>设计实验操作</th><th>现象</th><th>结论</th></tr>
<tr><td></td><td></td><td></td><td></td></tr>
<tr><td></td><td></td><td></td><td></td></tr>
<tr><td></td><td></td><td></td><td></td></tr>
</table>
</td>
<td>教师提出有研究价值的问题，引导学生设计并优化实验方案，完成实验操作，提高学生的实验探究水平和创新意识</td>
</tr>
</table>

【学习任务3】通过图表数据及绘图定量认识可逆反应。

【评价任务3】诊断并发展学生对可逆反应本质的认识，构建化学平衡概念模型。

表5　活动4

<table>
<tr><th>学生活动</th><th>教师活动</th><th>设计意图</th></tr>
<tr>
<td>（1）学生探究1：根据数据绘制 $c-t$ 图像。
（2）学生探究2：根据 $c-t$ 图像和问题分析绘制 $v-t$ 图像
（3）归纳小结：
化学平衡状态是可逆反应在一定条件下进行到一定程度，正反应速率与逆反应速率相等，反应物与生成物浓度不再变化的状态</td>
<td>素材：下表为一定条件下合成氨反应在不同时间里各物质的浓度。
$N_2+3H_2 \underset{高温、高压}{\overset{催化剂}{\rightleftharpoons}} 2NH_3$
<table>
<tr><th>t/min</th><th>0</th><th>10</th><th>20</th><th>30</th><th>40</th><th>50</th></tr>
<tr><td>$C(N_2)/(mol/L)$</td><td>1</td><td>0.9</td><td>0.85</td><td>0.82</td><td>0.8</td><td>0.8</td></tr>
<tr><td>$C(H_2)/(mol/L)$</td><td>3</td><td>2.7</td><td>2.5</td><td>2.46</td><td>2.4</td><td>2.4</td></tr>
<tr><td>$C(NH_3)/(mol/L)$</td><td>0</td><td>0.2</td><td>0.3</td><td>0.36</td><td>0.4</td><td>0.4</td></tr>
</table>
请根据数据和问题绘制 $c-t$ 图像和 $v-t$ 图像
问题：从反应开始、反应10～30 min、反应40～50 min三阶段数据分析浓度如何变化，速率如何变化，化学反应如何达到一定限度</td>
<td>基于实验数据进行处理，建立化学现象与数学模型之间的联系，发展证据推理与模型认知的学科核心素养</td>
</tr>
</table>

【学习任务4】深入认识化学平衡。

【评价任务4】诊断并发展学生对化学平衡认识思路的结构化水平。

表6　活动5

学生活动	教师活动	设计意图
学生观看实验视频。  （常温）　　热水　　冰水 小结：①化学平衡可以随外界条件而改变； ②可以通过改变合成氨的反应条件来提高产率	（1）问题1：化学反应达到平衡状态停止了吗？平衡状态不会改变了吗？ 实验探究：将装有 NO_2 和 N_2O_4 混合气体的连通球分别放入冷水和热水中。 知识提示：$2NO_2$（红棕色）$\rightleftharpoons$ N_2O_4（无色） （2）问题2：工业合成氨的产率很低：1908 年 2%—1909 年 6%—现代 26%，你认为该如何提高氨的产率？	通过实验探究，多角度认识可逆反应，完善可逆反应的特点，形成核心概念

3. **过程环节3：开阔视野，学以致用**

表7　活动6

学生活动	教师活动	设计意图
观看资料和图片 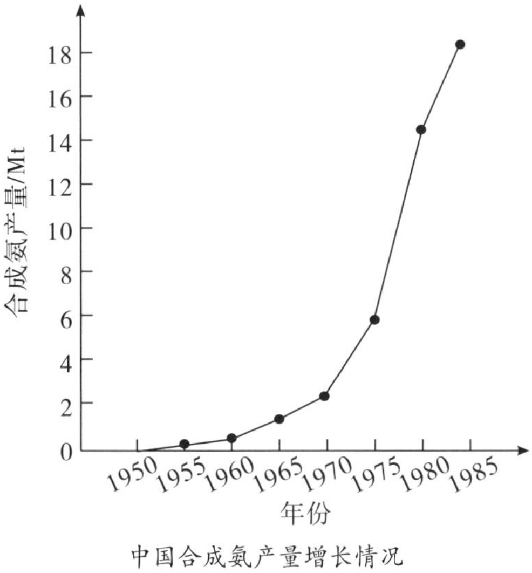 中国合成氨产量增长情况 小组完成课后作业①，学生独立完成课后作业②	（1）播放中国合成氨的发展资料：中国合成氨产量位居世界第一，氮肥工业基本满足了国内需求，具备与国际合成氨产品竞争的能力，今后发展的重点是调整原料与产品结构，进一步改善其经济性。 （2）课后作业 ①结合本节所学知识，你会考虑采取哪些措施来提高合成氨工厂的经济效益？ ②完成学案课后习题	通过对中国合成氨发展状况的了解，增强学生的民族自豪感和荣誉感。 留下开放式作业，学生站在企业家的角度思考生产效益问题，让学生感受化学知识的价值

（微信扫描二维码可观看课例，网页下载链接：
https://module.scnu.edu.cn/article-13961-618-1.html）

三、教学成效与反思

1. 案例的教学策略和教学模式有利于实现深度学习

本案例设计素养化的教学目标，设计结构化的教学主线，设计任务化的教学内容，设计多样性的教学活动，注重“教、学、评”一体化。

“兴趣引入（采用化学史）—创设问题情境—寻找论据论证（实验探究/数据分析法）—归纳知识形成思维模型—学以致用—课后拓展探究学习”的教学模式符合学生认知水平的发展和实际，有利于激发学生的学习兴趣，学生在实验探究的同时掌握学习方法，有助于实现深度学习。

2. 注重创设真实的问题情境

整节课以工业合成氨为主线，首先以合成氨的化学史引出课题，课堂中利用合成氨的实验数据进行分析得出化学平衡的概念，展示中国合成氨的发展状况资料，课后又以提高氨厂经济效益的实际问题，让学生在真实的情境中体会化学的社会价值，树立学好化学的情怀。

3. 线上线下相结合，拓展学习场域

课堂探究采用线上模拟实验探究，课堂中以学生为中心，调动学生学习的积极性。课后开展“提高合成氨经济效益的措施”的线下研究性学习，最后以论文形式上交。案例最大限度地拓展了课本内容和要求，拓宽了学生的视野，体现了高效课堂教学的理念。

4. 挖掘学科育人价值，开展“素养为本”的教学

案例共设计了3个教学环节，其中第二个教学环节设计了4个学习任务，学生在完成任务、经历活动的过程中发展核心素养。“学习任务1”体现可逆反应的宏观认识进阶；“学习任务2”体现可逆反应的微观认识进阶，突出“实验探究”使学生在方案设计方面从孤立水平发展到系统水平；“学习任务3”通过实验数据绘图发展学生证据推理与模型认知的水平；“学习任务4”通过实验探究加深学生对化学平衡的认识，同时发展了学生的科学探究与创新意识素养。

专家点评

该教学案例关注到问题探究、可逆反应和化学平衡概念模型等化学学科素养的培养，“教、学、评”活动设计灵活多样，文本呈现清晰美观。教学过程运用的化学史、化工生产等素材较丰富，注重通过在各学习任务中创设真实的问题情境落实学科素养：（1）创设实验情境，提高了学生的科学探究与创新意识；（2）基于实验数据进行处理，建立化学现象与数学模型之间的联系，发展了证据推理与模型认知的学科素养；（3）从 STSE 视角强化化学平衡的社会价值，增强学生的社会责任感等。

（点评人：郭飞红，广州市天河区教师发展中心副主任，中学化学正高级教师，广东省第十批特级教师）

“硝酸的氧化性”案例简介

佛山市顺德区第一中学　龚康佳

一、案例简介

本案例设计选自于人教版高中化学必修二第五章第二节内容，在“深度学习”视域下，以化学实验探究模式Ⅱ为教学设计蓝图，设计了6个教学环节——环节一：创设情境，提供支架；环节二：发现问题；环节三：提供事实证据，提出假说；环节四：逆向思考，验证假说，解密绿色谜团；环节五：知识迁移，铜与稀硝酸反应；环节六：设疑，交流讨论。以在实验教学中渗透深度学习思想为目标指向，根据已知的实验事实和科学理论，对未知的自然现象及其规律提出相应的推理和解释。

在铜与浓、稀硝酸反应的实验中，根据三原色叠加原理，对绿色溶液成因提出假说，设计了绿色一体化Y形试管装置，通过实验进行探索，以期引导学生进行深度学习。在验证假说过程中逐步帮助学生进行纵向与横向学习，延伸知识的深度与广度，解决实验教学中学生对于硝酸的氧化性知识的学习大多仍停留在浅层学习层面的问题。在教学实践中采用流程图等工具梳理实验过程，助力学生进行有意义的知识联结。本案例设计不仅有效解决了气体泄漏风险、绿色产物疑团和难以控制反应进程、稀硝酸浓度界定等问题，也开展了教学实践活动，为中学开展深度教学提供一些思考。

二、教学设计

1. 环节一：创设情境，提供支架

（引问）Cu与浓硫酸在加热条件下会生成SO_2、$CuSO_4$和H_2O，那浓硝酸与Cu反应又会是怎样的情况呢?

（学生）浓硫酸与Cu反应：$Cu + 2H_2SO_4$（浓）$= CuSO_4 + SO_2\uparrow + 2H_2O$，猜想浓硝酸与铜也会发生反应。

（投影）实验仪器：细绳、橡胶塞、双支玻璃管、气球。

（投影）教材中呈现了密闭体系装置（见图1），但一方面铜丝在牵引过程中摩擦阻力偏大，不便于牵引，另一方面实验操作更多局限在讲台上进行，不方便在教室移动，因此

教师在这里改进了实验装置（见图 2）。

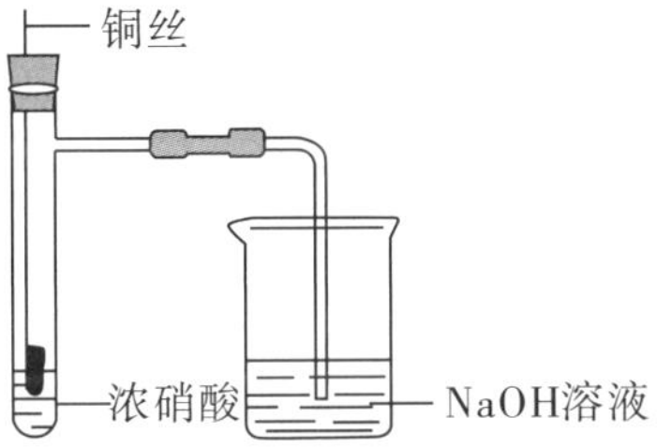

图 1　铜与浓硝酸反应

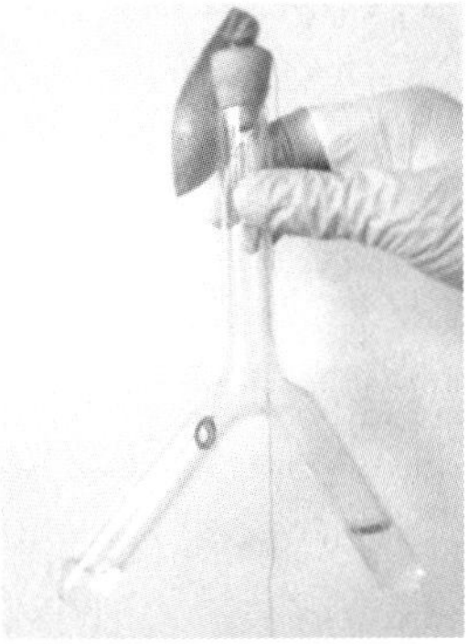

图 2　利用 Y 形试管进行铜与浓硝酸反应

（学生）观看并思考。

（讲解）在 Y 形试管中，左边放有约 2 mL 的浓硝酸，右边放有约 3 mL 的蒸馏水，用细线牵引铜丝，在橡胶塞的上方套上小气球，注意观看实验操作及其现象。

（演示实验）实验步骤：①将约 2 mL 的浓硝酸注入玻璃管的一端，另外一端注入约 3 mL 煮沸冷却的蒸馏水。②将铜线一端绕成环，用细绳拴牢，细绳另一端穿过橡皮塞，将铜线浸没浓硝酸并塞紧橡胶塞。③一段时间后，向上提拉细绳，停止反应。

（观察现象）观察并进行小组讨论：铜与浓硝酸发生剧烈反应，看到有红棕色气体生成，溶液由无色变为绿色。

【设计意图】

巩固旧知，利用浓硫酸与 Cu 反应，类比引出浓硝酸与 Cu 反应，进一步根据绿色安全便捷原则，对传统实验装置进行了创新，设计 Y 形多功能一体化实验装置。这不仅为固液分离操作提供新视角，也渗透绿色教学思想，激发学生学习兴趣，提升教学活力。

图 3　饱和硝酸铜溶液与硝酸铜固体

2. 环节二：发现问题

（提问）有明显的颜色变化，即刻产生了大量浓厚的红棕色气体，溶液变绿了，请问红棕色气体是什么呢？

（学生）可能是 NO_2。

（投影）展示一瓶硝酸铜固体的图片和饱和硝酸铜溶液的图片（见图 3）。

（学生）观看到硝酸铜的本身颜色为蓝色。

（续问）反应后的溶液是什么？

（学生）推测铜与硝酸反应生成了铜离子，溶液里应该有硝酸铜。

（发现问题）饱和硝酸铜溶液明明是蓝色的，为什么溶液是绿色呢？

【设计意图】

展示蓝色的硝酸铜固体图片，为学生提供正确的颜色认知证据。同时根据“异常颜色”的出现，运用动机理论，引发学生产生认知冲突，激发学生的求知欲和好奇心，推动学生探究溶液是绿色的原因，培养学生务实求真的科学态度。

3．**环节三：提供事实证据，提出假说**

（提问）为了解决溶液是绿色而不是蓝色这个问题，首先请思考为什么久置的硝酸溶液呈黄色呢？

（学生）久置的浓硝酸之所以呈黄色是因为其中溶解了 NO_2，氮的氧化物中只有它是红棕色的。

（引导启发）在铜与浓硝酸反应中产生了大量的红棕色气体，那溶液中也必然会溶解了 NO_2。溶液中的 NO_2 是否会干扰溶液本来的颜色呢？

（板书）$Cu + 4HNO_3$（浓）$= Cu(NO_3)_2 + 2NO_2\uparrow + 2H_2O$。

（投影）

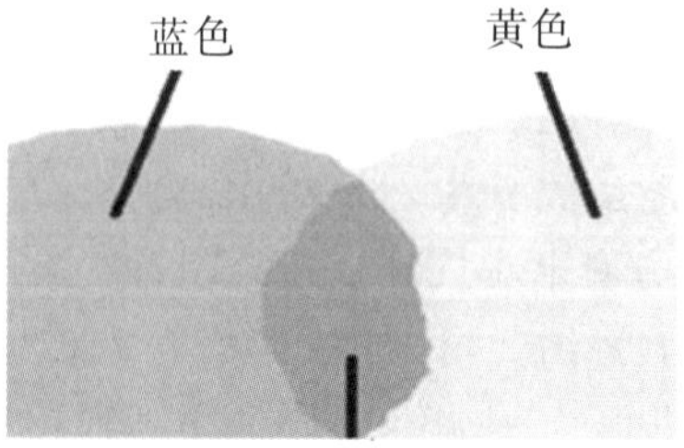

图4　三原色原理

（讲述启发）当蓝色遇见黄色便呈现绿色效果（见图4），那么当红棕色遇见蓝色是否也会呈现绿色叠加效果呢？怎么来验证？

（讲述）逆向思考：假若为颜色叠加，把溶液中的 NO_2 气体除去，那样绿色溶液应该随即变成蓝色。那么，怎么除去 NO_2 气体呢？

（任务）请同学们阅读并思考高中化学必修二第36页第6题第3小题第2小问。

（讨论、回答）加水（因为二氧化氮能与水反应：$3NO_2 + H_2O = 2HNO_3 + NO$）。

（板书）$3NO_2 + H_2O = 2HNO_3 + NO$。

（学生）观察、猜想颜色叠加是否会产生绿色现象。

【设计意图】

联结以往知识经验，引发学生思考，为“颜色叠加”知识构建桥梁。本环节教学综合了美学、物理光学和化学学科知识，体现了跨学科知识融合，既复习了硝酸易分解的相关知识，又培养了学生的知识迁移运用能力，学会利用已学知识解释实验现象。

4．**环节四：逆向思考，验证假说，解密绿色谜团**

（逻辑推理）若为颜色叠加，那么如果把溶液中 NO_2 气体除去，绿色溶液应该随即变成蓝色。根据 $3NO_2 + H_2O = 2HNO_3 + NO$，该反应加入水后，$NO_2$ 会与水反应而除去，溶液应该呈现蓝色。

（演示实验）倾斜玻璃管将玻璃管内的蒸馏水流入反应液中（见图5），观察现象。

图5　加水操作

（讲解）溶液由绿色变为蓝色，验证了绿色是由于二氧化氮溶于水导致，证明反应产物的确为硝酸铜、二氧化氮和水。分析元素化合价的变化，中心 N 原子的化合价在变化，说明了硝酸具有氧化性，这与我们之前学习的浓硫酸性质十分相似。

【设计意图】

利用化合物之间的反应来去除气体，该方法较为简便。此实验可逆向证明猜想是正确的——溶液是由于颜色叠加造成的，有助于训练学生反向逻辑思维，培养学生解决问题的能力。

5. **环节五：知识迁移，铜与稀硝酸反应**

（演示实验）利用 Y 形试管进行铜与稀硝酸的反应。试管一端放入约 2 mL 的稀硝酸（$V_{浓硝酸}:V_{水}=1:1.5$），将铜丝在细线的牵引下放入稀硝酸溶液中，塞紧橡胶塞。

（观察）溶液变蓝，铜丝表面有无色气体产生，约 5 分钟后，溶液上方逐渐有淡黄色气体产生。

（提问）溶液变蓝色，说明生成了硝酸铜，那么无色气体是什么呢？看到的淡黄色气体是什么呢？

（学生）NO 是无色气体，看到的淡黄色气体是 NO_2，NO 气体与装置中的氧气反应生成了二氧化氮，所以最后看到溶液上方有红棕色气体。

（任务）请同学们配平该方程式与离子方程式。

（总结）不论是浓硝酸还是稀硝酸，它们在反应中均作为氧化剂表现出氧化性。稀硫酸不与铜反应，而稀硝酸与铜反应，体现出硝酸具有强氧化性。不同点是铜与浓硝酸反应的还原产物是 NO_2，铜与稀硝酸反应时还原产物是 NO。

（板书）HNO_3——具有强氧化性。

【设计意图】

知识的迁移离不开完整的知识图式的构建，科学思维的培养绝不是浅显的学习，要立足于完整的知识框架学习，提升化学学科的思维高度。

6. **环节六：设疑，交流讨论**

（提问）不活泼金属如 Ag 与浓硝酸反应的还原产物是什么？Ag 与稀硝酸反应的还原产物是什么？如果把不活泼金属 Ag 换成活泼金属 Zn，猜想 Zn 与稀硝酸反应的还原产物是什么。最后请大家根据课堂教学情况完成自我评价表（见表1），并将此表上交。

表 1　学生课堂自我评价表

环节	创设情境	发现问题	提出假说	验证假说	知识迁移	交流讨论	总分
分值	10	10	10	10	10	10	60
得分							

【设计意图】

分层教学有利于针对性培养学生的化学学科兴趣，连续提问有利于延伸课堂空间，为学生打开新的视角和内容，最后利用问卷帮助教师反思教学效果，提供参考与改进依据。

7. **教学流程图（见图 6）**

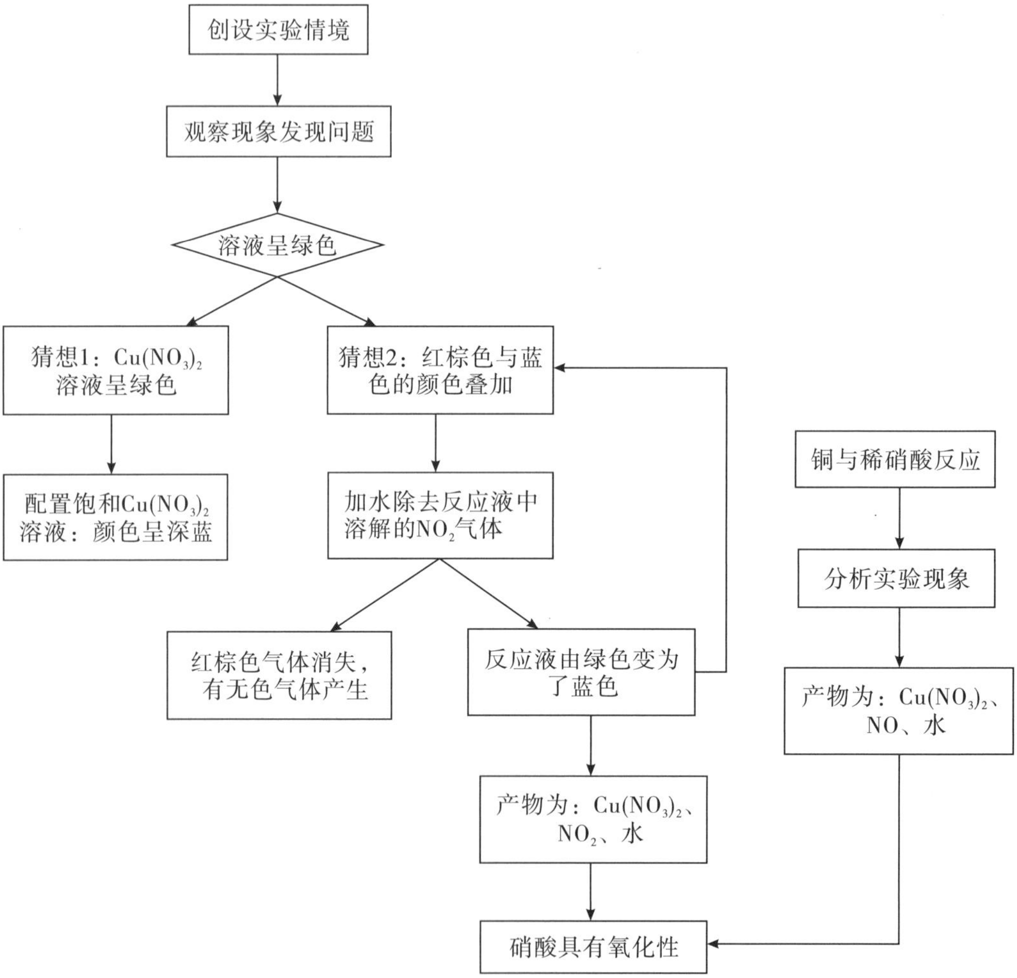

图 6　教学流程图

（微信扫描二维码可观看课例，网页下载链接：https://module.scnu.edu.cn/article-13961-619-1.html）

三、教学成效与反思

（一）教学成效

第一，为了解决实验教学中遇到的绿色谜团问题，在铜与浓硝酸反应实验教学中，教师设计了绿色一体化Y形试管装置并通过实践进行探索，以期引导学生进行深度学习。

第二，在教学策略上，围绕铜与浓硝酸反应溶液颜色为绿色而非蓝色的认知冲突，从逻辑上引导学生思考与探究。在教学实践中采用流程图等工具，帮助学生梳理实验探究流程，助力学生进行有意义的知识联结。

第三，在传统教学中，由于教材实验装置不够优化，一定程度上限制了硝酸氧化性实验教学的普及。一方面新型实验装置降低了演示实验操作难度，安全环保的设计理念确保无气体泄漏，渗透绿色思想。另一方面，一体化Y式微型实验装置是学生所未接触到的，在教学实践中运用该装置不仅较好地激发了学生学习化学的热情，还营造了师生积极实验创新的氛围。

第四，案例设计与2017年人教版教材深度融合，新人教版课后习题的设计，是对铜与浓硝酸反应溶液颜色客观现象的关注，体现了对真实知识情境的重视与探索，因此本设计与教材习题一脉相承。

第五，在信息时代的浪潮中，借助多媒体技术软件，将本案例设计以微课形式为载体展开，内容上有容量也有深度，有思考还有创新，使得教学过程更加精简化，也使得教学成果得以保存和流传。此外，运用多媒体在线技术将核心知识与技能传递给学生，培养学生科学探究与创新意识的核心素养，更打破了时间与空间的限制，极大地方便了学生的学习，使学校的教育成为可以超出校园向更广泛的地区辐射的开放式教育。

（二）教学反思

首先，稀硝酸的配制要求比较严格，稍浓则有二氧化氮气体产生，稍稀则反应速率缓慢，影响实验效果，浓硝酸与水的体积比为1∶1.5时，铜与稀硝酸反应实验的效果较佳。

其次，Y形实验装置不仅适用于铜与硝酸反应，还适用于固—液、液—液等系列反应。此外，实验装置廉价，其推广应用具有广阔的前景。

最后，Y形实验装置可以与手持技术相结合，利用不同种类的传感器可以实时观察到反应过程，在过程中利用图像数据来设置连续性、有意义的问题进行深度学习，构建化学学科思维模型；也可以在不同实验条件下同时开展反应时间、反应速率、反应进程、反应现象等对比实验。

专家点评

该教学设计方案以培养科学探究与创新意识核心素养为目的导向，针对铜与浓硝酸反应的绿色现象设计问题情境，根据实验中产生的问题巧妙地设计，采用Y形一体化实验装置，引导学生逐步深入进行证据推理与实验探究。方案中的实验设计有创新性，体现出绿色化学思想，教学设计注意启发引导，思路合理明确。

（点评人：郭飞红，广州市天河区教师发展中心副主任，中学化学正高级教师，广东省第十批特级教师）

生物学篇

高中生物学必修 2 第 3 章
第 2 节“DNA 的结构”教学设计

广东实验中学　黄绍玲

一、案例简介

本节课依据“DNA 的组成单位—单链结构—双链平面结构—空间结构”的教学思路，借助论证教学法和物理模型构建法，引导学生通过思考、推理、讨论，循序渐进地构建“DNA 双螺旋结构”的概念，让学生经历科学家的论证过程，理解科学概念的构建，感受科学研究的本质，建立生命结构观念，促进科学思维的发展。

二、教学设计

（一）教学目标

（1）概述 DNA 结构的主要特点。

（2）通过对 DNA 双螺旋结构模型构建过程的讨论和交流，认同交流合作、多学科交叉在科学发展中的作用。

（3）制作 DNA 双螺旋结构模型。

（二）教学内容

1. 概念分析

本节内容属于课标中必修课程概念 3——“遗传信息控制生物性状，并代代相传”的下位概念。课标中对本节要构建的概念表述为：“3. 1. 2　概述 DNA 分子是由四种脱氧核苷酸构成，通常由两条碱基互补配对的反向平行长链形成双螺旋结构，碱基的排列顺序编码了遗传信息。”

2．科学素养的目标要求及实现途径（见图1）

核心素养	操作手段及目标
生命观念	模型构建 → DNA双螺旋结构 → 稳定性；模型构建 → 碱基排序 → 多样性；稳定性、多样性 → 结构与功能观
科学思维	对于科学史资料的观察、分析、推理、预测 ⟹ 归纳出DNA的结构特点
科学探究	制作DNA双螺旋结构模型 ⟹ 提高探究能力、动手能力、合作能力
社会责任	①领悟学科交叉，认同科学家求真、交流合作的精神；②了解新技术的应用

图1　科学素养的目标要求及实现途径

3．教学重难点

（1）DNA 结构特点：通过科学史资料有理有据地构建出 DNA 模型，小结 DNA 具有与其功能相适应的结构特点，分析得出 DNA 具有稳定性和多样性的原因。

（2）DNA 物理模型的构建。

（三）教学方法与策略

1．策略思路

通过“概念引入—概念构建—概念巩固—概念运用”来落实教学目标。

2．论证式教学法

该方法是将“论证”作为核心的教学策略和活动引入课堂，让学生经历提出主张、寻求和评价证据、为主张辩护和反驳等互动交流的过程，并在这个过程中自主建构概念和发展思维。

本节将根据“组成单位—单链结构—双链平面结构—空间结构”循序渐进地构建概念。教师通过提供科学史资料，设置疑问，引导学生进行思考、推理、讨论，让学生重视科学家的论证过程，理解科学概念的构建，感受科学研究的本质，促进思维的发展。

3．模型构建法

（1）脱氧核苷酸平面模型（见图2）（同桌两人发两对不同的脱氧核苷酸模型）。

教师自制两个版本的纸质平面“脱氧核苷酸”模型。教师版是尺寸较大的模型，背面粘贴“磁铁板”，可在黑板上移动摆放；学生版的是 A4 纸大小的一对单体。

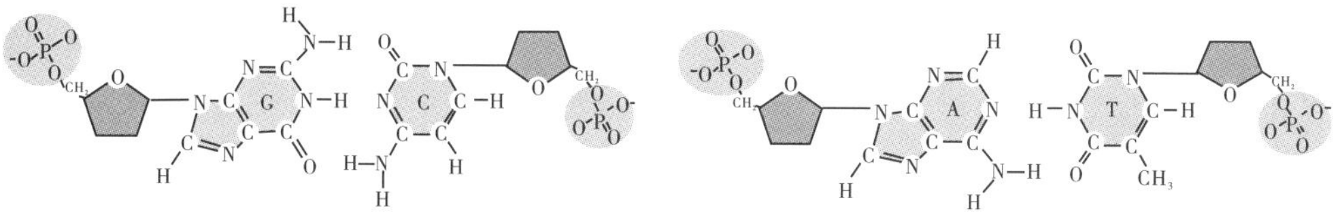

图2　脱氧核苷酸平面模型

（2）简易球棍模型：构建核酸双链片段。

（四）教学媒体

相比传统的PPT，利用希沃白板5设计的教学课件的优势在于可让学生在一体机上直接拖动碱基理解配对关系，可通过软件自带的“互动小游戏”设计习题，更有趣味性。

（五）教学过程

1．创设情境，蓄势探究

教师先以1953年沃森和克里克发表的论文引发学生思考：“DNA作为遗传物质，应具有什么特点？”

学生回忆科学家对“DNA是主要遗传物质”的探究实验，得出DNA作为遗传物质应具有稳定性、多样性的特点。

【设计意图】

通过经典论文的发表引出本节课的主题，激发学生对科学史的了解兴趣。

2．质疑论证，构建概念

（1）分析单体结构特点、碱基数量关系。

展示资料1：①1934年，美国化学家列文发现脱氧核苷酸的结构：磷酸基团—核糖—碱基；②展示列文提出的“四核酸假说”。设置疑问：如何证实假说？

在展示资料后，教师让学生判断课件中的2个单体哪个是脱氧核苷酸，并尝试在纸质单体模型中标出核糖中5个碳的位置（教师提示一号碳连接着碱基），并引导学生思考“四核酸假说”中的4种碱基的数量如何，思考如何验证该假说。

展示资料2：1950年，查伽夫对碱基进行定量分析的数据（见表1）。

表1　不同来源DNA中的碱基组成（节选）

DNA来源	A/%	G/%	C/%	T/%
人	30.9	19.9	19.8	29.4
母鸡	28.8	20.5	21.5	29.2
海胆	32.8	17.7	17.3	32.1
酵母菌	32.3	18.7	17.1	32.9
大肠杆菌	24.7	26.0	25.7	23.6

引导学生思考：①该研究的自变量是什么？观察上述4列数据两两之间是否有相同点？能得出什么结论？②估算（A+T）/（C+G）的数值，能得出什么结论？③以上结论是否能推翻“四核酸假说”？

【设计意图】

以上数据可培养学生的实验分析能力。教师可根据学情，及时调整节奏，引导学生理解分析新问题，掌握新知识。

（2）DNA的骨架是由什么基团构成的？

组织讨论1：位于DNA螺旋外侧的是哪种基团？

展示资料3：科学家对DNA结构展开研究。1951年组建团队的沃森、克里克着手合作研究DNA并尝试构建模型；威尔金斯和富兰克林用X射线衍射法研究DNA结构。沃森、克里克尝试搭建了很多不同的双螺旋和三螺旋结构模型，在三螺旋结构模型中，糖基与磷酸的骨架位于螺旋内侧，他们设想由金属离子的结合力来保持多链分子的内部稳定。

这里需引导学生回忆ATP的结构（见图3），思考以下问题：磷酸基团带什么类型的电荷？磷酸基团在螺旋内侧是否合理？

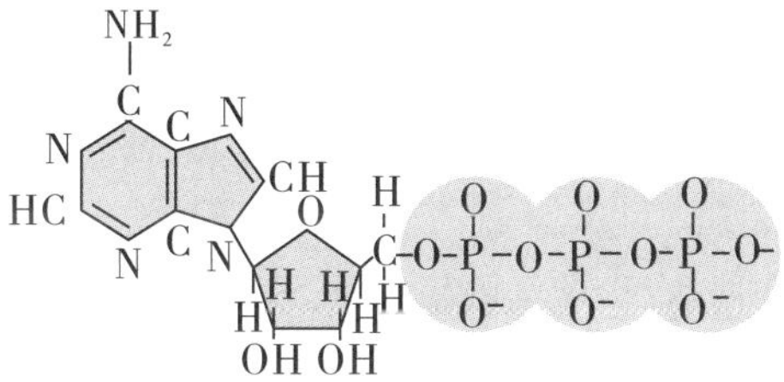

图3　ATP结构

展示资料4：富兰克林指出以上三螺旋模型的问题：模型中DNA含水量的理论值与实际测定值不符合。

展示资料5：核苷酸的含N碱基有疏水特性，磷酸基团和核糖有亲水特性。

组织学生思考讨论：如果考虑DNA位于细胞的位置，还需要考虑什么问题？同时展示细胞膜中磷脂的位置。

学生回忆ATP磷酸基团之间是带负电荷，会出现不稳定的情况，因此磷酸基团位于内侧应该不合理。结合富兰克林的DNA晶体要考虑含水量问题，分析出DNA是悬浮在核液中的，位于外侧应该是亲水基团。利用磷脂分子的亲水基团、疏水基团类比分析，磷酸基团应该在外侧，碱基在内侧。

组织讨论2：前后两个单体如何连接起来？

活动1：让学生观察课件图片，观察两个单体以及核苷酸片段，推导出成键位置。

学生通过观察课件，并在课件上圈点出成键位置，理解是脱了一分子水；且在黑板上标出前后两个碳的位置。（能理解形成3’-，5’-磷酸二酯键，但不要求记忆该名称）

【设计意图】

通过类比分析法，利用已学的ATP、磷脂分子的化学特点，推导出了磷酸基团应该在螺旋外侧，训练了学生知识迁移、学科交叉分析的能力。

（3）寻找DNA为双螺旋结构的证据。

展示资料6：富兰克林获得高质量的DNA衍射图，从计算数据中得出双螺旋结构的结论。教师简要介绍X射线衍射技术。

【设计意图】

学生了解该实物图是重要的双螺旋证据，利用物理学原理，进行学科交叉分析。

（4）分析内部碱基配对关系。

展示资料 7：嘌呤是双环化合物，所占空间大；嘧啶是单环化合物，所占空间小。

思考：沃森和克里克一开始是按照同类碱基配对搭建模型，这样搭建有何不合理的地方？

学生根据课件中的图片分析出同类碱基配对会导致 DNA 直径宽窄不一，结构不稳定，从而提出：有可能是嘧啶和嘌呤搭配的设想，这样可以实现宽窄一致。

待学生分析出不合理处之后，展示资料 8：

①据推算，DNA 螺旋的直径是恒定的，约 2 纳米；

②1952 年，查伽夫访问剑桥大学，沃森和克里克得知查伽夫已发表研究成果，即查伽夫定律：嘌呤数与嘧啶数相等，且在分子数上 A＝T、G＝C。

③1952 年 6 月，沃森和克里克邀请剑桥大学数学系的格里菲斯进行理论计算后得知：A 与 T 相吸引，G 与 C 相吸引，即嘌呤有吸引嘧啶的趋势。

引导学生思考碱基是如何配对的？这里让学生在希沃课件上拖动图片，进行正确的配对。

【设计意图】

训练学生的观察、信息整合、学科交叉分析推理能力。

（5）分析两条核酸链的连接方式。

展示资料 9：1948 年，古伦德得出碱基间以氢键相连的结论。

展示资料 10：H—O、H—N 之间以一定的距离和角度可形成“氢键”。

活动 2：同桌将手中的一对脱氧核苷酸进行移动摆放，尝试找出 C 和 G、A 和 T 之间碱基的位置和数量。

提出观察任务：双链两端是什么基团？双链之间有什么关系？

学生结合教师的指导将黑板上的 A 和 T 配对、C 和 G 配对，得出 A、T 之间是 2 个氢键，C、G 之间形成 3 个氢键，认同“碱基互补配对”原则。

【设计意图】

学生据图可分析双链两端游离的基团，观察得出双链是反向平行的关系。该实践活动通过体验科学家构建物理模型的科学历程，增强学生通过运用化学知识来理解同化 DNA 的结构。

3. 搭建模型，检测概念

活动 3：构建 DNA 物理模型（见图 4）。

①第一步：每位同学搭建两个单体；

②第二步：同桌合作搭建两对脱氧核苷酸；

③第三步：全班分为 3 大组，每组 8～10 人，搭建出核苷酸片段。

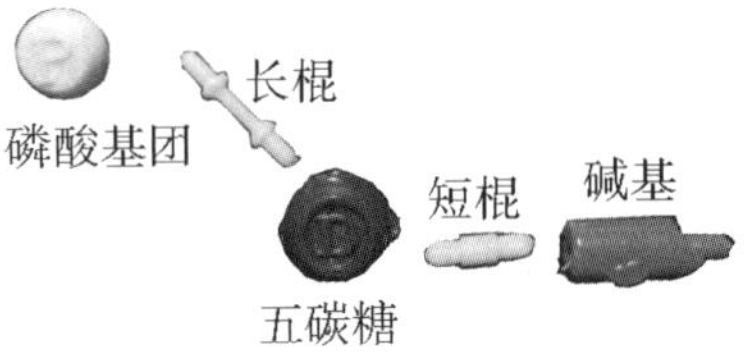

图 4　DNA 物理模型

组织学生思考和分享：①拼出的 DNA 片段碱基排序相同吗？②若以 4 对碱基为例，共有几种排列方式？

全班分组搭建球棍模型，学生小组代表进行 DNA 结构的特点及多样性的原因小结。

【设计意图】

通过学生口述总结归纳，形成概念，同时观察评价学情。通过球棍物理模型的搭建，巩固DNA双螺旋结构的概念，继而得出DNA多样性的原因，阐释其中规律，培养学生的科学思维。

4. **巩固概念，学以致用**

学生通过DNA的多样性理解不同个体之间DNA的特异性，了解DNA指纹技术的应用。此环节旨在渗透社会责任。

（微信扫描二维码可观看课例，网页下载链接：
https://module.scnu.edu.cn/article-13962-620-1.html）

三、教学成效与反思

（一）教学目标达成度

首先，本节课开篇从结构与功能观引发学生思考，所采用的论证式学习策略有利于引导学生在基于论证的学习过程中，将知识建构和技能发展有机结合起来，这不仅能够深化学生对内容知识和学科概念的理解，促进表层学习向深度学习的转变，同时也有助于论证能力的发展。其次，论证式学习既可以结合科学史资料，又可以结合各类形式的素材，因此也可以更好地从不同的维度提高学生的专注度。最后，本节课在引用资料的过程中，通过“类比推理”“问题串”“物理模型构建”来帮助学生一步步有理有据地推导出DNA的结构特点，基本达成课标“能够从不同的生命现象中，基于事实和证据，运用归纳的方法概括出生物学规律……并能够选择文字、图示或模型等方式进行表达并阐明其内涵”的素养要求。

（二）创新点分析

（1）通过希沃白板5软件制作课件，学生可在播放的课件上直接拖拽图片，展示自己的学习成果，教师可根据学情，及时调整教学步骤。

（2）教师制作的纸质版“脱氧核苷酸”单体有两大优点：

①教师版模型的优点：背面贴有薄磁片，可以让学生在黑板上操作；

②学生版模型的优点：学生可在核糖上标出5个碳的位置，加深印象；可尝试找出碱基配对中“氢键”形成的位置；连接外侧骨架，了解双链是反向平行的作用。

（3）球棍模型的分工合作安排有较高的实现度。

拼接的顺序是“先拼出单体，然后将单体前后连接出单链片段，再进行配对”，这样可体验每个化学键的连接处，由简到繁，最后形成一个8~10对的DNA片段，再让小组代表比对各组拼接的DNA片段的不同，其他学生通过碱基颜色可以看出两个DNA片段之间的碱基排序不同，再结合数学运算，得出DNA多样性的根本原因。

（三）不足之处

本节课对学生的化学基础以及必修 1 掌握基础要求比较高，如回忆 ATP 和磷脂分子、尝试找出平面模型中氢键的位置，需要教师辅以更多引导和讲解。在操作球棍模型时，会出现小组同学合作不佳或者动手能力有差异的问题，所以这个环节中，教师需更机动地合并某些动手能力较弱的组别作品，以达成比对不同 DNA 碱基排序的目的。

专家点评

本节课以图尔敏论证教学模式为主线，将科学论证中的“主张、证据、理由、反驳”等主要环节与概念教学有机结合起来，通过问题主张引入概念，借助科学史与科学证据来构建、巩固概念，并通过反驳与延伸达到运用概念的目的。本节课所采取的论证式教学模式将知识建构和技能发展有机结合起来，培养学生基于事实与证据推理其科学本质的能力，有利于学生深化对知识的理解，促进表层学习向深度学习的转变。

本节课很好地落实了高中生物学课程标准要求的生物学核心素养。通过学习 DNA 的结构，让学生理解 DNA 如何通过碱基互补配对来维持其稳定性、DNA 如何通过不同碱基的排序决定其多样性，从而帮助学生形成 DNA 的结构与功能相适应的观点（生命观念）。通过让学生对科学史进行分析推理，并在归纳出 DNA 结构特点后进行物理模型的搭建，从而培养学生的科学思维和科学探究素养。通过领悟学科交叉的研究，让学生认同科学家的求真与交流合作精神，通过了解 DNA 指纹技术的应用来培养学生的社会责任。

（点评人：李雪峰，华南师范大学生命科学学院教授）

细胞呼吸
——有氧呼吸和无氧呼吸

广东广雅中学　王志珍

一、案例简介

本节课是人教版高中生物必修1第5章第3节的内容。在教学设计中，首尾结合热点话题和视频，培养学生关爱生命、崇尚健康文明的生活方式的社会责任感。在教学实施过程中，以有效的问题贯穿始终，推动学生不断思考；通过小组合作实验探究，培养学生的科学思维和科学探究能力；通过科学史的分析，增强学生对科学的热爱和探究兴趣；通过自学、小组合作，把课堂交给学生，培养学生的自我分析和小组合作的能力。同时本节课运用平板电脑，依托畅言智慧课堂平台实现有效、有趣、有序的课堂交流和互动。

二、教学设计

1. 教学目标

（1）从结构和功能的角度，阐明有氧呼吸过程的物质基础和结构基础，形成有氧呼吸中物质和能量相互转化与守恒的观念。

（2）基于科学探究过程，让学生进行科学实验设计，掌握科学探究的基本思路和方法；让学生在探究中乐于并善于团队合作，勇于创新。

（3）通过资料分析和归纳总结，培养学生基于生物学事实和证据使用归纳与概括等方法，培养学生的科学思维。

（4）结合新型冠状病毒感染相关工作和环境污染问题，培养学生关爱生命、崇尚健康文明的生活方式的社会责任感。

2. 教学设计方案

（1）情景导入。

本节课以新型冠状病毒感染纪录片作为导入，通过视频中一幕幕或惊险或感动的画面，将学生的注意力快速吸引到本节课中，引起共情的同时让学生明白自由呼吸的重要性。而每个人宏观层面的呼吸与微观层面的细胞呼吸息息相关，从而引出本节课要学习的内容：细胞呼吸——有氧呼吸和无氧呼吸。

（2）科学探究，突破有氧呼吸。

①创设悬念。回顾上节课对酵母菌有氧呼吸方式探究的实验结果，提出以下问题。

问题1：如果以反应式的形式来表示有氧呼吸，反应物、生成物、反应的条件是什么？

问题提出之后，学生会根据实验现象和实验结果分析出反应物有 $C_6H_{12}O_6$ 和 O_2，生成物有 CO_2；根据物质守恒定律，学生猜测产物中可能会有 H_2O 产生；根据之前所学的知识知道呼吸作用提供能量，同时需要酶的催化。有些学生提前预习课本知道会有 H_2O 参与，继续追问反应物和产物中的 H_2O 是否可以约掉。

通过一系列的追问，让学生明确本节课就是围绕有氧呼吸过程方程式的推导展开的。学生的兴奋点在于是否有 H_2O 的参与，若有 H_2O 产生，反应物和产物中的 H_2O 是否可以约掉？通过创设这样的悬念，激发学生的好奇心，产生解决问题、探究问题的兴趣和冲动。

对于是否有 H_2O 的参与，需要进一步探究有氧呼吸的过程才能知道。对于“若有 H_2O 产生，反应物和产物中的 H_2O 是否可以约掉”这个问题，现阶段的学生可能会根据化学知识，认为可以前后消掉，但是生物学科中是否可以，需要根据各生成物的来源才可判断。因此需要带领学生对有氧呼吸的过程和场所进行分析，才可解决上述问题。

②科学探究。

问题2：有氧呼吸是不是一步完成的？

要了解有氧呼吸的过程，首先要了解有氧呼吸的场所，可通过平板电脑随机选人的方式请同学来回答。关于有氧呼吸的主要场所，在学习细胞器的时候已经学过，在这里进行简要回顾。

突破有氧呼吸的过程，需要教师和学生一起进行科学探究，通过科学的实验探究从而得出结论。这里可以结合科学家的实验结果进行探究和分析。

探究一：将酵母菌研磨得到酵母菌匀浆，然后进行离心，得到上清（细胞质基质）和沉淀（含线粒体）（见表1）。

表1　探究一

实验步骤	实验分组				
	1	2	3	4	5
第1步：取样品	 取匀浆	 取沉淀	 取上清液	 取沉淀	 取上清液
第2步：检测样品成分	$C_6H_{12}O_6$	$C_6H_{12}O_6$	$C_6H_{12}O_6$	$C_3H_4O_3$	$C_6H_{12}O_6$
第3步：通入气体	通入 O_2	通入 O_2	通入 O_2	通入 O_2	—
第4步：检测产物	CO_2	$C_6H_{12}O_6$	$C_3H_4O_3$	CO_2	$C_3H_4O_3$

展示探究一中第 1、2、3 组实验结果，提问学生：根据三组实验结果能得出什么结论？通过平板电脑抢答的方式，学生分析总结出葡萄糖分解形成 CO_2 会经过一个中间产物丙酮酸，同时展示第 4 组实验来验证学生的结论。通过第 1、2、3、4 组实验的对比，学生清楚地知道有氧呼吸的场所是细胞质基质和线粒体，而不只是在线粒体中进行。

问题 3：O_2 是否参与丙酮酸的形成？

如果要探究 O_2 是否参与丙酮酸的形成，该如何进行实验设计呢？学生独立思考后可以和小组成员进行交流，然后教师展示第 5 组实验后，验证学生的方案。对比第 3 组和第 5 组实验结果，可以知道不通 O_2 的情况下仍然可以产生丙酮酸。完成问题 3 后，学生会产生疑问：O_2 去哪里了呢？师生共同解答疑问。

问题 4：O_2 去哪里了呢？如何对 O_2 的去路进行追踪？

在此之前，学生在学习“分泌蛋白的合成和运输”时，已经初步了解了同位素标记法的原理，一些知识掌握扎实、迁移能力较强的学生在教师的引导下能够想到这样的方法。在这个时候，教师需要再次对同位素标记法进行介绍，唤起其他学生的记忆。然后让学生以小组为单位，模仿探究一的表格，设计实验方案来探究 O_2 的行踪。小组做好方案后，每组组长将小组的方案用平板拍照上传，教师将每个小组的方案展示出来，师生之间进行交流分享，完善后再次提交。最后师生共同讨论后得出以下规范的实验方案（见表 2），结合科学家的实验结果进行探究和分析，从而得出 O_2 参与 H_2O 的形成，CO_2 中的氧元素来自丙酮酸（葡萄糖）和水。

探究二：将酵母菌研磨得到酵母菌匀浆，然后进行离心得到沉淀（含线粒体），用同位素标记法分别将 O_2、H_2O 和 $C_3H_4O_3$ 中的 O 元素进行标记，最后检测产物中含有 ^{18}O 的物质。

表 2　探究二

实验序号	实验分组			
	1	2	3	4
第 1 步：取样品	 取沉淀	 取沉淀	 取沉淀	 取沉淀
第 2 步：对部分样品的 O 元素做标记	$C_3H_4O_3+H_2O$	$C_3H_4O_3+H_2O$	$C_3H_4{}^{18}O_3+H_2O$	$C_3H_4O_3+H_2{}^{18}O$
第 3 步：对部分通入气体的 O 元素做标记	通入 O_2	通入 $^{18}O_2$	通入 O_2	通入 O_2
第 4 步：检测产物	CO_2、H_2O	CO_2、有 $H_2{}^{18}O$	$C^{18}O_2$、H_2O	$C^{18}O_2$、有 $H_2{}^{18}O$

问题 5：发生在线粒体内的反应是一步完成的吗？

通过前面的探究，学生知道了在线粒体内发生的反应，但是在线粒体中反应是否是一步完成的学生并不清楚，这里可以通过教师给学生提供科学史资料，让学生了解科学探究的过程。学生通过对资料一和资料二进行分析可以知道，在线粒体中发生了两步反应，分别是 CO_2 的形成和 H_2O 的形成。

资料一：诺贝尔奖获得者克雷布斯（Hans Adolf Krebs）结合其他科学家的实验数据，最终阐明了糖、脂肪和蛋白质等在生物体中最终氧化的主要途径——三羧酸循环。其中丙酮酸在脱羧作用下脱［H］形成 CO_2，该过程没有 O_2 参与。

——王宇. 克雷布斯与三羧酸循环的发现［J］. 植物杂志，1985（1）：44 – 46.

资料二：利维（M. Levy）和施利曼（C. Schnaitma）等利用低速离心等方法分离出线粒体的外膜和内膜，科学家们在线粒体基质发现有脱羧酶的存在，而在线粒体内膜上有氧化酶的存在，脱氢与氧化之间通过电子传递链进行连接，并且脱氢的过程需要 H_2O 的参与。

——任衍钢，白冠军，宋玉奇，等. 呼吸链的发现与揭示过程［J］. 生物学通报，2015（8）：59 – 62.

通过以上一系列的探究和资料分析，对有氧呼吸的过程进行总结，通过表格和图对阶段、场所、物质变化、能量变化进行对比分析。

表3　有氧呼吸三个阶段的总结

阶段	场所	反应物	产物	能量	是否需 O_2
一	细胞质基质	葡萄糖	丙酮酸 +［H］	少量	否
二	线粒体基质	丙酮酸 + H_2O	CO_2 +［H］	少量	否
三	线粒体内膜	［H］+ O_2	H_2O	大量	是

③归纳总结。

问题1：如果以反应式的形式来表示有氧呼吸，反应物、生成物、反应的条件是什么？

通过刚刚的学习，学生知道了有氧呼吸的过程、有氧呼吸的反应物和生成物、有氧呼吸的场所。再次展示问题1，分析是否有 H_2O 产生？是否有 H_2O 参与？他们也就可以自己分析出来了。课堂的最后，回归课前的疑问，解决了开始时学生的困惑。学生对于有氧呼吸的方程式中涉及的反应物和生成物的理解会更透彻。

一节课围绕有氧呼吸的学习与探究，最后提出总结性的问题，什么是有氧呼吸？有了前面一节课的铺垫，学生可以较容易地归纳出有氧呼吸的概念。同样可以采用抢答的方式让学生回答，其他学生进行补充完善。

（3）对比分析，突破无氧呼吸。

无氧呼吸的过程中物质和能量的变化相对简单，先让学生自学，阅读课本第 94 页的内容，用好课本第 94 页的思考题，以小组为单位设计简明表格，对比有氧呼吸和无氧呼吸。每组组长将小组的探究结果用平板电脑拍照上传，教师将每个小组的结果展示出来，师生之间进行交流分享和完善，最后形成如下表格（见表4）。

表4　有氧呼吸与无氧呼吸的比较

比较项目		有氧呼吸	无氧呼吸
不同点	反应物	主要是 $C_6H_{12}O_6$	主要是 $C_6H_{12}O_6$
	有无氧参加	有	无
	最终生成物	CO_2+H_2O	$CO_2+C_2H_5OH$ 或 $C_3H_6O_3$
	产生能量多少	多	少
	进行部位	细胞质基质 + 线粒体	细胞质基质
相同点	过程	第一阶段都是 $C_6H_{12}O_6$ 分解成丙酮酸，都在细胞质基质中进行	
	实质	分解有机物、释放能量、产生 ATP	
	意义	为生物各项生命活动提供能量	

（4）归纳总结，突破细胞呼吸。

通过本节课对有氧呼吸和无氧呼吸的学习，学生对于两种呼吸方式过程中物质和能量的变化都有了一定的了解和掌握。最后通过多次随机选人的方式挑选学生对细胞呼吸的概念进行口头总结和互相补充完善，最后得出细胞呼吸的概念。让学生理解细胞呼吸的实质是分解有机物，释放能量，产生 ATP，所有生物的生存都离不开细胞呼吸释放的能量。

（5）结合热点，升华细胞呼吸。

再次以新型冠状病毒感染和 2020 年上映的电影《呼吸》为背景，唤起学生对全球问题的重视，在关注生命、热爱生命的同时，要保护环境，保护地球，只有地球“健康”了，我们才能自由呼吸，才能健康生活。每个人宏观的呼吸与微观层面的细胞呼吸息息相关，每个人和地球同呼吸共命运！

（微信扫描二维码可观看课例，网页下载链接：
https://module.scnu.edu.cn/article-13962-621-1.html）

三、教学成效与反思

本节课的设计以培养学生学科核心素养为核心，充分考虑并体现新课标、新高考的要求。课程结合热点话题，培养了学生关爱生命、崇尚健康文明的生活方式的社会责任感。在教学过程中，运用多种方式突破了本节课的重难点。在突破有氧呼吸教学的过程中，以有效的问题贯穿始终，推动学生不断地思考；通过小组合作实验探究，培养了学生的科学思维和科学探究能力；通过科学史的分析，增强学生对科学的热爱和探究兴趣。在突破无氧呼吸教学的过程中，通过自学、小组合作、师生完善的方式，把课堂交给学生，在突破重点的同时，也培养了学生的自我分析和小组合作的能力。同时本节课运用平板电脑，依托畅言智慧课堂平台实现有效、有趣、有序的课堂交流和互动。通过本节课的尝试，在以后的教学中，可以更多地把课堂交给学生，学生通过独立思考和相互之间的头脑风暴，可以创造出意想不到的效果。

本节课还有很多地方可以进一步优化。在内容上，可以引导学生自己生成问题，并由学生自己解决会更好。对于平板电脑的使用上，平板电脑的功能需要进一步开发，使课堂更加有趣和高效。

专家点评

本节课以问题串策略为主线，教师通过精心设计提问、层次设问，推动整节课的进行；学生通过小组合作和科学探究，在解决问题的过程中学习相关知识，构建“细胞呼吸”的完整概念。

本节课较好地落实了生物学课程标准要求的生物学核心素养。通过本节课的学习，学生可深刻理解线粒体内膜形成嵴，以增大表面积提高呼吸作用效率，能较好地领悟生命观念中的形成结构和功能观；通过学习呼吸作用中物质变化和能量转换，认识到生命活动不能简单以化学反应来代替，较好地落实了物质和能量观。通过小组合作和科学探究，培养了学生的科学思维和科学探究能力；结合新型冠状病毒感染和环境污染等热点话题，培养学生关爱生命、崇尚健康文明的生活方式。

（点评人：李雪峰，华南师范大学生命科学学院教授）

基于模型构建的减数分裂教学设计

——减数分裂和受精作用（第一课时）

广州市执信中学　兰文琦

一、案例简介

本节课的核心是通过模型构建的 3 个关键环节，即模型构建、模型修正及模型运用，生成同源染色体及减数分裂 2 个重要概念，达成 1 个教学目标，即 2017 年版新课程标准内容要求中的阐明减数分裂产生染色体数量减半的精细胞或卵细胞。在教学策略上，通过利用多媒体技术、物理模型、视频图片等素材，以及对新教材课本内容的重组，以模型构建为主线贯穿始终，让整节课的内容环环相扣，学生能够在教师引导和营造的真实情境中沉浸式地学习，高效地达成本节课的学习目标和教学目标。

二、教学设计

（一）教材分析及设计思路

“减数分裂与受精作用”为人教版高中生物学教材必修 2 第 2 章“基因和染色体的关系”的第 1 节，本节内容主要包括细胞减数分裂的概念及意义、说明精子或卵细胞的形成过程、阐明减数分裂过程中染色体发生自由组合和互换的重要意义、举例说明受精作用的过程及阐明减数分裂和受精作用对生物遗传及变异的重要意义。因此本节内容是串联孟德尔遗传定律与可遗传变异、人类遗传病等内容的重要环节。

《普通高中生物学课程标准（2017 年版 2020 年修订）》（以下简称“新课标”）强调关注学生的学习兴趣，倡导体验、实践、参与、合作与交流的学习方式和任务型的教学途径，发展学生的综合运用能力，因此在本节课中，教师通过设计各种形式，并以学习小组为单位，通过共同合作、共同探究、集体讨论的方式，落实以生物学核心素养为基础的探究性学习。通过重组教材内容，让学生通过建立减数分裂中染色体变化的模型，更为直观地理解减数分裂过程中“减数”的实质，并为后续课时中理解有性生殖后代的多样性及意义做铺垫。在模型构建过程中，使学生充分发挥想象力和创造力，培养学生严谨的科学思维和科学探究能力。

（二）学情分析

学生经历“有丝分裂”一节的学习后，对有丝分裂各个阶段的染色体形态的变化和染色体、DNA 数目的变化已经有了深入的了解。减数分裂其实也是一种特殊的有丝分裂，因此与有丝分裂的特点有较多相似之处，学生在有丝分裂的基础上理解减数分裂过程各个阶段的染色体形态及数目的变化相对较容易。高一下学期学生的观察力、记忆力、想象力有了明显的提高，认知系统的自我评价和自我控制能力也有了相应的发展，因此教师在教学中放手让学生主动构建模型获取知识、深挖课本素材启发学生思考等教学手段成为可能。

（三）基于核心素养的教学目标

基于新课标的内容要求、学业要求和学业质量标准，围绕培养学生的生物学学科核心素养，教师制定了如下的教学目标：以精子形成过程为例，通过构建减数分裂中染色体的变化模型以及观察蝗虫精母细胞减数分裂装片，归纳、概括减数分裂的概念及过程。

在教学过程中，教师应注意在以下几方面落实生物学学科核心素养：通过构建细胞减数分裂的结构与功能观落实生命观念；通过分析减数分裂过程、构建减数分裂过程中染色体变化的物理模型及依据真实蝗虫精母细胞的减数分裂装片进行模型修正，培养学生的科学思维；通过资料分析以及对遗传病病因进行分析和思考，引导学生形成良好生活习惯并正确看待遗传病患者，落实社会责任。

（四）教学方法、模式与策略

1. 引导—探究法

在教师的启发和引导下，学生通过对配子中染色体数目的推断，引出配子中染色体应为体细胞中的一半，结合科学史及实验数据引出减数分裂的客观事实，并引导学生思考该过程是如何实现的，符合知识的发生和发展规律。

2. 合作—构建模型法

学生进行小组讨论与合作，结合上述推断及所学有丝分裂过程，通过扭扭棒构建减数分裂过程中染色体行为及数目变化的物理模型，把抽象复杂的生命现象，转化为直观具体、肉眼可见的过程，完成自主构建知识的过程。

3. 多媒体辅助教学

利用多媒体技术手段，将学生构建模型的过程直观呈现，便于生生互评和教师点评；并通过演示减数分裂的动态过程，帮助学生形成正确、系统的知识结构，完成对减数分裂这一概念的生成。

（五）教学过程

1. 复习旧知，导入新课

上节课学生学习了孟德尔的两大遗传定律，即分离定律和自由组合定律，那么这两大定律的核心是什么？关键的核心在于亲本在产生配子时，成对的遗传因子或者说基因彼此分离，不同对的遗传因子自由组合。那么这个遗传因子或者说基因它到底是什么呢？想要解开这个谜题，关键在于产生配子的这个过程。

不论是豌豆或是人，作为有性生殖的生物，都能够产生配子，例如精子或卵细胞，通过受精作用形成受精卵，发育成个体。配子是不是像我们之前学过的有丝分裂而来呢？人体体细胞含有46条染色体，推测精子和卵细胞中应含有多少条染色体呢？

【设计意图】

遵从科学史，让学生的关注点从孟德尔遗传定律过渡到产生配子的重要过程即减数分裂上来，认同减数分裂这一过程的客观存在。

2. 模型构建——小组合作与猜想

减数分裂作为一种特殊的有丝分裂，是如何做到染色体数目有规律地减半呢？请学生参考有丝分裂的过程图及视频（用扭扭棒构建有丝分裂过程中染色体的变化），思考有丝分裂过程中染色体有哪些变化？有丝分裂前后细胞染色体数是否有所改变？从中得到什么启发？有丝分裂染色体复制一次，细胞分裂一次，染色体数目不变，那减数分裂过程中如何实现染色体数目减半呢？

我们以精原细胞为例来探究。精原细胞位于雄性睾丸的曲细精管中，可以经减数分裂产生精细胞。假设精原细胞中染色体数目为2对4条，减数分裂得到的精细胞含有减半的2条染色体，分别用红色和蓝色的扭扭棒表示来自父方和母方的染色体。学生以6人小组为单位，讨论并猜想减数分裂过程中染色体的数目和行为的变化情况，尝试用扭扭棒在白纸上摆放出主要过程和结果。学生能够结合有丝分裂特点尝试摆放扭扭棒，可能存在的问题是不清楚染色体数量减半是随机还是有规律地减半。

这一环节对学生而言难度较大。教师通过提供果蝇体细胞及配子细胞染色体示意图，引导学生思考突破难点：果蝇配子的4条染色体是从体细胞的8条染色中随机选取的吗？学生通过观察图片得出染色体数量的减半是有规律的，教师引出同源染色体的概念。指出常用不同颜色区分同源染色体中来自父方和母方的染色体，为后续构建减数分裂模型做铺垫。引导学生关注到配子中不含同源染色体，因此减数分裂过程一定有同源染色体分离这一行为。

【设计意图】

回顾有丝分裂过程中染色体数量变化的原因，通过问题串启发学生思考减数分裂过程中的染色体变化。通过扭扭棒构建染色体变化模型，在已知减数分裂的“起点”（精原细胞含4条染色体）和“终点”（精细胞含2条染色体）的条件下，发散思维猜测并尝试构建减数分裂过程的可能情况。根据学生的现场表现，可通过同源染色体这一概念的构建，搭建学生构建减数分裂过程染色体变化的“脚手架”，使学生加深理解“终点”精细胞含有的2条染色体均为非同源染色体，为模型构建进一步明确了方向。

3. 模型修正——结果分享与讨论

在全员参与小组热烈讨论的基础上，教师应重视学生将猜想具象化的过程，巡堂时及时发现各小组不同的思路和亮点，表扬并肯定学生的大胆尝试。例如有小组同学根据有丝分裂的启发，认为减数分裂需要实现染色体数目的减半，可以通过染色体复制一次，而细胞连续分裂两次来实现。这样大胆的猜想是非常值得表扬和肯定的。此外，通过希沃授课助手投影展示学生成果，鼓励学生表达与分享所在小组关于减数分裂过程的猜想。

大体上学生的展示成果主要有两种情况，即在细胞连续分裂两次的基础上，同源染色体先分离或者姐妹染色单体先分离，两种情况都可以达到最终精细胞染色体数目减半的结果。哪一种情况才是正确的？教师展示提前拍摄的植物细胞（玉米花粉母细胞）减数分裂图片以及动物细胞（蝗虫精原细胞）减数分裂图片（见图1），引导学生观察真实照片，分析可知减数分裂过程的确是1个细胞连续分裂两次，得到4个细胞；两次分裂分别是同源染色体先分离，姐妹染色单体后分离。

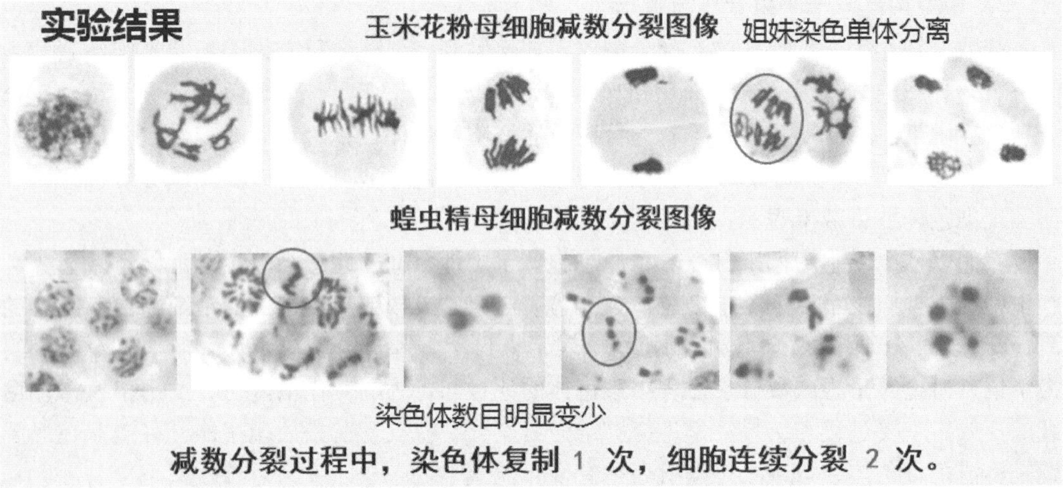

图1　植物细胞、动物细胞减数分裂图片

最后教师展示正确的物理模型，落实同源染色体的联会行为、四分体概念及减数分裂具体过程中染色体变化情况归纳，学生总结出减数分裂过程中，染色体数目减半发生在减数分裂Ⅰ，初步达成减数分裂这一概念的生成。

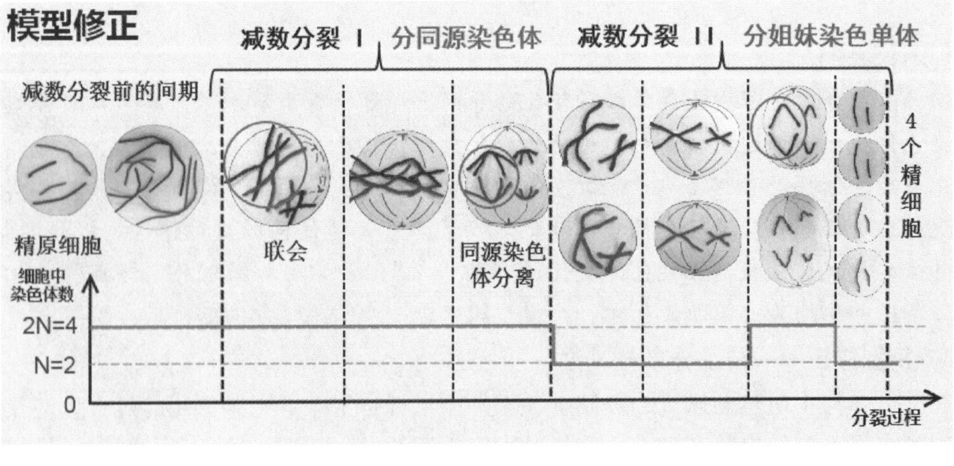

图2　模型修正图

【设计意图】

结合真实实验结果图像，补充、完善自己的物理模型，体会减数分裂过程中染色体行为变化的精妙之处，体会科学研究的一般过程。培养学生提取信息、主动获取知识、构建知识框架的能力。理解两次细胞分裂的核心，让学生真正体会到知识是渐进地、逐步地生成的。

课件展示的是一种可能情况，学生自己观察猜想减数分裂Ⅰ结果可能还存在另一种情况，即同源染色体分离，非同源染色体可以自由组合。此时黑板展现提前做好的另一种情况的模型图，同样是正确的（见图3）。

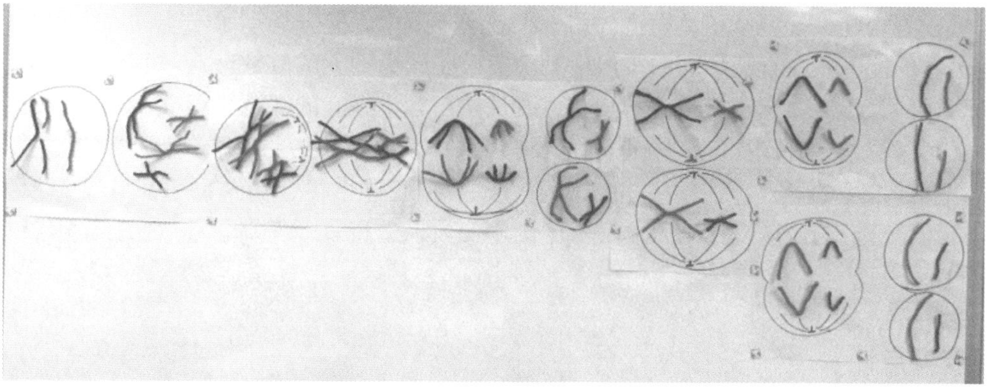

图3　另一种模型图

【设计意图】

学生结合修正后的模型归纳总结减数分裂的特点。加强对重难点知识如减数分裂Ⅰ过程同源染色体分离及非同源染色体自由组合的理解，为后续配子多样性做铺垫。

4. **模型运用——知识内化与表达**

减数分裂可以精妙地将染色体均匀地分到4个生殖细胞中，这一过程是否总是一帆风顺呢？分析13三体综合征遗传病资料，请学生依据所学减数分裂过程与自己构建、修正的物理模型，思考减数分裂产生配子过程中哪些环节的异常可能会导致该病呢？假设13号染色体为模型中的小号染色体，用模型如何摆放出异常情况？

学生通过热烈的小组讨论，能够踊跃地表达与分享，在黑板上演示染色体异常的几种可能情况。教师总结归纳：精子或卵细胞形成过程中，减数分裂Ⅰ或减数分裂Ⅱ过程异常，均可产生异常染色体数目的配子，进而导致13三体综合征。

除13三体综合征外，还有实际生活中发病率相对较高的染色体异常遗传病如21三体综合征。展示资料一“父母年龄与新生儿患21三体综合征的比例关系图”，资料二“可能导致该病的环境影响因素”，引导学生反思应注意形成良好生活习惯，早生优生。展示资料三“21三体综合征患者‘天才’指挥家周周的资料”，引发学生思考如若在生活中面对遗传病患者，我们应怎样对待？

【设计意图】

学以致用，学会用所学知识解释生命现象。认同减数分裂对遗传和变异的重要性。学会珍爱生命，关爱遗传病患者，发挥人文关怀，落实社会责任。

（微信扫描二维码可观看课例，网页下载链接：
https://module.scnu.edu.cn/article-13962-622-1.html）

三、教学成效与反思

在模型构建、模型修正及模型运用三大教学环节中，充分调动了学生的动手积极性和表达分享的能力，在直观生动的小组活动中突破了较为抽象的减数分裂过程。堂上学生讨论声、恍然大悟声、掌声笑声时常响起，既反映出学生满满的课堂学习获得感，也反映出学生的科学思维和合作探究能力得到充分锻炼。学生的学习方式从被动学习转为主动学习，以问题情境的形式，让学生沉浸式学习，学生通过小组合作及动手实践参与模型构建，在思维碰撞与团队合作学习中，学生的学习效果更高效，落实了本节课的学习目标和教学目标。

专家点评

本节课主要通过引导—探究和合作一构建模型的教学方法，在教师的引导和启发下，让学生思考减数分裂过程如何实现染色体数目的减半？学生通过小组合作与讨论，结合已掌握的有丝分裂相关知识，利用简易教具——扭扭棒来构建减数分裂过程中染色体行为以及数目变化的物理模型，把抽象复杂的生命现象转化成直观、肉眼可见的过程。运用真实的蝗虫精母减数分裂装片的照片，结合简易教具，让学生直观认识减数分裂染色体数目的减半发生在减数第一次分裂，而第二次分裂是姐妹染色单体的分离。

本节课很好地落实了高中生物学课程标准所规定的生物学核心素养。通过分析减数分裂过程中染色体数目变化及同源染色体的交叉互换，为遗传与变异的学习奠定了基础，也是培养学生生命观念中进化与适应观的重要途径。通过构建减数分裂过程中染色体变化的物理模型以及依据真实的减速分裂装片对模型进行修正，培养了学生的建模能力，深化科学探究。通过对减数分裂知识的学习，学生在理解 21 三体综合征病因的同时，能运用本节课所学的减数分裂知识去解决生活当中的实际问题，引导学生形成良好的生活习惯，正确看待遗传病患者，落实社会责任。

（点评人：李雪峰，华南师范大学生命科学学院教授）

“生物变异在育种中的应用”一轮复习教学案例

揭阳第一中学　刘翠云

一、案例简介

本案例结合课标、往年考纲、高考真题以及我国是传统农业大国的国情，首先确定了以“水稻育种”作为教学的主线。接着利用网络资源搜集了大量关于我国水稻育种的资料，然后利用这些资料在课堂教学中巧妙地创设一个个层层递进的问题情境去激发学生的创造欲望，引发学生先积极获取信息，再自主思考，最后进行合作探究，使学生追寻科学家的脚步解决一个又一个的育种问题。学习每种育种方法时都创设了问题串，既消除学生的疑难困惑，又提升学生的科学思维和科学探究素养。最后通过列表比较、编写育种歌等方式帮助学生进行知识梳理。课余还指导学生进行社会实践，如观察水稻、参加水稻收割等。

二、教学设计

（一）教材及高考考情分析

育种知识在教材中分布较散，且阐述的内容在知识点的深度和广度上显得不足，将这些知识有效重组，有利于引导学生理清知识之间的内在联系，使知识系统化、整体化。育种方法应用的实例又是生物科学与当今科技发展相结合的典型内容，自然而然也成了高考命题的热点，在近年高考真题中频频出现。

（二）学情分析

学生在高一、高二年级已经大体了解了各种育种方法，但对于各种育种方法的联系和区别还不够清晰，加上知识容易遗忘，很多学生在选择合适育种方法时感到茫然失措，难以解决生产实践中的育种问题。另外揭阳第一中学高三学生的生物学科核心素养也比较薄弱。因此，除了让学生复习掌握学科专业知识外，很有必要进一步发展学生的生物学科核心素养，以适应终身发展和社会发展的需要，真正做到立德树人。

（三）教学目标

1. **知识目标**

（1）根据育种需求，选择合适的育种方法解决生产实践问题，并能写出简单的育种流程。

（2）理解、识记、区分几种育种方法的原理、方法步骤、优点、缺点。

2. **生物学科核心素养目标**

（1）社会责任：关注我国水稻育种的最新研究进展、我国西部天水航天育种中心的研究成果、嫦娥五号搭载水稻种子进行太空育种等社会热点话题并参与讨论；了解袁隆平院士、蔡得田教授等与水稻之间的励志故事，学习科学家们的科学研究精神；关注中国为世界粮食安全做出的巨大贡献，树立强烈的爱国主义情怀。

（2）生命观念：通过育种方法的学习，认同遗传学知识在现实生活中的价值。

（3）科学思维：通过育种方法的比较，尝试用遗传和变异的原理解决生产中的问题。

（4）科学探究：通过合作探究，选择合适的育种方法以及进行实验方案设计，培养学生的实验探究能力。

（四）教学重难点与突破方法

（1）教学重点：见知识目标（1）、目标（2）。

（2）教学难点：见知识目标（2）。

（3）突破重难点方法：情境驱动、合作探究、图表归纳等。

（五）教学过程

1. **体验高考，把握重点**

展示往年高考考纲、近年考情以及2020年全国Ⅲ卷第32题，并让学生自主分析有哪些考点？师生一起总结考点并得出本节课的两个学习任务。（见知识目标）

【设计意图】

让学生感受高考越来越注重于考查将生物知识应用于生产生活实践，让学生通过自主分析明确本节课的学习任务。

2. **创设问题情境，解决任务1**

引入：水稻种植起源于1万多年前我国的长江流域，我们的祖先汰劣留良，驯化野生稻。中国科学家通过对水稻育种的研究，为世界粮食增产做出了巨大的贡献。（展示水稻稻穗实物图）

接下来每种育种方法的学习都通过创设问题情境，引发学生思考讨论、合作探究，并且每种育种方法都提出问题串以消除学生的知识盲区。

（1）诱变育种。

问题情境1：水稻育种的初心就是为了解决人们的温饱问题，现只有低产的水稻品种（hh），如何获取能稳定遗传的高产水稻品种（HH）？请画出育种过程图解。

诱变育种问题串：

①诱变育种的原理是什么？具体方法有哪些？

②你知道哪些诱变育种的实例？从这些实例可以看出诱变育种有什么优点？

③结合基因突变的特点思考，从太空回来的水稻种子一定是高产的吗？

思考讨论后，插入诱变育种成果图片，播放节目《天天向上》中介绍天水太空育种基地以及华农水稻跟随“嫦娥五号”上月球的短视频。

【设计意图】

展示大量的图片、视频激发学生的学习兴趣。播放很受学生欢迎的《天天向上》短片更能拉近教师与学生的距离；播放“嫦娥五号”太空育种短片引导学生关注社会热点、关注我国特别是家乡广东的育种研究进展，让学生树立爱国爱家的情怀。

（2）杂交育种与单倍体育种。

问题情境2：高产（HH）水稻品种解决了很多人的温饱问题，但是口感差、营养价值低（米质差 TT）。育种工作者在诱变育种过程中偶然得到了一株米质好的水稻，但是其产量不高（hhtt）。如何利用已有的两个品种（HHTT 和 hhtt），培育一个能稳定遗传的、既高产又米质好（HHtt）的水稻新品种？可以用哪种育种方法？请写出简单的遗传图解。

学生小组有的采用杂交育种，有的采用单倍体育种。请两个小组的所有组员在黑板上合作画出遗传图解，其他小组点评。

杂交育种问题串：

①杂交育种的原理是什么？主要发生在遗传图解的哪个过程？

②请概括出杂交育种的方法、步骤。

③为什么要从 F_2开始选育？F_2选育后是否一定需要自交？

④你知道我国杂交育种有哪些典例吗？

⑤动物杂交育种的方法、步骤与植物的有何不同？

⑥在生产实践中，是不是能稳定遗传的纯合子才是最好的品种？杂交育种和杂种优势有何区别？

⑦相比诱变育种，杂交育种有什么缺点？其育种进程快还是慢？

对于问题④，引入了杂交水稻之父——袁隆平与杂交水稻之间的故事，还引入了2020年11月2日标题为“中国第三代杂交水稻双季稻亩产突破1 500公斤”的新闻。

【设计意图】

小组成员一起画出遗传图解，避免“孤军作战”而紧张。通过生生互评，修改方案，让学生化被动为主动，通过自主探索新知来获取知识，有利于发展科学探究、科学思维等学科核心素养。引入袁隆平与杂交水稻之间的励志故事、观看访谈节目、让学生谈谈感触等，都是为了让他们学习袁隆平爷爷的科学研究精神，激发学生在学习上刻苦钻研、将来报效国家的社会责任心。引入杂交水稻最新亩产量，激发学生的民族自豪感，树立爱国主义情怀。

单倍体育种问题串：

①单倍体育种原理是什么？基本步骤包括什么？

②花药离体培养和单倍体育种结果相同吗？

③花药离体培养过程实质是运用了哪种生物工程技术？原理是什么？

④现有两种种子（HHTT、hhtt），用这两种育种方法获得 HHtt，分别需要多少年？（假如从播种到收获种子需要一年时间）

【设计意图】

特别对于问题④，让学生代表上讲台讲解育种过程所需年限，突破疑难点。另外通过播放我国水稻单倍体育种的实验室操作视频，变抽象为形象，变乏味为趣味，给课堂增添更多生机。

（3）多倍体育种。

问题情境3：现已有高产米质好的水稻了，但是其稻穗、谷粒大小和普通水稻差别不大。如何获得茎秆粗壮、穗大粒大、营养物质含量更高的超级稻呢？请简述育种过程的基本步骤。

多倍体育种问题串：

①一共需要几次传粉？

②如何准确描述无子的原因？

③无子性状能否遗传？

接着播放 CCTV－4 报道的“世界高结实多倍体水稻发明人——蔡得田”相关视频，介绍我国培育的多倍体水稻如何成功突破结实率低的技术瓶颈。

【设计意图】

进一步让学生感受我国科学发展水平的蒸蒸日上，激发学生为中华民族伟大复兴做贡献的热情。

（4）基因工程育种。

问题情境4：高产优质稻多数不抗稻瘟病（真菌引起的），严重限制了其推广的范围和速度。以前农民常采用喷洒农药的方法来防治。现在科学家在一种海洋细菌里面发现了能抗稻瘟病的几丁质酶基因（L），请设计育种方案来有效减轻稻瘟病。

基因工程育种问题串：

①基因工程的原理、优点是什么？

②这样的转基因水稻你敢吃吗？

【设计意图】

引发学生讨论转基因生物的安全性问题，培养社会责任。

各种育种方法学习完后，与课堂导入进行首尾呼应，教师讲述：中国的水稻栽培技术已经为许多国家解决温饱问题做出了重大贡献，维护了许多国家的安定。中国在亚洲乃至世界经济的繁荣稳定中，表现出了大国应有的风范。

【设计意图】

为学生的心目中对大国社会责任的认识增添新的内容。

3. **列表比较、编写育种歌，解决任务2**

先引导学生列表比较、梳理本节课的重点知识，接着提出以下问题：最“盲目”、最“具有预见性”、需用植物组织培养技术、需用秋水仙素或低温处理的、育种速度比杂交育种快的育种方法分别是什么？最后让学生大声齐读《育种歌》：

育种方法哪个强？不用山东找蓝翔。
诱变提频改性状，杂交简单时间长。
单倍体来速度快，多倍体把营养藏。
定向变异破隔离，基因工程高大上！

【设计意图】

《育种歌》能充分激发学生的好奇心，使枯燥的知识变得生动，帮助学生梳理本节知识。

4. **课堂小结与典例分析**

学生自主阐述、构建本节知识网络后解决典例。典例囊括了各种育种方法，且选项都被改编成疑难易错点，进一步深化知识。

【典例分析】水稻的高秆、矮秆分别由 A 和 a 控制，抗病和不抗病分别由 B 和 b 控制。现有基因型为 aabb 与 AABB 的水稻品种，下图为不同育种方法培育矮秆抗病植株的过程，下列有关叙述正确的是：

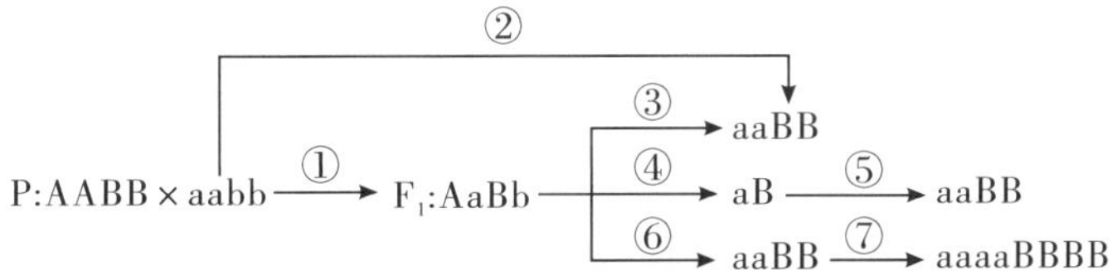

图 1　不同育种方法培育矮秆抗病植株过程图

A. ①③过程为杂交育种，其原理为基因重组，基因重组主要发生在①过程

B. ⑦过程产生的多倍体植株染色体组数加倍，减数分裂产生的配子数加倍，有利于育种

C. 单倍体育种包括过程①④⑤，⑤过程产生的 aaBB 占 1/4

D. 过程⑤和过程⑦都可以用秋水仙素处理萌发的种子

（微信扫描二维码可观看课例，网页下载链接：https://module.scnu.edu.cn/article-13962-623-1.html）

三、教学成效与反思

本节课课堂气氛活跃，学生踊跃参与，能充分发挥学生的主体地位，也能高效完成教学目标。

1. **本节课值得推崇的几点**

（1）利用网络下载、剪辑各种视频，激趣高三复习课堂，告别乏味。充分挖掘素材，紧扣社会热点话题，渗透爱国主义教育，提升社会责任感。

（2）有效整合教材内容，避免对高一、高二知识“炒冷饭”。

（3）通过问题导向、合作探究等提升科学思维与科学探究。

（4）指导学生参加课余社会实践：调查研究本地水稻，并在农忙期间参加水稻收割活动，进一步提升学科核心素养。

2. 本节课值得商榷的地方

内容过于饱满，可能会导致课堂练习时间不够。

专家点评

本节课为高中生物学第一轮复习课，与常规课堂不同，复习课中将教材中相对分散的知识进行合理整合，有利于引导学生厘清知识间的内在联系，使零散的知识系统化、整体化。本节课通过创设问题情境，将诱变育种、杂交育种、单倍体育种、多倍体育种、基因工程育种的相关知识很好地整合在一起，并利用问题串引导学生认识每种育种方法的主要技术路线。

立德树人是教育的宗旨，在生物学教学中，除了让学生掌握学科专业知识外，也应该培养学生的民族自豪感，树立爱国主义情怀。本节课中通过播放华南农业大学在“嫦娥五号”进行的太空育种照片、袁隆平与杂交水稻之间的励志故事以及我国多倍体水稻培育的视频等，激发学生的民族自豪感，让学生感受我国科学技术发展蒸蒸日上，激发学生为中华民族伟大复兴做奉献的热情，培养学生刻苦钻研、将来报效国家的社会责任心。

（点评人：李雪峰，华南师范大学生命科学学院教授）

思想政治篇

“法治国家——以个人信息‘裸奔’为切入口”教学设计

广州市执信中学　范翠欢

一、案例简介

本节课以个人信息“裸奔”现象引入，激发学生兴趣，引导学生思考如何保护个人信息。在这个过程中，带领学生梳理个人信息保护的法律变迁，让学生感受到我国法律与时俱进、保障人民群众的利益，体会到我国是一个良法善治的国家。紧接着呈现警民在个人信息保护中的矛盾与冲突，让学生置身于真实情境之中，提高辨别是非的能力，以正确解决矛盾。最后抛出国家对个人信息保护最新的法律支持，引导学生做好普法宣传，提升学生的公共参与能力。

二、教学设计

（一）教材分析

建设法治中国是一个系统性工程，既需要党和国家的统筹与规划，更需要公民和全社会的参与推动。法治国家是法治建设的目标，法治政府是建设法治国家的重点，法治社会是构筑法治国家的基础。全面推进依法治国，要坚持依法治国、依法执政、依法行政共同推进，坚持法治国家、法治政府、法治社会一体建设。本节课围绕法治国家建设部分，重点学习法治国家的内涵以及建设法治国家等相关问题。

（二）学情分析

执信中学是一所生源较好的学校，高一学生思维活跃，有自己的看法，学生在初中阶段八年级下册《道德与法治》中已学习过宪法至上、公民的权利与义务、我国的国家机构等政治常识，有一定的知识储备，但是学生对法治国家建设这样宏观的问题，可能难以把握，因此教师在设计教学时应侧重设计贴近学生生活的问题，引导学生思考讨论，进而认识我国的法治建设。

（三）教学目标

（1）通过展示个人信息保护的法律变迁，引导学生感受法治国家具备什么样的特点，从中考查学生快速提取情境信息的能力，也能让其感受到法律并不是一成不变的，法律会随着时代的发展而发展，从而培养学生对我国法治的政治认同。

（2）通过呈现警民关于能否调用涉案人员通信记录的矛盾冲突，激发学生的思考，秉持理性科学的精神解决矛盾，在解决矛盾中，使学生对宪法至上有更直观深刻的感受，从更加科学合理执法与用法中认识到应该如何构建法治国家，并让学生在真实情境遇到冲突的时候，具备正确解决问题的思维与能力。

（3）通过拟定普法宣传口号，让学生深刻认识到建设法治国家的意义，体会到法治建设离不开每一个人的努力，包括作为青少年的学生也应当参与其中，激发学生公共参与的热情，为建设法治中国出一份力。

（四）教学内容

1. 法治国家的含义以及特征

（1）含义：法治国家就是实行依法治国、依宪治国、依法执政、依宪执政的国家。在现代社会，法治国家意味着国家权力依法行使，国家各项工作依法开展。

（2）特征：①坚持宪法法律至上；②坚持良法之治；③尊重和保障公民权利；④规范国家权力的运行。

2. 建设法治国家

建设法治国家包含三个方面：①推进宪法实施；②建立完备的法律体系；③完善法律实施机制。

3. 建设法治国家的意义

建设法治国家的意义在于：①有效规范权力运行；②保障公民合法权益；③推动实现国家治理现代化，实现长治久安。

（五）教学重难点

（1）教学重点：法治国家的特征。

（2）教学难点：建设法治国家。

（六）教学方法、模式、策略

议题式教学：教师引导与学生的自主探究、小组合作相结合。

（七）教学媒体

多媒体、音频、翻页笔。

（八）教学设计方案

总议题：如何让法治成为治国理政的基本方式？

表 1　教学设计方案

议题	议题情境	议题任务	知识生成	核心素养指向
【议题一】感知总结：法治国家是什么样的？	个人信息保护的法律变迁	【畅想理想的法治国家】 我是法治观察员：个人信息保护的法律变迁有何特点？请你用两个关键词概括	法治国家的特征： （1）坚持宪法法律至上。 （2）坚持良法之治。 （3）尊重和保障公民权利。 （4）规范国家权力运行	通过展示个人信息保护的法律变迁，让学生体会法律并不是一成不变的，法律会随着时代的发展而发展，从而培养学生对我国法治的政治认同
【议题二】矛盾交锋：法治国家怎么建设？	展示蘑菇种植专家凌教授 vs 交警的矛盾冲突	【解决矛盾冲突】 1. 我是法治诊断者：凌教授与交警之间矛盾冲突的焦点在哪里？ 2. 我是法治建言者：如果你是凌教授，你会怎么做？如果你是交警，作为公职人员，会怎么解决？如果你是路过的法官，看到他们冲突升级，你有何建议？	建设法治国家包含三个方面： （1）推进宪法的实施。 （2）建立完备的法律体系。 （3）完善法律实施机制	感知个人信息裸奔的现状，直面矛盾，培养学生用理性精神、法治思维去解决问题
【议题三】宣传推广：建设法治国家的意义何在？	《个人信息保护法（草案）》征集意见	【践行法治宣传】 我是法治宣传者：请同学们以小组为单位拟一个普法宣传口号，要求口号朗朗上口、富有感染力	建设法治国家的意义： （1）有效规范权力运行。 （2）保障公民合法权益。 （3）推动实现国家治理现代化，实现长治久安	引导学生知法、懂法、守法，在个人权益受到侵害的时候要懂得运用法律，组织学生参加普法宣传活动，有利于培育学生的公共参与素养以及践行法治精神

（九）板书设计

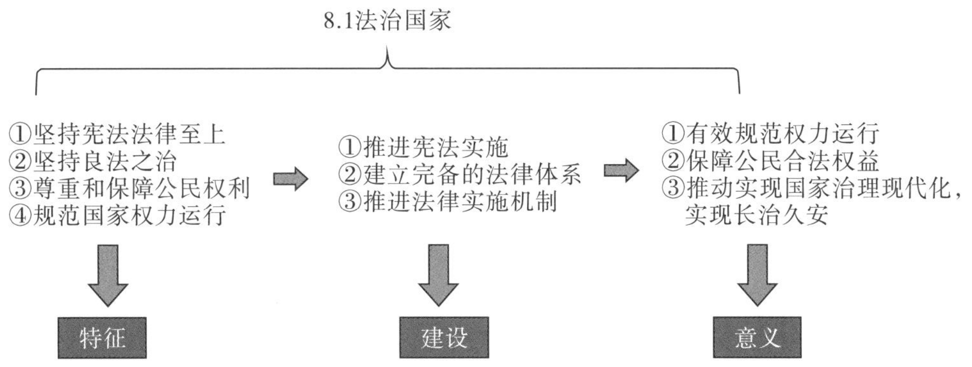

图1　板书设计

（微信扫描二维码可观看课例，网页下载链接：https://module.scnu.edu.cn/article-15465-624-1.html）

三、教学成效与反思

（一）教学效果

表2　教学成效汇总表

预期效果	实际达成效果	可改进措施
1. 知识目标达成	法治国家的含义、特征、建设、意义等知识落实得比较到位，但是从学生活动到知识生成的思维逻辑过程有所欠缺，需要加强	1. 可充分发挥学生的主体性，鼓励学生用关键词总结。 2. 教师从学生的回答中，步步追问引导，上升到教材理论知识
2. 情感态度价值观的落实	学生能感受到中国的法治建设在不断调整，与时俱进，对我国法治建设有一定的政治认同，并能认识到法律就在身边，法律时刻影响着人们的生活	1. 可丰富课堂内容的呈现形式，比如通过视频等媒介，调动学生的视听感官，激发学生的兴趣，使他们的思维更为积极活跃。 2. 通过多媒体视听的刺激，有利于深化学生的政治认同。 3. 可借助学案，将相关拓展作为补充材料增加在其中，增强学生对法治建设的认识

续上表

预期效果	实际达成效果	可改进措施
3. 面对真实情境，培养解决问题的能力	引导学生在面对真实情境时，具备正确解决问题的思维与能力，学会用法律武器维护自己的权益	在引导学生加强公民意识，保障权益的同时，还要引导学生懂得权利与义务相统一、法治与德治相统一

（二）创新性

从教学内容来说，采用整体性情境，使得本课话题聚焦，以个人信息“裸奔”为切入口，梳理个人信息保护的法律变迁，引导学生感知法治国家的特点，通过警民关于能否调用通信记录的矛盾交锋，让学生诊断矛盾焦点何在，并从不同角色提出建议，最后在《个人信息保护法（草案）》意见征集中，拟定宣传口号。总之，本课实现“一点四线”，如图 2 所示。

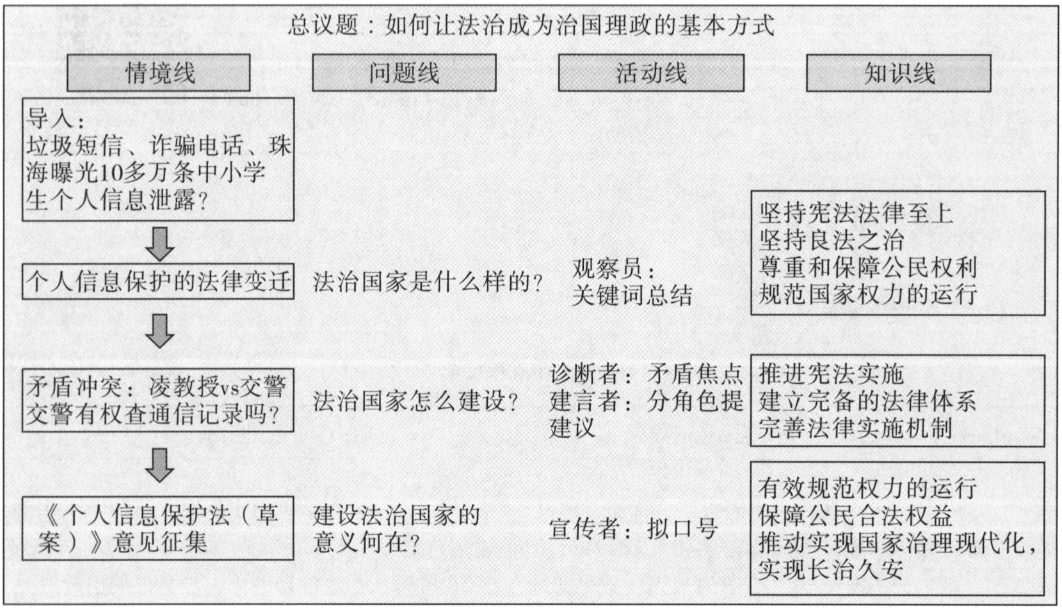

图 2 “一点四线”教学图片

从教学媒体的使用来看，在学生讨论环节穿插播放音乐，一来让学生放松，为学生营造舒适的课堂氛围；二来可达到计时的作用，作为记录学生讨论的时长，有利于教师把控课堂节奏。

从学生活动来看，充分发挥学生的主体作用，在小组讨论过后，让学生充分展示他们的讨论成果，因此，教师设置了两个环节，一个环节是小组上台展示，一个学生发表组内观点，另一个学生把组内关键词记录在黑板上（如图 3 所示）；另一个环节是口号拟定，让各小组把口号写在卡纸上，并上台展示，加强普法的宣传效果。

图3　学习小组上台展示

专家点评

1. 教师主导与学生主体相结合

教师让学生充分讨论，有效展示；由学生分享组内的讨论成果，并让学生以关键词的形式在黑板上加以呈现。

2. 课内与课外相结合

①公民参与政治生活具体途径的拓展：当宪法与法律发生冲突的时候，可以登录中国人大网提意见。

②法治知识的拓展：对我国目前法律体系的构成做了具体的延伸。

3. 问题与结论相统一

教师抛出问题，引导学生思考、解决问题，在这一过程中，还应加强对学生回答的追问、引导、升华，实现由学生生成知识。

（点评人：刘旺，华南师范大学教授，思想政治教育系主任，研究生导师，博士）

人民民主专政的本质：人民当家作主

佛山市顺德区第一中学　周南蓝

一、案例简介

本教学设计是人教版高中思想政治新教材必修3第二单元第四课第一框题，教学对象是佛山市顺德区第一中学高一学生。此课知识内容比较抽象，理论难度比较大。教学目的主要是知识概念的理解，同时提升学生的政治认同等核心素养。

二、教学设计

（一）教学目标

1. 政治认同

通过观看"'十四五'规划诞生记"视频，让学生深刻感悟我国是人民民主专政的社会主义国家的国家性质、人民当家作主的真实性，认同我国的人民民主是最广泛、最真实、最管用的民主。

2. 科学精神

通过了解西方民主制度的相关真实案例，古今对比、中外对比，论证社会主义民主是最广泛、最真实、最管用的民主。

3. 法治意识

通过了解整个规划制定的过程，知道我国人民民主专政的国家性质，将公民的民主权利写入我国宪法，是宪法的明确规定。我们应当增强法治意识，弘扬法治精神，依法积极行使个人权利的同时应遵守公民义务。

4. 公共参与

通过参与自主设计规划流程的探究活动，参与政治实践，感悟社会主义民主的特点，切实理解人民民主专政的本质。

（二）教学内容

1. 课题名称

人民民主专政的本质：人民当家作主。

2. 教学重难点

人民民主专政的国体，社会主义民主是最广泛、最真实、最管用的民主，协商民主是社会主义民主政治的特有形式和独特优势，民主的阶级性。

（三）教学方法

话题式教学法、辨析式教学法、探究式教学法、讲授式教学法。

（四）教学设计方案

总话题：风景这边独好——跟随“两会”解读中国式民主。

［导入］上周结束的我国的“两会”是全球关注的焦点。因为中国创造并继续创造两大奇迹：第一，世所罕见的经济快速发展奇迹；第二，社会长期稳定奇迹。之所以能创造这两大奇迹，正是我们中国特色社会主义道路的成功。中国特定社会主义是实现中华民族伟大复兴的必由之路。今天就让我们以“两会”为窗口，一起来解读中国式民主。

【议题】悟中国式民主之优势

1. 最广泛、最真实、最管用的民主

材料一

五年规划全称为中华人民共和国国民经济和社会发展五年规划纲要，属于长期计划，主要是对国家重大建设项目、生产力分布和国民经济重要比例关系等做出规划，为国民经济发展远景规定目标和方向。中国从1953年开始制定第一个“五年计划”，迄今已经完成13个五年规划。

“十四五”规划：共19篇、65章、192节，超7万字，其制定历时2年，系中国未来5至15年经济社会发展的主要目标，条分缕析，全景呈现。

课堂探究一：

要求：每位同学把课前探究完成的方案进行小组内讨论，形成一份小组方案。

展示：每小组选出一位代表发言。（注意：避免和前面小组学生的发言重复）

规则：小组发言积分制。

课堂探究之前学生已经完成一个课前探究：为了制定科学的“十四五”规划，请你设计一个编制“十四五”规划的步骤流程方案。（注意：不讨论规划的内容，写出如何编制规划的流程和步骤。尽量按照流程顺序书写，写清楚参与的主体）

学生展示方案：中国共产党党内制定—党外协商—吸收民众意见—提交人大通过。

播放视频：“‘十四五’规划诞生记——规划制定过程”。

视频内容文字呈现：“‘十四五’规划诞生记”一共经历10个步骤，4个阶段。10个步骤包括中期评估—前期研究—形成思路—建议起草—通过建议—制定纲要—争取意见—审议批准—正式公布—规划实施。

材料二

世界上最大规模的“民主决策”实践

——参与制定“十四五”规划的各类主体

各基层单位：通过问卷调查、召开座谈会、网络问政等方式，深入各省、市、区、乡镇社区农村等基层进行实地调研、信息搜集，并向全国人民代表大会财经委员会作专题汇报。

专家学者：国家发展和改革委员会多次组织国家发展规划专家委员会专家进行详细讨论、专业咨询和专题论证，并正式向国务院提交论证报告。

各部门：直接向党中央、国务院各部门提交书面征求意见。

各地区：国务院召开规划座谈会，直接听取各地区包括香港和澳门特别行政区的意见。

各行业：由国务院总理多次主持召开有关专家、企业家、工人、农民等方面的座谈会。

执政党：在中央政治局常委会、中央政治局会议多次讨论，并广泛听取各地方、各部门党委、党内老同志和党内精英意见，形成建议的讨论稿正式提交给中共全会。

各党派：广泛征求各民主党派与全国工商联负责人、无党派人士等的党外精英意见，以吸收社会的智慧，对建议不断修改、充实、完善。

广大民众：2020 年 8 月 16 日开始，人民日报、新华社等平台同步推出了新专栏——建言“十四五”，各平台均设置了若干建言主题，各界群众踊跃参与。

现场实践新华网“建言‘十四五’”。请一位同学现场进入网页建言，同学选择了“居民收入”板块，同时浏览其他网友的留言。

材料三

通过各种渠道参与民主决策的信息反馈情况

● 通过互联网就“十四五”规划编制向全社会征求意见和建议，这在我国五年计划和规划编制史上是第一次。网络平台累计收到超过 101.8 万条建言，为文件起草工作提供了有益参考。

● 网名“云帆”的内蒙古村干部李电波所提“互助性养老”建议，就被写入了“十四五”规划建议。

● 中共中央总书记习近平亲自领导编制，多次外出调研，亲自主持召开 7 场专题座谈会，听取各领域各阶层人士的意见建议。

● “十四五”规划建议稿共收到 108 个单位和 10 份党外人士的书面材料反馈，总共提出修改意见 2 181 条。起草组对全会文件稿初步增写、改写、精简文字共计 366 处，覆盖各方面意见建议 546 条，反馈意见的吸收率达 21.88%。

● 两会充分讨论，与会代表共提出修改意见 290 余条。文件起草组根据这些意见，对建议稿做出 31 处修改。

课堂探究二：对比同学们自己的设计方案，思考以下问题。

（1）看完“十四五”规划的诞生故事，同学们的感受如何？

（2）从规划制定过程中感悟中国式民主的优势是什么？

学生发言：流程的设计比我想象的复杂很多，民主参与非常广泛，而且网友建言也有被吸收，非常真实。

课堂探究三：

“民主不是装饰品，不是用来做摆设的，而是要用来解决人民要解决的问题的。”

——习近平

思考：习近平总书记的话说明民主应该还有什么特点？

学生：管用的民主。

材料四

西方国家民主制度的弊端

• “复兴”制造业是特朗普在2016大选之时的承诺，但在上任两年多之后，美国制造业却陷入了近三年的首次萎缩。

• “他们（英国人民）只是在选举国会议员的时候，才是自由的；议员一旦选出之后，他们就是奴隶了。”

——卢梭

• 美国总统奥巴马在任时提出的医改方案和就业方案一拖再拖，分歧对峙导致僵局，成为“蹩脚的改革”，医改方案很快又被新上台的特朗普政府推翻。

思考：材料反映了西方民主的哪些弊端？

学生：选举时满天许诺、选举后无人过问地开“空头支票”；人民形式上有权、实际上无权；相互掣肘导致内耗严重、效率低下。

教师归纳：我国的五年规划制定之后分步落实，制定规划的时候就有实施的细节，还会因地制宜，适时修改，实施过程中不断完善问责制保障计划执行。我国的民主是民主基础上集中和集中指导下民主相结合，是合理高效的民主。

【议题一：“悟中国式民主之优势”知识总结】

（1）我国的人民民主是最广泛的民主。

①民主权利。

②民主主体。

③要求：社会主义国家人民当家作主的本质属性，要求不断健全社会主义民主制度，丰富社会主义民主形式，将人民的民主权利推行到政治、经济和社会生活等各个领域，逐步实现政治生活的民主化、经济管理的民主化和社会生活的民主化。

（2）我国的人民民主是最真实的民主。

①从政治保证上看，我国是由中国共产党执政的社会主义国家，有一个代表最广大人民利益的坚强领导核心。中国共产党的坚强领导，是在国家生活中实现人民民主的根本政治保证。

②从制度和法律保障上看，我国已建立了一系列切实体现和有效维护人民民主的制度，制定了从多方面保障公民权利和自由的法律。这些制度和法律的建立与完善，在实践中保障了人民民主的有效落实。

③从实现方式上看，我国不仅在国家权力机关和人民政府的组织等方面实行民主选举，还在国家和社会治理中实行多层次、多渠道的民主协商。（补充：7种协商民主的形式）

（3）我国的人民民主是最管用的民主。

【议题二】寻中国式民主之根基

2．**我国国体：人民民主专政**

思考：中国人民能够享受最广泛、最真实、最管用的民主的根基是什么？

（1）我国国体：人民民主专政。

①内涵：工人阶级领导，以工农联盟为基础。团结一切可以团结的力量，广泛的爱国统一战线。

②意义：在社会主义制度中具有根本性意义。

③本质：人民当家作主。

（2）国体：社会各个阶级在国家中的地位（见图2）。

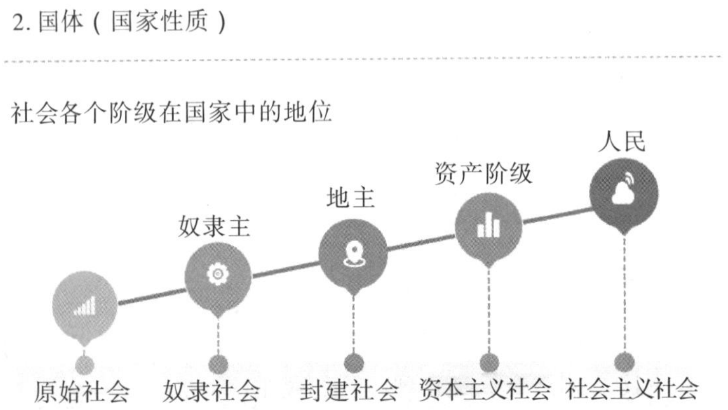

图2　社会各阶级在国家中的地位

过渡性问题：国体不同，享有民主的阶级（阶层）有什么区别？

【议题三】论民主之义

3．**民主内涵（作为国家制度）**

（1）在统治阶级范围内（民主的范围）。

（2）平等的原则和少数服从多数的原则（民主的两原则）。

（3）共同管理国家事务问题：人民民主专政为什么要以工农联盟为基础？

全框题知识总结：中国式民主始终坚持党的领导、人民当家作主、依法治国有机统一，是全过程民主（见图3）。

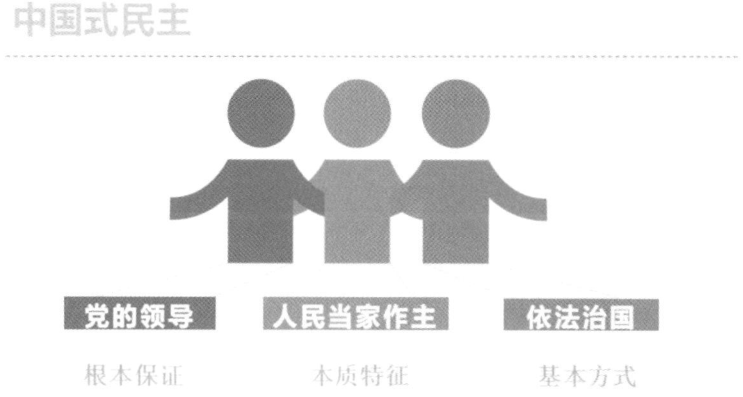

图 3　中国式民主

中国式民主是中国方案的一部分，是落实人民当家作主的制度保障，也是为世界人民独立自主和和平发展贡献的中国智慧，给即使落后但同样渴望和平民主的国家人民带去希望。

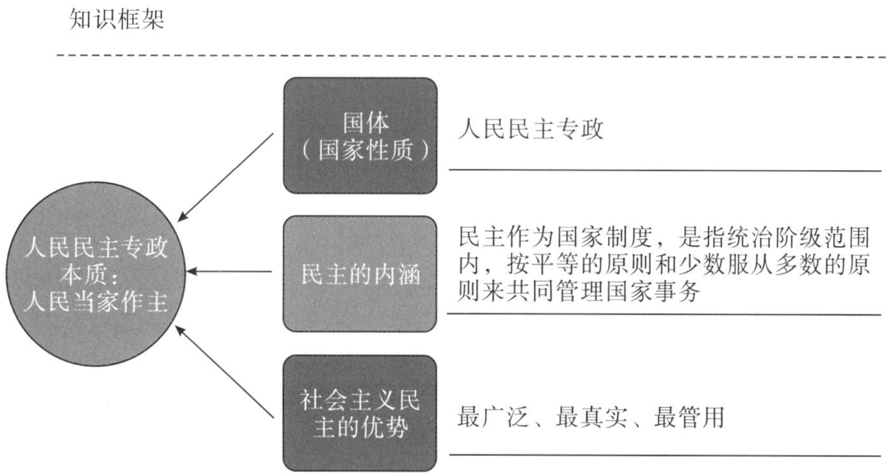

图 4

【课堂练习】

1．民主一词源于希腊语“demos”，意为人民。下列关于民主说法正确的是（　　）

①民主是一种国家制度

②在社会中坚持少数人服从多数人的原则

③只在统治阶级范围内实行

④民主的主体是全体人民

A．①②　　B．①③　　C．②④　　D．③④

答案：B

2．与西方国家常见的空头许诺和相互掣肘相比，我国建立了一整套保障人民当家作

主的制度体系，保证了人民当家作主的途径畅通、合理高效，保障了人民权益。这主要体现了（　　）

A. 我国是公民当家作主的社会主义国家

B. 社会主义民主是最真实的民主

C. 社会主义民主是最广泛的民主

D. 社会主义民主是最管用的民主

答案：D

（微信扫描二维码可观看课例，网页下载链接：
https://module.scnu.edu.cn/article-15465-625-1.html）

三、教学成效与反思

学生课后普遍表示他们更坚定了对中国制度的自信，尤其是对中国民主制度更加了解，不会盲目崇拜西方的民主制度和对民主话语的垄断。

本教学设计的不足之处主要是后半部分的知识生成不够，以教师讲授为主，有一些头重脚轻的感觉。

专家点评

此教学设计重视情境设计，生成知识比较自然，学生参与度比较高。政治认同水到渠成，科学精神贯穿全程，在无形中渗透了中国的民主制度自信。

教师大胆地处理了教材的顺序，重新整合教材。这样能够由近及远，由浅入深，由具体到抽象地展示知识，更好地融入“十四五”规划制定过程的素材。

可以改进之处主要是在三个核心素养的表述上可以更具体、更好地与案例融合。在设计内容上，除了通过“十四五”规划的过程，还可以通过“十四五”规划的内容，例如结合“增进民生福祉　提升共建共治共享水平”“统筹发展和安全　建设更高水平的平安中国”这些和学生生活息息相关的内容，多维度呈现中国式民主的三个特征。

（点评人：刘旺，华南师范大学教授，思想政治教育系主任，研究生导师，博士）

中国特色社会主义进入新时代

广州市第二中学　廖浩生

一、案例简介

本课例为“中国特色社会主义进入新时代”新授课，授课对象是高一年级学生。本课教学依据《普通高中思想政治课程标准（2017 年版 2020 年修订）》的相关精神，以学生为主体、教师为主导、活动为载体、议题为纽带、核心素养为归宿，开展议题式教学，并以“新时代”为课堂明线，以“脱贫攻坚”为课堂暗线，设置 3 个分议题——“感悟新时代”“解读新时代”“奋斗新时代”，实现“课程内容活动化”“活动内容课程化”，促使学生通过活动探究议题，突出学生的主动性与生成性，构建高效的政治课堂。

二、教学设计

（一）教学目标

1. **课程标准内容要求**①

（1）论证中国特色社会主义是当代中国发展的根本方向，坚定坚持和发展中国特色社会主义的自信。

（2）阐明中国特色社会主义进入新时代，我们比历史上任何时期都更接近、更有信心和能力实现中华民族伟大复兴的目标。

2. **相关学业质量水平**②

（1）运用辩证唯物主义基本观点和方法，回应当前经济、政治、文化、社会和生态文明建设中的突出问题，并对相关信息或推理进行检验和评价。

（2）选择恰当论据，在全球视野中比较各国发展道路，论证只有中国特色社会主义才能发展中国。

（3）综合运用各种论据，辨析各种错误思潮，有创见地批驳封闭僵化或改旗易帜的主

①② 摘自《普通高中思想政治课程标准（2017 年版 2020 年修订）》。

张，阐明走中国特色社会主义道路的坚定信念。

3. **核心素养目标**

（1）政治认同：通过分享汇报与小组探究环节，学生理解并认同新的历史方位，并在分析视频情境中体会中国共产党与时代共同进步的先进性本色，确信新时代必须一以贯之地坚持和发展中国特色社会主义，提高政治认同感。

（2）科学精神：通过分享汇报活动，学生能运用马克思主义哲学的基本原理观察、理解和解释当今社会的成就与突出问题；用辩证思维与历史思维，以建设性批判的态度思考在新时代如何继续发展中国特色社会主义事业，增进科学精神。

（二）教学内容

本课“中国特色社会主义进入新时代”选自高中思想政治必修1第四课第1框。第四课“只有坚持和发展中国特色社会主义才能实现中华民族伟大复兴”是必修1全书的落脚点，紧紧围绕“新时代”“新征程”“新思想”展开，而其第一框“中国特色社会主义进入新时代”重点交代了“新时代”这一全新的历史方位，讲述新时代的科学内涵和我国社会主要矛盾的变化，阐释新时代必须一以贯之地坚持和发展中国特色社会主义，为学生学习与理解“新征程”“新思想”奠定了基础。

（三）教学方法、模式、策略

本课运用的教法有议题式教学法、案例教学法、讲授法，运用的学法有合作探究法、自主学习法、查阅资料法，并采用现象分析模式与启发式教学策略。

本课坚持“课程内容活动化”“活动内容课程化”的新课标精神，依据教学内容和学生思维规律，在“如何理解中国特色社会主义的新时代”这一总议题的引领下，设置“感悟新时代，体会成与未成”“解读新时代，思考变与不变”“奋斗新时代，致敬党与人民”三个具有思维梯度的分议题，注重引导学生从生活经验和社会现象出发，通过议题活动和教师启发性设疑，学生多层次并主动地理解、分析“新时代”这一全新的历史方位，并确信在新时代必须一以贯之地坚持和发展中国特色社会主义。

（四）教学媒体

PPT课件、视频。

（五）教学设计方案

表1　教学设计方案

环节	议题	教师活动	学生活动	评价活动	设计意图
导入	总议题：如何理解中国特色社会主义的新时代？	介绍“全国脱贫攻坚总结表彰大会”的时政素材，引入“新时代”这一课堂主题	—	—	时政导入，有利于丰富学生时政积累，快速导入教学内容，同时为“新时代”“脱贫攻坚”的课堂双线做铺垫

续上表

环节	议题	教师活动	学生活动	评价活动	设计意图
新课讲授	分议题1：感悟新时代，体会成与未成	【作业分享】 组织学生分享课前作业： 1. 党的十八大以来，中国特色社会主义事业取得哪些辉煌成就？ 2. 当前我国经济、社会、生态等领域仍存在哪些问题？ 根据学生对成就的分享，通过列举扶贫数据、中外贫困路径对比，引导学生理解新时代的内涵与意义	课前通过查阅资料了解、分享社会的成就与问题，初步感悟新时代	对学生分享的作业进行评价。评价时指导学生注意观点和论据的结合，引导学生有理有据地、切实地感悟新时代的成就与问题。 对学生核心素养进行评价：科学精神——评价学生能否运用马克思主义哲学的基本原理观察、理解当今社会现象	通过自主探究社会的成就与问题，以及对比中外贫困路径的材料，学生能够切实感悟并理解新时代全新的内涵与意义，并能够用辩证和发展的眼光看待新时代，达成课标内容要求2.4与学业质量水平2－2、3－1
	分议题2：解读新时代，思考变与不变	【组织讨论】 小组讨论：作为新时代的一员，你对社会生活有怎样的新期待？ 【展现材料】 1. 材料一 经济学家张立群指出："发展的矛盾和问题，还是非常普遍和深刻的……像城乡之间的发展差距，2019年城镇居民人均收入是农民的2.64倍，高收入群体人均收入是低收入群体人均收入的10倍以上；再比如地区之间的发展差距，江苏省的人均地区生产总值是甘肃省的4倍左右……"	基于生活实践，学生讨论并分享自身对社会生活的期待，可涉及生态环境、教育事业、基础设施、科技水平等诸多方面。 基于三则材料，学生能够理解并生成： 1. 我国的生产力水平有着长足进步，但是当今社会发展仍存在着结构不平衡、程度不充分的典型问题。	对学生有效提取材料信息的能力，并且能围绕课堂预设的探究问题的回答进行评价。 对学生核心素养的评价： 科学精神——评价学生能否用辩证唯物主义和历史唯物主义来思考当今发展问题与新时代的"变与不变"	通过小组讨论环节，学生能依据讨论结果，从社会需要角度理解新时代人民需求的多样性，尊重学生主体地位。 通过三则材料的对比，学生能理解我国发展的不平衡不充分问题，从而生成我国主要矛盾的变化。

续上表

环节	议题	教师活动	学生活动	评价活动	设计意图
新课讲授	分议题2：解读新时代，思考变与不变	2. 材料二 国家统计局关晓静指出："2019 年中国的创新指数排名跃升至第 14 位，是前 15 名里唯一的发展中国家，表明中国正从科技大国向科技强国迈进。但仍然面临前瞻性基础研究和颠覆性技术等方面的创新能力不足、科技创新成果转化水平较低等问题。" 3. 材料三 展现 GDP 数据对比：1981 与2017 年的中国 GDP、2017 年美国（发达国家）与巴西（发展中国家）的人均 GDP	2. 我国并未成为发达国家，仍然是世界最大的发展中国家，仍处于社会主义初级阶段（不发达阶段）		另外，通过各国 GDP 数值对比，学生有效认识到我国基本国情和国际地位的不变
	分议题3：奋斗新时代，致敬党与人民	播放视频：《凉山州的历史之变》。 提出问题：凉山州脱贫具有哪些成功经验？	基于视频，学生能够回答： 凉山州的脱贫依靠习近平总书记实地调研提出易地搬迁、特色产业等脱贫之策； 凉山州脱贫需要当地村民接受培训、艰苦奋斗、劳动脱贫； 为了凉山州脱贫，各级党员干部制定帮扶计划，各级党组织开展督导检查	对学生围绕课堂预设的探究问题的回答进行评价，考察学生的回答是否能够基于视频材料有根有据地切实生成。 对学生核心素养的评价： 政治认同——评价学生是否能够认同并说明中国共产党是中国特色社会主义事业的领导核心，考查学生是否能通过分析具体事例表明中国特色社会主义制度的显著优势	引导学生体会中国共产党的先进性，确信新时代必须一以贯之地坚持和发展中国特色社会主义，驳斥改旗易帜的主张，达成课标内容要求 2.3 以及学业质量水平 4-1

续上表

环节	议题	教师活动	学生活动	评价活动	设计意图
升华		展示黄文秀等人的扶贫事迹，做出教师寄语	—	—	引导学生学习新时代的模范，坚定为新时代发展中国特色社会主义事业贡献力量的理想信念

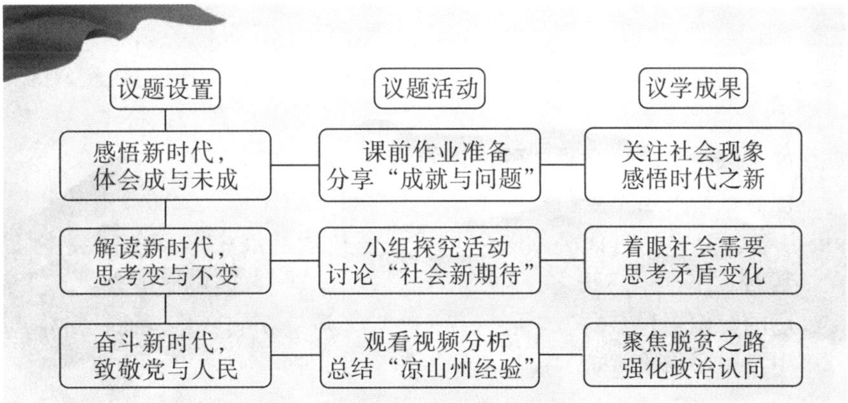

（1）

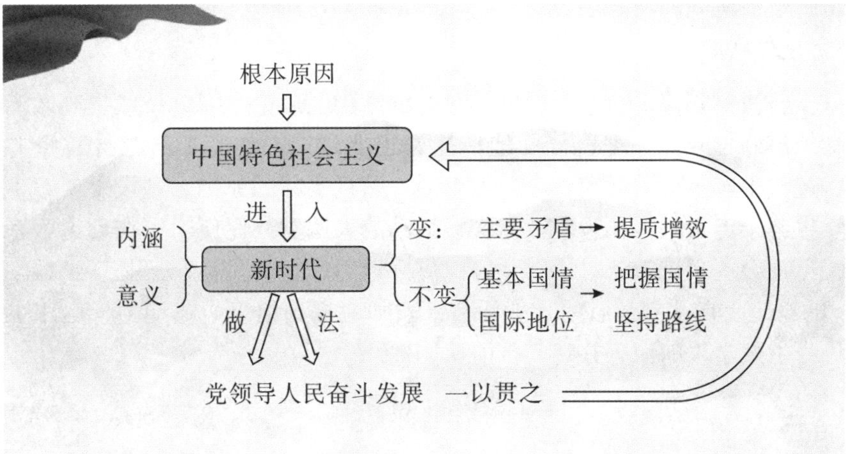

（2）

图1 教学设计图

（微信扫描二维码可观看课例，网页下载链接：
https://module.scnu.edu.cn/article-15465-626-1.html）

三、教学成效与反思

在学校领导的带领下，在科组全体教师的指导帮助下，笔者于广东实验中学开展异地授课，教学效果较为显著，学生能有效地感悟、理解并认同中国特色社会主义的新时代，达成教学目标。针对本课例的备课与教学过程，笔者得出教学亮点与教学反思总结如下。

（一）教学亮点

本课创新性在于“双线并行”的教学思路。本课在总议题的统领之下，以“新时代”为课堂明线，以“脱贫攻坚”为课堂暗线，分别在三个分议题中以“脱贫攻坚”的案例、原因与经验来促使学生有效生成“新时代”的特点、现象与做法，将“脱贫攻坚”这一时政热点贯穿课堂教学，增强学生的政治认同感。

此外，本课有效地突出重点，突破难点。本课设定教学重点为“新时代我国主要矛盾的变化”，设定难点为“新时代必须一以贯之地坚持和发展中国特色社会主义”。对此，分议题2在“脱贫攻坚”的主线之外补充了如科技、GDP数据对比等素材，通过多方面、多层次、多维度的案例素材，向学生展现我国主要矛盾的切实变化。而针对难点内容，本课注重研究历史逻辑与理论逻辑，通过引导学生回顾“改革开放以来，我国取得一切成就的根本原因”这一旧知，理解我国进入新时代是基于中国共产党带领全体人民发展中国特色社会主义，而在新时代我们则需要将这一做法一以贯之地坚持下去，驳斥改旗易帜的主张，有效培育政治认同的核心素养。

（二）教学反思

一是基于新教材必修1的理论深度，只有继续加强理论学习，持续提高政治素养，才能理直气壮地讲好思政课，理直气壮地传播好正能量；二是基于新教材必修1的宏大主题，在教学过程中应坚持贴近学生、贴近生活、贴近实际的原则，创设更富有生活性的情境，推动学生勇于走出教室，迈入社会实践活动的大课堂，促使学生在理论联系实际中加深对中国特色社会主义进入新时代的理解，更好地达成教学目标；三是基于教学目标以及“认同课”的设定，在课堂最后的升华环节，教师应提高语言表达能力，运用更富有感情渲染力的语言引发学生的情感共鸣与价值认同。

专家点评

本课例坚持以议题为纽带，以活动为依托，充分体现了“课程内容活动化”“活动内容课程化”的新课标精神，有效培育学生的政治认同、科学精神等核心素养。另外，本课例创新性地运用“新时代”与“脱贫攻坚”两条课堂明暗线以及“感悟新时代”“解读新时代”“奋斗新时代”三个具有梯度层级的分议题，将课堂各个环节有机串联，使课堂层层递进、环环相扣。授课教师更注重学生认知规律和学科知识体系，利用板书、设问等细节突出重点、突破难点，有效达成教学目标。

（点评人：何亮，华南师范大学哲学与社会发展学院副教授，研究生导师）

伟大的改革开放

东莞市常平中学　阎　婧

一、案例简介

本教学案例是在思想政治理论课改革创新要坚持“八个相统一”，思政课教师要做到“六个要”的思想指导下进行设计的。

（1）知识线：十一届三中全会召开的背景、内容和意义；对内改革与对外开放的历史进程；改革开放的重大意义；改革开放永无止境。

（2）议题线：以“改革开放何以伟大”为议题总领全课，设置三个子议题。子议题一：改革开放的背景和进程；子议题二：改革开放的意义；子议题三：将改革开放进行到底。根据议题开展的顺序，课堂设计三个环节。环节一：忆往昔峥嵘岁月稠——改革开放的背景和进程；环节二：看今朝旖旎风光秀——改革开放的意义；环节三：望未来任重而道远——改革开放永无止境。

（3）活动线：学生阐述并绘制改革开放进程图—学生小组展示东莞改革开放后衣食住行等方面的变化—学生为东莞未来发展建言献策。

二、教学设计

（一）教学目标

（1）政治认同：通过分享汇报东莞改革开放发展变迁的活动，学生深刻认识中国改革开放的发展成就以及改革开放的意义，坚信只有中国特色社会主义才能发展中国，认同中国共产党的领导，增强中国特色社会主义道路自信。

（2）科学精神：通过小组共同绘制改革开放进程图，加深学生对改革开放不同阶段的理解，知道改革开放是一个过程，是一场“持久战”，理解“改革开放只有进行时，没有完成时”。

（3）公共参与：通过为东莞未来发展建言献策，激发学生公共参与的热情，使学生树立为实现中华民族伟大复兴而奋斗的理想，勇于担当社会责任。

（二）教学内容

本课是人教版高中思想政治必修 1《中国特色社会主义》第三课第一框，在全书起着重要的承上启下的作用。本课承接第二课“只有社会主义才能救中国”，继而讲述“只有中国特色社会主义才能发展中国”，同时为第四课“只有坚持和发展中国特色社会主义才能实现中华民族伟大复兴”的学习起过渡作用。

本课分为两目，一是改革开放的进程，二是改革开放的意义。“改革开放的进程”介绍了 1978 年党的十一届三中全会以来，各关键时间点的对内改革和对外开放的重大事件。“改革开放的意义”通过我国取得的巨大成就，阐述改革开放的重大意义，改变四大面貌，迎来三大飞跃，有利于我国坚定改革开放的正确道路，并增强学生对中国特色社会主义的道路自信。

（三）教学重难点

（1）教学重点：改革开放的进程。

（2）教学难点：改革开放的意义。

（四）教学设计方案

【总议题】改革开放何以伟大？

（导入）播放视频《庆祝新中国成立 70 周年群众游行第二篇章“改革开放”》。“改革开放”主题为什么会出现在庆祝新中国成立 70 周年群众游行的重大场合中？“改革开放”有何伟大之处？本节课我们就以“改革开放何以伟大”为议题，一起探讨改革开放的进程、意义及未来道路。

【设计意图】

利用视频导入，激发学生的兴趣，使其将注意力较快地集中到课堂中来。通过简单设问，抛出本课的总议题“改革开放何以伟大”。

【议题 1】改革开放的背景和进程

环节一：忆往昔峥嵘岁月稠——改革开放的背景和进程

（情境）观看十一届三中全会的视频。

（活动）结合视频、教材和所学历史知识，思考并回答问题：十一届三中全会召开的历史背景、重要内容和重大意义。

（小结）十一届三中全会召开的历史背景：“文化大革命”结束后中国向何处去？迫切要求就关系党和国家前途命运的大政方针做出战略选择；真理标准大讨论冲破了长期以来的个人迷信和“两个凡是”的思想束缚，为党重新确立解放思想、实事求是的思想路线，为改革开放提供了舆论准备和理论支持，成为改革开放的先声。

十一届三中全会的重要内容：十一届三中全会重新确立了马克思主义的思想路线、政治路线和组织路线；确定把党和国家工作的重点转移到社会主义现代化建设上来，做出实行改革开放的重大决策。

十一届三中全会的重大意义：在“文化大革命”结束后的紧要关头，十一届三中全会矫正了党和国家的航向，实现了中华人民共和国成立以来党的历史上具有深远意义的伟大转折，开启了改革开放和社会主义现代化建设新时期。

【设计意图】

1978 年 12 月 18 日召开的十一届三中全会是中华人民共和国成立以来党的历史上的伟大转折。通过观看视频和思考回答问题，能够加深学生对十一届三中全会的记忆和理解，为接下来具体介绍改革开放各时期的进程做铺垫。

（活动）学生结合所学和教材，分小组共同绘制出改革开放进程图（见图 1），并从对内改革和对外开放两个方面讲述有哪些影响改革开放进程的历史大事件。

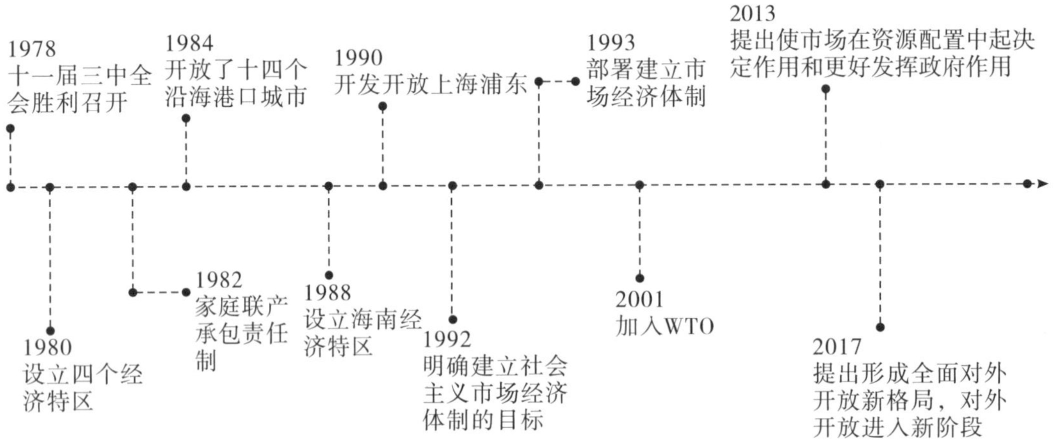

图 1　改革开放进程图

【设计意图】

通过阅读教材、自主学习并厘清改革开放进程，有利于提高学生阅读和整合概括的能力；通过与同伴讨论并共同绘制改革开放进程图，有利于提高学生动脑动手及小组合作能力，加深对改革开放进程史实的记忆。

【议题 2】改革开放的意义

环节二：看今朝旖旎风光秀——改革开放的意义

（情境）时代印记：展示东莞改革开放前后的对比照片，让学生感受改革开放给东莞带来的变化，感悟改革开放的意义。

（活动）老故事与新传说：东莞作为改革开放的先行地，从珠江东岸一个普通的农业县华丽变身，成为今日令人瞩目的“国际制造业名城”。这 40 多年间，东莞经历了怎样的巨变？东莞奇迹是如何创造的？小组分享展示课前实践活动的成果：同学们收集相关资料并采访家里老人，或者是东莞改革开放的亲历者、见证者、建设者，说说改革开放以来，东莞这座城市所发生的翻天覆地的变化。

播放采访视频和老照片，比如粮票、布票、肉票、鱼票、油票、豆腐票、副食本、工业券等百姓生活曾离不开的票证已经进入历史博物馆；又如家庭的老物件，自行车、缝纫机、挂钟、水井等；再如，从衣食住行学乐等方面的变化进行分享。

（小结）40 多年来，东莞经济社会发展取得巨大成就。综合实力大幅提升，2017 年经济总量达到 7 582. 12 亿元，是 1978 年的 276. 3 倍，位居全国大中城市第 19 位。产业结构明显优化，建立起适应现代社会生产力发展的产业结构体系，三大产业的比例由 1978 年的44.6：43.8：11.6转变为2017年的0.3：47.4：52.3。城乡面貌发生历史性巨变，人民生活极大改善，稳步迈进宽裕小康。精神文明建设硕果累累，文教体卫焕发勃勃生机，各项社会事业蒸蒸日上。

改革开放是当代中国最为宏大、最具活力的一场前所未有的深刻革命。改革开放40多年来，东莞社会主义现代化建设取得了辉煌成就，实现了从传统农业社会到现代工业社会的社会转型，实现了从农村到城市的社会变迁，实现了人民群众从贫困到温饱再到宽裕小康的生活转变，成为“中国改革开放一个精彩而生动的缩影”。

【设计意图】

坚持理论性和实践性相统一。知识来源于生活，通过课前布置学生采访和收集资料的任务，调动学生参与的积极性，把课堂延伸到课外，让学生在实践活动中提高自身的核心素养和能力。没有调查就没有发言权，学生们在调查的过程中更加深刻地感受到改革开放的成就，也使改革开放的意义更有说服力。

（情境）播放视频——改革开放40年：中国经济“逆袭史”。

（活动）结合视频，请学生说说改革开放以来我国取得的成就，并阐述改革开放的意义，经济总量稳居世界第二，国家治理体系现代化稳步推进，中国文化软实力影响世界，新时代人民生活有了新需要，美丽中国建设成效显著……

（小结）四个面貌、三个飞跃：1978年以来，中国改革全面推进，对外开放向纵深发展。改革开放极大地改变了中国的面貌、中华民族的面貌、中国人民的面貌、中国共产党的面貌。中华民族迎来了从站起来、富起来到强起来的伟大飞跃，中国特色社会主义迎来了从创立、发展到完善的伟大飞跃，中国人民迎来了从温饱不足到富裕小康的伟大飞跃。中华民族正以崭新姿态屹立于世界的东方。

实践充分证明，改革开放是党和人民大踏步赶上时代的重要法宝，是坚持和发展中国特色社会主义的必由之路，是决定当代中国命运的关键一招，也是决定实现“两个一百年”奋斗目标、实现中华民族伟大复兴的关键一招。

【设计意图】

通过视频的播放、数据的证明，学生对改革开放给我国带来的重大意义从感性认识上升到理性认识，同时更加具有国际视野，有利于增强学生的政治认同。

【议题3】将改革开放进行到底

环节三：望未来任重而道远——改革开放永无止境

40多年的改革开放给我们带来了巨大的成就，但也带来了风险和挑战。正如邓小平曾经说过“改革开放，窗户打开了，好的空气会进来，同时苍蝇也会进来”，环顾当今国内外形势，我国改革开放事业进入攻坚克难的关键时期，同时美国等一些西方国家贸易保护主义抬头，逆全球化思潮愈演愈烈。有人认为，在动荡不安的今天，中国应该独立自主，关起门来搞好自己的建设，对此你怎么看？未来，中国是否要将改革开放进行到底？

改革开放为东莞的发展带来了巨大的意义，但是也面临着一些问题。如近年东莞腾笼换鸟，大量工厂搬迁，经济发展下滑，加之疫情影响，外向型企业压力巨大，我们要提高忧患意识，在现在双循环的格局中，推动高水平的对外开放。请同学们从政府、企业、公民的角度为东莞继续深化改革开放建言献策。（在公民部分教师可点播，如学习改革先锋

于敏、大包干带头人、屠呦呦……学习改革开放精神）

（活动）

思考1：要不要继续改革开放？

思考2：怎么样继续改革开放？（学生为东莞发展建言献策）

【设计意图】

在改革开放深入发展的今天，中国该何去何从？改革开放只有进行时，没有完成时，改革开放一直在路上。利用真实的时政情境，让学生结合东莞本地情况，参与家乡建设，在真实的情境中达成公共参与的践行目的。

（小结）

四十载波澜壮阔，新征程催人奋进。经济特区的沧桑巨变是一代又一代特区建设者拼搏奋斗干出来的。在新起点上，经济特区广大干部群众要坚定不移地贯彻落实党中央决策部署，永葆“闯”的精神、“创”的劲头、“干”的作风，努力续写更多“春天的故事”，努力创造让世界刮目相看的新的更大奇迹！

【设计意图】

引用习近平总书记在深圳经济特区建立40周年庆祝大会上的讲话，进行总结升华，让学生更加坚信改革开放的重大意义，激发其努力学习、为实现中华民族伟大复兴的中国梦而奋斗的昂扬斗志。

（微信扫描二维码可观看课例，网页下载链接：
https://module.scnu.edu.cn/article-15465-627-1.html）

三、教学成效与反思

本课教学效果不错，情境设置吸引了学生兴趣，调动了学生的积极性和主动性；在创新性方面，结合学生成长的本土资源，让学生更加深刻地感受到改革开放的意义。但是在时间把握上还有待提高，具体知识点的讲解还不够透彻。

专家点评

阎老师对“伟大的改革开放”的教学设计是议学主体型教学设计，在设计中，阎老师注重创设亲和的情境、思辨的议题和议学的活动。新课标要求高中思想政治课要围绕议题，设计活动型学科课程的教学。阎老师采用议题式教学，围绕“改革开放何以伟大”的总议题设计教学环节，使学生在活动的过程中进行思维的碰撞，实现学生的深度学习。素养提升成为本课教学的旨归，学生成为课堂学习的主体，教师在课堂的作用是适当引导和提供必要帮助。学生在学习的过程中，知识得以建构、才华得以展示、能力得以提高、素养得以逐步养成。

（点评人：何亮，华南师范大学哲学与社会发展学院副教授，研究生导师）

历史篇

两次鸦片战争

广州市第五中学　李岳菊

一、案例简介

“两次鸦片战争”是高一上学期人教版历史必修《中外历史纲要（上）》的新课，讲述了在19世纪中期世界近代化浪潮中，中国经历两次鸦片战争后开始被迫向近代社会转型，部分先进知识分子开始了解西方的史实。

本课的教学围绕“世界近代化浪潮下中国社会的被动转型”这一主题展开，着力于以核心素养为导向，构建有深度的自主学习课堂，聚焦核心问题，以任务驱动突破重难点，以表格形式归纳基础知识，组织学生进行小组合作学习。同时在教学中以广州地方史作为切入点，创设情境，贯穿始终，首尾呼应，拉近历史与现实的距离，培养学生的家国情怀。

二、教学设计

（一）教学目标

1. 学科核心素养目标

（1）时空观念：运用地图、表格、时间轴等方式分析鸦片战争前中国所面临的特定时空背景，概述两次鸦片战争的过程。

（2）唯物史观：运用唯物史观分析两次鸦片战争爆发的背景，列强侵华对中国的影响及“师夷长技以制夷”思想的价值。

（3）历史解释：能够指出关于鸦片战争爆发原因不同观点的异同，理解历史解释的多样性和差异性并说明原因，进而验证以往的观点或提出新的解释。

（4）史料实证：能够提取实物史料、民间歌谣、时人笔记等多方面史料的有效信息，恰当运用史料作为证据进行论述并合理辨析，驳斥“不存在三元里人民抗英斗争”的观点，认识鸦片战争的侵略性。

（5）家国情怀：感悟列强侵华对中国社会的影响，从爱国军民的反侵略斗争中感悟其爱国情怀，感受林则徐等有识之士的开拓精神与创新勇气。

2. **教学重点和难点**

（1）重点：鸦片战争前的世界形势；鸦片战争对中国社会的影响。

（2）难点：鸦片战争爆发的必然性；“开眼看世界”的进步性与局限性。

（二）课前准备

（1）在讲授新课的前一天制作好学案，以表格形式归纳基础知识。

（2）准备好课堂上需要研读的材料，提前发放给学生。

（3）提供鸦片战争纪念馆、三元里人民抗英斗争纪念馆、广东革命历史博物馆、十三行博物馆等博物馆网址，供有兴趣的同学提前了解相关史实。

（三）教学实施

【导入】

用 PPT 展示三元古庙与镇海楼的照片，指出广州的建筑、语言等留下了许多历史印迹。引导学生跟随着广州记忆，一起回顾两次鸦片战争的历史。在广州见到外国人是很平常的事情，在广州话里，“外国人”被叫作“番鬼”，这起源自 16 世纪初期，意思是“好斗、野蛮、吵闹的人”。这个带有蔑视意味的词在一定程度上反映出当时中国自上而下都沉浸在一种天朝上国的迷梦当中。

【讲授新课】

1. **“同一个时代的两种文明”——19 世纪中期的中国与世界**

师：介绍“夷夏之防”观念、“天朝上国”思想等错误认识。

提问：这些材料反映了什么观点？这些观点是对中国在世界上定位的正确认识吗？中国是在怎样的国际环境中进入近代社会的？

生：通过阅读教材和讨论归纳，总结鸦片战争前的世界形势与中国社会状况，填入学案表格。世界主要殖民主义国家都把矛头指向了中国，而清政府对世界形势的变化浑然不觉！

师：展示《1840 年前的中国和世界形势图》，并进行小结：当时，世界上没有被殖民者践踏的大片土地，除了非洲腹地就是中国了。作为殖民霸主的英国，为了扭转贸易逆差，打开中国市场，将大炮对准了我们，而清政府对世界形势浑然不觉。中国以中世纪的武器、中世纪的政府、中世纪的社会来对付近代化的敌人，其实战争的结局已经没有悬念了。

表 1　鸦片战争前的中国和世界

比较项	中国	西方
政治	君主专制统治依旧顽固	资本主义制度纷纷建立
经济	自给自足的小农经济占主导	工业革命后，资本主义生产方式占主导
军事	武器主要是冷兵器，作战能力低下	装备先进，海军强大

续上表

比较项	中国	西方
外交	实行闭关锁国政策	积极进行殖民扩张活动
思想	闭目塞听，夜郎自大	开放，积极，自信
综合	矛盾激化，封建统治危机四伏	资本主义迅速崛起

2. **“同一个根由的两次战争”——两次鸦片战争**

材料三：（虎门销烟）把能给我们大英帝国带来无限利益的大批的商品，全部给予销毁！这是我大英帝国的奇耻大辱！我要求议会批准政府派遣远征军去惩罚那个极其野蛮的国家！

——英国外交大臣巴麦尊在议会上发表的讲话

材料四：“大家都认为鸦片战争是一次典型的非正义战争，是鸦片染成的战争……其实，根本是北京愿不愿意和英国订立平等国家关系的问题。”

——费正清《伟大的中国革命》

材料五：“鸦片战争是英国为维护非法走私贸易而发动的战争，是用炮舰推动走私贸易的战争……谋求在华的全面经济与政治利益，是列强的根本目的所在。”

——《中外历史纲要（上）教师教学用书》

关于鸦片战争爆发的原因，不同的人提出了不同的看法。阅读材料，思考：

（1）这些材料都在探讨什么问题？它们对于同一历史事件的解释有何不同？

（2）你认为产生这种不同的原因有哪些？

（3）你赞同或反对哪个观点？为什么？

师：引导学生理解历史解释的含义、影响因素等，并从唯物史观角度明确战争的侵略性。

生：阅读教材，结合地图和初中所学知识，用表格归纳两次鸦片战争的史实以及其对中国的影响。

表 2　两次鸦片战争的史实

项目	第一次鸦片战争	第二次鸦片战争
时间	1840—1842 年	1856—1860 年
发起国家	英国	英法联军
原因	维护非法的鸦片走私贸易	进一步打开中国市场

续上表

项目		第一次鸦片战争	第二次鸦片战争
简要过程		1840 年英军远征军总司令懿律率军开进广州海口，发动侵略； 1842 年 8 月清政府被迫签订《南京条约》，战争结束	1856 年英法发动战争，美、俄两国以调停人面目出现； 1858 年清政府被迫分别与英法签订《天津条约》； 1859 年英法拒绝按照清政府指定路线进京换约，进攻大沽炮台； 1860 年，英法联军抢劫、焚烧圆明园后，进北京城，迫使清政府签订《北京条约》
条约	条约名称	《南京条约》《虎门条约》《望厦条约》《黄埔条约》	《天津条约》《北京条约》《瑷珲条约》
	主要内容	中国割让香港岛；赔款 2 100 万银元；协定关税；五口通商。 英、法、美三国获得领事裁判权、片面最惠国待遇、通商口岸传教权等	英法获得割地、赔款、开放通商口岸以及内河航行权等大量权益。 鸦片以“洋药”名义纳税进口，实现了鸦片贸易合法化。 俄国抢占黑龙江以北、乌苏里江以东 100 余万平方千米的中国土地，把俄方提出的边界走向强加给中国

师：在引导学生完成表格的过程中，适当补充资料，加深学生对史实的认识。

（1）中国军民的英勇抗击。

①鸦片战争中牺牲的士兵人数及将领名单；

②广州民谣：一声炮响，二律埋城，三元里顶住，四方炮台打烂，伍紫垣顶上，六百万讲和，七钱二兑足，八千斤未响，九九打下，十足输晒。（学生朗读，教师分析并点评）

这些百姓和将士，面对完全现代的武器，勇敢抵抗、浴血奋战，为中华民族的浴火重生做出了伟大的奉献。

（2）战争给中国带来的破坏与灾难。

图 1　圆明园残垣

①图片史料：教材第 92 页插图、图片《英法联军控制广州总督府衙门》《圆明园残垣》。

②文字材料：马克思、雨果对英法联军暴行的谴责。

材料六：广州城的无辜居民和安居乐业的商人惨遭屠杀，他们的住宅被炮火夷为平地，人权横遭侵犯，这一切都是在“中国人的挑衅行为危及英国人的生命和财产”这种站不住脚的借口下发生的！……英国人控告中国人一桩，中国人至少可以控告英国人九十九桩。

——1857 年 3 月，马克思《英人在华的残暴行动》（教材第 93 页）

材料七：在地球上某个地方，曾经有一个世界奇迹，它的名字叫圆明园……这个奇迹现已不复存在。一天，两个强盗走进了圆明园，……在历史面前，这两个强盗分别叫作法兰西和英格兰。

——1861 年 11 月，雨果《致巴莱特的信》

师：战争所带来的灾难和破坏还不是最严重的，更严重的是战争结束后英法等国强迫清政府签订了一系列不平等条约，获得了大量特权，使侵略权益以法律形式得以确立。

图 2　中国的贡金进入英国铸币局

生：分析不平等条约给中国带来的影响。达成认识：鸦片战争前，中国是一个独立自主的封建国家；鸦片战争后，中国的国门被迫打开，各种主权遭到破坏，开始逐渐沦为半殖民地半封建社会，中国的主要矛盾、社会性质都随之改变。

师：提供材料，设问：除了政治上的改变，鸦片战争还给中国带来了哪些变化?

材料八：昔日女布（指土布）遍于县市，然自外洋以风火水牛运机成布，舶至贱售，女工几停其半。

——1853 年《顺德县志》

材料九：鸦片战争后，西装、西餐、欧式建筑以及轮船、汽车改变着中国人的衣食住行，报刊、电影也出现在中国人的生活中。

——2003 年课标人教版历史教材必修二

材料十：鸦片战争后介绍外国历史地理著作的问世，打开了国人眺望世界的窗口，初步产生了真实而朦胧的世界观念，同时摒弃了“天朝上国”的守旧意识。

——李华兴《中国近代国家观念转型的思考》

（1）材料一和材料二分别说明鸦片战争后中国社会发生了怎样的改变？

（2）最早“摒弃‘天朝上国’的守旧意识”的代表性人物有哪些？他们提出了怎样的主张？

生：归纳、整理鸦片战争对中国的影响（见表3）。

表3 鸦片战争对中国的影响

比较项	鸦片战争前	鸦片战争后
社会性质	独立自主的封建国家	逐渐沦为半殖民地半封建社会
主要矛盾	阶级矛盾	阶级矛盾和民族矛盾
革命任务	反封建	反侵略反封建
经济结构	自然经济占主导	自然经济开始解体，中国被卷入资本主义世界市场
外交政策	闭关锁国	被迫开放，对外妥协
社会生活	遵循传统	近代西方生活方式传入
思想观念	闭目塞听，夜郎自大	先进的知识分子开始开眼看世界

3.**“同一本书的两种命运”——开眼看世界**

师：鸦片战争，是一场双方信息完全不对等的战争。西方殖民国家通过不断的贸易、传教士活动和出使活动，对清朝的军事力量有着充分的了解。而清朝则在盲目自大以天下中心自居的氛围中，不屑于了解世界，甚至对于当时的外部世界都无人问津。

残酷的战争暴露了东西方的差距，促使一批爱国知识分子在比较中思考，林则徐、魏源、徐继畬等从天朝上国的迷梦中惊醒，开始编译资料，接连出版介绍世界知识的书籍（见表4）。

材料十一：（林则徐禁烟期间）日日使人刺探西事，翻译西书，又购其新闻纸。

——魏源《圣武记卷十》

材料十二：彼之大炮远及十里内外，若我炮不能及彼，彼炮先已及我，是器不良也。彼之放炮如内地之放排枪，连声不断。我放一炮后，须辗转移时，再放一炮，是技不熟也。

——林则徐《致姚春木王冬寿书》1842年8月

材料十三：《瀛环志略》一经出版，便在社会上引起轩然大波。士大夫们开始攻击徐继畬，痛骂他身为朝廷命官，竟敢公开赞美外国制度与元首。更有甚者，断章摘句弹劾徐，欲置其于死地。

——王龙《徐继畬：“东方伽利略”的遭遇》

思考：

（1）林则徐为什么被誉为“开眼看世界的第一人”？先进知识分子编译的书籍对中国思想界产生了什么影响？

（2）《海国图志》《瀛环志略》在日本受到热烈的追捧，在国内却遭遇冷落甚至批评谩骂，这反映出什么问题？

生：讨论并归纳：开阔眼界，思想启迪；但清朝统治阶级高层仍然封闭、愚昧与腐朽。

表4　开眼看世界——鸦片战争后介绍西方的著作

著作名称	作者	内容	特点、意义
《四洲志》	林则徐	西洋各国的消息情报、国际知识，包括国际法知识	开眼看世界的第一人
《海国图志》	魏　源	介绍各国历史、地理、社会现状及军事、科技等	提出“师夷长技以制夷”的思想，明确了向西方学习的目的、内容、手段
《瀛环志略》	徐继畬	系统介绍当时世界上近80个国家和地区的地理位置、历史变迁等	中国近代第一部世界地理著作

【课堂小结】

鸦片战争前，当中国还老态龙钟地蹒跚在封建社会阶段时，西方的资本主义已经迅速地发展起来，并千方百计地向世界各地进行海盗式的掠夺，寻找和开拓殖民地市场。清朝政府在还没有现代民族国家的“主权”观念的情况下，丧失了经济、政治、领土等自主的权利，被亦步亦趋地拖入现代民族国家的国际秩序中，陷入殖民主义的深渊，开始被迫向近代化转型。

列强的侵略还在加剧，中国的出路究竟在何方？我们在本单元接下来的学习中将继续探索。

（微信扫描二维码可观看课例，网页下载链接：https://module.scnu.edu.cn/article-13955-628-1.html）

三、教学成效与反思

本节课学生参与度高，课堂气氛活跃，节奏张弛有度，教学目标达成度较高，总体教学效果较好。这一方面得益于教学设计考虑到不同学生的学习层次，使每个学生都有参与的可能；另一方面得益于乡土史料的穿插引用更能激发学生的兴趣。

当然，这节课在教学实施过程中也存在一些不足。首先是内容安排较多，对学生预习的自觉性和历史学科的学习能力有较高要求，真正的“翻转课堂”时代并未到来，很多时候教师不得不屈服于现实，在课堂上花费较多时间进行知识的讲授；其次是没有强调“虽然中国被迫进入近代史，但真正意义上的近代化在这个时候还没有开始”，也没有引领学生深入领悟“被迫转型”与“近代化尚未开始”这二者之间的逻辑关系。

专家点评

李岳菊老师关于《两次鸦片战争》的教学案例，在教学目标和教学重难点方面设计突出，是一个优秀的教学设计。

首先，李岳菊老师将本课的重难点设定为鸦片战争前的世界形势、鸦片战争对中国社会的影响、鸦片战争爆发的必然性、“开眼看世界”的进步性与局限性等几个内容，这是合理的。我听过几次关于“两次鸦片战争”一课的公开课，但明确将这些内容设为重难点，并以主要精力进行讲授和分析这些内容的课例很少，且李老师对辅助内容的分析也比较到位。

其次，李岳菊老师将传统教学与当前课改有机结合。李老师在教学过程中的讲授法运用得较为熟练，且能与新的教学方法如对学生的评价法相结合，这是值得参考的。

最后，李老师将该课内容与培养家国情怀素养相结合，其中对民族精神内容的分析有一定的深度，对涵养学生的家国情怀有价值，符合立德树人的育人要求。

（点评人：张庆海，华南师范大学历史文化学院教授）

问题引领的历史课堂生态模式
——“全球联系的初步建立与世界格局的演变”教学案例

云浮市新兴县惠能中学　陈冬青

一、案例简介

新课程改革机制下，以部编版教材为依托，如何落实“立德树人”的根本任务，如何更新教学理念，如何立足于历史学科核心素养贯彻党的教育方针，这些问题已经摆在一线教师的面前。素养教学、情境教学、以问题引领课堂的教学成为大势所趋。本案例为高一下学期人教版历史必修《中外历史纲要（下）》第三单元第7课的新授课，针对中学历史课堂教学中怎样设置教学活动主题，怎样培养学生关键能力和必备品格，怎样将学生对知识的学习过程转化为发展核心素养的过程进行探索与实践。

二、教学设计

（一）教材内容分析

本课共有三个子目：人口迁移与物种交换、商品的世界性流动、早期殖民扩张。三个子目之间的逻辑关系是：人口迁移与物种交换导致人文地理和自然环境的变化；人口迁移和商品的世界性流动推动经济全球化的开始；经济全球化又伴随着早期殖民扩张。根据新版《普通高中历史课程标准》的建议，把教材内容整合为主线和支线。主线是全球联系的初步建立与世界格局的演变。支线是全球生态环境的变化、经济全球化的开始、以西欧为中心的世界殖民体系开始出现。

（二）教学目标

（1）以问题引领课堂教学。将核心素养和创设情境相结合，设置活动主题，变知识本位为素养本位。

（2）时空观念和史料实证。结合地图和文献史料，了解人口迁移和物种交换对人类历史发展的双重影响。

（3）历史解释和家国情怀。了解以中国为中心的丝银贸易和大西洋的三角贸易，分析中国与世界贸易的关系，认识海外白银输入对中国社会的影响。

（4）历史解释和唯物史观。认识以西欧为中心的世界殖民体系的出现和早期殖民扩张对欧洲、美洲和非洲的影响，理解新航路开辟对人类历史从分散走向整体的重要性、人类历史从区域史变为世界史。

（三）教学重难点

（1）重点：新航路开辟的多方面影响——全球生态环境的变化（人文地理和自然环境变化）；经济全球化的开始（经济地位变化）；早期殖民扩张与西欧资本主义发展（政治地位变化）；人类从分散走向整体。

（2）难点：以中国为中心的丝银贸易网络；新航路开辟导致世界整体格局的演变；西欧资本主义的发展。

（四）教学过程

【导入新课】

材料1：根据15世纪和16世纪欧洲人绘制的世界地图（见图1、图2），展开学习活动。

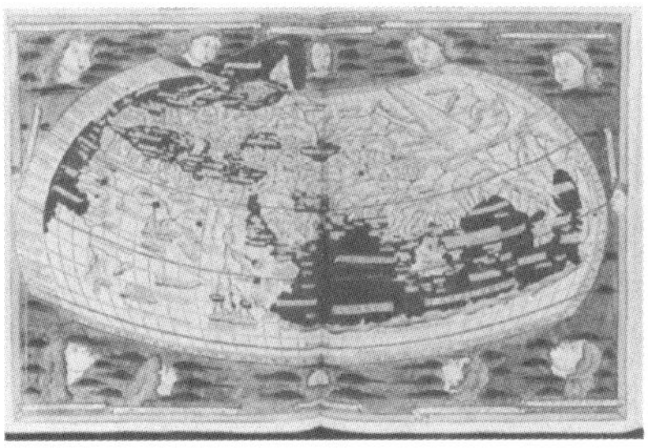

图1　15世纪欧洲人绘制的世界地图

图2　16世纪欧洲人绘制的世界地图

合作探究1：比较两幅地图，16世纪的世界地图反映欧洲人对世界的认识出现了哪些新变化？

设计思路：引导学生识读地图，落实时空观念，使学生认识到新航路开辟除了地域的变化，生态环境、经济地位、政治地位也随之变化，从而顺利过渡到本课的学习。

【讲授新课】

1. 从生态环境变化的视角看世界格局（第一条支线）

（1）人口迁移（被迫移民和主动移民）。

指导学生阅读课本第39页第一段及以下材料。

材料2：

时间	主要移出地	主要移入地	人口迁移数量
1500—1850年	欧洲、非洲	美洲	黑奴约为1 500万，是白人移民的4 ~5倍

1500年后大量黑人被贩卖到美洲，大批白人移居到美洲，白人与印第安人结合产生新的混血儿，与黑人结合产生黑白混血儿。

——摘编自姜守明《世界地理大发现》

合作探究2：根据材料2并结合所学知识，概括新航路开辟后人口迁移的基本趋势及其产生的影响。

（2）物种的双向交换。

（3）病原体的传播。

（4）生态环境失衡。

阅读课本第39～40页，结合下列材料理解以上三个知识点：

材料3：欧洲人将小麦、大麦、橄榄带到美洲；从美洲传到东半球的玉米、甘薯、烟草、可可豆等改变人们的生活方式，促进了世界人口的增加；旧大陆的马、驴、牛登岸进口，为新世界人类可用的动力带来革命，一如瓦特蒸汽机对18世纪欧洲产生的影响……马、牛、羊在新大陆繁殖的数量远远超出土地能提供的牧养量；殖民者在美洲种植烟草、可可等，导致原始森林被滥伐……人口和物种的全球大交换也给新大陆带来了“隐形杀手”，欧洲人将天花、麻疹、流感等疾病的病原体带到美洲和大洋洲，造成对此不具有免疫力的原住民大量死亡。据估计，1500—1800年，美洲和大洋洲有近1亿人死于传染病。

——据［美］艾尔弗雷德·W. 克罗斯比《哥伦布大交换》等

合作探究3：

①有关新航路开辟的史料有多种类型，上述材料属于原始史料还是二手史料？有什么史料价值？

②新航路开辟后的物种交换对生态环境的影响是利大还是弊大？请展开辩论。

③有观点认为传染病是欧洲殖民者征服美洲的“帮凶”，你怎么看待？你认为该如何应对传染病在全球范围内的传播？

设计思路：

①利用简短的材料覆盖多个考点，层次分明，重点突出。

②设计的问题呈现梯度：落实史料实证和历史解释各水平层级。

③落实“立德树人”根本任务：培养学生“保护环境，人人有责”的环保意识；面临传染病在全球的传播问题，引导学生树立“加强沟通与合作，构建人类命运共同体”的责任和担当。

④介绍世界史新的研究视角：从全球视野研究疾病对人类的影响。

2. 从经济全球化的视角看世界格局（第二条支线）

（1）围绕中国形成的三条白银贸易路线。

合作探究4：阅读课本第41页，概括围绕中国形成的三条白银贸易路线，并思考海外白银输入对中国社会发展产生了哪些影响。

设计思路：解决本课难点和介绍史学界新的研究成果：以中国为中心的三条白银贸易路线（一是葡萄牙参与中国与欧洲之间的丝银贸易，二是葡萄牙参与中国与日本之间的丝银贸易，三是西班牙参与中国与美洲之间的丝银贸易）；丝银贸易使欧洲白银、美洲白银、日本白银相继流入中国，明朝时期白银成为普遍流通的货币；突出以中国为中心的丝银贸易和大西洋的三角贸易是经济全球化的重要组成部分。

（2）以西欧为中心的世界市场开始出现。

材料4：新航路开辟后，世界贸易中心由地中海沿岸转移到大西洋沿岸，意大利城市日趋衰落，英国、西班牙等大西洋沿岸国家商业地位日趋重要……在大西洋贸易中还形成了罪恶的“三角贸易”（见图3）。

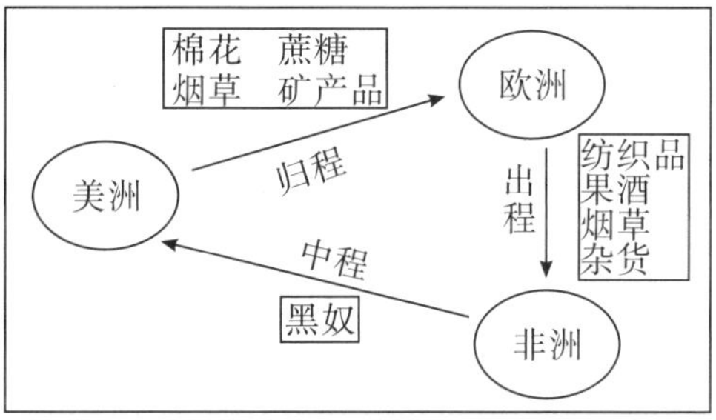

图3　大西洋贸易中的“三角贸易”

合作探究5（情境接龙）：17世纪初（1621年）某一天，风和日丽，晴空万里，忙碌的一天又开始了。请发挥你的想象，威尼斯商人、西欧商人、中国商人、黑奴、印第安人这五种类型的人会怎样渡过这一天呢？（要求：以史实为依据，不能凭空想象，每人发言1分钟）

表1　忙碌的一天

人物类型	活动轨迹
威尼斯商人	
西欧商人	
中国商人	
黑奴	
印第安人	

表2　多维度教学评价

标　准	等级			
	A	B	C	D
①准确把握新航路开辟后各地紧密联系的时空背景（时空观念）				
②合理想象，史实准确，分析问题条理清晰（唯物史观、历史解释）				
③尊重各地文明，能运用史料阐释人物活动轨迹（家国情怀、史料实证）				
④时间分配合理，语言组织能力强（灵活应变能力）				

设计思路：这是本课设计的第一大亮点。

①创造开放性、灵活性、充分参与性的课堂，让学生多角度参与历史解释。

②在情境教学中涵盖众多的知识点：世界贸易中心的转移、商业革命和价格革命、组建垄断贸易公司、海上马车夫、经济全球化、三角贸易、黑奴贸易、丝银贸易、明朝资本

主义萌芽、早期殖民扩张等。

③五种类型的人活动轨迹可参考如下：

A. 威尼斯商人：商机减少，到处找订单；有些威尼斯商人破产，忙于清算债务。

B. 西欧商人：组建贸易垄断公司；“海上马车夫”；早期殖民扩张；从事三角贸易；贩卖黑奴等。

C. 中国商人：丝银贸易；笑容可掬地数着白花花的银子；开办丝绸等手工工场；种植玉米、甘薯。

D. 黑奴：在被贩卖的途中死于瘟疫；不屈服殖民者而被活活抛入大海，葬身鱼腹；在黑奴买卖市场上，等待买家捏胳膊、敲牙齿，确认健康后买回去当奴隶。

E. 印第安人：不满自己的家园被占领而被欧洲殖民者屠杀；在矿井和种植园里日夜劳作；得了传染病后不明所以，在思考是不是欧洲的上帝战胜了土著的神灵，土著信仰体系发生动摇。

④制定多维度评价表格，判断核心素养在学生学习活动中的效果。

3. 从西欧为中心的世界殖民体系的出现看世界格局（第三条支线）

（1）以西欧为中心的世界殖民体系的出现。

合作探究6：阅读课本第42页，学生自主梳理在早期殖民扩张中，宗主国与殖民地的关系。为下一子目“早期殖民扩张对欧洲、美洲和非洲的影响”做铺垫。

（2）早期殖民扩张对欧洲、美洲和非洲的影响。

合作探究7：阅读课本第42页史料阅读——（材料5）孙家堃译《西印度毁灭述略》和（材料6）马克思、恩格斯《共产党宣言》的摘文；观看电影《西部牛仔》和《上帝发疯了》。结合史料和电影情节，请两个同学给大家编讲两个小故事。（要求：小故事围绕新航路开辟后殖民扩张对美洲和非洲社会发展的影响、新航路开辟对欧洲资本主义发展两个方向展开，每个故事阐述时间不超过3分钟）

设计思路：这是本课设计的第二大亮点。

①利用文献史料和音像史料创设情境，将历史课堂的“历史味”和“兴趣性”相结合。

②关于早期殖民扩张，突出几个重点：一是中断美洲、非洲社会发展的进程；二是打破原本相对平衡的多元文明格局，以欧洲文明去侵蚀和覆盖其他地区的文明；三是促进了欧洲资本主义的发展，欧洲从封建社会逐步过渡到资本主义社会，这是近代世界的曙光。

4. 回归本课的主旨

新航路开辟使人类社会从分散孤立走向整体，人类历史从区域史变为世界史。

材料7：世界史不是过去一直存在的，作为世界史的历史是结果。

——《马克思恩格斯文集》第八卷

设计思路：

①落实唯物史观：从横向上看，新航路开辟使人类从分散孤立走向整体，世界开始连成一个整体；从纵向上看，人类社会开始由封建社会逐步过渡到资本主义社会。

②突出史学研究的新成果：新航路开辟使人类历史从区域史变为世界史；新航路开辟前人们撰写的历史是区域史，新航路开辟后撰写的历史才是真正的世界史；新航路开辟是

世界近代史的开端。

【板书设计】

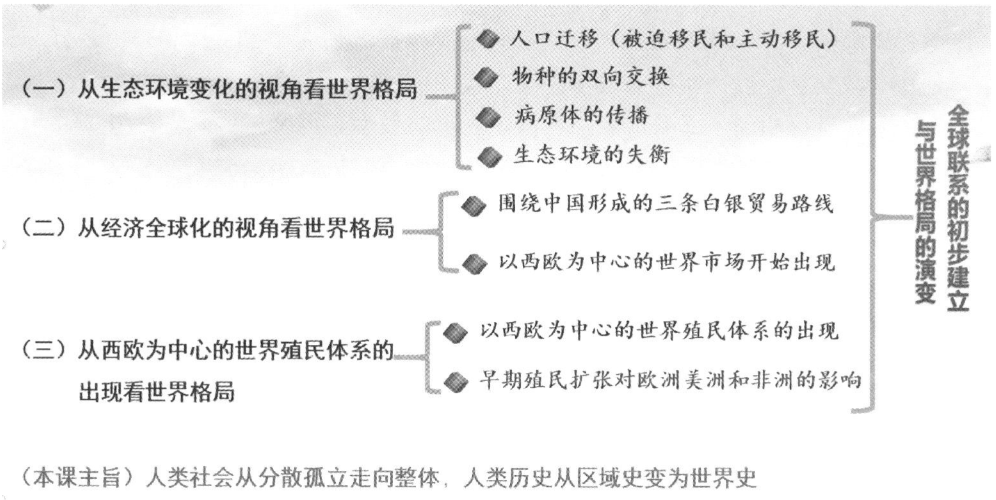

图4　板书设计

(微信扫描二维码可观看课例,网页下载链接:
https://module.scnu.edu.cn/article-13955-629-1.html)

三、教学成效与反思

(1)本节课教学设计最大的亮点是开放性、灵活性、充分参与性。

(2)教学目标明确,较好地完成了“立德树人”的根本任务。

(3)以问题引领课堂的教学模式与开放性课堂相得益彰,既传送了史学研究的新成果,又落实了历史学科的五大核心素养。本课的7个合作探究的问题,从学生学习情况看:五大核心素养的水平1掌握较好;经过训练和引导,水平2和水平3有一定的进步;但水平4还有待提高,特别在史料研读和思维拓展方面,稍有难度的材料学生就读不明白,审题方面偏离答题角度,作答往往缺乏史实依据。

(4)对教学设计方案的反思:材料虽然简短但也比较多,共有7则材料;设置7个活动主题要给予学生足够的活动时间,这很考验教师对课堂教学的胜任力。

专家点评

陈冬青老师关于“全球联系的初步建立与世界格局的演变”的教学设计、课件和课堂教学，是一个教学目标设计明确、教学内容充实和准确的优秀教学案例。

首先，教学目标明确。陈冬青老师将教学内容与教学目标紧密结合在一起，将全球化以来历史与新课程所倡导的时空观念、家国情怀的培养有机融合。时空的变迁与全球化息息相关，全球化的历程时间跨度大、地域覆盖全球，是培养时空观念的较好案例；而全球化以来，尤其在西方列强殖民过程中，亚非拉国家的反抗则是培育家国情怀的极好案例。陈冬青老师能从历史现象中深入挖掘典型案例，并设计教学目标，这是设定教学目标的正确做法。

其次，该课例所涉及的内容较为准确。该课所涉及的历史时间跨度长，理论方法要求较高，但陈冬青老师能准确地将全球化与世界格局的演变内容梳理清晰，这反映了陈老师较好的历史学底蕴。

最后，陈老师的教学过程较为自然，尤其在调动学生自主学习方面尤其突出。教师通过设计一系列问题引导学生思考并得出结论，达到了教学效果。

（点评人：张庆海，华南师范大学历史文化学院教授）

任务驱动下的高中历史教学实践探讨

——以“影响世界的工业革命”一课为例

惠州中学　严杏琳

一、案例简介

本案例是高一下学期人教版历史必修《中外历史纲要（下）》第五单元第10课的新授课，根据课程标准提炼出“工业革命改变人们的生活”这一主题，并将本课的主线设计为：为什么会出现改变人们生活的工业革命？工业革命如何改变人们的生活？工业革命从哪些方面改变人们的生活？引导学生分析和探究工业革命的背景、进程和影响。在主题引领和主线串联下，将教学内容整合成三个活动任务，改变了以往接受式的教学方式，采用任务驱动的教学策略进行教学，让学生在实践活动中学习，促进学生思维发展，并学会思考问题、解决问题，着重培养学生的史料实证和历史解释素养。

二、教学设计

（一）教学目标

（1）运用时空定位，自主分析和归纳两次工业革命出现的原因。

（2）通过情境创设，联系生活实际，了解两次工业革命的进程，体会历史是在继承中发展的，认识科学技术创新与发展的重要意义。

（3）通过不同史料获取有效信息，理解工业革命带来的影响，以实证精神对待历史问题，以全面、客观、辩证的眼光来看待两次工业革命，树立可持续发展意识。

（二）教学过程

【导入】

出示“蒸汽机船”“柴油机船”“现代船舶”的图片，通过轮船的发展历程，从日常生活出发，让学生感受和思考工业革命给人类生活带来的变化，以此引出本节课的主题“工业革命改变人们的生活”。

【活动任务一】为什么会出现改变人们生活的工业革命？

材料：假如时光隧道可以将一位现代人送回到两百多年前，……会感到无所适从：无法一日三餐只吞咽土豆和荞麦面包；无法容忍没有任何卫生设备、人畜一室的居住条件；同样他也不能适应交通不便、信息不通、生产力低下，还有让人手足无措的瘟疫和饥荒……这一切变化均来自工业革命。

——多萝西·马歇尔《工业的英国：1776—1851》

教师提问　工业革命前人们的社会生活状况如何？

学生回答　食物短缺、居住条件简陋、交通通信不便、生产力低下、医疗水平低。

教师提问　工业革命后，人们的生活发生了翻天覆地的变化，为什么会出现改变人们生活的工业革命？结合材料，阅读课本第 57 页，自由讨论 3 分钟，从政治前提、经济条件、根本原因等三个方面归纳原因。

【设计意图】

学生从中认识两次工业革命背景，培养自主归纳能力。

【活动任务二】工业革命如何改变人们的生活？

教师提问　假如你是生活在工业革命时代的人，你会发现两次工业革命前后出现了哪些改善生活的新事物？根据教材内容，将你的发现写成脉络轴。

学生活动　梳理两次工业革命发展进程。

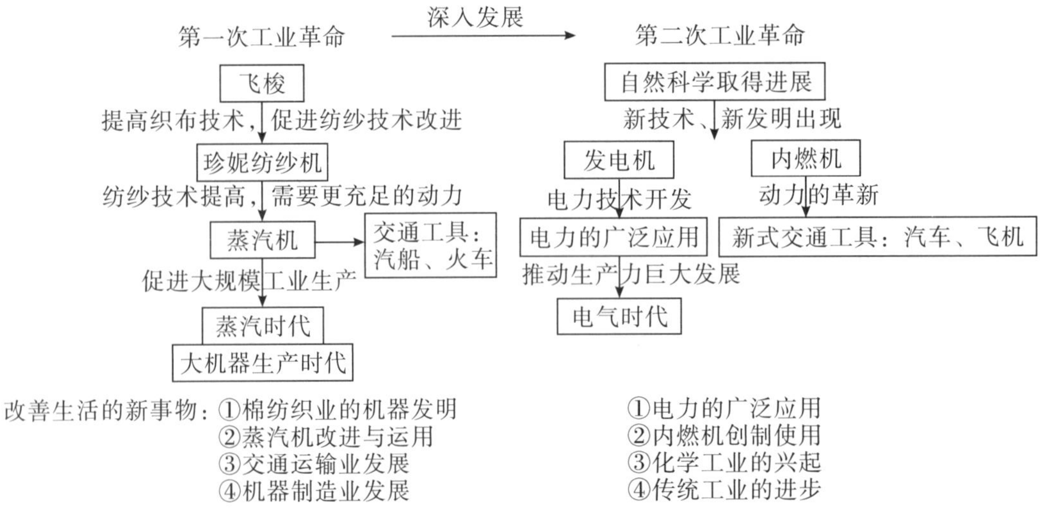

图 1　两次工业革命发展进程图

【设计意图】

学生从中体会历史是在继承中发展的，认识科学技术创新发展对于国家和社会的重要意义。

【活动任务三】工业革命从哪些方面改变人们的生活？

教师活动　你能从材料中提取到什么关键信息？请将信息记录在材料下方。

（1）经济方面。

材料 1：资产阶级在它不到一百年的统治中创造的生产力，比过去一切时代所创造的全部生产力总和还要大、还要多。

——马克思、恩格斯《共产党宣言》

(信息A：生产力发展。)

材料2：工业革命还包括生产组织形式的变化……在工业革命中，“工厂化”是一个重大的变化。没有工厂化，工业革命就不会那么彻底。

——钱乘旦《英国通史》

材料3：如果说高度发展的生产力是垄断资本主义形成的根本原因，那么第二次工业革命中崛起的新产业则为垄断的产生提供了物质条件……

——王斯德《世界通史》(第二编)

(信息B：生产关系的调整促使工厂和垄断组织形成。)

材料4：

表1　英国就业人口比重的变化

年份	农业	工业	服务业
1841年	20%	43%	37%
1871年	14%	55%	31%

——数据整理来自《中外历史纲要(下)》

(信息C：产业结构变化。)

(2) 政治方面。

材料5：新生的工业……把中等阶级的劳动分子变成工人无产者，把从前的大商人变成了厂主，排挤了小资产阶级，并把民间的一切差别化为工人和资本家之间的对立。

——恩格斯《英国工人阶级状况》

(信息D：资产阶级和无产阶级的矛盾尖锐。)

材料6：工业家无法与贵族抗衡……国家政策对工业的歧视，在客观上刺激工业家团结和工业资产阶级意识形成。

——宋严萍《英国工业革命时期资产阶级研究》

(信息E：资产阶级民主政治发展。)

(3) 思想方面。

材料7：工业革命带来社会结构的急剧变化……出现以马克思、恩格斯为代表的对资本主义工业文明进行批判与超越的社会主义理论。

——王斯德《工业文明的兴盛》

(信息F：马克思主义思想传播。)

材料8：平等的自由贸易使利益最大化……应该限制政府在经济事务中的操控，让市场机制发挥调节资源的作用。

——[英] 亚当·斯密《国富论》

(信息G：自由主义经济思想发展。)

(4) 社会生活方面。

材料9：经过工业革命的洗礼，英国西北部出现了许多新兴城市……全国总人口不断增长……到1851年，英国已有50%的人居住在城市中。

——[英] 赫伯特·乔治·威尔斯《世界史纲》下册

（信息 H：人口增长及城市化进程发展。）

材料 10：在 19 世纪，中产阶级成立了众多的学术团体开办讲座，建立一系列的设施和机构……还有许多城镇兴建博物馆和大型图书馆……理性休闲运动还倡导人们走出室外……以营利为目的的流行书籍和报纸大量增加……

——欧阳萍《工业革命对休闲生活方式的影响》

（信息 I：社会生活方式改变。）

（5）国际关系方面。

材料 11：资产阶级……把一切民族甚至最野蛮的民族都卷到文明中来了。……它迫使一切民族——如果它们不想灭亡的话——采用资产阶级的生活方式……它按照自己的面貌为自己创造出一个世界。

——马克思、恩格斯《共产党宣言》

（信息 J：西方国家进行殖民扩张。）

材料 12：这些工业所加工的，已经不是本地的原料，而是来自极其遥远的地区的原料，它们的产品不仅本国消费，而且供世界各地消费。

——马克思、恩格斯《共产党宣言》

（信息 K：世界市场的发展。）

（6）消极方面。

材料 13：工业革命中心曼彻斯特浓烟滚滚，污水横流，方圆几英里草木不生。在不到 100 万人口的伦敦，就有小偷 1 万余人，白天乞丐成群，晚上则明火执仗地抢劫。

——董正华《世界现代化进程十五讲》

（信息 L：环境污染、社会治安差。）

材料 14：“工人区”对面，住着高等的或中等的资产阶级……挤满了工人的“恶劣的街区”，是周期性光顾城市的一切流行病的发源地。

——龚敏《论西方工业革命时期的住宅问题》

（信息 M：贫富差距悬殊。）

教师活动　请依据你对两次工业革命的了解，自由组合材料，将从材料中提取的信息进行排序并阐述信息之间的联系，说明两次工业革命对人们生活带来的影响。

要求：

①至少选取三则信息，使用信息编号（A ~ M）排序。

②依据信息排序，用文字说明工业革命影响之间的联系。

示例：

信息排序：A→B→D→F。

内容说明：工业革命期间，社会生产力普遍提高，为适应生产力的发展，工厂出现了。工厂制度的出现，不仅使工人的生产环境发生变化，还使雇主和雇工的角色固定下来，加剧了资产阶级和无产阶级的矛盾。在长期的阶级分化中，工人阶级形成了独立的阶级意识，促进工人运动发展，促使马克思主义思想诞生与传播。

表2　评价量化表

评价标准	等级		
	A	B	C
信息选取及排列与说明内容相符程度	正确选取及排列，与说明内容相符	正确选取及排列，与说明内容相符	选取及排列的信息与说明内容不相符
涵盖信息的程度	至少涵盖4则信息	至少涵盖3则信息	涵盖少于2则信息或未完成
文字说明逻辑推论严密程度	对工业革命影响之间的关系阐述明确，逻辑严密	对工业革命影响之间的关系有一定的认识，逻辑关系比较清晰	对工业革命影响之间的关系认识不清或没有认识，逻辑关系不清

教师活动　提供参考方案，引导学生根据评价量化表进行自我评价。

参考方案：

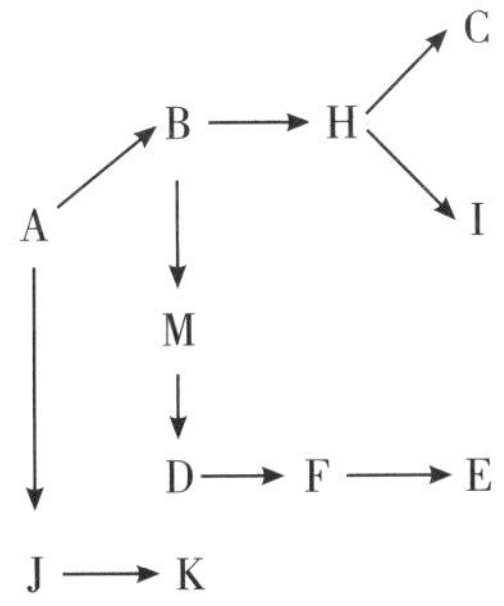

图2　信息排序图

内容说明：工业革命期间，社会生产力（A）普遍提高。为适应生产力的发展，工厂（B）出现了，工人、机器集中起来，推动城市化进程（H），人员的聚集带动城市经济发展，促使城市产业结构完善（C）和人们生活方式变化（I）。工厂制度出现，不仅使工人的生产环境发生变化，还使雇主和雇工的角色固定下来，拉大社会贫富差距（M），加剧资产阶级和无产阶级的矛盾（D）。在长期的阶级分化中，工人阶级形成了独立的阶级意识，促进工人运动的发展，而马克思主义的诞生和传播（F）为工人运动提供了思想指导。在镇压工人阶级斗争的同时，工业资产阶级进一步强化自身的阶级意识和对政治权力的追求，从而推动资产阶级代议制的完善（E）。工业革命推动西方资本主义国家生产力的发展，为了获取更广阔的商品销售市场和原料产地，西方国家推行自由贸易政策，以暴力手段进行殖民扩张（J），建立亚洲、非洲等地区的殖民统治，使这些殖民地的经济结构遭到严重破坏，被迫卷入资本主义世界市场（K），但也客观上推动了世界市场的发展和殖民国家的现代化进程。

【设计意图】

通过多角度的史料，让学生认识到历史影响的多面性、复杂性，理解工业革命对历史发展的作用，提升学生的史料实证能力和历史解释素养。

（微信扫描二维码可观看课例，网页下载链接：
https://module.scnu.edu.cn/article－13955－630－1.html）

三、教学成效与反思

工业革命是初中阶段历史学习的重要内容，学生经过学习已经能够说出两次工业革命中的一些重大发明，也能联系生活实际说明第一次、第二次工业革命给人类社会和生活带来的影响。因此，学生可以较好地理清两次工业革命的条件和发展进程，完成活动任务一和活动任务二，而活动任务三能够较好地体现任务驱动的要求。在这节课中，学生不再是被动地接受教师讲授的知识，而是化被动为主动，亲自完成任务，通过自主探究理解史料的内容，并理清其中的联系，掌握知识，提升自身的史料实证能力和历史解释素养。

教学设计还存在一些不足：

第一，影响之间的联系科学性不够：给学生提供的参考方案是单向的联系。

第二，总结部分的思考升华性不强：只是简单的板书总结，没有给学生留下更多的思考空间。

可以从两个方面继续完善：

第一，建立影响之间的多向联系。比如，从唯物史观出发，生产力的发展（A）能够促进工厂的出现（B），而工厂的出现反过来又能推动生产力的进一步发展。

第二，挖掘总结部分的深层思考。设置一道思考探究题，给学生提供一个历史实践情境：《三联生活周刊》杂志拟推出一个封面故事——《工业革命4.0时代下的人类生活》，从智能化和信息化等方面介绍第四次工业革命的来临给人类生活带来的影响。如果你是编辑，请结合所学知识，论述中国应该如何面对工业革命4.0时代对人类生活产生的影响。

专家点评

严杏琳老师关于“工业革命改变人们的生活——影响世界的工业革命”的课例，是一个有独特视野的教学案例。

严杏琳老师课例的最成功之处在于，她对课堂教学内容的切入做了独到的设计。关于工业革命的教学内容，教材和课标的重心都是工业革命的内容本身和工业革命对世界格局的影响。但严老师却从人类生活的角度入手，诠释了工业革命与人类历史之间的关系，系统讲述了历史与人类生活的关系。历史课堂与学生生活的关系一直是教师们关注的焦点之一，但很少有成功范例，严老师的课堂设计对提高学生对历史与生活现实关系的认识有较大的帮助。

另外，严老师的设计以情境创设为核心，通过三个情境的创设将历史内容囊括其中，学生在创设的情境中掌握教学内容，既做到了有效，又做到了有趣。

（点评人：张庆海，华南师范大学历史文化学院教授）

基于“大概念”下的家国情怀渗透的策略分析
——以“挽救民族危亡的斗争”为例[①]

华南师范大学附属中学　刘　莉

一、案例简介

2020年12月2—18日，笔者非常荣幸上了三节省、市公开课——广东省普通高中新课程新教材实施国家级示范课、广州市教育研究院组织的全市教研直播课和接待澳门学校的展示课，其共同之处是尝试运用“大概念”组织教学，注重渗透家国情怀。在实践中反思，笔者对“大概念”教学的策略有了更深刻的认识，正如广州市教育研究院邹樱老师总结的“大概念”三大特征：阶段特征、历史概念、符合唯物史观。可见，“大概念”本身就蕴含着五大核心素养，尤其是蕴含着家国情怀。本文以广东省示范课《中外历史纲要（上）》第五单元第18课“挽救民族危亡的斗争”为例，探讨“大概念”历史教学中渗透家国情怀的策略。

二、教学设计

（一）教学目标

（1）解读课标，创新“大概念”教学模式。

《普通高中历史课程标准（2017年版）》（以下简称“新课标”），有助于我们深入了解历史学科的本质——凝练学科核心素养、更新教学内容，重视以学科“大概念”为核心，使课程内容结构化，以主题为引领，使课程内容情景化，促进学科核心素养的落实。具体到第五单元，新课标是这样描述的：认识列强侵华对中国的影响；概述晚清时期中国人民反抗外来侵略的斗争事迹，理解其性质和意义；认识社会各阶级为挽救民族危机所做

① 本文受2021广东省中小学三科统编教材“铸魂工程”专项课题项目资助，课题名称：立德树人视角下高中历史主题教学的实践探索，课题编号：GDJY－2021－A－b225。

的努力及存在的局限性。

【设计意图】

《中外历史纲要》重在抓住“纲要”，就是“大势”“大事”“规律”。区别于初中侧重的“知识性”“零散性”，高中更侧重“概念性”“思辨性”“逻辑性”“抽象性”。鉴于新教材的内容庞杂分散，更像是素材资料库，故进行“大概念”教学——本课或本单元的灵魂、高立意，显得尤为重要和迫切，是高效教学和落实核心素养的最佳策略。这既能高效地完成课时任务，又能高屋建瓴引领整单元的灵魂，更好地促进历史核心素养的落实，渗透家国情怀。

（2）依据新课标制定课时目标，进而凝练出“大概念”。

①确定课时目标。依据新课标单元内容，制定第 18 课的课时目标：理解 19 世纪末中国社会内忧外患加剧；认识在维新变法运动和义和团运动中，民族资产阶级和农民阶级为挽救民族危机所做的努力及其局限性，反思其经验教训，理解先进中国人继续探索中国出路的必要性和重要性。

②凝练出“大概念”——民族危亡。具体包括第 18 课 1895—1901 年的四件大事：戊戌维新运动、义和团运动、八国联军侵华、民族危机的加深，内容多且分散，逻辑线索也不清楚。

【设计意图】

深入梳理内在逻辑，凝练出大概念“民族危亡”既可密切关联本课四个子目，也可凸显本单元核心主题：民族危亡下的救亡图存。提出问题链：为什么在 1895 年中国陷入民族危亡？怎样挽救民族危亡？为何不能挽救民族危亡？挽救民族危亡的斗争虽然失败，但有何价值？课后延伸：还有哪些阶层在继续探索救亡图存？如何最终挽救民族危亡？

（二）教学流程

1.“大概念”渗透家国情怀策略

（1）导入：斗志昂扬的音乐扣人心弦、振奋人心，震撼全场师生。

【设计意图】

课前准备播放激情高昂的《精忠报国》，意图有如下三点。意图一：表达爱国情怀，渲染爱国氛围。意图二：唤醒集体爱国意识，因为此歌就是笔者学校校运会全体师生表演中华武术时的背景音乐，爱我中华是笔者班级的共同记忆，彰显班级凝聚力和爱国心，也是这个时代的最强音！意图三：爱国激情震撼在场全体师生的心灵。

（2）情境创设：史料研习、学生朗读，滋生家国情怀。

①经典情境创设。

材料 1 甲午战败后光绪皇帝的痛哭流涕，甲午国殇引发民族觉醒，光绪皇帝这段文字不多，但光绪帝的痛苦已经跃然。

材料 2 义和团的悲壮：万千来自下层社会的人们汇聚在神道观念之下，手执引魄幡、混天大旗、雷火扇、阴阳瓶、九连环、如意钩、火牌、飞剑，勇敢地对抗帝国主义的火炮快枪倒下、又起来。在这个过程里，愚昧会升华为悲壮。

——陈旭麓《近代中国社会的新陈代谢》

材料3 中华民族是在动荡与耻辱中进入20世纪。1900年5月28日八国联军侵华，1900年8月15日国都沦陷，距离1860年首都沦陷仅仅40年，这对中国人的精神打击是非常大的。侵略军烧杀淫掠，1 000多名王公大臣悲愤自杀，无数生灵惨遭涂炭。帝国最高统治者慈禧，在城破前携光绪帝仓皇出逃，风餐露宿、狼狈不堪。

②组织学生有感情地朗读，亲身感悟家国情怀。

材料1 胡适多年后回忆道："《天演论》出版之后，短短几年，便风行全国，竟作为中学生读物。'优胜劣汰，适者生存'无疑是当头棒喝。几年中这种思想像野火一样，燃烧着许多少年的心和血。'天演'、'物竞'、'淘汰'、'天择'等等术语都渐渐成报纸文章的熟话，渐渐成一班爱国志士的'口头禅'。还有许多人爱用做自己或儿女名字。我有两个同学，一个叫孙竞存，一个叫梅天择。我自己的名字也是这种风气底下的纪念品。"

——刘悦斌《戊戌维新运动史话》

材料2 李鸿章说："叫王今日，地球诸国通行无阻，实为数千年未有之变局。"一方面是沉重的压力：变局迫来，逼使认识深化；认识的深化又推动改革越出旧界。另一方面是沉重的阻力：新旧嬗递的每一步，都会遇到被利益和道德召唤来的愤怒的卫道者。近代中国就是在这种矛盾中拖泥带水地趔趄而行。

——陈旭麓《近代中国社会的新陈代谢》

【设计意图】

创设触动人心灵的情境或者让学生有感情地朗读，让他们身临其境地重新体会挽救民族危亡的悲壮感，由然而生救亡图存的家国情怀。

③教师言传身教：激情四射、抑扬顿挫、展现家国情怀。

材料1 民族危机刺激下的"灭洋意识"，作为一个口号引人注目地同时出现于中国南北，表现民众认识从个别到一般的深化。这个口号表明中国农民已经超越个人命运、家族命运和乡土命运，可敬可佩！

材料2 民族危亡成为一种凝聚力，它引导了没有人引导的散漫小生产者，使旧的社会力量中深沉蕴藏着的民族斗争精神喷薄而出。虽没扶其清，灭了洋，但更灭不了的是中国精神。

——陈旭麓《近代中国社会的新陈代谢》

【设计意图】

教师言传身教展现家国情怀，语言激情、表达功底、感染能力非常重要，因为再好的思辨张力都需教师来渲染。师生共同阅读陈旭麓先生的《近代中国社会的新陈代谢》，沉浸于当时那个错综复杂的历史场景中，领悟陈旭麓先生的肺腑之言，理解改革中趔趄而行的艰难与不易！特别是在反思局限性时，探讨政府、社会、国家、个人是否能形成一股合力，是决定能否挽救民族危亡的关键因素。

2. 任务驱动：思辨层层递进，激发理性爱国

从课堂导入到三个任务驱动，运用冲击力很强的图片或问题探究：

我们来看这幅画？这是西方杂志*Puck*中的一幅漫画，一个典故"悬在人类头顶的达摩克利斯之剑"意味着"隐患"，所以此图名称是《亚洲的潜在忧患》，刀上是Awakening of China，意味着在此时期中国人的觉醒。1901 年的中国人做了什么会让西方人感受到亚洲的潜在忧患？让我们一起来追溯 1895—1901 年的时光……

图 1　亚洲的潜在忧患

【设计意图】

通过西方人眼里的“Awakening of China”，巧妙过渡到 1901 年前一段中国人挽救民族危亡的斗争。

任务一：1895—1901 年中国为何陷入民族危亡的境地？中国人民开展了哪些斗争？

1895 年以后，中国处于一个怎样的时代？

1900 年，这是一个怎样的国家？

1901 年，这是一个怎样的政府？

上层精英知识分子变法斗争；下层群众的反抗斗争。

任务二：此时期的斗争为何不能挽救民族危亡？

参考角度：世界形势、时代特点、清政府、自身局限、社会基础、理论、斗争类型……

点睛：势·思·人·合。

任务三：此时期挽救民族危亡的斗争有何意义？

推动中国的近代化：进度、广度、深度……

3. **学术引领：世界视野、历史解释，升华到家国情怀**

①学术引领：近代化道路的探索之路——后发外生型、合力论。

②渗透世界视野。

材料 1　自甲午以前，吾国民不知国之危也，不知国危则方且岸然自大，偃然高卧，故于时无所谓保全之说。

——梁启超《论保全中国非赖皇帝不可》

材料 2　吴玉章回忆说：“从前我国还只是被西方大国打败过，现在竟被东方小国打败，而且失败得那样惨，条约又订得那样苛刻，这是多么大的耻辱啊！它使全中国为之震动，我和二哥曾痛哭不止。”

——刘悦斌《戊戌维新运动史话》

材料 3　关于世变之亟，观今日之世变，盖自秦以来唯有所若斯之亟也。夫世之变也，莫知其所由然，强而名之曰运会。运会既成，虽圣人无所为力，盖圣人亦运会中之一物。

——严复《论世变之亟》

【设计意图】

世界视野、家国情怀自然离不开学术前沿的引领，教师只有通过打破僵化思维，不断获取新的视角，才能在潜移默化中熏陶家国情怀，培养高中生像史学家一样阅读、像史学家一样思考。对比三则材料，思考在甲午中日战争后，国民的思想发生的变化——甲午国殇引发民族意识开始普遍觉醒。

（微信扫描二维码可观看课例，网页下载链接：
https://module.scnu.edu.cn/article-13955-631-1.html）

三、教学成效与反思

第一，注重学术性、思辨性和家国情怀的巧妙渗透。注重以核心素养落实“大概念”教学和学术引领，以“大概念”民族危亡整合本课、本单元核心主题，思辨性非常强，从任务驱动的层层递进，再到课后延伸，不断激发学生对国家命运的思考。

第二，注重渗透家国情怀，达到立德树人的育人功能。我们要充分发挥历史学科立德树人的功能，在平常的历史教学和活动中，凭借唯物史观的灵魂引领、时空观念的本质体现、史料实证的途径、历史解释等最后达到立德树人在历史学科的要求——家国情怀的渗透，激发学生的责任、担当意识与爱国情怀，激励他们心系祖国，努力为国家做贡献。

第三，任务驱动、学生思维争鸣，课堂生成比较精彩。比如用阶级局限性、唯物史观分析民族资产阶级为何会失败，合力论的探究……追求真实思辨的历史课堂：有思想、有灵魂、有视野、有情怀、有学术前瞻性。

专家点评

刘莉老师关于“挽救民族危亡的斗争”的教学案例，是非常成功且具有示范性的新课程教学案例。

首先，刘莉老师以新的教学方法作为引导，即以“大概念”教学为主要教学方式，从“大概念”的视角对教材内容进行全新的梳理，以概念为核心，设计成大概念及从属概念为一体的概念体系，以分析引导学生理解概念及对中国近代民族危亡过程中的抗争内在的逻辑联系。这种设计方案体现的教学方法是极为先进的。

其次，刘老师以“大概念”出发，对全课内容的梳理是极为精细的。刘老师对课本挽救近代民族危亡的内容重新进行了梳理，补充了一些观念性的内容和新的研究成果，其对内容的分析也比较准确。

再次，刘老师的视野比较宽阔，她能从世界近代化的角度看待中国的抗争，其对中国抗争历史地位的分析具有全球视野。

最后，刘老师的“大概念”教学中，新的核心素养体现得较为充分，对学生家国情怀的培育设计尤为突出，即在培育学生具有怎样的家国情怀方面有具体的内容导向。

（点评人：张庆海，华南师范大学历史文化学院教授）

开天辟地的伟大选择

——从李大钊的人生选择看建党的历史

揭西县河婆中学　彭文婷

一、案例简介

本课是人教版历史必修《中外历史纲要（下）》第七单元第 21 课“五四运动与中国共产党的诞生”的教学设计。2021 年，中国共产党迎来了百年华诞，讲好党史至关重要。本案例立足于新课标、新高考，在立意上，通过讲述李大钊开天辟地的建党选择、在具体实践中调整选择、在历史长河中坚守选择，教导学生在面对人生选择时，学习李大钊结合时代、爱国、信仰做出选择，并学会调整不当选择，坚守正确选择；在方法上，突出情境教学，个人与时代，感性到理性，以小见大，帮助学生更好地深入历史；在落实上，以能力和素养为导向；在效果上，紧扣时事热点，激发学生兴趣，感受党史魅力，落实立德树人的目标。

二、教学设计

（一）教学目标

（1）通过以李大钊革命事迹为线索的情境链，增强学生对社会主义“四个自信”的认识，培养有理想、有担当的新时代青年。

（2）通过子情境提升学生的能力和素养：问题启发式情境培养学生的分析概括能力，角色扮演式情境和生活应用式情境培养学以致用的能力，小组合作式情境培养团队合作能力。在此过程中渗透家国情怀，学生认识时空观念、史料实证、历史解释、唯物史观的内涵，提高运用核心素养解决问题的能力。

（二）教学过程

从抗击疫情和脱贫攻坚的热点图片（见图 1、图 2）可以看出“舍小家，为大家”是共产党员的选择，而“为人民谋幸福、为民族谋复兴”是中国共产党的选择，一个个党员的选择凝聚成中国共产党的选择。为响应习近平总书记“学党史强信念，传承红色基因，成为时代新人”的号召，我们将回首中国共产党成立的历史，思考当时的共产党员如何做出建党选择，并调整和坚守选择！

图1　抗击疫情

图2　全国脱贫攻坚总结表彰大会

【设计意图】

时事导入，激发兴趣，当代党员的选择与百年前党员的选择遥相呼应，培育家国情怀。

（时空定位）课前预习展示：小明在图书馆发现一张泛黄的时间轴，但上面的内容模糊不清，请你结合预习知识帮他补全时间轴（见图3）。

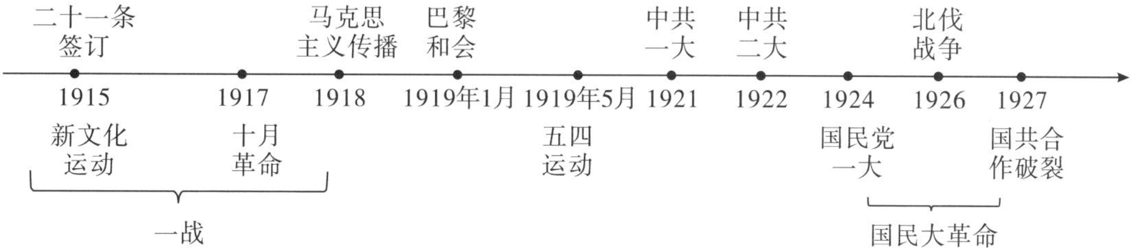

图3　“新民主主义革命的崛起”时间轴

【设计意图】

时空观念是核心素养中最基本的一环，以生活应用式情境为依托，用任务驱动，培养学生的时空观念，也为本课的学习打下基础。

第一篇　开天辟地的伟大选择

第一部分：建党选择的原因

（一）源于时代——阶段特征

图4　图片展示

教师：展示五幅图片。

学生：总结时代特征。

【设计意图】

用简单的图片展现复杂的社会背景，帮助学生轻松把握时代特征，培养读图能力。

（二）源于爱国——五四运动

五四期间，李大钊的爱国演讲不仅感动了群众，连前去逮捕学生的军警也暗自落泪。

——《李大钊传》

过渡：面对列强践踏、军阀割据的旧时代，李大钊选择参加五四运动，以唤起民族自觉、再造青春中华！

1. 背景、过程、特点

五四运动情景剧剧本

第一幕　时间：1919年5月，地点：北京大学校门口

报童：晨报晨报，洋人要把青岛划给小日本了！快来看吧！

学生1：我要买一份。你们快来看呐，这巴黎和会，可还是和平会议？要把刚刚从德国人手里解救出来的胶州半岛划给日本，更可恶的是曹陆章这三个卖国贼竟然准备受意我国与会代表在合约上签字！

学生2：美国总统满口的十四点原则，终究还是资本家侵略的嘴脸，我们可是战胜国，岂有战胜国反倒割地求和的道理？公理何在？国家尊严何在？

学生3：既然政府软弱，无法拿出勇气来维护我国主权，我们就应该迫使他这样做："外争国权，内惩国贼，取消二十一条，还我青岛！"让我们团结起来，走到天安门去，走到被蒙蔽和愚弄的群众中去，用示威游行来唤醒民众的爱国情怀，争回我们国家的主权！

第二幕　时间：1919年6月，地点：上海大街

工人1：听说北京的爱国学生，被可恶的北洋军阀镇压，但他们依然不屈不挠地抗争，还有天津、广州等地学生继续加入，手无缚鸡之力的学生况且如此勇敢，那我们工人更要行动起来！为挽救危亡的民族，我们要支持学生斗争，抵制帝国主义阴谋，实行工人罢工……

工人2：近日街道异常冷清，那是好事啊，商人也罢市了，全国群众都受到学生斗争的感染而觉醒了，加入到我们的行列。

报童：最新消息，最新消息，北京政府放弃签合约，放弃签合约，释放被捕学生，取得初步胜利！全国反帝浪潮大涨，中华民族空前团结，共同抵御外敌！

图5　五四运动情景剧剧本

> **任务一**　教师：根据情景剧分析爆发五四运动的直接原因是什么？有何启示？教师追问：没有巴黎和会外交的失败，五四运动还会发生吗？

> **任务二**　根据情景剧和课本内容，填好表格。

表1　五四运动

项目	第一阶段	第二阶段
时间		
中心		
主力		
口号		
方式		
结果		
特点		

【设计意图】

通过角色扮演式情境的创设，让学生身临其境，深感其情，再通过问题和表格细化知识，由感性到理性，落实重点，培养透过现象看本质的能力，体现新高考评价体系的创新性要求。

2. 五四精神和意义

假如你是当代报社的记者，结合习近平总书记在纪念五四运动100周年大会上的讲话，为五四运动写一篇新闻报道。（要求体现五四运动精神和影响，200字以内）

【设计意图】

根据多元智能理论，调动多种智能更好地内化知识，做记者撰写报道的职业体验式情境，为学生的职业生涯规划打下基础，体现新高考评价体系的应用性要求。

重难点突破

材料一：启蒙推动了救亡，推动了五四运动的发生和发展，救亡又是启蒙的有机延伸，并导致马克思主义在中国的广泛传播。

——金冲及《20世纪中国史纲》

材料二：五四运动以后，中国民主革命的领导者，已经不是资产阶级，而是无产阶级。中国无产阶级，由于自己的成长和俄国革命的影响，迅速变成一个觉悟了的独立政治力量了……

——毛泽东《新民主主义论》

（1）分析五四运动为中国共产党成立做了哪两方面的准备？

（2）上述两项准备，对中国革命进程产生什么影响？

【设计意图】

以问题启发式情境引导学生发现五四运动带来的新阶级和新思想，即新民主主义革命中“新”的含义，进而说明五四运动是新旧民主主义革命转折点，突破难点，培养史料实证素养。

素养提升

材料三：《上海报界电北京政府》北京学生虽激，然实出于爱国热诚。顷闻有主解散学校，处学生死刑之说。风声所播，舆情激愤。际此国家存亡所关，全恃民气激昂，为政府后盾。望开释被捕学生以慰人心。

——《上海时报》

材料四：

表2　日本报纸关于“五四事件”的报道主题

新闻主题	新闻来源地	新闻内容来源	报道倾向	报道关键词
暴力排日	北京、芜湖、汉口、常德、广东、上海、福州、济南	驻外记者	极力描述学生在活动中的暴力行为	学生义和团、骚乱、暴行、猖獗、险恶

——王润泽《政治、外交与媒体：1919年日本报纸关于五四运动的报道研究》

教师：阅读材料，概括两国媒体对于五四运动的评价，从中你得到什么启示？

【设计意图】

中日两国对五四运动的不同报道，带来思维的冲击，最后得出立场不同影响历史解释的结论，培养学生的辩证思维，加深对历史解释素养的运用。

（三）源于信仰——马克思主义的传播

材料五：五四运动后，出现了社会主义是否适合中国国情的争论，有人反对走俄国式道路，认为救中国只有一条路，就是“增加富力”，发展实业。

——2018 年全国一卷

材料六：未来的环球，必是赤旗的世界。

——李大钊《Bolshevism 的胜利》（1918）

过渡：面对形形色色的主义，李大钊选择率先举起社会主义大旗，这犹如一盏明灯，照亮了中国革命的道路。

教师：根据课本找出李大钊为这个选择做出了什么努力？有何意义？

【设计意图】

把当时思想界反对马克思主义和李大钊坚定支持马克思主义做对比，感受李大钊对信仰的坚持，进而把理想信念的种子播撒到学生心中。

第二部分：建党选择的背景和意义

1920 年初，李大钊和陈独秀分别在北京和上海活动，筹建中国共产党。“南陈北李，相约建党”成为一段佳话。

——《李大钊传》

过渡：面对浩浩荡荡的时代大潮，李大钊做出建党的选择，此时做该选择的条件成熟吗？请画一个背景结构图（见图6）帮助他进行判断。

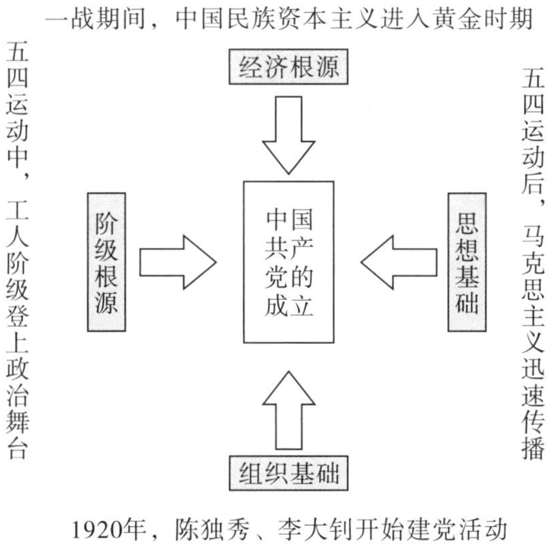

图6　建党的背景结构

1. 背景

教师：党诞生的根本原因是什么？根据什么理论？这是运用什么史观看问题的表现？

学生：（略）。

教师：你对党的建立有什么感悟？

学生：共产党的成立是时代的选择，历史的必然！

【设计意图】

创设画背景结构图的情境任务，帮助学生对前面源于时代、爱国、信仰三个板块进行内在逻辑的梳理，培育唯物史观，让学生认识到共产党的成立是时代的选择、历史的必然。

2. 意义

我校正在开展庆祝建党100周年黑板报评选活动，请你以小组为单位，以中国共产党的建立为主题制作一幅黑板报，在课上先设计一个简单的方案（内容可包括背景、意义、红船精神、建党小故事等，形式自定），课后再进行制作与评选。

【设计意图】

设计黑板报的活动，既体现了热点，又突破中国共产党建立这一重点。该生活应用式情境的创设，让学生学以致用，体现五育并举的教育方针，体现新高考的应用性和创新性要求。

第二篇　在具体实践中调整选择

第一部分：从一大到二大

教师：引导学生阅读教材中关于一大、二大的史料，画出关键词，归纳一大、二大的纲领。

教师追问：从一大、二大纲领中，你发现中国共产党面貌“焕然一新”中的“新”具体指哪些方面？

【设计意图】

通过对一大、二大纲领的比较分析，锻炼学生分析概括的能力，也得出焕然一新中“新”的具体表现，加深对建党意义的认识。

第二部分：从合作到开辟新道路

李大钊为建立革命统一战线，呕心沥血……成为国共革命统一战线诞生的助产士。

——《李大钊传》

教师：小组合作学习，完成下面的小任务（见表3）。

表3

组别	主题	小任务
1	发动工人运动	工人运动的高潮是什么？结果如何？有何教训？
2	孙中山的伟大转变	孙中山伟大转变的原因是什么？
3	第一次国共合作	合作的原因、基础、标志和方式是什么？

续上表

组别	主题	小任务
4	北伐战争	北伐的目标、对象、进程、胜利原因和意义是什么？
5	国民大革命的失败	失败的标志、原因是什么？
6	开辟新道路	中共在大革命失败中得到什么教训？开辟什么样的新道路？

教师：国共合作虽失败了，但共产党员没有停止探索的步伐！

【设计意图】

小组合作式情境探究，激发求知欲，教师加以点拨，突破难点，展现出我党是在实践中不断调整的科学政党，启发学生用发展的眼光看问题。

广东革命历史

图7　黄埔军校

图8　农民运动讲习所

教师：从黄埔军校和农讲所两处革命旧址，可以看出国民大革命为中国革命和中共武装斗争做了军事人才和干部的准备，壮大了力量。

【设计意图】

引导学生关注乡土历史，增进家国情怀。

第三篇　在历史长河中坚守选择

1927年4月，军阀下令绞杀李大钊和多位革命者。李大钊第一个步上绞刑台，做了最后一次慷慨激昂的演说，“不能因为反动派今天绞死了我，就绞死了伟大的共产主义，共产主义在中国必然得到光辉的胜利”。

——《李大钊传》

教师：面对反动派，李大钊做出了什么选择？李大钊身上有哪些精神值得学习？

学生：坚守着社会主义道路必胜的信仰，坚守着爱国、进步、不畏牺牲等精神。

小结：这就是五四精神和红船精神，在这种精神的感召下，一代代的共产党员创造出更多宝贵的精神——长征精神、抗战精神、两弹一星精神……共产党员们的选择也铺就了中华民族伟大复兴之路。正如李大钊同志所言“以青春之我，创青春之国家”，让我们一起奋斗吧！

【设计意图】

首尾呼应，让学生得到感悟和升华，激励学生为中华民族伟大复兴而奋斗，进一步落实高考立德树人的根本要求。

课后作业：画一幅关系图，说明新文化运动、五四运动、马克思主义传播和共产党成立的内在逻辑关系。

【设计意图】

前后呼应，课前预习是纵向梳理时间顺序，课后作业是横向梳理大事件间的关系，帮助学生形成纵横立体的知识结构。

（微信扫描二维码可观看课例，网页下载链接：https://module.scnu.edu.cn/article-13955-632-1.html）

三、教学成效与反思

（1）立意新颖引领课堂：从李大钊的个人选择看建党的历史，以小见大，激发兴趣。

（2）情境创设拓宽课堂：新高考以情境为考查载体，本课以《李大钊传》为依托，创设以李大钊一生选择为线索的情境链，下设丰富有趣、贴近生活的子情境，提升学生能力和素养，达到情感体验和理性思考的平衡，帮助学生获得与人合作的快乐以及解决问题、创造价值的成就感，进而感受到党史的魅力。

（3）紧跟新高考、新课标，深化课堂：以家国情怀为底色，在此基础上帮助学生理解和运用五大学科素养，在子情境中也注重体现新高考评价体系的应用性和创新性。

（4）由于本课重难点较多，课时有限，存在史料偏多、探究任务较多的问题，应当适当精简。相信情境教学常态化后，有助于解决该问题。

专家点评

彭文婷老师关于“五四运动与中国共产党的诞生”的教学设计从李大钊的人生选择看建党的历史，立意极为新颖。李大钊是我党的重要创始人之一，其对党的选择在很大程度上反映了时代的特征和选择，李大钊的选择就是时代的选择。可以说，彭老师的设计角度既新颖又准确。

彭老师对教材内容的分析极为明确，尤其对教材内容在整个中国近现代史中的地位、与前后内容的衔接分析是必要的，也是教师需要注意和关切的，这对帮助学生理解本课教学内容极有价值。

尤为难能可贵的是，彭老师提出“偏重死记硬背、历史思维能力：比如透过现象看本质的能力，归纳概括，史料解读，论从史出，辩证思维等能力还有待提高”。死记硬背是历史学科学习的必要条件，但现在教学中很少有教师敢提出这一要求，似乎这与教学改革背道而驰，但彭老师的提法非常符合历史学教学的基本规律。

（点评人：张庆海，华南师范大学历史文化学院教授）

地理篇

渗透地理核心素养的“主题情境 + 问题式教学”案例探究

——以成昆铁路改革再征程为例

佛山市顺德区第一中学　李思文

一、案例简介

前言

《普通高中地理课程标准（2017 年版）》在教学建议中提出要重视问题式教学问题的呈现，要引导学生发现未知，激发学生学习和探究的兴趣，创造性地解决问题。本文以湘教版 2019 版新教材高中地理必修第二册第 4 章“交通运输与区域发展”为例，以 2020 年国庆献礼纪录片《坐着高铁看中国——行走成昆线》为课堂探究问题载体，还原成昆铁路选址修建，带动区域发展，展现新时代改革再征程的真实情境，以时间推进为线索，以问题链为导向，以树立人地协调观、感受国家成就为落脚，将知识问题化、问题情境化、情境时空化。

通过引入视频，创设情境，设置情境问题，实施小组探究活动，展示探究结论，实施评价反馈，完善思维导图等教学环节（见图 1），让学生理解成昆铁路线选线之艰难、发展之重要、改革之必行 3 个方面，深化学生对交通运输方式与区域发展互为促进，相互影响的认识，培养学生对区域动态发展的辩证思维能力和对区域“主题”的主动探究能力，渗透地理素养的培养，提升学生的核心素养。

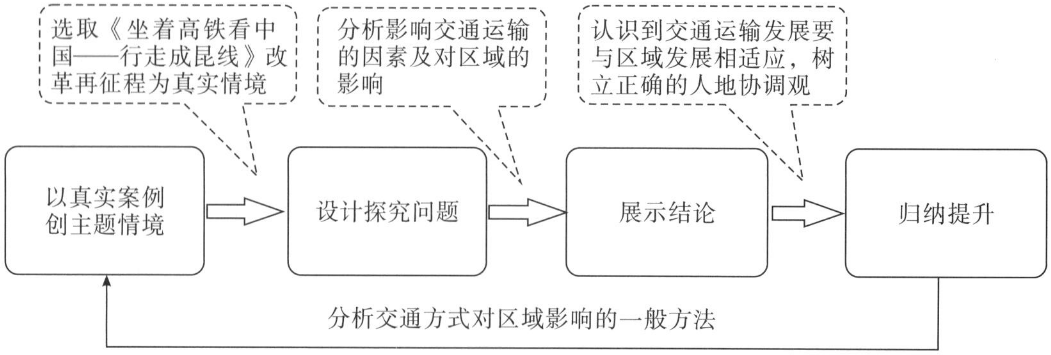

图 1　教学环节示意图

二、教学设计

（一）教学背景分析

1. 课标解读

《普通高中地理课程标准（2017 年版）》对本节课的要求为结合实例，说明运输方式和交通布局与区域发展的关系。从限定条件来看，“结合实例”要求本节课以案例教学法实施教学，让学生通过真实的情境说明交通布局与区域发展的关系，掌握地理事物的动态演变对区域发展带来的影响。行为动词“说明”，则要求学生以合作探究的形式，以交通布局的时间发展为线索，分析交通布局对区域发展的影响，并对该地理现象的动态演变进行合理化分析及评价，进而提高学生的合作探究能力、语言表达能力和地理逻辑思维。

2. 教学目标

（1）通过视频素材了解成昆铁路线修建的历史背景，感受交通布局的时代紧迫感，并能表达出交通布局的必要性。

（2）结合成昆铁路选线的历史问题，通过小组角色扮演合作探究，准确归纳影响交通布局的因素。

（3）通过案例探究，了解成昆铁路沿线区域发展变化的原因，正确分析交通运输方式与区域发展之间的关系。

（4）通过案例探究，准确概括该区域产业规模及类型的变化，城市及人口的变化，指出当地发展的新问题，为促进经济发展提出新的建议。

3. 教学重难点

分析交通运输方式的布局与区域发展的关系。

4. 学情分析

高一学生通过初中学习及日常生活，对交通运输方式已经有所了解，但对交通运输方式的方式及其对区域发展的影响认识不足，同时对我国重大工程的建设及成就也不甚了解。本节课设计根据学生的认知规律，以历史发展为主线，结合真实案例，使学生学会分析交通运输与区域发展的关系，从而能促进学生地理逻辑思维的形成，也帮助学生形成良好的人际协调关系，提高民族自豪感。

5. 教学方式和教学手段

小组合作学习法、讨论法、多媒体教学法。

（二）教学过程

在本教学设计中，以成昆铁路为切入点设置课前思考、课中探究、课后归纳 3 个任务，在课中设计 3 个探究活动，从如何选线修建、建后对区域产生的影响、当代区域发展对交通方式的刺激改革来落实主体内容。3 个探究活动以时间递进为线索引导学生理解交通方式与时代发展的适应性和必要性，充分发挥学生的主动性和积极性，体验交通发展的与时俱进。整体教学设计框架搭建如图 2 所示。

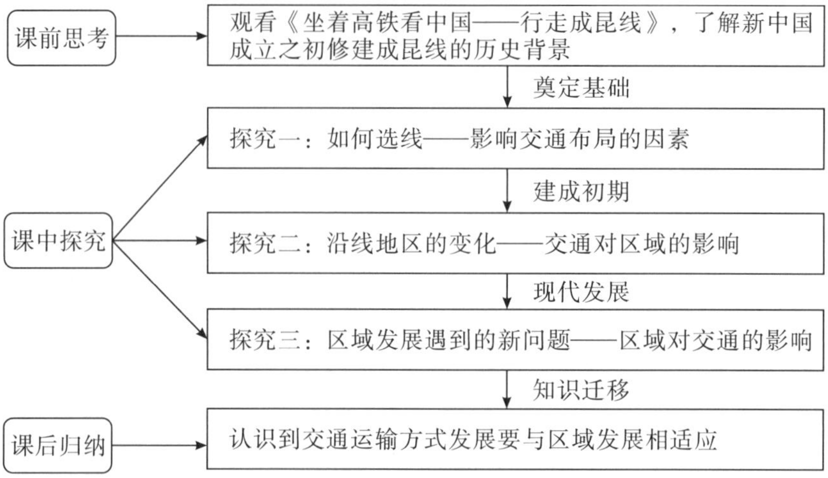

图2　教学设计框架图

具体教学设计如下：

1. 情境导入

播放视频：2020年国庆期间，由中央广播电视总台推出的《坐着高铁看中国》主题宣传活动，走遍大好河山，聆听中国故事，受到广大人民的高度好评。从“铁路禁区”到“世界第一高铁网”，它全长近1 100千米，开创18项中国铁路之最，被联合国称为“象征20世纪人类征服自然的三大奇迹之一”，这就是北起四川成都南至云南昆明的成昆铁路。

学生活动：观看视频，获得成昆铁路线的历史背景材料，认知区域发展对交通运输发展的紧迫性和必要性。

【设计意图】

通过观看视频，吸引学生的注意力，提起学生学习的兴趣，认知成昆线沿线的区域自然特征，同时通过新中国成立初期国外专家对我国修建成昆线能力的评价，激发学生的爱国情怀，并提出问题：为何国外专家说中国建不出这条铁路？为什么中国又必须建这条铁路？由此导入新课学习。

2. 任务一：课前分享

表达要求：学生通过观看视频（见图3），阅读课外资料，表述成昆铁路建设的历史背景条件与沿线的区位条件，并说出最让学生感动的故事。

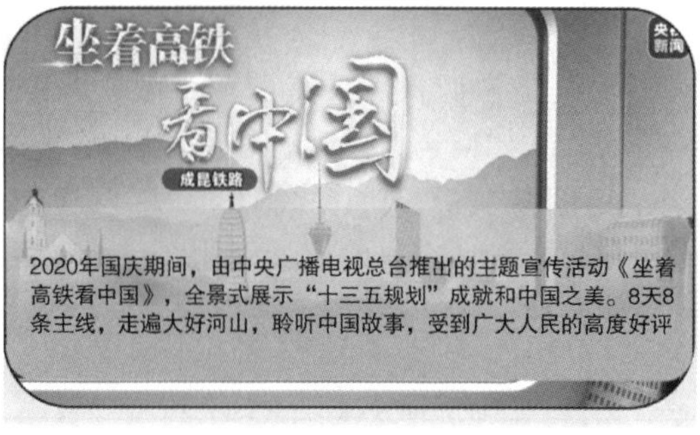

图3　视频素材1

学生活动：推荐优秀小组分享，表述成昆铁路在新中国成立初期承担的历史责任，说明该工程建设的必要性和紧迫性，以及其建设难度令人望而生畏的原因。分析成昆铁路沿线特殊的地质条件及气候条件。

【设计意图】

开展研究性学习活动，有利于培养学生的地理实践力，通过分享活动，增强对区域历史背景的认知。

3. **任务二：课中探究**

探究1　成昆线如何布局？

材料1：西南川渝滇黔地区山高谷深，垂直高差大，山地灾害频繁，沿线因其地形险峻、地质复杂被称为“地质博物馆”，外国专家断定为“铁路禁区”。解放以前交通闭塞，民族同胞仍旧刀耕火种，民生艰难。从1958年到1970年中国人用自己的技术、自己的队伍，留下了铁路史上浓墨重彩的“成昆精神”。

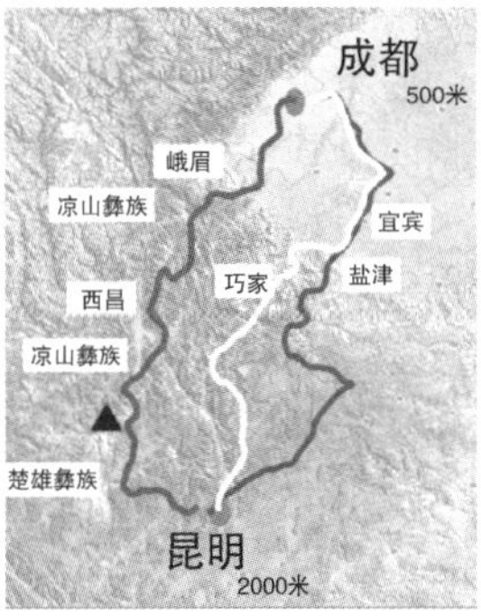

图4　成昆线路

问题1：在制定成昆线路时，共有三条线路可供选择（见图4）。请结合该地区的社会、自然条件，拟定建设路线，每个小组选派代表，说明选线的理由。

材料2：全线建设991座桥梁，4处展线。成昆铁路开创了18项中国铁路之最、13项世界铁路之最，树立了我国铁路桥梁建设史上的一个里程碑。它与美国阿波罗宇宙飞船登月活动、苏联第一颗人造卫星被联合国组织评为“象征20世纪人类征服自然的三大奇迹”。

问题2：无论是西线还是中线，都要面临由四川盆地爬升至云贵高原的难题，这个难题是如何攻克的呢？说说你们的想法。

学生活动：结合材料信息，小组合作讨论并确定成昆线的选线工程，从中总结出影响交通布局的影响因素。

【设计意图】

通过对材料的解读，培养学生获取和解读地理信息的能力；通过合作探究，培养学生的语言表达能力；同时让学生深刻认识到交通运输方式的选址，既要考虑自然要素，也要考虑社会要素。

探究2　沿线的变化？

材料3：（视频材料，见图5）成昆铁路开建时，攀枝花只有7户人家，今天攀枝花市仅户籍人口就达110多万。50年间的历史出现了跨越式发展，它用一列车拉来了一座钢城，崛起了一座卫星城，改变了3 000万人民的命运，它用一条路成就了众多城市居民、数不清的乡村百姓的幸福生活。

问题3：结合材料，简述成昆铁路对沿线区域发展的社会及经济价值。

图5　视频素材2

学生活动：根据视频材料，小组构建思维导图，写出成昆铁路对沿线社会经济影响的具体方面，限时思考讨论后到黑板展示小组答案。

【设计意图】

学生通过观看记者对沿线百姓的采访视频，体会到交通布局对社会方方面面的影响。培养学生通过材料获取和解读信息，用发展变化的眼光看待地理事物发展的现象，形成关注国家发展的意识。

探究3　交通遇到新挑战！

材料4：（视频材料，见图6）成昆铁路复线全线开通运行后，成都至昆明列车全程耗时将从18小时压缩至7小时左右，与成昆铁路旧线实现客货分离，将大幅提升西南地区的铁路客货运输能力，并密切我国西南地区与西北地区、西部地区以及南亚东南亚地区的互联互通。

图6　视频素材3

材料5：从工业长廊到热带水果王国，沿线地区正在完成颠覆性的变迁，每逢收获季，成昆铁路上来往的多是加挂的专用车厢，货不压车、车不压站是成昆铁路人的要求。近两年凉山州的GDP增幅超越了攀枝花市而居全省第一。

凉山州围绕当地历史和民俗，倾力打造了三大主题旅游项目——“红色之旅”“阳光之旅”“民政风情之旅”。每年的彝族“火把节”，80%以上的游客都是乘坐火车而来，成昆铁路到时都要加开临时客车。

问题4：指出当地发展遇到的新问题，为促进地区经济进一步发展请提出相应的建议。

学生活动：学生以不同的身份角色，根据视频材料提出当下遇到的区域发展瓶颈，并根据问题分别列出解决的方法或建议。

【设计意图】

通过角色扮演，培养学生的地理实践力，深入地理情境，提出当地发展遇到的新问题，探究解决办法，体会交通发展对区域社会发展的促进作用，同时也反映出区域发展对交通发展也有反作用，刺激交通改革再创新。考查学生的辩证思维能力，结合地理事物动态发展的规律，利用可持续发展的理念，得出交通布局要与区域社会经济发展相适应，达到经济效益、社会效益、环境效益的可持续发展，提升人地协调观。

【课后探究】

材料6：目前11号线（一期）已纳入佛山地铁第二轮规划，预计总长度14公里，设12个站点，总投资52.8亿元，期限为2023—2026年。11号线为佛山市南北向市域骨干线，作为广佛都市圈中部重要缝合线，串联大良容桂副中心、北滘陈村组团、三龙湾高端创新集聚区、广州广钢新城等重要城市发展区，促进广佛“1+4”高质量融合发展试验区建设，加快广佛同城化建设。

问题5：结合本节课学习内容，分析顺德区发展轨道运输的影响因素及其对地区发展带来的影响。

学生活动：课后进行问题探究。

【设计意图】

以成昆铁路的发展历程为例，通过进一步拓展，举一反三，掌握分析交通运输方式布局的影响因素及对区域影响的一般方法，提升学生的综合思维水平。同时将可持续发展的人地观回归实践，强调个人的态度和责任，增强乡土的自豪感与归属感。

（三）板书设计

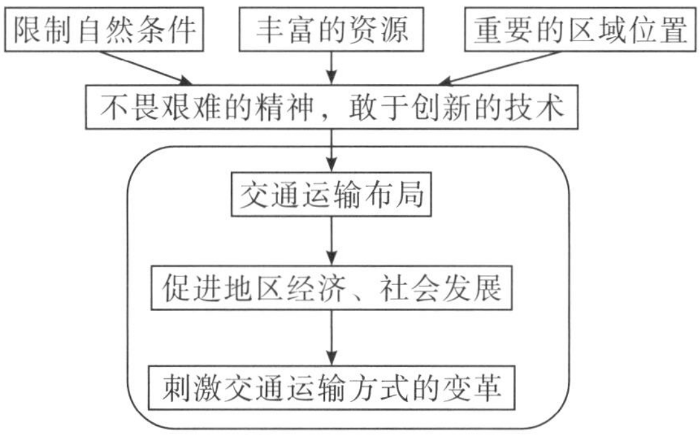

图7　板书设计

（微信扫描二维码可观看课例，网页下载链接：
https://module.scnu.edu.cn/article-13954-633-1.html）

三、教学成效与反思

（一）教学成效

本课通过成昆铁路沿线发展的变化这一线索，以小组合作探究为途径，学生完成教学活动后应该掌握交通运输方式对区域发展产生的影响，希望达到的理想状态是提高学生的综合思维能力。

本案例创新之处在于，在完成教学目标的情况下，结合当前国家的发展现状，创设与时俱进的教学情境，不仅能够感受国家成就，还能增强民族自豪感。以时间推进为线索，以问题链为导向，形成完整的教学闭环，强化对交通运输是区域发展的基础，区域发展反过来又会促进交通运输建设的认识。

综上所述，本教学设计可以实现预期教学效果。

（二）个人反思

本教学设计已经在课堂上多次实施，学生表现非常积极，在了解成昆铁路的历史背景后，学生的爱国情绪油然而生，回答问题时也更加谨慎。学生对于选址、铁路面对巨大高度差的突破方法，以及当前“绿巨人”的巨大成就，都能通过小组合作充分表达自己的观点。学生思维也都能紧跟时间轴。但是也会出现在情境描述过程中内容不够详尽，进而导致学生回答问题有偏差的情况，需要在问题设计和背景描述中更加注重细节。

最后，语言表达是学生的能力，书写也是必备的能力。教学过程中，不仅要用语言表达更要用文字表达，这也是在教学中薄弱的一部分。

专家点评

这一教学设计选择成昆铁路作为典型案例，根据课程标准的要求，设计“主题情境＋问题探究”式的教学案例，在教学中渗透核心素养。学生以合作探究的形式，以成昆铁路布局的时间发展为线索，分析交通布局对区域发展的影响，并对该地理现象的动态演变进行合理化分析及评价，进而提高学生的合作探究能力、语言表达能力和地理逻辑思维能力。案例结合当前国家交通运输发展的现状和视频素材创设问题情境，学生能够切身感受到国家的发展与强大，能够很好地进行爱国主义教育。

（点评人：曾玮，华南师范大学地理科学学院副教授，硕士生导师）

广州应该如何建设海绵城市呢？

——水循环（第一课时）教学设计

广东实验中学　冯志旭

一、案例简介

“水循环”是人教版高中地理必修第一册的一个经典章节。本节课采用新课标倡导的地理问题式教学，以落实地理核心素养为目标，选定一个区域（广州）、一种现象（羊城“看海”）、一个核心问题（为什么会出现城市“看海”），使用一条逻辑主线（表征问题—分析问题—提出方案—阐述观点），让学生探究水循环基本原理，从现实情境和学术情境中理解人类影响水循环的环节，借助实验探究影响城市内涝的下垫面因素，辨识水循环与人类活动相互作用的方式和结果，并用所学原理动手实践，规划设计如何把省实校园做成“海绵城市”型校园，达到学习知识、提高能力和培养素养的目的。

二、教学设计

（一）教学目标

结合新课标要求，考虑本校学生实际和区域特色，本节课确定的教学目标分解如下。

（1）结合广州实际和水循环示意图，理解水循环的过程、环节和类型，增强区域认知和综合思维。

（2）在羊城“看海”的问题探究中，辨识水循环与人类活动相互作用的方式和结果，增强人地协调观和综合思维能力。

（3）通过绘制水循环示意图，观察水循环下渗探究实验，尝试规划“海绵城市”型校园，培养学生的地理实践力。

（二）教学内容

本节课的核心内容是引导学生了解“地球上的水是如何循环运动的”，针对这个问题，又可以具体细化为：

（1）什么是水循环？水循环的类型是什么？水循环的环节有哪些？人类通过哪些环节

影响水循环?（落实“双基”）

（2）为什么水能够循环?维持水循环的动力是什么?初步渗透水量平衡的原理。（拓展延伸）

（3）水循环的地理意义。（第二课时目标）

（4）水循环中体现的综合思维和人地协调观等素养。

（三）教学方法

在教法上，主要采用地理问题式教学，通过“问题链”推进课堂展开，将“问题”贯穿探究活动的始终。

在学法上，以学生自主探究为课堂主旋律，通过课前实验录制、课上问题解决、课后动手实践的方式，落实地理实践力。

（四）教学媒体

教材和配套地图册，PPT 补充视频、音频、图文资料，课前录制好的地理探究实验。

（五）教学设计方案

表 1　教学设计方案

教学环节	教师活动	学生活动	设计意图
创设问题情境	播放粤语童谣《落雨大》，并展示网友调侃广州城市内涝的照片——“羊城新八景”。 陈述事实：城市化建设过程中，像广州、北京、武汉等大城市都出现了城市“看海”“水浸街”的现象。 粤语童谣：《落雨大》是对广州市老城区——西关地区在下雨天时，水淹街道场景的描绘，歌词从一个儿童的眼睛看这个场景 	感受歌词，理解材料，带着兴趣进入情境	创设真实问题情境，提供探索空间，吸引学生兴趣，推动问题链的展开

续上表

教学环节	教师活动	学生活动	设计意图
表征核心问题	提问思考：广州为什么会出现城市“看海”的现象呢？我们应该如何解决呢？	—	—
析因探理：羊城“看海”水来自何方？去往何处？【是什么】	针对核心问题，根据问题解决的基本思路，从“是什么—为什么—怎么办”出发，再将问题细化为三个关键问题。 解决关键问题一：羊城“看海”水来自何方？去往何处？ 呈现材料1：提供广州位置、地形、气候、河流、补给等自然地理特征材料。 材料2：形象具体的水循环示意图。 引导学生依据教材第46～47页内容，结合所给材料，探究思考以下问题： 1. 羊城“看海”水来自何方？又将去向何处？ 2. 什么是水循环？广州的降水属于水循环的哪一种类型？ 3. 来不及排泄的地表积水属于水循环的哪一个环节？广州的自然地理特征对水循环各环节有什么影响？ 4. 降水不断下渗，地下水会不会越来越多？河流不断注入南海，海水会不会一直增加？ 5. 维持水体循环运动的动力是什么？ 6. 总结水循环的概念、过程和环节	结合材料、书本内容积极思考，解决关键问题	在真实的羊城“看海”情境中，将关键问题分解成诸多小问题，帮助学生理解水循环基本知识、原理。问题1强调对水循环整体性的理解，问题2指向水循环类型，问题3强调对水循环环节的理解，问题4渗透水量平衡理念，问题5理解水循环的动力机制，问题6进行归纳总结
归纳总结	结合图文引导学生归纳总结水循环相关知识。强调对水循环概念的理解；突出水循环的整体性、动态性、平衡性；理解水资源的有限性；引出水循环各环节特征受当地自然地理环境的影响，同时，人类活动也可以干扰水循环的各个环节	结合刚刚探究的问题，加深理解、记忆	强化对基本概念的理解，对零散问题再统整，达到深度学习的目的，培养学生的地理综合思维能力
学以致用	引导学生动手实践，自己绘制水循环示意简图，并标明水循环各环节及类型	动手实践	加深理解，落实地理实践力

续上表

<table>
<tr><th>教学环节</th><th>教师活动</th><th>学生活动</th><th>设计意图</th></tr>
<tr>
<td>析因探理：羊城“看海”症结何在？
【为什么】</td>
<td>解决关键问题二：羊城“看海”症结何在？
提供材料：一位学者从极端天气、城市建设、地下排水管道等方面分析出现城市内涝原因的论文。
引导学生结合材料和水循环原理，探究思考以下问题：
1. 分析羊城“看海”症结存在的自然原因。
2. 填表分析城市化过程中，人类活动干预了水循环的哪些环节，从而造成了城市“看海”？
<table>
<tr><th>人类活动</th><th>干预水循环环节</th><th>造成影响</th></tr>
<tr><td></td><td></td><td></td></tr>
<tr><td></td><td></td><td></td></tr>
</table>
3. 结合生活体验，思考广州还存在哪些不合理的人类活动，造成了城市“看海”的发生</td>
<td>从论文中获取地理信息，利用刚刚所学原理，探究回答问题</td>
<td>从专业学术论文中获取、解读有效信息，是高考应该落实的基本素养。问题 1 旨在引导学生综合地思考问题；问题 2 落实人类活动对水循环环节的影响分析；问题 3 是开放性问题，培养学生观察生活、解决实际问题的能力</td>
</tr>
<tr>
<td>观察实验，思考总结</td>
<td>课堂观察提前录制好的探究城市内涝模拟实验。具体如图所示：

实验目的：认识下垫面类型差异对城市内涝的影响。
实验过程：将 3 种不同下垫面的水槽倾斜成相同的角度，将 1 升水同时从水槽顶部均匀倾倒来模拟“降水”过程（手动控制“降水强度”和“降水时间”，保持一致），并用秒表记录三种下垫面“地表径流”持续的时间。在水槽底部分别用带有刻度的 3 个烧杯承接流下来的“地表径流”，记录每个烧杯收集的水量。
<table>
<tr><th>地表类型</th><th>流速
（快中慢）</th><th>下渗水量
（多中少）</th><th>地表径流量
（大中小）</th></tr>
<tr><td>水泥地</td><td></td><td></td><td></td></tr>
<tr><td>裸地</td><td></td><td></td><td></td></tr>
<tr><td>草地</td><td></td><td></td><td></td></tr>
</table>
实验思考：哪种下垫面最先停止径流的流动？哪个烧杯的水量是最多的？实验对解决城市“看海”有何借鉴意义？总结归纳影响水循环中下渗的因素</td>
<td>观看实验过程，填写实验表格，思考实验结论，总结归纳影响水循环中下渗的因素。同时思考实验对解决城市“看海”的借鉴意义</td>
<td>通过模拟实验观察现象和分析问题，进而得出结论，培养学生的科学探究精神；通过模拟实验可以直观地呈现城市内涝的过程，加强学生对城市内涝的感性认识，认识到人类活动对地表的改造主要影响了水循环的下渗环节，也为后面城市内涝的治理指明了方向，渗透人地协调观；最后抛出如何治理城市内涝的问题，意在促进学生对水循环原理的知识迁移和实验结果的运用，培养创新思维</td>
</tr>
</table>

续上表

教学环节	教师活动	学生活动	设计意图
问题解决：羊城“看海”怎么办？ 【怎么办】	解决关键问题三：羊城“看海”怎么办？ 结合探究实验，自然引出问题：如何解决羊城“看海”难题。引出国家层面提出的建设海绵城市。通过图文结合的方式，介绍海绵城市相关内容。创新第五章问题研究“如何让城市不再‘看海’”相关内容，指导学生依据教材第 96 ~ 98 页相关内容，结合所给材料，探究思考： 1. 海绵城市与传统城市在雨水治理上有哪些区别？ 2. 相较传统城市，海绵城市在水循环环节上有哪些变化？ 3. 是不是所有城市都适宜建设海绵城市？广州建设海绵城市有何优势和劣势？	了解海绵城市内容，探究思考问题	属于开放式问题，培养学生获取、解读地理信息，运用地理原理解决实际问题的能力，从水循环、人地观念引导学生认识海绵城市与传统城市治理的区别，同时树立因地制宜的思想
羊城“看海”在改变！	呈现广州市天河区海绵城市的相关图文资料，让学生认识到广州城市内涝问题正在不断解决，广州城市建设正在越来越好	情感共鸣	回应导入的问题情境，同时增强家国认同感，落实学科育人的价值
思维提炼	带着学生从深度学习的角度，进行总结提升： 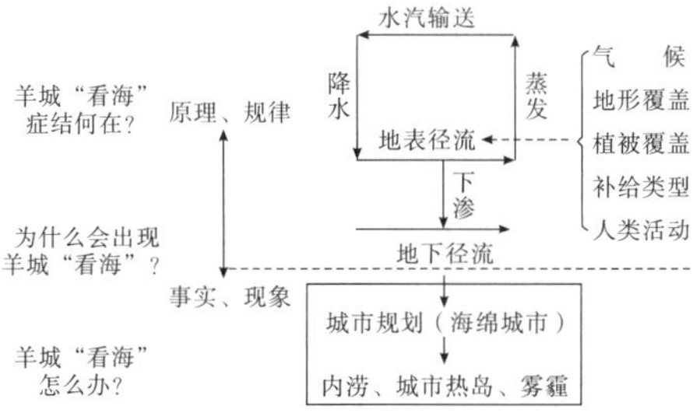 	加深理解	从原理规律到事实现象的问题解决思路进行思维的提升
学以致用，课后实践	布置课后实践活动： 规划设计如何把省实校园建成“海绵城市”型校园	课后解决	落实地理实践力

（六）教学评价

注重教学目标的分级评价，作为必修 1 内容，达到水平二即可。（具体略）

重视表现性评价，可通过课堂观察、口语报告、课堂练习、成果展示的方式综合评价。

（微信扫描二维码可观看课例，网页下载链接：
https://module.scnu.edu.cn/article-13954-634-1.html）

三、教学成效与反思

本节课设计三个关键问题：①羊城“看海”水来何方？去往何处？（是什么）②羊城“看海”症结何在？（为什么）③羊城“看海”怎么办？（怎么办）三个关键问题是串起课堂教学的主线，这也是我们解决实际问题的基本分析思路，意在培养学生的逻辑思维能力。在主线外的“分支”中，从传统粤语童谣导入落实家国情怀，提高家国认同感；分析网友吐槽的广州城市建设过程中“水浸街”的现状，不仅仅是呈现问题、抱怨现状，还把问题解决贯彻始终，呈现广州市天河区海绵城市建设的解决办法，让同学们认识到广州城市建设正在越来越好，起到正面导向作用。同时，在分析城市内涝成因上，让学生自己动手来做实验探究，规划设计自己的“海绵城市”型校园，实现培养动手实践、解决实际问题的能力，落实地理实践力的目的。最后，在整个问题探究过程中，注重落实人地协调观、区域可持续发展的理念，并且注重学生批判意识的培养。国家倡导“海绵城市”，是不是所有城市都适宜建设海绵城市？广州建设海绵城市有何优势和劣势？让学生在问题讨论中树立因地制宜观念，不迷信权威，不盲从。

专家点评

“自然界的水循环”是水体运动中的重要内容，本案例主要运用案例教学法和问题解决教学法，结合广州市的实际情况，在羊城“看海”的问题探究中理解水循环基本原理。在现实情境和学术情境中理解人类影响水循环的环节，借助演示实验探究城市内涝与下垫面因素的关系，辨识水循环与人类活动相互作用的方式和结果，并用所学原理进行实践探究，规划设计如何把广东实验中学建成“海绵城市”型校园。教学设计整体逻辑清晰，紧扣现实，抓真实问题，让学生通过实践、探究、讨论等多种学习方式自主地进行学习，很好地达成了课堂教学目标，也在教学中渗透了立德树人的思想和理念。

（点评人：曾玮，华南师范大学地理科学学院副教授，硕士生导师）

“地貌的观察”教学设计

揭西县河婆中学　刘小林

一、案例简介

“地貌的观察”以宋俊明在《中国国家地理》杂志上发表的照片《山河上的新穿越 滑翔伞下的天空传奇》以及当时的活动内容为主题，整合地图、视频、微博热搜以及乡土地理等素材，创设情境“山河上的新穿越，滑翔伞下的天空传奇”，设置9个问题情境链贯穿整节课，以驱动问题解决任务的方式，创造进行小组活动探究学习的条件，把地理学科素养的培养渗透在学习目标中，打造高效课堂。

二、教学设计

（一）教材分析与学情分析

本节课选自新教材人教版地理必修第一册第四章第二节“地貌的观察”。通过第一节“常见地貌类型”的学习，学生已能识别和描述几种常见的地貌类型，解决“看什么”的问题；本节则进一步学习观察地貌的方法，是学生在野外识别地貌和描述主要地貌景观特点的方法指导，解决“怎么看”的问题。

高一学生的野外观察，是在小学科学课对地形初步观察基础上的提升，对观察内容和描述水平都有较高的要求，它与高中选择性必修1“自然地理基础”中岩石圈物质循环过程、内外力对地表形态变化的影响、人类活动与地表形态的关系等原理性内容的探讨也有所区别。野外地貌观察的训练，构成了小学、初中侧重实物或实地体验和感性认识，高中必修感性认识加理性认识，高中选择性必修理性认识的概念进阶。

（二）课标分析

根据课标要求，本节重点落实的内容是“通过野外观察”“识别”“描述地貌”的方法指导。

地理实践力和人地协调观：能够在一定程度上合理描述和解释特定区域的地貌及自然现象，并说明其对人类生产、生活的影响，形成因地制宜的思想，以及体悟自然之美，树立人地和谐的理念。

综合思维：从地理要素相互作用的角度，分析地貌的环境特征。

区域认知：了解所观察地貌的典型分布地区。

（三）教学重难点

（1）重点：掌握地貌观察的方法。

（2）难点：观察坡度、坡向对自然环境及人类活动的影响。

（四）教学方法

问题引导法、案例分析法、分组讨论法。

（五）教学过程

表1　教学设计方案

教学环节	教学程序		设计意图
	教师活动	学生活动	
新课导入	山河上的新穿越 滑翔伞下的天空传奇  中国国家地理杂志5月刊《山河上的新穿越　滑翔伞下的天空传奇》　宋俊明 教师：很多同学都玩过吃鸡游戏，游戏跳伞毕竟是虚拟的，不如亲身领略滑翔伞感受祖国大好河山有乐趣，这是宋俊明在《中国国家地理》杂志上发表的照片《山河上的新穿越　滑翔伞下的天空传奇》，让我们一起作为滑翔伞飞行员进行新课的学习。	—	—
引导探索	教师：地貌千姿百态，这些是地貌是什么？     地貌规模大小不等，规模较大的地貌往往由次一级的地貌组合而成。如青藏高原上有连绵的山峰和低缓的丘陵，也有宽广的盆地；山脉中有陡峭的山峰，也有深切的河谷。因此需要有个顺序来正确观察地貌。	抢答：喀斯特地貌、河流地貌、风沙地貌、海岸地貌	回顾旧课，温故知新

续上表

<table>
<tr><th rowspan="2">教学环节</th><th colspan="2">教学程序</th><th rowspan="2">设计意图</th></tr>
<tr><th>教师活动</th><th>学生活动</th></tr>
<tr><td>引导探索</td><td>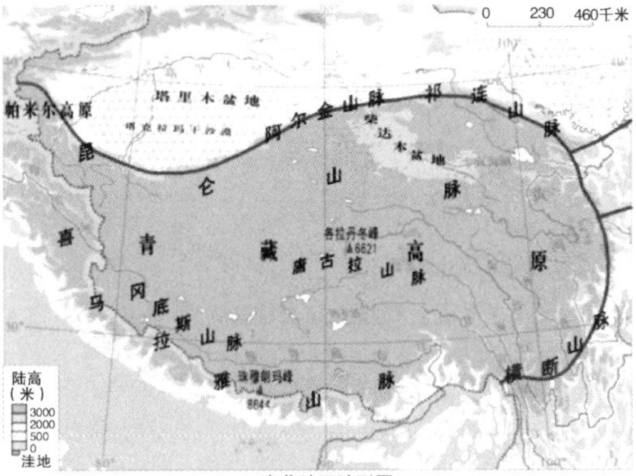

青藏地区地形图

一、地貌观察的顺序
1. 选择地貌观察点
问题1：在野外观察地貌时，首先要选择地貌观察点，滑翔伞飞行员寻找怎样的位置视野比较好？完成填空：
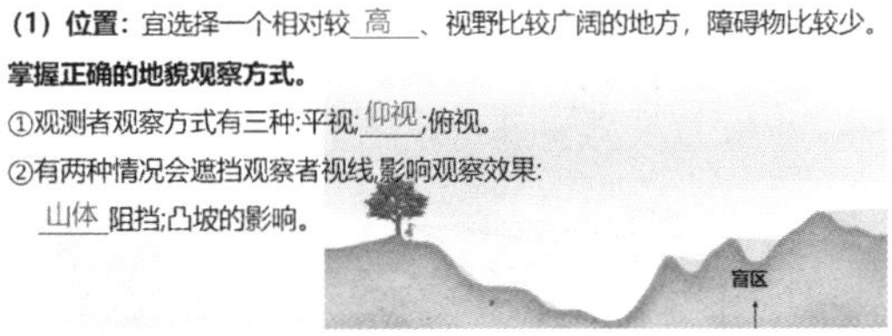

这里出现了一个词“凸坡”，补充一个地貌观察的重点内容——通视。
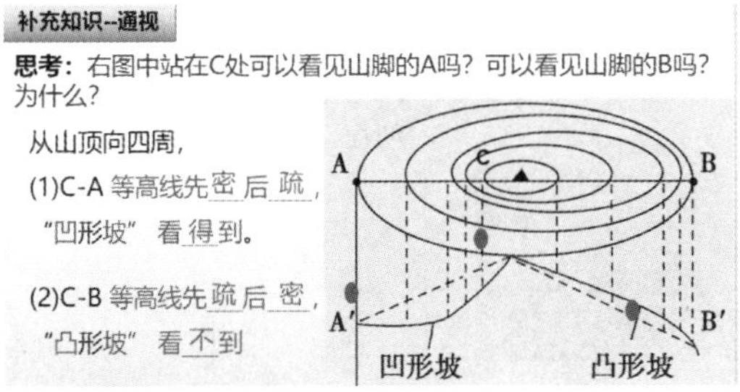
</td><td>抢答：视野比较广阔的地方。
小组讨论，抢答完成填空。</td><td>创设情境“山河上的新穿越　滑翔伞下的天空传奇”，作为情境链，贯穿整节课，并结合小组讨论的形式，营造现实情境氛围，激发学生主动学习的欲望</td></tr>
</table>

续上表

<table>
<tr><th rowspan="2">教学环节</th><th colspan="2">教学程序</th><th rowspan="2">设计意图</th></tr>
<tr><th>教师活动</th><th>学生活动</th></tr>
<tr><td>引导探索</td><td>
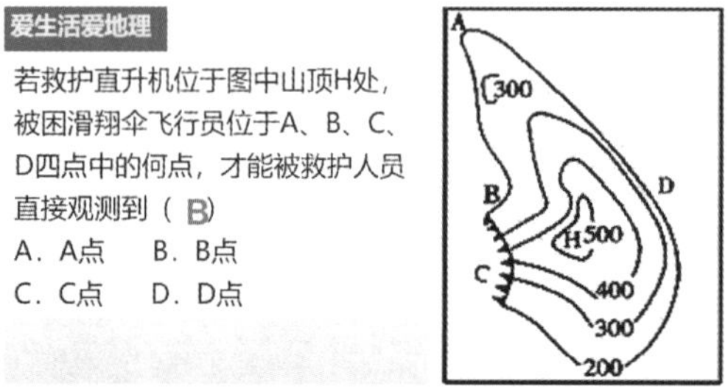

2．地貌观察原则
问题2：飞行到了海拔4 800米的飞行员观察地貌时按照从宏观到微观、从面到点的顺序，从图中可以看出，一级地形单元、次级地形单元、局部地形单元分别是什么？
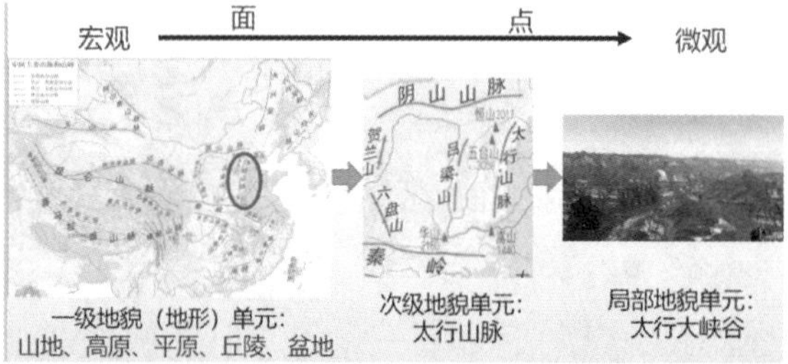

3．具体顺序
问题3：从整体到局部的观察顺序，飞行员观察的具体顺序是什么？①飞行员在太行山大峡谷中看到的视野内最大的地貌是什么？②次一级地貌是什么？③到了河谷里，飞行员看到了什么？

4．地貌观察手段
问题4：地貌观察手段除了飞行员的亲身体验之外，还可以利用什么？

</td><td>小组讨论，抢答完成填空及爱生活爱地理部分的选择题。

抢答：山地；太行山脉；太行大峡谷。

抢答：①山地；②山岭、河谷；③陡崖、河岸。

抢答：地形图、卫星遥感影像、无人机。</td><td>讲练结合，让学生体会到地理的实用性</td></tr>
</table>

续上表

<table>
<tr><th rowspan="2">教学环节</th><th colspan="2">教学程序</th><th rowspan="2">设计意图</th></tr>
<tr><th>教师活动</th><th>学生活动</th></tr>
<tr><td>引导探索</td><td>还可以借助手机，安利一款手机 APP：奥维互动地图，定位到学校附近的天竺岩，可以制作出带有等高线的卫星影像图。
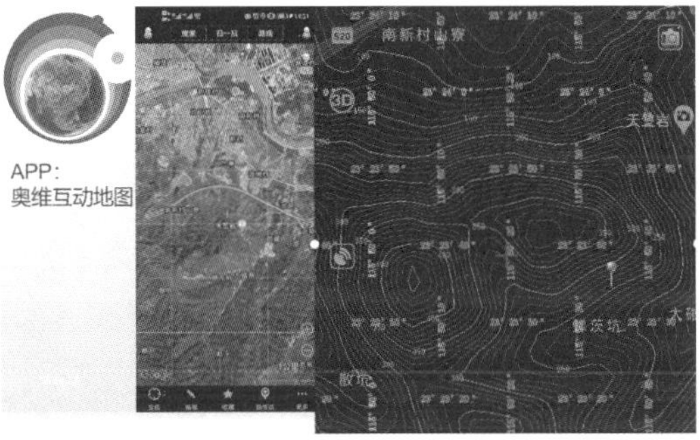

等高线地形图上的数据表示的是地貌观察的什么内容？
二、地貌的观察内容

地貌观察的内容是地貌特征描述的基础，一般重点观察高度和坡度，飞行员对太行大峡谷的描述中也提到了高度。
1．高度
问题5：图中50米是A点的什么高度？200米是B点的什么高度？A点与B点的相对高度是什么？完成连线。
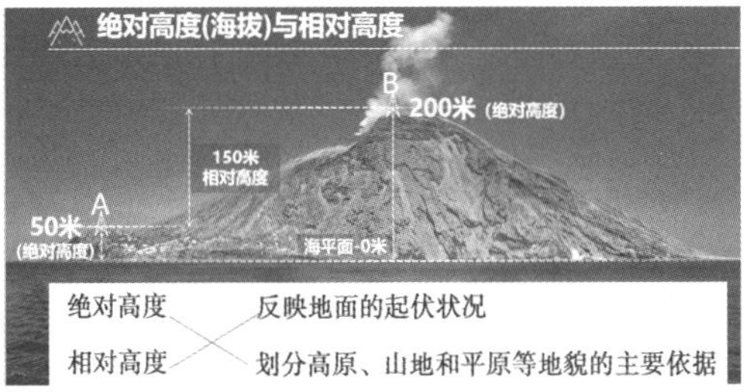
</td><td>抢答：海拔高度。

抢答：绝对高度；绝对高度；150米。</td><td>运用乡土地理素材，将课堂生活化，增加课堂趣味性，触发学生热爱地理，热爱家乡的感悟。
指导学生用手机APP制作等高线地形图，也是地理实践力的体现。

过渡。</td></tr>
</table>

续上表

<table>
<tr><th rowspan="2">教学环节</th><th colspan="2">教学程序</th><th rowspan="2">设计意图</th></tr>
<tr><th>教师活动</th><th>学生活动</th></tr>
<tr><td>引导探索</td><td>
绝对高度和相对高度作为地形类型的划分标准，为识别地形提供了依据。根据所学知识，完成课本第 77 页的思考题。

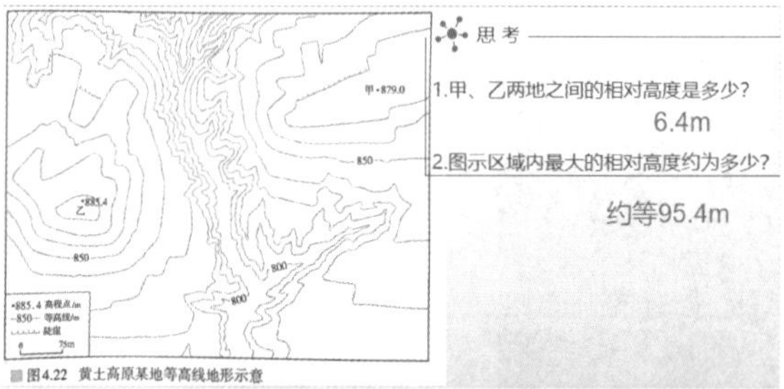

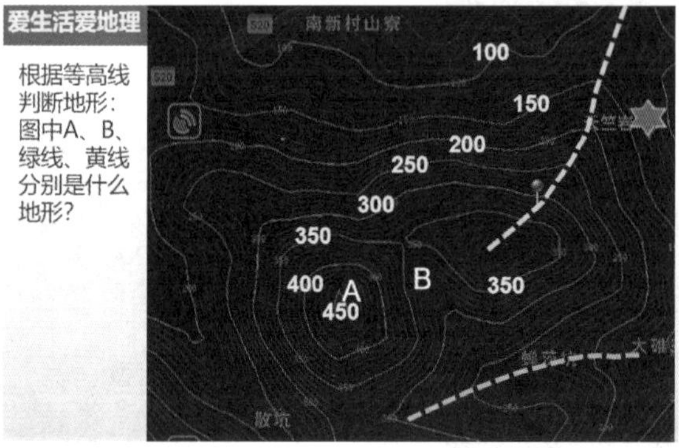

2. 坡度

很多同学都爬过天竺岩，下面播放航拍天竺岩视频。

视频中出现了地貌观察的另一个内容——坡度。

地表的各种形态都是由坡和近似水平的面组成。坡的形态多种多样，主要观察坡度和坡向。

</td><td>抢答：6.4 米；约95.4 米。

抢答：山峰、鞍部、山谷、山脊。</td><td>用练习和乡土地理素材，引导学生回顾和练习初中所学的等高线地形图判读技能。

播放乡土地理素材——学校附近的爬山网红地天竺岩的视频，既能活跃课堂气氛，也能提高学生的学习兴趣，引导学生体悟自然之美，热爱地理，热爱生活，热爱家乡，树立人地和谐的理念，同时也是地理实践力的呈现。</td></tr>
</table>

续上表

<table>
<tr><th rowspan="2">教学环节</th><th colspan="2">教学程序</th><th rowspan="2">设计意图</th></tr>
<tr><th>教师活动</th><th>学生活动</th></tr>
<tr><td rowspan="3">引导探索</td><td>坡度是划分坡的重要指标，坡度大小一般用坡度角或者垂直距离和水平距离的比值来表示。学校有四条坡，我们每天从校门口到C栋教学楼都能感受爬坡的魅力，生命在于爬坡。
坡度对生产和生活影响巨大。例如，坡地耕作容易引发水土流失，特别是在坡度大于15°的坡地上种植，一旦遇到暴雨，土壤侵蚀极为严重。</td><td></td><td>视频还起到过渡作用，知识点从高度自然过渡到坡度。</td></tr>
<tr><td>问题6：①图示地理事物是什么？修筑__________可减缓坡度对________业的影响？

延续问题6：②观看视频——詹天佑与京张铁路，完成填空：铁路线的最大坡度一般不超过2.5%～3%。詹天佑在修建京张铁路时，设计“人”字形线路，通过______________。</td><td>抢答：
①梯田、农业；
②延长路程，从而降低线路的坡度。</td><td>探究问题6以及照片、视频的补充，不仅能活跃课堂气氛，也能达到实现地理实践力的目标。最终目的是让学生能够合理描述和解释坡度对人类活动的影响，树立人地协调观。</td></tr>
<tr><td>观察坡的时候还需要观察坡向。
3．坡向
问题7：①观察坡向时应重点关注阳坡和阴坡、迎风坡和背风坡，不同的坡向、光照、降水等条件存在差异，进而影响植物的生长。完成填空。
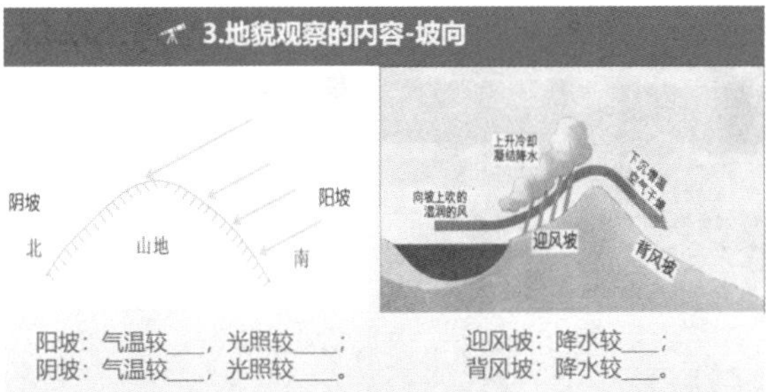

延续问题7：②飞行员发现太行山脉东坡植被比西坡茂盛，根据所学知识判断太行山脉东坡为迎风坡还是背风坡？为什么？</td><td>抢答：①阳坡气温较高，光照较强。阴坡气温较低，光照较弱。迎风坡降水较多。背风坡降水较少。

抢答：②迎风坡。迎风坡降水较多。</td><td>探究问题7用主情境，加上热搜秦岭以一己之力挡住了南下的冷空气，组合成以坡向为主题的问题探究的次级情境链，不仅能够活跃课堂气氛，还能让学生合理描述和解释坡向对自然环境以及对人类活动的影响，指导学生从整体性、关联性、地理要素相互作用的角度进行分析，体现了综合思维。</td></tr>
</table>

续上表

教学环节	教学程序		设计意图
	教师活动	学生活动	
引导探索	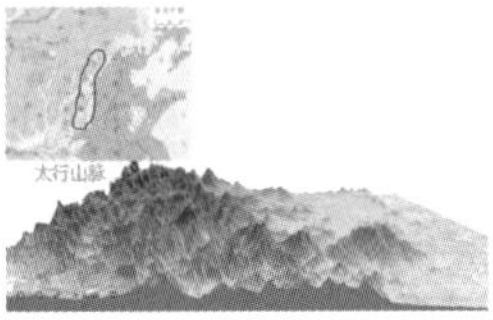 教师进一步总结：太行山脉的东坡位于东南季风的迎风坡，来自海洋的暖湿气流受地形阻挡抬升，水汽冷却凝结形成地形雨。迎风坡一定降水较多么？这是前几天的热搜“秦岭以一己之力挡住了南下的冷空气”。 延续问题7：③从阳坡、阴坡的角度看，图中A、B分别为秦岭的什么坡？④从迎风坡、背风坡的角度看，图中A、B分别为秦岭的什么坡？ 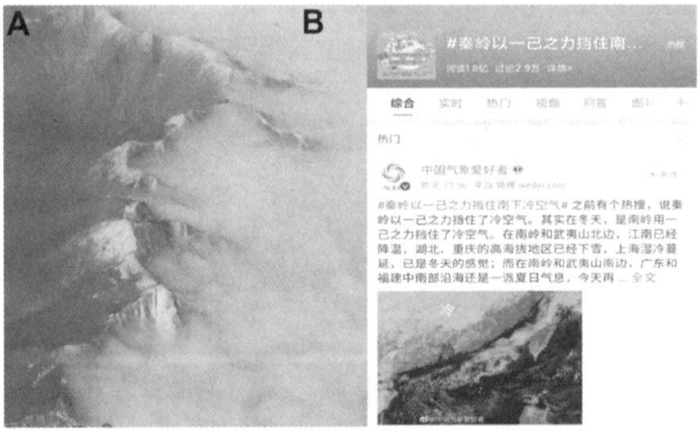 教师解疑纠错：③正确，④表述不够规范。迎风坡迎的是什么风？这非常关键。秦岭的北坡是来自内陆干燥的西北季风的迎风坡，同时是来自海洋湿润的东南季风的背风坡，南坡则相反。结合水汽凝结的条件：充足的水汽、遇冷、水汽凝结核三件套，秦岭迎来充足的水汽的是南坡还是北坡？那B坡应该是什么坡？ 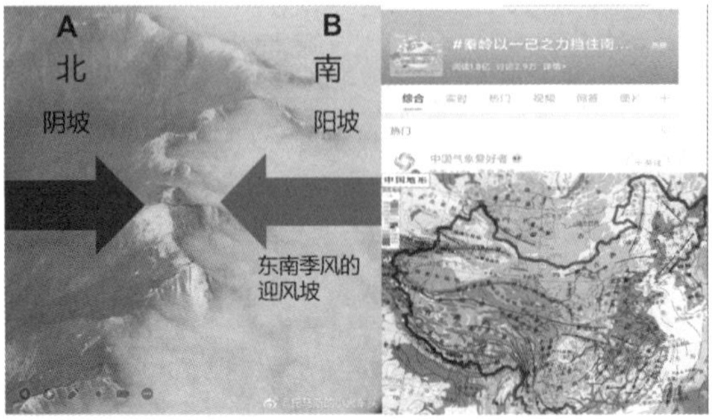 坡度和高度的组合，能够反映地貌的形态特征。	抢答：③A为阴坡，B为阳坡。 ④A为背风坡，B为迎风坡。 学生恍然大悟，抢答：南坡！来自海洋湿润的东南季风的迎风坡！	坡向对气温、降水、光照的影响要联系当地的区域背景，如纬度位置、盛行风向等要素的分析，使用“秦岭以一己之力挡住了南下的冷空气”这个案例来综合分析阳坡、阴坡、迎风坡、背风坡的时候，配上中国地形图不仅能培养学生的综合思维，也能提升学生的区域认知，还能提高学生的地理实践能力。

续上表

教学环节	教学程序		设计意图
	教师活动	学生活动	
引导探索	问题8：图中A坡等高线较________，相对高度较________，为________坡；B坡等高线较________，相对高度较________，为________坡。 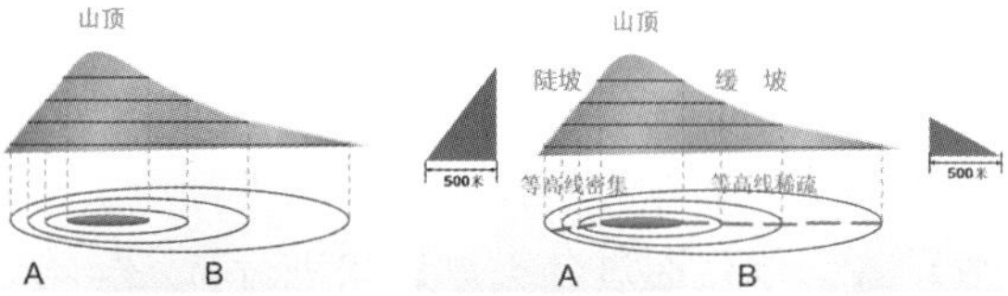 4. 地貌观察的其他要素 问题9：地貌观察的其他要素还有什么？	抢答：A坡等高线较密集，相对高度较大，为陡坡；B坡等高线较稀疏，相对高度较小，为缓坡。 抢答：地貌的形状、面积、空间分布状况、地面起伏状况、破碎程度等	过渡
归纳总结	地貌的观察 一、地貌观察的顺序 1.选择地貌观察点 视野广阔 补充：通视 凹坡可通视，凸坡不可通视 2.地貌观察原则 从宏观到微观、从面到点 3.具体顺序 ①视野内大的地貌 ②次一级地貌 ③河岸、陡崖等更小的地貌 4.地貌观察的手段 地形图、遥感影像等 二、地貌观察的内容 1.高度 绝对高度 相对高度 2.坡度 影响 3.坡向 阳坡：气温高，光照较强 蒸发较强 阴坡：气温低，光照较弱 蒸发较弱 迎风坡：降水多 背风坡：降水少 4.地貌观察的其他要素 地貌的形状 面积 空间分布状况 地面起伏状况 破碎程度	—	黑板板书以思维导图形式呈现，层次分明，条理清晰。在课堂内容结束时，板书还能够起到总结的作用，学生能够从板书中体会到整节课的完整思维，重点突出
达标测评	根据所学知识，完成课本第78页的活动	小组抢答：东南丘陵。地形以山地、丘陵为主；地势西北高，东南低，地面起伏大；沿海地区有海岸地貌，河流众多，河流地貌发育	培养学生运用所学知识解决身边的问题的能力，实现知识的内化和升华，感受到学习的实效性和实用性。还能培养学生的答题技巧、思维，也能提高学生的地理实践力、区域认知和综合思维

（微信扫描二维码可观看课例，网页下载链接：
https://module.scnu.edu.cn/article-13954-635-1.html）

三、教学成效与反思

新课改提出了新任务、新要求，这也要求教师在教学方法上不断进行探索。本设计对情境设计进行优化，创设情境链贯穿整节课。学生通过分组讨论法进行自主学习、合作学习、探究学习，成为情境探究的主体，引起情感体验，使其积极参与课堂活动，提高教学实效。采用贴近时代、贴近社会、贴近生活的案例，使课堂具有趣味性、科学性和实用性，培养学生善于观察生活中的各种现象，能够主动灵活地应用所学知识分析并解决社会生活实践中的问题，实现了学科素养。本设计有很多需要改进的地方，如情境问题中探究问题的设置在数量和深度上的处理不够合理。情境教学是一种促进高效课堂的有效途径，如何更好地运用情境仍须继续探究。

专家点评

“地貌的观察”这一教学设计根据课程标准的要求，精心分析教材和学情，设计学习目标。以《中国国家地理》杂志上发表的《山河上的新穿越　滑翔伞下的天空传奇》的照片及相关的活动内容作为课堂教学的导入。在教学过程中，设计了9个问题，结合具体的案例，学生对地貌观察的选点、地貌观察的原则、地貌观察的顺序、地貌观察的手段、地貌观察的内容等进行了探究和学习。问题驱动式教学是该教学设计的突出特点，学生在探究问题的过程中掌握必备知识，培养关键能力，提升学科素养。

（点评人：曾玮，华南师范大学地理科学学院副教授，硕士生导师）

“海水的盐度”教学设计

广州市执信中学　蔡国毅

一、案例简介

“海水的盐度”这个内容自2003年课改从老教材中删除，而后在最新一轮的新课标新课程背景下再次回到教材，选择这个内容有典型的代表性。教学设计明线和暗线两条线索贯穿：明线是创设真实情境下的游学线路，暗线是通过动手调配盐水实验，剖析盐度概念，并把概念渗透进人类对海水盐度利用的真实情境中，主要表现在对海盐的利用、对淡化海水的利用以及对海水本身的利用3个方面。目的是侧重达成对学生学科素养中地理实践力和综合思维能力的培养。

二、教学设计

（一）教材分析

新人教版高中地理第一册关于海水的盐度的教学分为“因素—分布—影响”3个部分，教材通过图片素材和案例，引导学生在情境中观察、思考、总结，理解盐度的概念内涵。同时，运用实例激发学生的学习兴趣，调动学生已有的生活体验，感知海水盐度与人类活动的关系，体悟人地协调观。

（二）学情分析

通过对不同类型的水循环内容的学习，学生掌握了各类型水循环的构成环节，如降水、蒸发、径流，明确各环节的影响因素；同时也学习了世界表层海水的温度内容，掌握世界表层海水温度的分布规律及其影响因素。这为学生理解海水盐度的分布、成因和影响奠定了学科理论基础。然而，高一学生的地理区域认知、逻辑推理、综合分析能力依然较弱，在教学过程中需引导学生初步形成地理事象演化的过程性分析方法，提升学生的读图能力、材料分析能力、区域认知水平、地理实践力以及综合思维能力。

（三）教学目标

（1）课程标准：运用图表等资料，说出海水盐度的分布特点及其影响因素；结合实例，说明海水盐度对人类活动的影响。

（2）学习目标：①理解海水盐度的影响因素和分布规律。②了解海水盐度对人类活动的影响。

（四）教学重难点

（1）教学重点：海水盐度对人类活动的影响。

（2）教学难点：海水盐度的影响因素和分布规律。

（五）教学方法

体验式教学、案例教学、启发式探究、小组合作等。

（六）教学过程设计

表 1　教学设计方案

教学环节	具体教学过程	设计意图
体验式教学	◆你有过去海滨浴场游泳的经历吗？你知道海水的味道吗？ （学生生成：海水中盐类的组成成分） ◆海水究竟有多咸？请尝过海水的同学描述。 （学生描述印象中海水的味道） 【活动】调配 35‰ 的盐水：每两人一瓶 350 mL 纯净水 + 约 13 g 海盐 1. 自愿品尝调配的盐水，并描述盐水的咸度。 2. 在什么样的环境（情况）下杯子里调配的盐水盐度会发生变化？ 3. 结合体验，初步形成思维导图：影响盐度的因素。 【活动目的】体验式教学，激发学生兴趣，以盐水调配为主线引出盐度的概念，并引导学生思考影响盐度的因素。 【点拨】为了度量海水含盐量的多少，我们用“盐度”来度量它。我们在常温环境下配置的盐水的盐度为 35‰，这接近世界大洋海水的平均盐度。（学生生成盐度的概念） 【拓展探究】请同学们想一想，在什么样的环境（情况）下这杯盐水的盐度会发生变化？ （学生）①加盐，②加水，③放一段时间，④用电扇吹，⑤改变水温……	激发学生对新课学习的好奇心和积极性，用真实、直观的体验式情境生成盐度的概念和影响要素，同时培养动手操作的实践能力

续上表

<table>
<tr><th>教学环节</th><th>具体教学过程</th><th>设计意图</th></tr>
<tr><td>“研学”之旅</td><td>【转承】海水正如这杯盐水一样，不同的海域所处的地理环境不同，随着海域环境的变化，海水的盐度也不同。
为了更深入地了解海水盐度的分布规律及其对我们人类活动的影响，今天我们一起组团游学，来一次海洋之旅，把我们的课堂体验和理论搬到真实的地理情境中去。“华附研学团”将从珠江口乘坐科考船出发，我们的研学路线和探究分组如下。
研学线路：珠江口→洋浦盐田村→洋浦近海养殖场→三沙永兴岛。
探究分组：珠江小纵队、盐产小纵队、海产小纵队、永兴岛小纵队</td><td>过渡：体验式教学情境转向真实地理情境。区域认知度高，材料真实、翔实，案例典型</td></tr>
<tr><td>第一站：珠江口</td><td>材料1：珠江入海口水体盐度测量，“华附研学团”在珠江口海域3个取样点（A、B、C）取样测量的海水盐度值如下表：
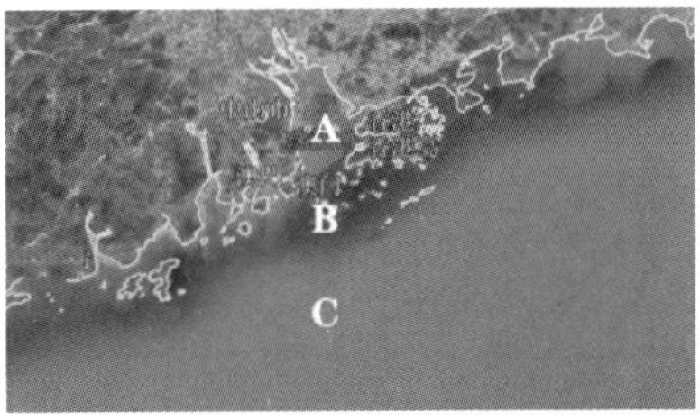

<table><tr><th>取样点</th><th>盐度</th></tr><tr><td>A</td><td>5‰</td></tr><tr><td>B</td><td>20‰</td></tr><tr><td>C</td><td>30‰</td></tr></table>
1. 请说明珠江口盐度变化的特点及差异的原因。
材料2：船长告诉同学们，今年暑假“执信研学团”在B点也取样检测了海水盐度。
2. 请你推测“执信研学团”取样的海水盐度较本次取样是偏高还是偏低？请分析原因。
3. 完善思维导图：影响海水盐度的因素。
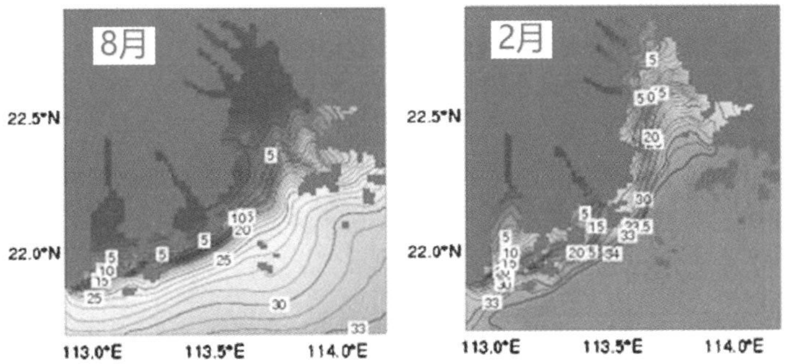

【点拨】有河流注入的海域，盐度一般较低。入海径流量越大，则盐度越低</td><td>情境教学：由真实的地理情境构成研学线路，有利于加强学生对区域的认知，同时学会从真实的情境材料中获得信息，解决问题</td></tr>
</table>

续上表

<table>
<tr><th>教学环节</th><th>具体教学过程</th><th>设计意图</th></tr>
<tr><td>世界表层海水盐度分布规律</td><td>【转承】世界表层海水盐度测定的方法和技术的变化→遥感盐度图像。
遥感盐度和现场观测等其他类型数据或温度等其他要素数据进行融合
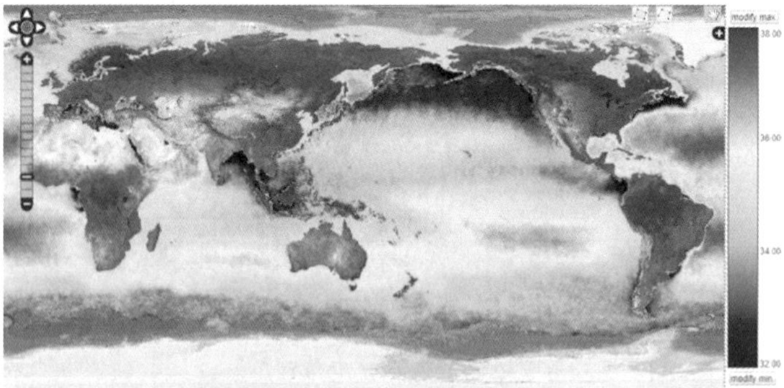

SMOS巴赛罗那专家中心（BEC）海表盐度
【活动】结合下图，请画出150°W（AB段）经过的海域表层海水盐度的变化曲线。
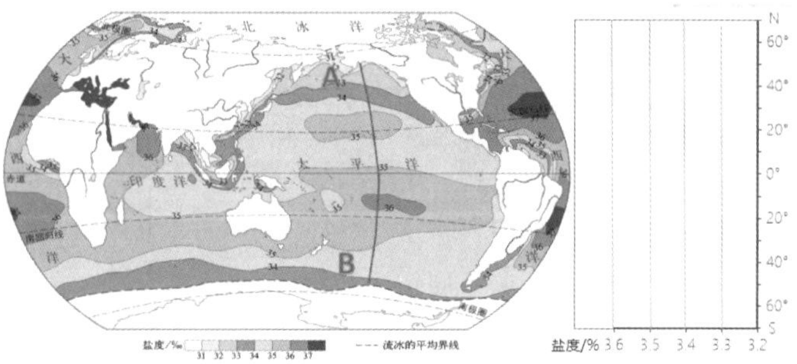

世界大洋8月表层海水盐度分布
1. 作图并说明作图过程。
2. 结合绘图，描述大洋表层海水盐度的分布规律。
3. 为什么赤道温度较副热带海域高而盐度反而较低？
4. 自主完善思维导图：影响海水盐度的因素。
【补充归纳】教师对作图具体过程和方法进行细化，对副热带海域盐度较高及海域封闭程度做适当的引导和点拨。</td><td>情境设计由小区域到大区域，从学生身边熟悉的情境到陌生的区域，符合学生学习的认知规律，符合深度教学对学生能力的进阶要求</td></tr>
</table>

续上表

教学环节	具体教学过程	设计意图
第二站：洋浦盐田村	材料：洋浦盐田十分独特，盐田村先辈将海边大片黑色的天然火山岩石削去一半，在石头顶部除四周留出 2～3 厘米的凸边外，把中间打磨平滑，做成石槽。平时在这些石槽中注入经海泥过滤后的海水，靠阳光晒出高品质的食用盐，当地盐农说晒盐是“靠天吃饭的活计”。（如下图） 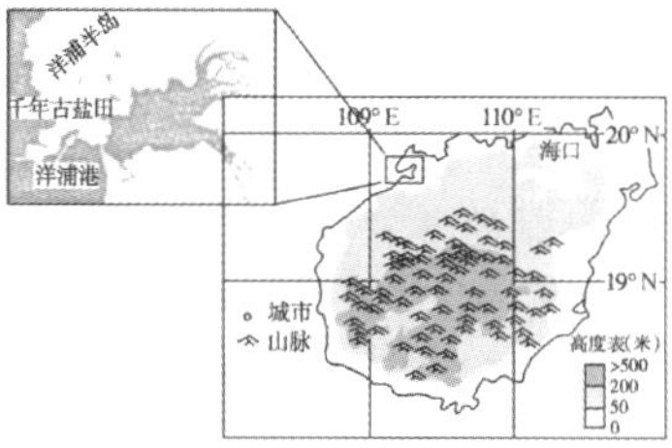  1. 请结合材料，思考当地晒盐有哪些优势气候条件。 2. 自主完善思维导图：海水盐度对人类活动影响。 【点拨】夏季风的背风坡，降水少，光照强；位于沿海地区，风速大；纬度低，气温高，蒸发旺盛，利于晒盐	通过介绍盐田生产方式，揭示人类对海水资源中盐类物质的利用，加强人地协调观的形成
第三站：洋浦近海养殖场	材料：多年来洋浦湾养殖户近海养殖的产值波动比较大。2016 年 8 月 18 日晚上受台风“电母”影响，突然掀起暴风雨。第二天养殖户就发现渔排不见了，差不多一千平方米的渔排，里面养的剑槽鱼、金鲳鱼全不见了，损失将近一百万。其他的渔排尽管完好，但所养的鱼均躲不过这场灾难（见右图）。近年养殖户更注重养殖基地信息化建设的投入。  1. 请分析“电母”过后渔排内鱼大量死亡的原因。 2. 自主完善思维导图：海水盐度对人类活动的影响。 【点拨】受台风影响，海水温度和盐度变化剧烈，台风带来的大量降水以及地表径流使养殖基地海水盐度大幅下降，所养殖的鱼都被大量的淡水“淹”死。所以，海水盐度的稳定性对近海养殖至关重要。为此，养殖基地信息化建设可以实施监控和预测水域环境的变化	通过介绍近海养殖生产方式，揭示人类对海水资源的利用，加强人地协调观的形成

续上表

教学环节	具体教学过程	设计意图
第四站： 三沙永兴岛	材料： 三沙市是中国最南端的地级行政区，同时也是全国总面积最大、陆地面积最小、人口最少的城市。据永兴岛小纵队调研发现，永兴岛地势平坦，平均高度约5米。终年皆夏，年均温26.4℃。年降水量1 509.8毫米，风力大，蒸发快。面向茫茫的大海，三沙市城市发展面临严峻的缺水问题。 1. 面向茫茫的大海，三沙市为什么缺水？如何解决城市发展的缺水问题。 2. 自主完善思维导图：海水盐度对人类活动的影响。 【点拨】永兴岛面积小，地表水水量小且不易收集储存，不能满足用水需求。掌握海水淡化技术是解决当地淡水资源紧缺的主要途径	揭示海水淡化是人类利用海水，对水资源的有效利用和补充，加强人地协调观的形成
小组合作 探究	【活动】小组合作探究：综合个人思维导图，完善小组思维导图（如下图），小组代表进行展示。 【教师点拨、补充】 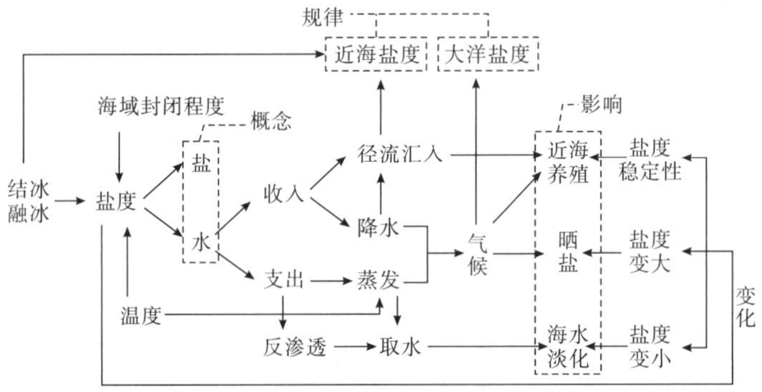	总结：对所学进行知识和思维构建，梳理知识间的内在联系。培养学生的综合思维能力
课后探究	请你利用生活中具备的条件，把自己桌面的盐水中的盐“晒”出来，找机会把你的实践成果跟同学和老师分享	—

（微信扫描二维码可观看课例，网页下载链接：https://module.scnu.edu.cn/article-13954-636-1.html）

三、教学成效与反思

本节课是新课程、新课标在广东省推行背景下的一节内容，围绕高中新课标、新课程对培养学生核心素养的要求，笔者主要从两方面的教学理念去设计达成：一是落实真实的情境教学，二是加强深度学习。在内容上，主要从课堂动手体验和模拟研学情境进行设计，并且在课堂落实中把盐度的影响要素及要素的变化贯穿到盐度的概念、规律和影响中，通过课堂的落实，培养学生学会从生活中获取地理知识，提升动手实践能力，同时加深对区域的认知和形成人地协调的发展理念。

在落实本节课的教学设计时，笔者觉得较有效的环节主要有三方面：一是采用课堂配置现成的盐水，让学生进行真实的体验，激发了学生对新课学习的好奇心和积极性，用真实、直观的体验式情境生成盐度的概念和影响要素，同时培养学生动手操作的实践能力；二是在影响盐度的因素和盐度的时空分布规律的教学设计中，笔者重组了教材的顺序，把近岸海域海水的影响因素放到前面先讲授，再拓展到全球，情境设计由小区域到大区域，由学生身边熟悉的情境到陌生的区域，符合学生学习的认知规律，符合深度教学对学生能力的进阶要求，同时基于学生在课堂形成的对盐度时空规律影响因素的探究能力，大胆地把课本的探究活动放到课后让学生进行自主探究；三是让学生在自己构建的思维导图的基础上，进行小组探究合作，进行思维的碰撞以及知识的整合，注重学生生成知识和思维的过程。

课堂存在的不足主要体现在知识内容的衔接有些生硬，不够自然，对问题的设计不够有效，对每位学生绘图环节的细节关注不够到位，不能充分地把学生绘图过程出现的问题暴露出来并及时给予点拨。

专家点评

“海水的盐度”这一教学设计围绕高中地理新课程标准的要求，结合学情和教材的内容，精心设计学习目标。以研学旅行的形式，设计了“华附研学团”和“执信研学团”2个研学团，分设珠江小纵队、盐产小纵队、海产小纵队、永兴岛小纵队4个探究小组，根据真实的问题情境，设定珠江口、洋浦盐田村、洋浦近海养殖场、三沙永兴岛等4个研学旅行点，进行海水盐度相关问题的研究。海水盐度的概念、影响海水盐度的因素以及海水盐度分布的时空规律等必备知识，在学生的探究过程中，得以不断建构。在动手实验、研学旅行、自主探究的过程中，学生提升提出问题、分析问题、解决问题和表达观点的能力。小组合作探究建构、完善和展示知识结构图，有利于培养学生的地理逻辑思维能力。

（点评人：曾玮，华南师范大学地理科学学院副教授，硕士生导师）

“荒漠化——以毛乌素沙地为例”二轮复习教学设计

东莞市东莞中学　罗丽华

一、案例简介

本节课案例是高三二轮复习区域生态环境建设中“荒漠化”的内容，旨在夯实基础，查漏补缺，通过典型案例强化学生答题技巧，借助影片增加学生的感性认识，立德树人。

二、教学设计

（一）教学目标

1. 课程标准

以某生态脆弱区为例，说明该类地区存在的环境与发展问题，以及综合治理措施。

2. 核心素养

（1）区域认知：了解西北地区毛乌素沙地的自然环境特征。

（2）综合思维：与迎风坡相比，同一片沙地中，丘间地沙地苹果长势较好，试从气候角度分析原因；推测沙地种植苹果遇到的困难；推测沙地苹果最终种植成功的原因；说明毛乌素沙地大力发展沙地苹果种植业对当地的积极影响。探究种植地、困难、成功、影响四个方面，从自然到人文，从过去、现在至展望未来，设计涉及范围广，思考深度较大。

（3）地理实践力：通过毛乌素沙地视频，增加学生的感性认识；通过沙地治理的实地案例，提高学生解决实际问题的能力。

（4）人地关系：通过荒漠化的治理，提高学生可持续发展的意识，培养学生的爱国情怀，立德树人。

（二）教学内容

本节课是二轮复习区域生态环境建设中“荒漠化”的内容，根据往届高考真题的命题特点和方向，选取毛乌素沙地种植苹果为研究案例进行展开。

命题情境源于真实生活材料，多以客观存在的自然现象或其演变过程为背景，提供图文材料考查生态环境问题的成因、危害及治理措施。

（三）教学方法、模式、策略

本节课的设计从为什么考、考什么、怎么考 3 个方面入手。为什么考——现在的高考比较重视考查立德树人，突出高考的选拔功能。生态环境建设主要就是立德树人。考什么——主要是必备知识、关键能力、学科素养、核心价值。怎么考——就是案例中的 4 个设问，考查了基础性、综合性、创新性和应用性。（见图 1）

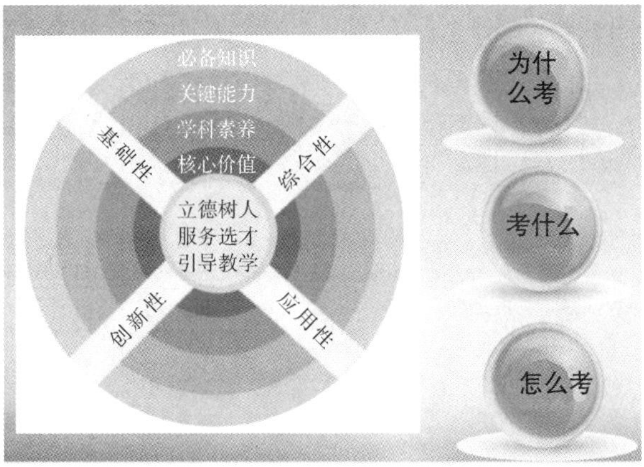

图 1　教学方法、模式与策略

本节课主要包括 3 个部分。第一，研读课标、分析考情，让学生了解学习目标。第二，夯实基础，查漏补缺，让学生通过绘制导图的形式完成（见图 2）。第三，典例分析，直面高考。先看视频增加感性认识，学生通过小组合作，探究种植地、困难、成功、影响 4 个方面。通过案例的探究，总结答题技巧，用答题五步曲来完成“审觅调理点”（见图 3）。

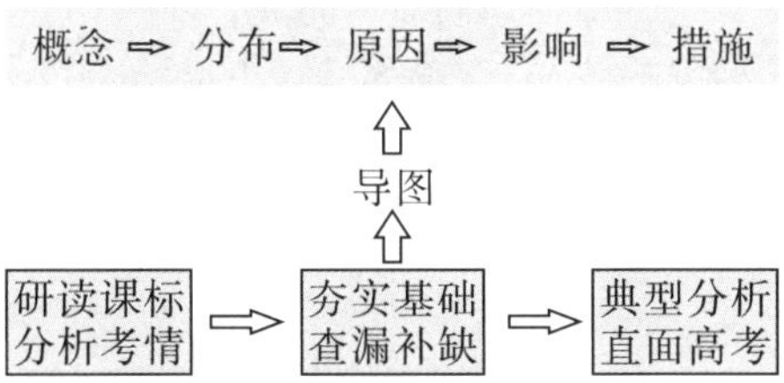

图 2　课标思维导图

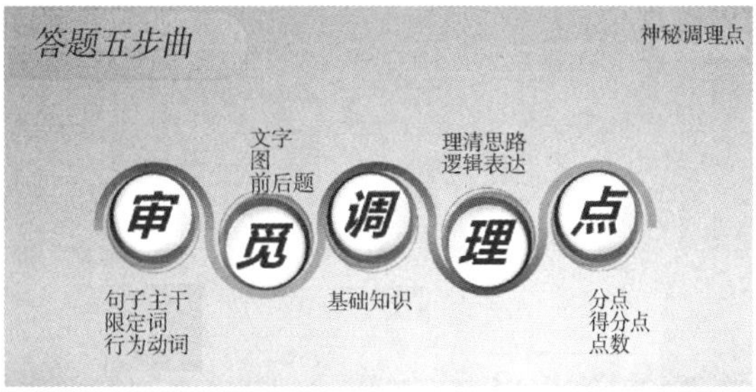

图 3　答题五步曲

不同区域有不同的生态环境问题，面对不同的问题，可以借助本节课的思路、方法进行解决。

课程最后，跟大家共勉：希望我们都能成为真正影响别人的人。

（四）教学媒体

PPT、视频播放软件。

（五）教学设计方案

表 1　教学设计方案

<table>
<tr><th rowspan="2">教学环节</th><th colspan="2">教学活动</th><th rowspan="2">设计意图</th></tr>
<tr><th>教师活动</th><th>学生活动</th></tr>
<tr><td>一、课前准备：导学案（课标、命题特点）</td><td>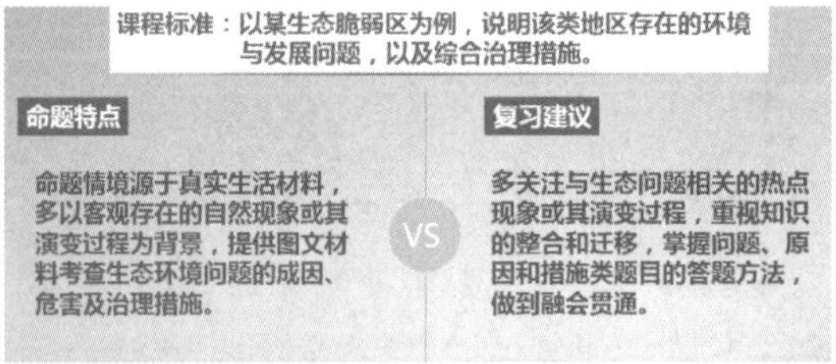
</td><td>总结命题特点，思考复习建议</td><td>明确课标，掌握复习方法</td></tr>
<tr><td>一、课前活动：导图、真题</td><td>布置任务：
（1）绘制和完善“荒漠化”一轮复习的知识导图。
（2）完成高考真题
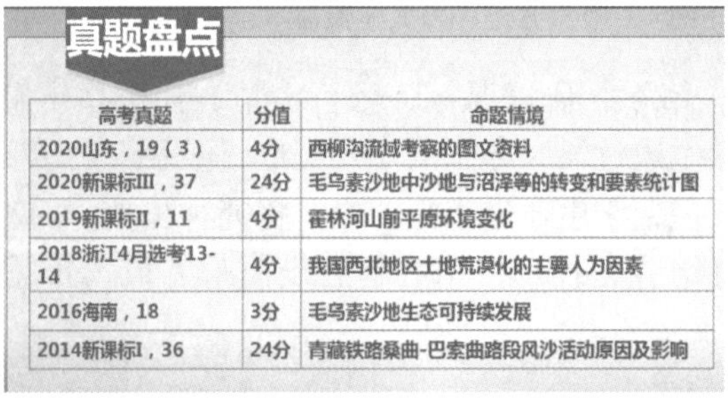
真题盘点
<table><tr><th>高考真题</th><th>分值</th><th>命题情境</th></tr><tr><td>2020山东，19（3）</td><td>4分</td><td>西柳沟流域考察的图文资料</td></tr><tr><td>2020新课标Ⅲ，37</td><td>24分</td><td>毛乌素沙地中沙地与沼泽等的转变和要素统计图</td></tr><tr><td>2019新课标Ⅱ，11</td><td>4分</td><td>霍林河山前平原环境变化</td></tr><tr><td>2018浙江4月选考13-14</td><td>4分</td><td>我国西北地区土地荒漠化的主要人为因素</td></tr><tr><td>2016海南，18</td><td>3分</td><td>毛乌素沙地生态可持续发展</td></tr><tr><td>2014新课标Ⅰ，36</td><td>24分</td><td>青藏铁路桑曲-巴索曲路段风沙活动原因及影响</td></tr></table>
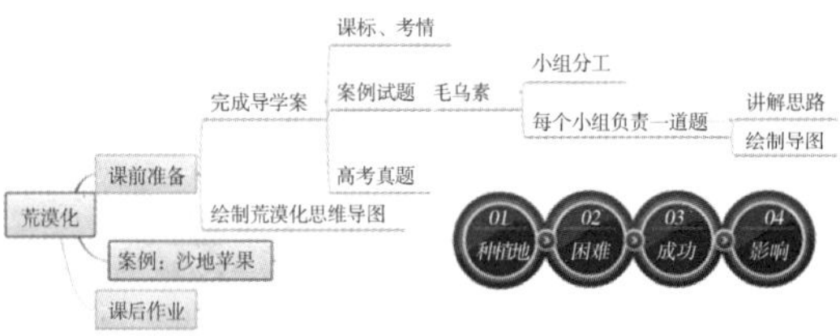
</td><td>绘制导图

课前将一轮复习过的真题重新复习一遍

完成导学案

小组分工，每个小组负责一道题，先个人完成，后小组讨论，绘制导图</td><td>一轮复习已经完成，二轮复习重点在于夯实基础，查漏补缺，提高学生答题技巧</td></tr>
</table>

续上表

<table>
<tr><th rowspan="2">教学环节</th><th colspan="2">教学活动</th><th rowspan="2">设计意图</th></tr>
<tr><th>教师活动</th><th>学生活动</th></tr>
<tr><td>二、课堂活动：学习思路</td><td>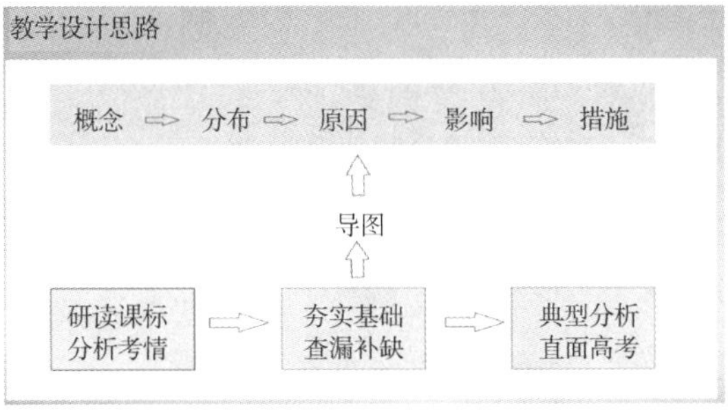</td><td>明确学习任务</td><td>明确要求，宏观把握</td></tr>
<tr><td>二、课堂活动：展示优秀导图，复习基础知识</td><td>展示张洁同学绘制的导图（略）。大家可以参考一下，分别从概念、分布、类型、成因、影响、对策、防治内容等方面进行总结。大家要注意一下沙障工程有两种作用：增加摩擦力和截留水分</td><td>学习优秀学生的作业，复习基础知识</td><td>表扬优秀学生，展示导图，学习绘制方法，复习基础知识</td></tr>
<tr><td>二、课堂活动：案例探究</td><td>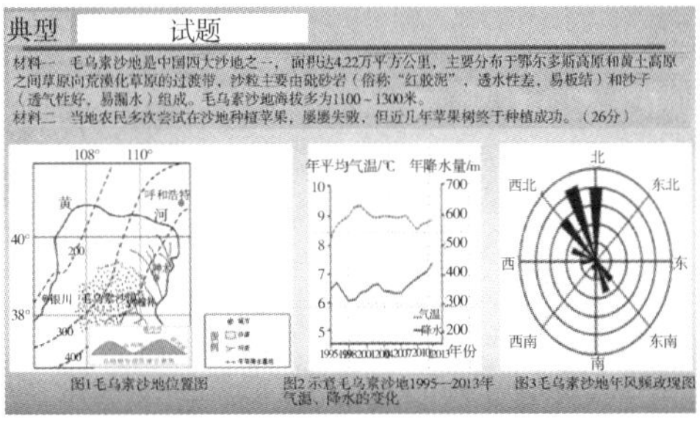
（1）与迎风坡相比，同一片沙地中丘间地沙地苹果长势较好，试从气候角度分析原因。
（2）推测沙地种植苹果遇到的困难。
（3）推测沙地苹果最终种植成功的原因。
（4）说明毛乌素沙地大力发展沙地苹果种植业对当地的积极影响</td><td>小组完成4个主题的探究</td><td>通过案例探究，将理论知识运用到实践，因地制宜治理环境问题</td></tr>
</table>

续上表

<table>
<tr><th rowspan="2">教学环节</th><th colspan="2">教学活动</th><th rowspan="2">设计意图</th></tr>
<tr><th>教师活动</th><th>学生活动</th></tr>
<tr><td>二、课堂活动：视频引入</td><td>班上有没有人去过西北呀，作为广东人，对西北地区比较陌生，下面我们通过电影《我和我的家乡》中的小片段，来增加感性认识。看视频的同时思考你们组要完成的任务。

致敬我们的治沙英雄，正因为有他们的努力，我们的环境才能越来越好</td><td>观看视频，同时思考本组要完成的任务。
感受主角的爱国情怀</td><td>通过观看电影片段，提高学生探究问题的兴趣，培养学生的家国情怀，培养人地协调观，增加学生对毛乌素沙地的感性认识</td></tr>
<tr><td>二、课堂活动：答题技巧</td><td>
</td><td>审：审句子主干、限定词、行为动词。
觅：从文字材料、图中寻找相关信息，还有从前后题中寻找相关信息。
调：调动基础知识。
理：理清思路、逻辑表达。
点：看分值，分点答题、找得分点、算点数</td><td>答题五步曲，掌握答题方法</td></tr>
</table>

续上表

<table>
<tr><th rowspan="2">教学环节</th><th colspan="2">教学活动</th><th rowspan="2">设计意图</th></tr>
<tr><th>教师活动</th><th>学生活动</th></tr>
<tr><td rowspan="2">二、课堂活动：典例探究1</td><td>有请第一组同学上台给大家展示（此处略，详见教学视频）</td><td>答题第一步——审题，找行为动词和限定词（分析、气候、原因）。第二步——觅，从文字和图片中获取信息，从中可以得出该地干旱、风力大。第三步——调，调动基础知识，气候的原因应从气温、降水、光照、气象角度分析</td><td>按照答题五步曲，分步讲解</td></tr>
<tr><td>谢谢第一组同学的讲解，这组同学前面四步都做得非常好，特别是“理”这一步做得非常好，如背风、下沉、风小。重新看一下刚才视频中看到的图片（详见教学视频），这个地区的主要问题是干旱、风大，这些不是主要影响因素，因此不考虑</td><td>学生展示导图的最后一步——点，分点答题，找得分点，第一组同学从气温、光照、热量、气象等进行分析</td><td>学生层层讲解，教师能较好发现学生掌握的情况，给予最恰当的指导</td></tr>
<tr><td rowspan="2">二、课堂活动：典例探究2</td><td>详见教学视频</td><td>审、觅两步都做得非常好。第三步——调，基础知识只答了自然方面，没有调用到社会经济的条件，技术水平较低</td><td>—</td></tr>
<tr><td>第五步：得分点，这个地方属于什么温度带？苹果种植在暖温带地区，所以温度不是其遇到的困难。谢谢第二组同学的分享</td><td>第四步——理。这组同学的思路很清晰，但是逻辑表达有所欠缺，行为动词是分析，要有前后逻辑关系。如土壤贫瘠的原因要说清楚</td><td>—</td></tr>
</table>

续上表

教学环节	教学活动		设计意图
	教师活动	学生活动	
二、课堂活动：典例探究3	略	第三组学生代表上台展示。审：推测、原因。觅：过渡带、透水性、板结、漏水	—
	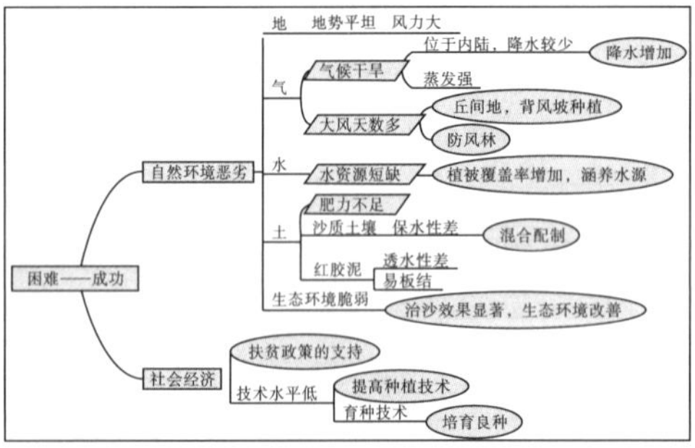	觅：图上降水量增加，找前后题的关系，第二题提及种植苹果遇到困难，第三题时苹果已种植成功，应该是改善了条件	—
	谢谢第三组同学的分享，第三题提到苹果已种植成功，应该是改善了条件。而光照、热量、温差没有变化，所以不是得分点	展示导图，其他同学进行点评。第一步——审，这道题的句子主干是“种植”，“电商平台”主要影响销售，因此不是得分点	—
二、课堂活动：典例探究4	略	第四组同学上台展示。 审：说明、积极影响。觅：面积、过渡带、沙漠	—
	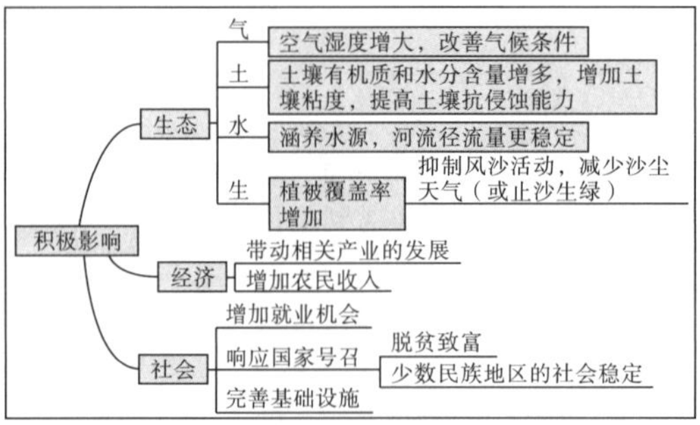	调：积极影响，从生态、经济、社会角度考虑	—

续上表

教学环节	教学活动		设计意图
	教师活动	学生活动	
二、课堂活动：典例探究4	谢谢第四组同学的分享，审、觅、调、理都做得非常好。另外从生物多样性的角度看，如果漫山遍野都种苹果，那生物多样性会有所减少，但是如果沙漠变成绿地了，生物多样性就会增加。经济和社会都达到了和谐，总结得出社会稳定	学生点评：第五步——点，植被可以美化环境，但这是在城市里的主要功能，而不是针对荒漠地区的	—
	看2020年4月29日的北京日报，沙化治理率已达93.24%，正如乔树林说的，硬生生给整绿了。2021年习近平总书记的新年贺词中，也提到了脱贫致富	看最新新闻报道，毛乌素沙漠的环境治理取得较大的胜利	通过时事，增强内容的真实性
	播放教学视频	观看2021年习近平总书记新年贺词，我国脱贫攻坚战取得伟大胜利	关注国家热点和时事，立德树人，增强学生的信心
二、课堂活动：典例探究5	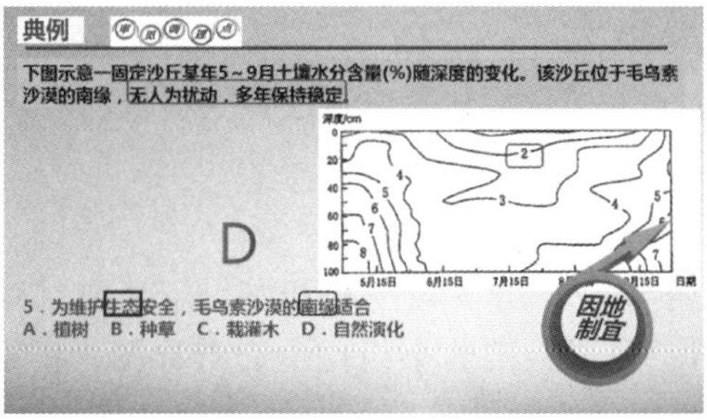	按照综合题的答题方法——审、觅、调。水分含量很少，自然演化最适宜，而不是种植苹果树。答题时要因地制宜	学会因地制宜地治理环境
二、课堂活动：绘制导图	导图详见教学视频	参考本节课的导图，绘制导图。注重知识的前后关系。困难解决了，就能取得成功	注重学生的宏观、整体思维。强调前后逻辑关系

续上表

<table>
<tr><th rowspan="2">教学环节</th><th colspan="2">教学活动</th><th rowspan="2">设计意图</th></tr>
<tr><th>教师活动</th><th>学生活动</th></tr>
<tr><td>三、课后作业：命题</td><td>最后，布置一份课后作业，这是黄思懿组的起题，题起得很好，如果材料能精简一下就更好了
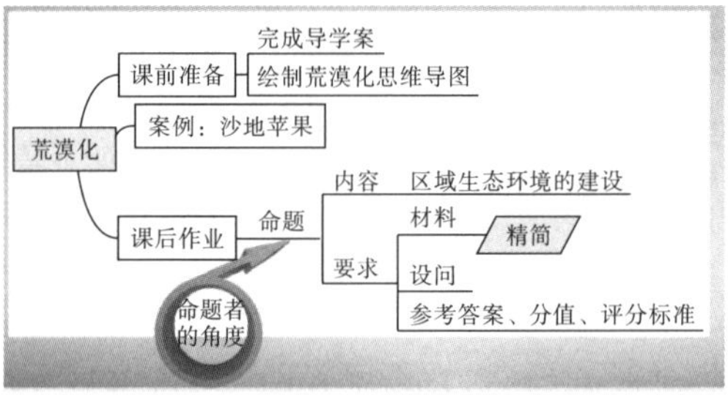
</td><td>命题要求要有材料、设问。一般大家的材料都会过长，要学会精简</td><td>学会命题，从命题者的角度思考，更容易得出答案</td></tr>
<tr><td>三、课后作业：命题</td><td>布置命题作业</td><td>观看同学的作品，不断学习方法</td><td>—</td></tr>
<tr><td>三、课后作业：立德树人</td><td>共勉：希望我们都能成为真正地影响别人的人</td><td>感受影片传达的正面影响，争取做一个真正能影响别人的人</td><td>立德树人，感情升化</td></tr>
</table>

（六）教学自评（教学效果、创新性等）

1. 研读课标、高考真题，分析考情

研读课标，第一轮复习已经将高考真题做了一遍。第二轮复习再现高考真题，通过进一步分析考情，学生的学习目标和方法更加清晰。

2. 思维导图夯实基础，查漏补缺

通过绘制思维导图，对一轮复习有关荒漠化的内容进行重新整理，夯实基础，查漏补缺。掌握基础内容，以不变应万变。

3. 典例分析，答题技巧，直面高考

通过对实际案例的思考，学生学习使用答题技巧和答题五部曲“审、觅、调、理、点”，在4道题中，首先由学生自己完成，接着小组讨论完善导图，小组代表展示导图，其他同学一起来更改和完善导图，最后教师再按照答题五部曲一步步引领大家掌握答题技巧。

4. 电影导入，增加感性，立德树人

引入2020年热播的爱国主义教育电影《我和我的家乡——回乡之路》的视频片段，增加学生对西北地区的感性认识——风沙大、干旱、贫穷。电影的故事情节是主人翁乔树林为了家乡能脱贫致富，带领全村人种植沙地苹果，虽然尝试多次失败，但是从不放弃，历经多次考验，最终成功的事迹。由此培养学生的爱国情怀，立德树人，特别是影片中出现的一句“要成为真正影响别人的人”，可以很好地培养学生们的爱国情怀。

不足之处在于，电影虽然是根据真实案例改编的，但是有一定的虚拟成分在里面，虽然提高了学生学习的兴趣，但不够真实严谨。

（微信扫描二维码可观看课例，网页下载链接：
https://module.scnu.edu.cn/article-13954-637-1.html）

三、教学成效与反思

采用在线教学的形式分享教学设计，虽然不能更好地与其他教师互动，但是跨越了空间界限，使我们在疫情期间仍能够远程共同学习。非常高兴能够获得专家们的点评，专家们从更高的角度给予指导，受益很大。观看同行教师的落地分享，对笔者的教学也有很大的启发。

专家点评

“荒漠化——以毛乌素沙漠为例”是高三第二轮复习的一个课例，该课例选择高考中的高频考点作为复习内容，结合课程标准以及《中国高考评价体系》提出的“一核四层四翼”的考核要求，来进行教学内容和教学方法的设计。通过绘制思维导图，将一轮复习中有关荒漠化的内容进行重新整理，夯实必备知识，帮助学生进行查漏补缺。通过分析毛乌素沙漠治理这一真实案例，精心设计问题情境，针对材料提出4个问题让学生探究，学生在探究问题的过程中逐步形成答题五步曲——“审、觅、调、理、点”。学生运用解题方法分组解决问题，并且进行展示和分享。学生展示过程中建构的知识结构图，有利于培养学生的地理逻辑思维。教师的点评对拓展学生的知识以及拓宽解决问题的思路有较好的帮助。

（点评人：曾玮，华南师范大学地理科学学院副教授，硕士生导师）